기독교 윤리학

― 윤리적인 대안들과 문제들 ―

노르만 L. 가이슬러 著
위　　거　　찬 譯

기독교문서선교회

Christian Ethics
Options and Issues

By
Norman L. Geisler

Translated by
Kue-Chan Wui

1999
Christian Literature Crusade
Seoul, Korea

감사의 말

나는 이 원고를 철저하게 검토한 후 많은 조언을 해 주신 몰랜드(J. P. Moreland) 교수, 가이슬러(David Geisler) 교수, 호웨(Thomas Howe) 교수 여러 분께 감사드린다. 나는 또한 하이쉬(Carl Haisch) 박사, 하우스(Wayne House) 박사, 바하(Daryl Bach) 박사 등이 이 원고의 마지막 부분을 평가해 주신 데 대해서도 감사드린다. 나는 위의 여러 분들의 공헌에 감사를 드리지만, 내용에 대한 전적인 책임은 나에게 있음을 밝혀둔다.

서문

　이 책은 윤리학에 관한 과거 저작들의 수정판이 아니라, 완전히 새로 쓰여진 책이다. 물론 이전 저작들과의 연속성이 존재하지만, 내용과 구조 그리고 담고 있는 생각 등 모든 면에서 새롭다. 제1부는 『현대 기독교 윤리학의 대안들』(Options in Contemporary Christian Ethics, 1981)을 대체하며, 이 책 전체는 『윤리학: 대안들과 논점들』(Ethics: Alternatives and Issues, 1971)을 대체한다.
　나는 몇 가지 요인들 때문에 이 책을 쓰게 되었다. 즉 몇 가지 주제들에 관한 접근 방법의 변화, 주제들의 재조직화, 시대에 뒤떨어진 내용, 새로운 논점(예를 들어 생태 윤리학)의 등장, 그리고 이러한 문제에 관한 과거 저작들의 관점상의 오류 등 때문이다. 이러한 요인들에 비춰볼 때 새로운 책을 쓰는 것이 더 낫다는 판단이 들었다. 나는 이 책이 기본적인 윤리적 대안들과 제논점을 고찰하려는 사람들을 위한 유용한 교과서가 되기를 바란다.

1971년 내가 처음 윤리학에 관한 책을 쓴 이래로 우리가 살고 있는 세계에서 많은 것들이 변했으며, 그 가운데 어느 하나도 기독교인들이 현재 직면하고 있는 윤리적 제문제를 분석할 필요성을 감소시키지 않는다. 과거보다 훨씬 더 우리는 하나님이 계시한 진리의 기준으로, 기독교인이 직면하고 있는 잡다한 윤리적 제문제를 비춰볼 필요성을 느끼고 있다.

누구인지는 잘 모르겠지만 우리는 아인슈타인(Einstein)의 상대성 이론이 절대적인 것으로 여겨지고, 성서의 절대성이 상대적인 것으로 여겨지는 이상한 세계에 살고 있다고 말한 적이 있다. 그렇다고 하더라도 상대주의적인 문화 속에서 기독교인들은 윤리라는 트럼펫으로, 뚜렷하지 않은 소리밖에 낼 수 없다. 오히려 제문제를 명확히 이해하고서 하나님의 말씀을 거기에 과감하게 적용할 필요성이 높아지고 있다. 미흡하나마 이 책이 이러한 목적에 기여할 수 있기를 바란다.

가이슬러(N. Geisler)

▼ 목 차 ▼

▲ 감사의 말
▲ 서   문

제 I 부   윤리적인 대안들

1 여러 대안들 ·· 9
2 도덕률 폐기론 ·· 26
3 상황주의 ·· 46
4 일반주의 ·· 71
5 무조건적 절대주의 ·· 92
6 상충적 절대주의 ·· 118
7 차등적 절대주의 ·· 139

제 II 부   윤리적인 문제들

8 낙태 ·· 171
9 안락사 ··· 198
10 생물의학적 문제 ·· 220
11 사형 ·· 249
12 전쟁 ·· 279
13 시민 불복종 ··· 311
14 동성애 ··· 335
15 결혼과 이혼 ··· 362
16 생태학 ··· 384

▲ 용어풀이
▲ 참고문헌
▲ 색   인

제 1 부

윤리적인 대안들

1

여러 대안들

윤리학은 무엇이 도덕적으로 옳고 그른가 하는 문제와 관련이 있다. 기독교 윤리는 기독교인에게 무엇이 옳고 그른지를 다룬다. 이 책은 기독교 윤리에 관한 책이다. 기독교 신앙은 성경 속의 하나님의 계시에 토대를 두고 있으므로, 여기서 도출된 결론들의 근거로서 성경이 인용될 것이다.

하나님은 성경 속에서 계시하는 일만을 하시지 않았다. 하나님은 자연 속에서 일반 계시도 행했던 것이다(롬 1:19~20; 2:12~14). 하나님의 도덕적인 성격은 변하지 않으므로 하나님의 자연 계시와 초자연 계시 사이에는 서로 유사하고 중복되는 부분이 많을 것이라고 예상할 수 있다. 하지만 이 책의 초점은 모든 인간들을 위한 하나님의 자연법에 있는 것이 아니라, 신자들만을 위한 그의 신적인 법칙에 있다.

I. 윤리학에 관한 정의

도덕적으로 훌륭한 행동이 무엇인지에 관해서는 지금까지 수많은 이론들이 제시되어 왔다. 우리가 기독교 윤리를 논의하기에 앞서, 기독교 윤리에 대한 견해와 대비되는 다양한 제견해를 살펴본다면 많은 도움이 될 것이다.

1. 힘이 정의이다

고대 그리스 철학자 트라시마커스(Thrasymachus)는 "정의는 강자 편에 서있다"라고 주장하고 있다. 다른 말로 한다면 도덕적으로 옳은 것은 힘을 가진 사람의 입장에 따라 결정된다는 것이다. 여기서의 힘은 마키아벨리의 예에서 드러났듯이 정치 권력으로 이해되기도 하지만, 일반적으로 육체적인 힘이나 심리학적인 힘을 의미한다.

이것은 광범위하게 주장되고 있는 견해는 아니지만, 그럼에도 불구하고 너무 빈번히 실천으로 옮겨지고 있다. 그런데 이 이론에는 몇 가지 치명적 결함이 있다. 우선 권력과 선(善) 사이의 차이를 전혀 바라보지 못하고 있다. 선하지 않고서도 막강한 권력을 가질 수 있으며, 막강한 권력을 갖지 않고서도 선할 수 있다. 둘째로 네로로부터 스탈린에 이르는 악한 독재자들은 이 이론(여기에 따르면 악한 독재자들조차도 의로운 사람들이 될 수 있다)을 반박하기에 충분한 증거이다. 역사는 권력은 부패하며 절대권력은 절대적으로 부패한다는 사실을 입증해 주고 있다.

2. 도덕은 관습이다

또 다른 윤리 이론은 무엇이 도덕적으로 옳은가는 인간이 속한 집단에 의해 결정된다고 주장하고 있다. 윤리가 민족의 관점에서 규정되고 있는 것이다. 도덕적으로 올바른 것은 곧 공동체가 올바르다고 이야기하는 것이다. 공동체의 요구는 곧 윤리적 요구이다. 각각의 사회는 독자적인 윤리를 만들어 내고 있다. 상이한 사회 집단들의 도덕 법규들 사이에 존재할 수도 있는 유사성은, 공통된 요구와 정향 때문이지 보편적인 도덕 규범 때문이 아니다.

이러한 입장이 안고 있는 첫번째 문제점은, 이른바 '존재당위의 오류' ('is-ought' fallacy)이다. 누가 무엇인가를 하고 있다는 것은, 그가 반드시 존재해야 한다는 것을 의미하지는 않는다. 그렇지 않다면 강간, 가혹행위, 살인 등이 자동적으로 도덕적으로 옳은 일로 될 것이다. 둘째로 각 공동체의 다수파가 올바르다면, 상이한 공동체들 사이의 갈등을 조절할 방법이 전혀 없게 된다. 왜냐하면 모든 공동체에 적용될 수 있는 도덕 원리가 없는 한, 공동체들 사이의 갈등을 해결할 방도가 없기 때문이다. 셋째로 도덕이 각각의 사회집단과 관련을 맺고 있다면, 두 적대적인 윤리 원칙이 동시에 올바르게 되는 일이 발생하기까지 한다. 그러나 서로 모순되는 것들이 동시에 진실일 수는 없다. 설령 서로 대립하고 있지 않다고 해도, 모든 것들이 동시에 올바를 수는 없다.

3. 인간이 척도이다

고대 그리스의 철학자 프로타고라스(Protagoras)는 "인간이 만물의 척도"(man is the measure of all things)라고 주장하였다. 개인적인 의미에서만 이해된다면, 이것은 각 개인의 의지가 옳고 그름을 판별하는 기준임을 뜻하게 된다. 반드시 해야 할 도덕적으로 올바른 일은 나에게도 도덕적으로 올바른 일이다. 나에게 올바른 일은 다른 사람에게는 그릇된 일일 수 있으며 또 그 역도 가능하다.

여기에 대한 가장 분명한 비판은 이 견해는 아무리 잔인하고 가증스럽고 반역적인 행위라고 해도, 누군가에게는 올바른 행위라는 것이다. 그러나 이것은 도덕적으로 용납 불가능한 견해이다. 둘째로 이 이론이 실천으로 옮겨진다면, 사회는 기능 불능의 상태에 빠지고 말 것이다. 화합이 없으면 진정한 공동체는 존재할 수 없다. 누구든지 자기의 뜻대로 행동한다면 혼란이 초래될 것이다. 마지막으로 이 이론은 우리에게 인간 본성의 어떠한 측면이 만물의 척도로서 간주될 것인가를 말해주지 못한다. 인간 본성의 '선한 측면'이 만물의 척도라는 주장은 구차하기 이를 데 없는 주장이다. 왜냐하면 이것은 인간의 본성이나 행동에서 무엇이 선하고 악한가를 구별할 수 있게 해 주는바, 인간 능력으로는 파악하기 힘든 어떤 훌륭한 기준이 있음을 전제하고 있기 때문이다.

4. 인류가 도덕의 토대이다

프로타고라스의 입장 같은 철저한 개인주의 및 윤리적인 유아론(ethical solipsism)을 피할 수 있는 하나의 방법은, 인류 전체를 선의 기준으로 상정하는 방법이다. 이러한 방법에 따르면 부분은 전체에게 올바른 것을 결정해 주지 못한다. 단지 전체만이 부분에게 올바른 것을 결정해 줄 수 있을 뿐이다. 간략히 말해서 인류가 만물의 척도인 것이다.

그런데 인류 전체조차도 잘못을 범할 수 있음을 명심해야 한다. 존스타운(Jonestown)의 예에서 분명히 알 수 있듯이, 하나의 공동체의 구성원 모두가 집단 자살을 한 적도 있었다. 인류 대다수가 자살이 속세 문제에 대한 최선의 '해결방법'이라는 결정을 내리면 어떻게 될까? 이와 같은 결정이 내려지면 반대자들도 어쩔 수 없이 동의해야 하는가? 둘째로 인류는 변화하고 있고, 그것에 따라 윤리적 관습들도 변화하고 있다. '어린이 희생제사'(Child sacrifice)는 노예제도와 마찬가지로, 한때 어디서나 공통적으로 용인된 적이 있었다. 따라서 인류는 더 나은 가치를 표현할 수 있는 셈이다. 그런데 여기서 '더 나은 가치'는 발전의 정도를 측정할 수 있는 '가장 나은 가치'를 의미한다. 우리는 인류 외부에 완전한 가치가 없으면, 인류가 더 나아질지 혹은 더 나빠질지를 알지 못한다.

5. 중용이 도덕적으로 올바른 것이다

아리스토텔레스에 따르면 도덕은 중용 속에서 발견된다. 올바른 것은 '중용' 혹은 중용적인 행동방침이다. 예를 들자면 아리스토텔레스는 절제가 나태와 무감각의 중간에 있다고 확신했다. 아울러 자존심은 오만과 겸손의 중간에, 그리고 용기는 공포심과 호전성의 중간에 있다고 믿었다.

확실히 중용은 종종 가장 현명한 행동방침으로 된다. "너희 관용을 모든 사람에게 알게 하라"(빌 4:5). 그러므로 문제는 중용이 적절한 도덕성의 표현인가에 있는 것이 아니라, 중용이 도덕에 대한 적절한 정의(혹은 본질)인가에 있다. 중용이 올바른 것의 본질이 아니라고 생각할 만한 몇 가지 이유가 있다. 첫째로 극단적인 행동이 올바른 행동인 경우가 많이 있다. 비상사태가 벌어졌을 경우나 자기 자신을 지켜야 할 경우, 그리고 침략에 맞서 전쟁해야 할 경우는, 중용적인 행동이 항상 올바른 행동인 것만은 아니다. 한편 몇 가지 보복들의 경우에는, 중용을 취하게 되면 실천으로 옮기지 못한다. 어느 누구든지 중용을 위하면서 적당히 사랑해서는 안된다. 마찬가지로 적당히 감사를 드리거나 관용을 베풀어도 안된다. 둘째로 무엇이 중용인가에 관한 보편적인 합의가 존재하지 않는다. 예를 들자면 아리스토텔레스는 겸손을 악덕으로 여겼으나, 기독교인들은 미덕으로 여기고 있다. 셋째로 중용은 기껏해야 일반적인 행동지침일 뿐 보편적인 법칙이 아니다.

6. 쾌락을 가져다 주는 것이 도덕적으로 올바른 것이다

에피쿠로스 학파(B. C. 4세기)에 기원을 둔 쾌락주의자들은 쾌락을 가져다 주는 것이 도덕적으로 올바른 것이고 고통을 가져다 주는 것이 도덕적으로 그릇된 것이라고 주장한다. 그러나 완전한 쾌락이나 완전한 고통은 찾아보기 힘드므로, 도덕적으로 올바른 것을 규정하는 공식은 복잡하기만 하다. 그들에 따르면 선은 최대 다수의 사람들에게 최대한의 쾌락과 최소한의 고통을 가져다 주는 것이다.

이렇게 선을 규정할 경우 많은 문제점이 있다. 첫째로 모든 쾌락은 언제나 도덕적으로 올바르다고 할 수 없고(예를 들면 가학적 변태성욕), 모든 고통이 언제나 도덕적으로 잘못이라고도 할 수 없다(예를 들면 훈계의 고통). 둘째로 그렇다면 어떠한 종류의 쾌락이든 한번 누려봐야 하는가? 하지만 쾌락의 종류는 육체적 쾌락, 심리적 쾌락, 정신적 쾌락 등 매우 많다. 셋째로 우리는 직접적인 쾌락 혹은 궁극적인 쾌락을 시험삼아 누려봐야 하는가? 현세나 내세에서 반드시 쾌락을 누려야만 하는가? 넷째로 여기서의 쾌락은 어느 개인의 쾌락인가, 어느 집단의 쾌락인가, 아니면 전인류의 쾌락인가?

7. 최대 다수의 최대 행복이 도덕적으로 올바른 것이다

위에서 거론된 문제점들을 감안하여 일부 공리주의자들은, 최대 다수에게 최대 행복을 가져다 주는 것이 도덕적으로 올바른 것이라고 규정했다. 그런데 어떤 사람들(벤담; 1748~1832)은 행복의 의미를 양적으로 이해하고 있는 데 반해, 다른 사람들(밀; 1806~1873)은 그것을 질적으로 이해하고 있다.

이와 같은 행복에 대한 공리주의적 정의가 안고 있는 문제점들 또한 다양하다. 첫째로 행복을 어떻게 이해해야 하는가에 관한 합의가 전혀 이루어져 있지 않다(예를 들면 양적인 이해와 질적인 이해). 둘째로 최대 행복을 가져다 주는 것이 도덕적으로 올바른 것이라고 한다면 논점이 흐려지고 만다. 왜냐하면 그럴 경우 우리는 '행복'이 무엇인지를 묻지 않을 수 없기 때문이다. 올바른 것과 행복이 서로를 규정하면서 순환논리를 이루거나, 행복은 공리주의적 과정을 초월하는 어떤 기준에 의해 규정되어야 한다. 셋째로 어떠한 인간 존재도 앞으로 무엇이 일어날 것인가를 정확하게 예언할 수 없다. 따라서 실제적인 목적을 위해서라면, 행복에 대한 공리주의적 정의는 전혀 쓸모 없다. 현재의 행복, 그리고 가까운 미래의 행복이 무엇인지를 규정하기 위해서는 무언가 다른 것에 의존해야 한다.

8. 그 자체로 바람직한 것이 도덕적으로 올바른 것이다

아리스토텔레스의 뒤를 이어 누군가 행복은 그 자체로 바람직한 것이라고 정의내린 적이 있다. 즉 도덕적 가치는 목적이지 수단이 아닌 만큼, 다른 무언가를 위해 그것을 원해서는 안된다는 것이다. 예를 들어 다른 무언가(부귀 영화 등)를 얻기 위한 수단으로 여기면서 덕행을 쌓으려고 해서는 안된다. 덕행 그 자체를 목적으로 해야 한다.

이 견해는 명백하게 일정한 장점들을 갖고 있기는 하지만, 동시에 몇 가지 문제들을 야기시키고 있다. 첫째, 도덕적으로 올바른 행동의 내용을 올바르게 규정하지 않은 채, 단지 올바른 행동이 취하는 방향(즉 목적)만을 보여줄 뿐이다. 둘째로 현재 원하고 있는 것과 바람직한 것(다시 말해서 반드시 원해야 하는 것)을 혼동하고 있다. 이것은 또 다른 비판을 불러 일으킨다. 우리는 종종 그릇된 행동을 하려고 하므로, 올바른 행동은 우리가 현재 원하고 있는 것(진정으로 바람직한 것과는 대립되는)에 머무를 수밖에 없다. 마지막으로 그 자체로 올바른 행동처럼 보이는 것이라고 해도, 실제로는 항상 올바른 행동인 것만은 아니다. 자살은 실의에 빠져 있는 사람에게는 올바른 행동인 것처럼 보이지만, 실제로는 올바른 행동이 전혀 못된다. 자살은 아무런 문제도 해결하지 못한다. 다만 문제 해결을 회피하는 최후의 방법일 뿐이다.

9. 도덕적으로 올바른 것은 정의할 수 없다

도덕적으로 올바른 것을 밝혀 내려고 하다가 좌절한 나머지, 그것을 정의할 수 없다고 주장하게 된 사람이 있다. 무어(G. E. Moore; 1873~1958)는 『윤리학의 원리』(*Principia Ethica*)에서 올바른 행동을 정의내리려는 모든 노력은, 쾌락이 올바른 행동으로 귀착될 수 있으므로 양자는 동일하다고 가정하는 '자연주의적 오류'(naturalistic fallacy)를 범하게 된다고 주장하였다. 무어에 따르면 우리가 이야기할 수 있는 것은, "좋은 게 좋은 것이다"일 뿐 그 이외에는 아무것도 아니라고 한다. 다른 무언가의 관점에서 올바른 행동을 정의내리려고 하는 것은, 그 다른 무언가를 본질적으로 올바른 행동으로 만들게 된다는 것이다.

이 견해에는 나름대로의 일정한 장점이 있다. 궁극적으로 올바른 행동은 단 하나만 있을 수 있고, 그 이외의 모든 것은 이것에 종속되어야 한다. 그렇지만 이 견해에도 또한 부적절한 측면이 있다. 첫째로 올바른 행동이 의미하는 내용을 전혀 알려 주지 못하고 있다. 무엇이 올바르고 그른지를 보여주는 내용이 없으면, 올바른 행동과 그릇된 행동을 구별할 수 있는 방법은 존재하지 않는다. 둘째로 올바른 행동이 보다 궁극적인 어떤 것에 의해 정의될 수 없다는 것은, 올바른 행동이 결코 정의될 수 없다는 것을 의미하지는 않는다. 도덕적으로 올바른 하나님은 자신을 닮아 도덕적으로 올바른 인간들을 창조해 낼 수 있다. 그런데 이 경우 하나님은 궁극적이고 도덕적으로 올바른 존재이지만, 그럼에도 불구하고 하나님의 올바름은 그가 자기 자신을 토대로 창조해 냈던 도덕적인 인간들을 통해서 이해될 수 있다.

10. 올바른 행동은 하나님의 의지에 따라 결정된다

여기서의 마지막 견해는 하나님이 무엇을 하려고 하는가의 관점에서 올바른 행동을 정의내리는 것이다. 이것은 물론 올바른 행동의 본질에 대한 기독교적 견해이다. 하나님이 올바른 행동을 하려고 하기 때문에 올바른 행동이 존재할 수 있다. 하나님이 올바른 행동이라고 지정하는 모든 행동은 올바른 행동이다. 역으로 하나님이 어떤 한 행동을 악한 행동으로 지정한다면, 그 행동은 곧 악한 행동이 되고 만다. 따라서, 도덕적으로 올바른 행동은 궁극적일 뿐만 아니라 식별 가능한 것이다. 올바른 행동은 하나님에게 뿌리를 두고 있기 때문에 궁극적이다. 그리고 그것은 인류에 대한 계시 속에서 발견될 수 있기 때문에 식별 가능하다.

두 가지 이의가 종종 제기된다. 첫째로 이 견해가 권위주의의 한 형태라는 주장이 있다. 하지만 이 주장은 권위가 덜 궁극적인 권위일 경우에만 타당하다. 즉 어떤 유한한 인간이 궁극적인 권위를 갖고 있다고 주장한다면, 우리는 곧바로 '권위주의'를 외칠 수 있을 것이다. 그런데 궁극적인 권위를 궁극적인 권위로 간주하는 것 이상으로 잘못된 일은 없다. 도덕의 측면에서 절대 완전한 하나님이 존재한다면, 하나님은 본성상 무엇이 옳고 그른가를 판별해 주는 궁극적인 권위(혹은 기준)로 될 것이다. 둘째로 하나님의 의지라는 관점에서 올바른 행동을 정의내리는 것은 자의적이라는 주장이 있다. 이런 주장은 본질주의적인(essentialistic) 견해가 아닌 주의주의적인(voluntaristic) 견해에만 적용될 뿐이다. 주의주의자는 하나님이 그 어떤 행동을 하려고 하기 때문에, 그것을 올바른 행동이라고 확신하고 있다. 반면에 본질주의자는 하나님께서 그 어떤 행동이 자기 본성에 맞기 때문에 그것을 하려 한다고 주장하고 있다. 윤리가 하나님의 명령이라는 이와 같은 견해는, 비판을 모면하면서 기독교 윤리의 토대를 이루고 있다.

II. 기독교의 윤리관

우리는 앞에서 다양한 윤리에 대한 제이론을 검토했으므로, 기독교의 윤리관을 이해할 수 있는 좋은 위치에 서게 되었다. 기독교 윤리에는 몇 가지 뚜렷한 특징들이 있는데, 여기서는 그 각각을 간략하게 검토해 보려고 한다.

1. 기독교 윤리는 '하나님의 의지'에 토대를 두고 있다

우리가 살펴본 바와 같이 기독교 윤리는 하나님의 명령의 한 형태이다. 윤리적 의무는 우리가 해야 하는 것이며, 또한 하나님의 명령인 것이다. 하나님이 내린 윤리 명령은 당연히 하나님의 불변의 도덕적 속성과 일치한다. 즉 하나님은 언제나 자신의 도덕적 속성과 일치하는 올바른 일을 하려고 한다. 여호와는 이스라엘 백성들에게 "내가 거룩하니 너희도 거룩할지어다"(레 11:45)라고 명령하셨다. 또 예수는 그의 제자들에게 "하늘에 계신 너희 아버지의 온전하심과 같이 너희도 온전하라"(마 5:48)고 말씀하셨다. 하나님은 거짓말을 하실 수 없으므로(히 6:18), 우리도 거짓말을 해서는 안된다. 하나님은 사랑이시므로(요일 4:16) 예수님도 "네 이웃을 네 몸과 같이 사랑하라"(마 22:39)고 말씀하셨다. 간략히 말하면 기독교 윤리는 하나님의 의지(God's Will)에 토대를 두고 있는데, 하나님은 자신의 불변의 도덕적 속성에 반하는 일은 결코 하지 않는다.

2. 기독교 윤리는 절대적이다

하나님의 도덕적 속성은 변하지 않으므로(말 3:6; 약 1:17), 하나님의 속성에 뿌리를 둔 도덕 명령은 절대적이다. 즉 그것은 항상 어디서나 모든 사람에게 적용된다. 어떤 명령은 하나님의 속성과 일치하지 않으면서도, 하나님의 의지에서 비롯되기도 한다. 예를 든다면 하나님은 특정한 과일을 따먹지 말라는 명령을 내려, 아담과 하와의 도덕적 충성심을 시험하려고 했다(창 2:16~17). 아담과 하와가 당시 특정한 과일을 따먹지 말라는 명령을 어긴 것은 분명히 도덕적으로 잘못된 일이었지만, 우리는 현재 그와 같은 명령에 더이상 구애받지 않고 있다. 그러한 명령은 하나님의 의지에 토대를 두었지만 하나님의 속성에서 나온 것은 아니었다.

다른 한편, 살인하지 말라는 하나님의 명령(창 9:6)은 율법이 모세에게 전달되기 이전부터 존재했으며, 모세의 율법 아래서(출 20:13), 그리고 모세 시대 이후에도(롬 13:9) 존재하였다. 간략히 말해서 살인은 언제 어디서나 모든 사람에게 금지된 잘못된 행동이었다. 그것은 인간들이 '하나님의 형상'에 따라 창조되었기 때문에 진리이다(창 1:27; 9:6). 아울러 이것은 하나님과의 도덕적인 유사성을 포함하고 있다(골 3:10; 약 3:9). 그리고 하나님의 불변의 도덕적 속성에서 연유하는 모든 것은 도덕적으로 절대적이다. 하나님의 의지에 뿌리를 두고 있으나 하나님의 속성에서 연유한다고 할 수 없는 명령은, 신자에게 구속력을 갖기는 하지만 도덕적인 절대라고까지는 할 수 없다. 왜냐하면 하나님은 그러한 명령을 내리기는 했지만, 언제 어디서나 모든 사람에게 적용되도록 하지는 않았기 때문이다. 반면에 절대적인 도덕 의무는 언제 어디서나 모든 사람에게 구속력을 갖는다.

3. 기독교 윤리는 하나님의 계시에 토대를 두고 있다

기독교 윤리는 일반 계시와 동시에 특별 계시라고 할 수 있는 하나님의 명령에 토대를 두고 있다(롬 1:19~20; 2:12~15). 하나님은 자연 속에서는(시 19:1~6) 물론 성경 속에서 그 자신을 계시하셨다(시 19:7~14). 일반 계시는 모든 인간에 대한 하나님의 명령을 포함하고 있다. 특별 계시는 신자들에 대한 하나님의 의지이다. 그러나 어떤 경우든지 인간의 윤리적 책임의 토대는 하나님의 계시인 것이다.

누구든지 설령 무신론자라고 해도, 하나님이 도덕 의무의 근원임을 알지 못한다고 해서 도덕 의무를 면제받을 수는 없다. 왜냐하면 "율법없는 이방인이 본성으로 율법의 일을 행할 때는 이 사람은 율법이 없어도 자기가 자기에게 율법이 되나니 이런 이들은 그 양심이 증거가 되어 그 생각들이 서로 혹은 송사하여 혹은 변명하여 그 마음에 새긴 율법의 행위를 나타내기"(롬 2:14~15) 때문이다. 즉 비신자들이 도덕 법칙을 마음속 깊이 간직하고 있지 않다고 해도, 그것은 이미 마음 속에 새겨져 있다. 또한 비신자들은 도덕 법칙을 인지하고 있지 않다고 해도, 그것을 심정적으로는 받아들이고 있다.

4. 기독교 윤리는 규정적이다

도덕적인 정의는 도덕적인 하나님에 의해 규정되므로 그것은 규정적이다. 왜냐하면 도덕적인 율법 수여자가 없다면 도덕적인 법규도 있을 수 없기 때문이다. 도덕적인 입법자가 없다면 도덕적 입법도 이루어질 수 없다. 따라서 기독교 윤리는 존재(what is)가 아닌 당위(what ought to be)와 관련이 있다. 기독교인들은 기독교인들의 기준 속에서가 아니라, 기독교인들을 위한 기준(성경) 속에서 자기들의 윤리적 의무를 발견한다.

기독교의 관점에서 보면 순수 규정적인 윤리는 결코 윤리가 아니다. 인간 행위를 서술하는 것은 사회학의 영역이지만, 인간의 행위를 규정하는 것은 도덕의 영역이다. 우리가 앞에서 살펴본 바와 같이 다수자에게서 도덕을 도출해 내려는 노력은 '존재-당위'(is-ought)의 오류이다. 사람들이 실제로 하고 있는 것은, 그들이 당연히 해야 하는 것의 토대가 아니다. 만약 그렇다고 가정한다면 사람들이 항상 거짓말하고 사기치고 도둑질하고 살인하고 있는 이유로, 그런 행위들을 당연한 것으로 간주할 수 있게 된다.

5. 기독교 윤리는 의무론적이다

윤리 체계는 크게 두 범주, 즉 의무론적(의무 중심적) 범주와 목적론적(목적 중심적) 범주로 나눌 수 있다. 기독교 윤리는 의무론적이다. 한편 공리주의는 목적론적 윤리의 전형이다. 의무론적 윤리의 성격은 목적론적 윤리와 비교해 볼 때 한층 더 명확하게 알 수 있다.

예를 들어 아래 표를 설명해 보자. 한 사람이 물에 빠진 사람을 구해내려다 실패했다고 하자. 목적론적 윤리에 따르면 이것은 좋은 결과를 낳지 않았기 때문에 훌륭한 행동이 아니다. 결과가 행동의 훌륭함을 결정하는데, 결과가 좋지 못했으므로 구조 노력은 훌륭한 행동이 아니다.

두 가지 윤리관

의무론적 윤리	목적론적 윤리
규범이 결과를 규정한다	결과가 규범을 규정한다
규범은 행동의 토대이다	결과가 행동의 토대이다
규범은 결과에 상관없이 훌륭하다	규범은 결과 때문에 훌륭하다
결과는 항상 규범 내에서 계산된다	결과는 종종 규범과 어긋나기도 한다

물론 보다 복잡한 형태의 목적론적(공리주의적) 윤리는 이렇게 주장할 것이다. 비록 실패로 돌아갔다고 해도 물에 빠진 사람을 구조하려는 시도 자체는 사회에 좋은 영향을 미쳤으므로 훌륭했다. 즉 사람들은 이 이야기를 듣고서 앞으로 다른 사람을 구하는 일을 적극 돕겠다고 마음먹을 것이

라고 한다. 그러나 여기서도 실패로 돌아간바, 물에 빠진 사람을 구하려는 행동 자체는 훌륭한 행동이 아니었다. 물에 빠진 사람이나 그 밖의 누군가를 위해 좋은 결과를 낳았을 경우에만, 그러한 행동은 훌륭한 행동으로 될 수 있다.

이와는 대조적으로 기독교 윤리는 의무론적이므로, 비록 실패로 돌아가더라도 물에 빠진 사람을 구하려는 행동이 훌륭한 행동이라고 주장한다. 예를 들자면 기독교인들은 전혀 사랑받지 않는 것보다, 사랑받다가 목숨을 잃는 것이 더 낫다고 믿고 있다. 기독교인들은 또한 누군가가 구원받을 것이기 때문에, 그리스도는 십자가 위에서 헛되게 죽지 않았다고 확신한다. 왜냐하면 그리스도의 죽음은 비록 신자들에게만 영향을 미치고 있지만, 모든 사람을 위한 훌륭한 선택이었기 때문이다. 기독교 윤리는 실패로 돌아간다고 할지라도, 편협한 인종주의에 맞서는 행동은 훌륭하다고 주장한다. 왜냐하면 하나님의 본성을 반영한 도덕적인 행동은 성공을 거두든 실패로 돌아가든 상관없이 훌륭한 행동이기 때문이다. 기독교인에게 있어서 훌륭한 행동은 제비뽑기로 결정되는 것이 아니다. 삶에서는 승자가 항상 올바른 것만은 아니다.

그런데 기독교 윤리도 결과를 무시하지는 않는다. 무엇이 올바른가가 결과에 의해 결정되지 않는다고 해서, 결과를 고려하는 것이 옳지 않다고 주장해서는 안된다. 사실 기독교 윤리에서도 결과는 중요하다. 예를 들자면 기독교인은 방아쇠를 당기기 전에, 총구가 어디로 향하고 있는가를 염두에 두어야 한다. 운전사는 도로 사정을 보면서 속도를 내면 어떤 결과가 나올 것인지를 계산할 필요가 있다. 또한 강연자는 자기 말이 다른 사람들에게 어떤 영향을 미칠 것인지를 판단해야 한다. 기독교인들에게는 중병에 걸린 데 따르는 결과를 예측할 의무가 있다.

그런데 앞에서 든 예에서는 의무론적인 결과의 이용과 목적론적인 결과의 이용 사이에 중요한 차이점이 있다. 기독교 윤리에서는 결과가 규칙이나 규범 내에서만 계산된다. 즉 예상된 결과는 하나님이 우리에게 내려준 도덕 법칙의 위반을 정당화하는 무기로 결코 이용되지 않는다. 반면에 공리주의자들은 도덕 규범을 위반하기 위해 예상된 결과를 이용하고 있다.

즉 예상된 결과가 요구한다면 현존의 규범을 위반할 수도 있다는 것이 이들의 입장이다. 예를 들어 기독교 윤리는 질병을 막기 위한 예방 접종을 허용하지만, 그렇다고 해서 열성 유전자를 제거하기 위한 유아 살해까지 허용하는 것은 아니다. 열성 유전자를 제거하기 위한 유아 살해의 경우, 최종 결과는 악한 수단의 이용을 정당화하기 위해 악용된다. 간략히 말해서 목적은 올바른 수단의 이용을 정당화할 수 있지만, 그렇다고 해서 모든 수단의 이용을 정당화하는 것은 아니다.

Ⅲ. 다양한 윤리관

손꼽을 만한 윤리 체계는 여섯 가지가 있는데, 그 각각은 과연 객관적인 윤리 법칙이 존재하는가(다시 말해서 도덕 법칙은 주관적으로만 인간을 구속하지 않는가)라는 물음에 대한 대답이다.

'도덕률 폐기론'(antinomianism)은 그 어떤 도덕 법칙도 전혀 존재하지 않는다고 주장한다. '상황주의'(situationism)는 단 하나의 절대 법칙만이 존재한다고 단언한다. '일반주의'(generalism)는 몇 가지 일반 법칙이 존재하지만 절대 법칙은 존재하지 않는다고 주장한다. '무조건적인 절대주의'(unqualified absolutism)는 서로 모순되지 않는 많은 절대 법칙들이 존재한다고 믿고 있다. '갈등적인 절대주의'(conflicting absolutism)는 때에 따라서는 서로 모순되는 많은 절대 규범들이 존재하는데, 우리는 그 가운데서 덜 나쁜 악에 복종해야 한다고 주장한다. '차등적인 절대주의'(graded absolutism)는 많은 절대 법칙들이 존재하는데, 우리는 그 가운데서 보다 높은 차원의 법칙에 복종해야 한다고 말한다.

1. 다양한 윤리관 사이의 차이점

여섯 가지의 기본적인 윤리관 중에서 두 가지 윤리관은 객관적으로 절대적인 어떤 도덕 법칙도 부정하고 있다. 그 중에서 도덕률 폐기론은 모든 보편적이고 일반적인 도덕 법칙을 부정하고 있다. 한편 일반주의는 보편적인 도덕 법칙만을 부정할 뿐, 일반적인 도덕 법칙은 인정하고 있다. 즉 일반주의에 따르면 거의 언제나 구속력을 갖고 있지만 항상 구속력을 갖고 있다고는 할 수 없는 몇 가지 객관적인 도덕 법칙이 존재한다.

나머지 네 윤리관은 절대주의에 속한다고 할 수 있다. 물론 상황주의는 오직 단 한 가지 절대적인 도덕 법칙만을 상정하고 있다. 그 가운데서 무조건적인 절대주의는 이러한 절대적인 도덕 원리들이 결코 서로 모순되지 않는다고 주장하지만, 다른 두 절대주의(즉 갈등적인 절대주의와 차등적인 절대주의)는 때에 따라서는 서로 모순되기도 한다고 주장하고 있다. 그리고 이렇게 도덕 원리들이 때에 따라서는 서로 모순되기도 한다고 주장하는 절대주의 중에서, 갈등적인 절대주의는 불가피하게 서로 죄를 지을 수밖에 없을 때 우리가 덜 나쁜 죄를 지어야 한다고 주장한다. 반면에 차등적인 절대주의는 우리의 해야 할 일은, 보다 높은 차원의 계율을 준수하는 것이므로, 높은 차원의 계율과 모순되는 낮은 차원의 계율을 준수하지 않더라도 죄를 짓는 것은 아니라고 주장한다.

2. 여섯 가지 중요한 윤리관의 사례들

붐(Corrie ten Boom)은 나치의 죽음의 수용소에 갇힌 유태인들을 구하기 위해서, 자기가 어떤 거짓말을 했는가를 이야기해 주고 있다. 이란-콘트라(Iran-Contra) 문제에 관한 미(美) 상원의 청문회에서 올리버 노스 중령(Lieutenant Colonel Oliver North)은 자기가 임무를 수행하는 과정에서 무고한 생명을 구하기 위해 거짓말을 했다고 증언하였다. 즉 그는 "나는 거짓말과 생명을 놓고 저울질해야 했다"고 말했다.

성서에 실린 여러 이야기들을 보면, 사람들은 생명을 구해 주기 위해 거짓말을 했다. 히브리인 산파들은 바로가 죽이라고 명령한 아이들을 살리기 위해 거짓말을 했다(출 1:15~19). 라합은 여리고에서 유대인 첩자들의 생명을 구해주기 위해 거짓말을 했다(수 2장).

과연 생명을 구해 주기 위해 거짓말하는 것은 항상 올바른가? 이 문제를 놓고 여섯 가지 기본적인 윤리 입장들은 차이를 드러내고 있다.

첫째로 거짓말하는 것은 올바르지도 그릇되지도 않다. 이것은 어떤 율법도 존재하지 않는다는 입장이다. 도덕률 폐기론은 거짓말하는 것은 올바르지도 그릇되지도 않다고 주장한다. 이 입장은 옳고 그름을 판단하기 위한 수단으로서의 객관적인 도덕 원리들이 존재하지 않는다고 주장하는 것이다. 이 입장에 따르면 옳고 그름은 주관적이고 개인적이며 경험적인 근거에 의해서만 결정될 수 있지, 그 어떤 객관적인 도덕적 근거에 의해서도 결정되지 않는다. 우리는 말 그대로 도덕 법칙 없이 옳고 그름을 결정해야 한다.

둘째로 거짓말하는 것은 일반적으로 나쁘다. 이것은 보편적인 법칙이 존재하지 않는다는 입장이다. 일반주의는 거짓말하는 것이 일반적으로 나쁘다고 주장한다. 일반적으로 보아 거짓말하는 것은 그릇된 행동이지만, 특별한 경우에 이 일반적 규범은 파기될 수 있다. 보편적인 도덕 법칙이 존재하지 않으므로, 거짓말이 옳고 그른가는 결과에 달려 있다. 결과가 좋다면 거짓말도 올바르다. 대부분의 일반주의자들은 생명을 구해 주기 위해 거짓말하는 것은 올바르다고 믿고 있다. 왜냐하면 이 경우에 목적은 목적 달성에 필요한 수단을 정당화하고 있기 때문이다. 하지만 일반적으로 거짓말하는 것은 나쁘다.

셋째로 거짓말하는 것은 때에 따라서는 올바르다. 이것은 한 가지 보편적인 법칙만이 존재한다는 입장이다. 상황주의는 단 한 가지 절대적인 도덕 법칙만이 존재한다고 주장한다. 그런데 진실을 이야기하는 것은 절대적인 도덕 법칙이 아니다. 사랑이 유일한 절대적인 도덕 법칙이며, 거짓말하는 것도 사랑으로 될 수 있다. 사실 생명을 구해주기 위해 거짓말하는 것은 사랑에서 우러난 행동이다. 따라서 거짓말하는 것은 때에 따라서는 올바르다. 실제로 사랑을 제외한 그 어떠한 도덕 법칙도, 사랑을 위해서라면 파기될 수 있고 또 파기되어야 한다. 사랑 이외의 모든 것은 상대적이다. 오로지 사랑만이 절대적이다. 아무튼 상황주의자는 생명을 구해 주기 위해 거짓말하는 것은, 도덕적으로 정당화될 수 있다고 믿고 있다.

넷째로 거짓말하는 것은 항상 나쁘다. 이것은 서로 모순되지 않는 많은 법칙들이 존재하고 있다는 입장이다. 무조건적인 절대주의는 많은 절대적인 도덕 법칙이 존재하고 있으며, 그 중 어느 하나도 파기될 수 없다고 믿는다. 진실은 이러한 도덕 법칙이다. 따라서 모든 사람은 항상 진실만을 이야기해야 한다. 이것은 설령 누군가가 진실을 이야기했기 때문에 죽더라도 변함없다. 진실은 절대적인 도덕 법칙인데, 절대적인 도덕 법칙은 파기될 수 없다. 따라서 진실을 이야기해야 한다는 데에는 예외가 있을 수 없다. 아무리 바람직하다고 할지라도, 결과는 결코 규범을 파기하기 위한 명분으로 이용되어서는 안된다.

다섯째로 거짓말하는 것은 용서받을 수 있다. 이것은 서로 모순되는 많은 법칙들이 존재하고 있다는 입장이다. 갈등적인 절대주의는 우리가 때로는 절대적인 도덕 법칙과 불가피한 갈등을 겪을 수밖에 없는 잘못된 세상에서 살고 있음을 인정한다. 이러한 세상에서의 우리의 도덕 의무는 덜 나쁜 행동을 하는 데 있다. 우리는 덜 중요한 법칙을 어기고서 자비를 빌어야 한다. 예를 들어 우리는 생명을 구해주기 위해 거짓말을 한 후, 곧 하나님의 절대적인 도덕 법칙을 어긴 데 대한 용서를 빌어야 한다. 우리의 도덕적 딜레마는 때에 따라서는 불가피하지만, 우리는 어떤 방식으로든 비난받기 마련이다. 하나님은 우리가 도덕적 딜레마에 처해 있다고 해서, 자신의 절대적인 도덕 명령을 바꾸지는 않는다.

여섯째로 거짓말하는 것은 때에 따라서는 올바르다. 이것은 보다 높은 차원의 법칙이 존재하고 있다는 입장이다. 차등적인 절대주의는 때에 따라서는 서로 모순되기도 한, 많은 도덕적으로 절대적인 법칙이 존재하고 있다고 주장한다. 그런데 어떤 법칙은 다른 법칙보다 높은 차원의 것이므로, 불가피한 모순이 생기게 되면 우리는 반드시 높은 차원의 도덕 법칙을 따라야 한다. 하나님은 불가피한 일을 어쩔 수 없이 했다고 해서 우리를 꾸짖지는 않는다. 그러므로 하나님은 높은 차원의 법칙을 준수하기 위해, 낮은 차원의 법칙을 어긴 데 따른 우리의 책임을 면제해 준다. 많은 차등적인 절대주의자들은 죄없는 사람에게 자비를 베푸는 일은, 진실을 이야기하는 것보다 훨씬 더 중대한 도덕 의무라고 믿고 있다. 아무튼 그들은 생명을 구해주기 위해 거짓말하는 것은 올바르다고 확신한다.

요약하자면 도덕률 폐기론은 모든 객관적인 도덕 법칙을 배척하는 견해를 밝히고 있다. 일반주의는 도덕 법칙에는 예외가 있다고 주장한다. 상황주의는 오직 한 가지 도덕적으로 절대적인 원리만이 존재하며, 이것은 다른 모든 원리들에 대해 배타적이라고 주장한다. 무조건적인 절대주의는 절대적인 도덕 법칙이 서로 모순되는 상황에서도 항상 도피구가 있다고 말한다. 갈등적인 절대주의는 도덕 법칙이 서로 모순될 경우, 덜 나쁜 행동을 하는 것은 용납될 수 있다고 주장한다. 그리고 차등적인 절대주의는 도덕 법칙이 서로 모순될 때, 하나님은 높은 차원의 법칙을 준수하기 위해 낮은 차원의 법칙을 어긴 데 대한 우리의 책임을 면제해 준다고 주장한다. 이러한 윤리관들 각각에 대해 다음 장들에서 검토해 보자.

〖 꼭 읽어야 할 책들 〗

Aristotle. *Nicomachean Ethics.* In *The Complete Works of Aristotle: The Revised Oxford Translation,* Edited by Jonathan Barnes. 2 vols. Princeton, N. J.: Princeton University Press, 1984.

Bourke, Vernon, *History of Ethics.* New York: Doubleday, 1968.

Fletcher, Joseph. *Situation Ethics: The New Morality.* Philadelphia: Westminster, 1966.

Gula, Richard M. *What are They Saying about Moral Norms?* Mahwah, N. J.: Paulist, 1982.

Hume, David. *Essays, Moral, Political, and Literary.* Edited by Eugene F. Miller. Indianapolis: Liberty Fund, 1985.

Kant, Immanuel. *Foundations of the Metaphysics of Morals: Text and Critical Essays.* Edited by Robert P. Wolff. New York: Bobbs-Merrill, 1969.

Plato. *The Republic.* New York: Oxford University Press, 1967.

2

도덕률 폐기론

넓게 말해서 윤리 체계는 두 범주, 즉 비절대주의와 절대주의로 나뉜다. 첫번째 범주에는 도덕률 폐기론(제 2장)과 상황주의(제 3장)와 일반주의(제 4장)가 포함되고, 두 번째 범주에는 무조건적 절대주의(제 5장)와 갈등적인 절대주의(제 6장)와 차등적인 절대주의(제 7장)가 포함된다.

기독교 윤리는 하나님의 불변의 도덕적 본성에 확고하게 뿌리를 두고 있으므로(레 11:45; 말 3:6), 첫번째 범주의 세 가지 견해는 비기독교적이다. 그렇지만 이 세 가지 견해는 기독교 윤리에 도전하고 있으므로 좀더 검토될 필요가 있다.

I. 도덕률 폐기론의 배경

도덕률 폐기론은 문자 그대로 '법칙'에 반대하거나 법칙을 대체하려는 '입장'인 만큼, 구속력있는 도덕 법칙이 존재하지 않으며 따라서 모든 것이 상대적이라고 주장한다.

1. 고대 세계의 도덕률 폐기론

윤리적 도덕률 폐기론의 역사는 길다. 고대 세계에서 도덕률 폐기론의 등장에 영향을 미쳤던 흐름으로는 최소한 과정주의, 쾌락주의, 회의주의 등 세 가지를 들 수 있다.

(1) 과정주의(Processism)

고대 그리스의 철학자 헤라클리투스(Heraclitus)는 "누구도 똑같은 강을 두 번 건널 수 없다. 왜냐하면 항상 새로운 물이 흘러오기 때문이다"라고 말했다. 그는 세상의 모든 것은 항상 변화하는 상태에 있다고 믿었다. 그 후 그리스의 사상가 크라틸루스(Cratylus)는 이러한 철학을 한층 더 발전시켜, 똑같은 강을 한 번이라도 건넌 사람은 아무도 없다고 주장했다. 그는 강은 물론이고 그 밖의 모든 것이 '동일성'(sameness)이나 불변의 본질을 갖고 있지 않다고 주장하였다. 크라틸루스는 이렇게 모든 것이 변한다고 확신한 결과, 자기가 존재하는지에 대해서조차 명확하게 대답하지 못했다. 즉 그는 "당신 역시 변하는 상태에 있지 않느냐"는 자기 존재에 관한 질문을 받자, 손가락만 꼼지락 거릴 뿐 아무런 대답도 못했다. 이러한 견해가 윤리의 영역에 적용되면, 불변의 도덕 법칙은 존재할 수 없으며 모든 윤리적 가치는 상황에 따라 변화할 것이라고 주장할 것이다.

(2) 쾌락주의(Hedonism)

고대 에피쿠로스 학파(Epicureans)는 "선의 본질은 쾌락이고 악의 본질은 고통이다"라는 상대주의적인 윤리, 즉 쾌락주의(그리스어로 hedone는 쾌락이라는 뜻)를 정립하였다. 쾌락은 개인, 장소, 시대에 따라 상대적이다. 비행기 탑승은 어떤 사람에게는 쾌락이지만 다른 사람에게는 고통이다. 똑같은 음악도 어떤 때는 감미롭지만, 다른 때는 짜증만 불러 일으킨다. 이러한 견해가 윤리 영역에 적용될 경우, 어떤 사람에게는 도덕적으로 올바른 것이 다른 사람에게는 그릇된 것으로 된다고 주장할 것이다.

(3) 회의주의(Skepticism)

회의주의의 중심 주장은 "모든 문제에 대한 판단을 유보하라"는 것이다. 엠피리쿠스(Sextus Empiricus)는 근대 철학자 흄(David Hume)과 마찬가지로, 고대 세계의 유명한 회의주의자였다. 회의주의자는 모든 문제는 두 가지 측면을 갖고 있을 뿐만 아니라 궁지에 몰릴 수 있다고 주장한다. 그래서 회의주의자에 따르면 우리는 그 어떠한 최종적이고 확고한 결론도 도출할 수 없으므로, 모든 문제에 대한 판단을 유보해야 한다. 윤리의 영역에서 이러한 견해는, 절대적으로 옳다고 여겨지거나 그르다고 여겨질 수 있는 것은 아무것도 없다는 것을 의미한다.

2. 중세 세계의 도덕률 폐기론

중세 서유럽 세계는 기독교적 관점이 지배했던 세계였으나, 그래도 도덕률 폐기론에 기여한 몇 가지 사상적 흐름을 발생시켰다. 이러한 사상적 흐름 가운데 유명한 것으로는 의도주의, 주의주의, 명목주의 등을 들 수 있다.

(1) 의도주의(Intentionalism)

12세기의 아베랄드(Peter Abelard)는 어떤 행동이 좋은 의도로 행해졌다면 옳은 행동이고, 나쁜 의도로 행해졌다면 그릇된 행동이라고 주장하였다. 따라서 겉보기에는 나쁜 일부 행동도 실제로는 훌륭한 행동이 될 수 있다. 예를 들어 다른 사람을 우발적으로 죽인 사람은 도덕적으로 비난받지 않는다. 반면에 잘못된 의도(예를 들면 남에게 칭찬받으려는 의도)에서 거지에게 돈을 주었다면 그것은 잘못된 행동이다. 어쨌든 행동의 옳고 그름은 행동한 사람의 의도에 따라 상대적이다.

(2) 주의주의(Voluntarism)

14세기의 사상가 옥캄(William of Ockham)은 모든 도덕 원리가 하나님의 의지로 귀착된다고 주장하였다. 그런데 하나님은 무엇이 옳고 그른가를 언제나 똑같이 결정하지는 않는다. 옥캄은 어떤 일이 옳기 때문에 하나님이 그 일을 하려고 하는 것이며, 하나님이 하려고 하기 때문에 그 일이 올바른 것이라고 주장하였다. 그렇다면 오늘에는 도덕적으로 옳은 일이라고 해도 내일에는 그렇지 않을 수 있다. 기독교 주의주의자들은 하나님은 기본적인 도덕 문제들에 대한 의지를 바꾸지 않을 것이라는 믿음에서 위안을 얻었지만, 도덕들이 변하지 않을 것이라고 확신할 수는 없었다. 이리하여 주의주의는 도덕률 폐기론을 위한 길을 여는 데 일조를 했다.

(3) 명목주의(Nominalism)

옥캄 사상의 다른 한 측면은 명목주의(보편적 실재를 부정하는 입장)로 불리운다. 명목주의자들은 보편적인 형상이나 본질은 존재하지 않으며, 단지 개별적인 사물들만 존재할 뿐이라고 믿는다. 보편적 실재는 현실이 아닌 관념 속에서만 존재한다. 현실 세계는 철저하게 개별적이다. 예를 들어 인간의 본질 같은 것은 없으며, 단지 개별 인간들만이 현실 세계 속에 존재한다. 인간은 관념 속에서 개념으로만 존재할 뿐이다. 이러한 추론이 윤리에 적용된다면, 선이나 정의 같은 것들이 존재하지 않게 된다는 사실은 쉽게 짐작할 수 있다. 명목주의에 따르면 서로 다른 개별적인 정의로운 행동들만이 있으며 정의 그 자체는 없다.

3. 근대 세계의 도덕률 폐기론

근대 세계에서의 상대주의의 성장은, 세 가지 사상적 흐름(즉 공리주의, 실존주의, 진화론 등)을 보면 분명히 알 수 있다. 이 세 가지 사상적 흐름은 나름대로의 방식으로 도덕률 폐기론에 기여하였다.

(1) 공리주의(Utilitarianism)

쾌락주의를 토대로 벤담(Jeremy Bentham; 1748~1832)은, 누구든지 결국에는 최대 다수의 최대 행복을 낳기 위해 행동해야 한다는 원리를 정립하였다. 이것은 때에 따라서는 '공리주의적 계산'(utilitarian calculus)으로 불리우기도 한다. 벤담은 이 최대 다수의 최대 행복이라는 말을, 최대한도로 많은 쾌락과 최소한도로 적은 고통이라는 양적인 의미로 이해하였다.

밀(J. S. Mill)도 동일한 공리주의적 계산을 이용했으나 그것을 질적인 의미에서 이해하였다. 그는 어떤 쾌락은 다른 쾌락보다 질적으로 높은 수준에 있다고 믿었다. 그래서 그는 행복한 돼지보다는 불행한 인간이 되는 것이 더 낫다고까지 주장하였다. 왜냐하면 인생의 지적이고 미적인 특성들은, 동물의 단순한 육체적 쾌락보다 질적으로 훨씬 더 우월하기 때문이라는 것이다. 그런데 그 어떤 공리주의든지 절대적인 도덕 법칙이 없기는 마찬가지이다. 왜냐하면 공리주의는 최대한의 쾌락을 가져다 주는 것에만 전적으로 의존하지만, 이 최대한의 쾌락이라는 것은 개인과 장소에 따라 서로 다르기 때문이다.

(2) 실존주의(Existentialism)

키에르케고르(Sören Kierkegaard; 1813~1855)는 현대 실존주의의 아

버지이다. 그는 기독교 사상가였지만 대부분의 사람들은, 그가 우리의 최고 임무는 도덕 법칙을 초월하는 것이라고 주장함으로써 도덕률 폐기론이 등장할 수 있는 문을 열었다고 믿고 있다. 키에르케고르는 "살인하지 말라"는 도덕률을 열심히 믿은 동시에, 하나님이 아브라함에게 아들 이삭을 죽이라고 말했다는 것도 믿었다(창 22장). 그는 이러한 행위에 대한 도덕적 명분이나 정당화가 성립될 수 없다고 생각했기 때문에, 이런 경우 '신앙의 도약'(a leap of faith)을 통해 윤리를 초월하는 것이 필요했다고 주장하였다.

키에르케고르의 뒤를 이어 사르트르(J. P. Sartre; 1905~1980) 같은 비기독교 사상가들은, 실존주의를 도덕률 폐기론에 한층 더 가깝게 접근시켰다. 사르트르는 어떤 윤리 행동도 실제적인 의미를 갖고 있지 않다고 주장하였다. 그는 "어떤 사람이 혼자서 물을 마시는 것과 국가의 지도자가 되는 것은 궁극적으로 동일한 것이다"[1]라고 말하면서 『존재와 무』(Being and Nothingness)를 끝맺었다.

(3) 진화론(Evolutionism)

다윈 이후 스펜서(Herbert Spencer; 1820~1903) 같은 사람들은, 진화론을 우주론으로까지 확장시켰다. 또한, 헉슬리(T. H. Huxley; 1825~1895)나 줄리안 헉슬리(Julian Huxley; 1887~1975) 같은 사람들은 진화론적인 윤리학을 전개했다. 이들의 중심 주장은 진화과정을 돕는 것은 무엇이든 옳으며, 진화과정을 방해하는 것은 무엇이든 잘못된 것이라고 정리할 수 있다. 줄리안 헉슬리는 진화론적 윤리학의 세 가지 원칙을 정립했다. 즉 항상 새로운 진화 가능성을 실현시키는 것도 옳고, 그것을 완전하게 발전시키는 것도 옳고, 사회 진화의 메카니즘을 세우는 것도 옳다는 것이다.

아돌프 히틀러(Adolf Hitler)는 『나의 투쟁』(Mein Kampf; 1924)에서 진화론적인 윤리를 정립했다. 그는 다윈(Charles Darwin)의 자연도태의 원리나 적자생존의 원리를 인간 집단에 적용하면서, 진화를 통해 우등민족

---

1) Jean-Paul Sartre, *Being and Nothingness*, trans. Hazel E. Barnes(New York: Philosophical Library, 1956), p. 767.

(아리안족)이 창조되었는데 우리는 이 우등민족을 유지하고 보존하기 위해 노력해야 한다는 결론을 내렸다. 아울러 그는 열등민족은 제거되어야 한다고 확신했다. 히틀러는 이러한 생각을 토대로 육백만 명의 유태인 및 그 밖의 비(非)아리안족을 학살했다.

4. 현대 세계의 도덕률 폐기론

현대 세계의 일부 사상적 흐름들은 비율법적인 도덕의 확산에 기여하고 있다. 정서주의, 허무주의, 상황주의 등은 모두 도덕률 폐기론의 범주에 포함된다고 할 수 있다.

(1) 정서주의(Emotivism)

에이어(A. J. Ayer; 1910~1970)는 모든 윤리적 진술은 정서적이라고 주장하였다. 즉 그에 따르면 모든 윤리적 진술은 사실상 감정의 표현에 지나지 않는다. 그러므로 "살인을 해서는 안된다"는 말은 결국 "나는 살인을 싫어한다"거나 "나는 살인이 잘못이라고 느낀다"는 것을 의미한다. 윤리적인 진술은 우리의 '주관적 감정'(subjective feeligs)에서 우러난 충고일 따름이다. 여기에는 하나님의 명령이란 전혀 존재하지 않는다. 모든 것은 개인 감정에 따라 상대적이다. 따라서 어디서든지 모든 사람들에게 구속력을 발휘할 수 있는 객관적인 도덕 법칙이란 존재하지 않는다.

(2) 허무주의(Nihilism)

유명한 독일의 무신론자 프리드리히 니체(Friedrich Nietzsche; 1844~1900)는 "하나님은 죽었다. 왜냐하면 우리가 그를 죽였기 때문이다"라고 말했다. 하나님이 죽었을 때 모든 객관적인 가치도 그와 함께 소멸되었다.[2] 러시아의 소설가 도스토예프스키(Fyodor Dostoefskye; 1821~1881)는 하나님이 죽는다면, 무엇인가 하나님과 함께 사라지는 것도 있다고 정확하게 지적하였다. 니체에게는 하나님의 죽음은 하나님이 부여해 준 가치 체계의 소멸 뿐만 아니라, 인간이 독자적인 가치 체계를 창조

---

2) Friedrich Nietzsche, *The Gay Science*, in *The Portable Nietzsche*, trans. Walter Kaufmann(New York: Viking, 1968), p. 95.

할 필요성을 의미하였다. 그래서 그는 우리가 "선과 악을 초월해야 한다"고 주장하였다. 선한 일을 하려는 하나님이 없으므로, 우리 자신이 독자적으로 선한 일을 하려고 해야 한다는 것이다. 그리고 영원한 가치가 존재하지 않으므로, 동일한 상황이 영원히 반복되도록 해야 한다는 것이다. 니체는 『도덕의 계보』(The Genealogy of Morals)의 마지막 부분에서, 아무것도 하지 않으려 하기보다는 차라리 허무(nothingness)를 선택하려 한다고 말했다. 이러한 허무의 선택이 이른바 허무주의이다.

(3) 상황주의(Situationism)

이 견해에 의하면 모든 것은 개인이 처한 상황에 따라 상대적이다. 현대 윤리학자 요셉 플레처(Joseph Fletcher)는 하나의 절대적인 윤리 규범에 대한 확신을 가져야 한다고 주장하면서도(3장 참조), 실질적인 내용을 갖는 절대적인 도덕 원리들을 제시하지 못하고 있다. 이러한 의미에서 볼 때 그의 견해도 도덕률 폐기론에 크게 기여한다고 할 수 있을 것이다. 플레처는 우리는 '결코'와 '항상'이라는 말을 회피해야 한다고 말하고 있다. 항상 모든 사람에게 적용될 수 있는 도덕 원리들은 존재하지 않는다. 모든 윤리적 결정은 편의적이고 상황에 따른 결정이다.

II. 도덕률 폐기론의 기본 신념들

도덕 법칙이 없더라도 도덕률 폐기론은 존재한다. 이 견해는 절대적인 의미에서는 물론 제한적인 의미에서도 이해될 수 있다. 먼저 절대적인 의미에서는 도덕 법칙이 전혀 없더라도 도덕률 폐기론이 존재할 수 있다. 하지만 이렇게 생각하는 사람은 극소수이다. 이같은 견해는 보통 윤리적 상대주의라는 비판을 받고 있으며, 솔직한 고백보다는 귀류법(reduction)을 통해서 주장되고 있다.

한편 제한적인 도덕률 폐기론은 보다 광범위하게 주장되고 있다. 이것은 객관적이고 절대적이며 또는 하나님이 부여한 율법을 부정하는 윤리적 상대주의의 한 형태이다. 이것은 모든 도덕 법칙을 부정하는 것이 아니라, 어느 한 사람이 다른 사람들에게 강요할지도 모르는 도덕을 부정한다. 도덕률 폐기론의 기본 신념들 가운데 몇 가지를 더욱 상세하게 검토해 보자.

1. 하나님이 부여한 도덕 법칙은 존재하지 않는다

도덕률 폐기론자들은 이론적인 면에서나 실천적인 면에서 무신론자들이다. 왜냐하면 그들은 하나님이 직접 모든 도덕 원리들을 세우고 있다는 사실을 믿지 않기 때문이다. 이들에 따르면 하나님을 비롯한 그 어느 누구도 우리에게 보편적인 도덕 법칙을 강요할 수 없다.

2. 객관적인 도덕 법칙은 존재하지 않는다

대부분의 도덕률 폐기론자들은 사람들이 일정한 도덕 기준을 선택하고, 그것에 따라 생활할 수 있음을 부정하지 않는다. 그들은 다만 도덕 기준은 개인의 주관적인 선택 이상의 것이라는 주장을 거부할 뿐이다. 그들에 의하면 어떠한 도덕 법칙이든 그것은 생활의 기준으로 선택한 개인에 따라 상대적이다. 모든 인간 존재에게 구속력을 발휘하는 객관적인 도덕 법칙은 존재하지 않는다.

3. 영원한 도덕 법칙은 존재하지 않는다

도덕률 폐기론자들은 또한 아무리 그 기원이 하나님에게 있다고 할지라도, 영원한 도덕 법칙은 존재하지 않는다고 주장한다. 즉 어떠한 도덕 법칙이든 일시적일 뿐 결코 영원하지 않다는 것이다. 인류는 사실상 영원한 법칙없이 살아가고 있다. 도덕들은 시간과 장소에 따라 바뀐다.

4. 율법을 전면 부정하는 율법은 존재하지 않는다

많은 도덕률 폐기론자들은 율법에 반대하지는 않는다. 다만 율법 없이 살아가려고 하고 있을 따름이다. 그들이 반드시 율법에 반대하는 것만은 아니며, 단지 어떤 도덕 법칙도 존재하지 않는다고 생각할 뿐이다. 하지만 이것은 그들이 아무런 율법도 갖지 않고 살아 간다는 것을 의미하지는 않는다. 많은 도덕률 폐기론자들도 민법은 물론 가족 규범이 필요하다는 것을 인정한다. 왜냐하면 일정한 종류의 율법 없이는, 사회가 기능할 수 없다는 사실을 잘 알고 있기 때문이다. 하지만 그들은 실증적인 사회법을 인정하기는 하지만, 그 토대가 신법이나 자연법에 있지 않다고 주장한다. 그들에 따르면 인간 존재들은 이렇게 신법이나 자연법에 토대를 둔 민법 배후의 도덕 법칙이 없더라도 충분히 살아갈 수 있다. 그러므로 바로 이러한 의미에서 그들은 도덕률 폐기론자, 혹은 율법 없이 살아가는 사람들이라고 할 수 있다.

III. 도덕률 폐기론의 긍정적인 기여

긍정적인 측면이 전혀 없는 견해는 거의 존재하지 않는다. 아무리 잘못된 견해라고 해도 약간의 진실은 담고 있는 법이다. 따라서 도덕률 폐기론적 견해도 몇 가지 진실의 단편들을 담고 있다. 도덕률 폐기론의 형태는 다양한 만큼 그것이 기여하는 바도 다르지만, 어쨌든 모든 도덕률 폐기론이 나름대로 일정한 기여를 하고 있다는 것만은 분명하다. 도덕률 폐기론의 긍정적인 측면들은 다음과 같다.

1. 도덕률 폐기론은 개인의 책임을 강조하고 있다

도덕률 폐기론자들은 종종 보편적 실재보다는 개인을 더 강조한다. 이것은 윤리가 궁극적으로는 개인 책임의 문제라는 사실을 가리킨다. 도덕 원리의 근원으로서의 하나님에 대한 언급이 없다고 해서, 자기 자신의 행동에 대한 인간의 책임이 면제될 수 있는 것은 아니다.

마찬가지로 개인에 대한 강조는, 개인의 책임이 집단 속에서 용해되는 것을 막는다. 개인은 집단 속으로 도피하지 못한다. 개인은 군중 속에서 숨지 못한다. 그 누구도 떳떳하게 자신의 도덕적인 행동에 대한 책임을 사회에 전가할 수 없다.

2. 도덕률 폐기론은 정서적인 요소들을 인정하고 있다

일부 도덕률 폐기론자들은 도덕 명령으로 받아들여지는 것에서의 정서적인 차원을 올바르게 지적하고 있다. '하지 마라' 혹은 '해서는 안된다'와 같은 언어 형태를 취하는 모든 명령이 항상 하나님의 명령인 것만은 아니다. 이러한 말의 대부분은 개인 감정의 표현에 지나지 않는다. 모든 명령이 규정적이라고 할 수는 없다. 그 가운데 일부는 정서적이다. 우리는 종종 우리 자신의 감정을, 마치 하나님의 명령이기라도 한 것처럼 강력하게 표현한다. 도덕률 폐기론자들은 우리에게 이렇듯 하나님의 명령이 남발되고 있음을 인식시켜 준다는 점에서 많은 기여를 하고 있다.

3. 도덕률 폐기론은 인격적인 관계를 강조하고 있다

도덕률 폐기론의 몇 가지 형태들(예를 들면 실존주의)은, 단순한 규범적인 규칙보다는 인격적인 관계를 더욱 강조하고 있다. 그리고 이렇게 함으로써 도덕의 또 다른 중요한 차원에 초점을 맞추고 있다. 결국 우리는 무엇보다도 먼저 인간에 대한 윤리적 책임을 느껴야지, 단순한 율법에 대한 책임을 앞세워서는 안된다. 예수도 다음과 같이 말하면서 이 점을 지적하였다; "안식일은 사람을 위하여 있는 것이요 사람이 안식일을 위하여 있는 것이 아니니"(막 2:27). 인간은 목적이지 목적을 달성하기 위한 수단이 아니다. 인간을 위한 단순한 규범보다 인격을 더욱 강조함으로써, 도덕률 폐기론자는 윤리적 책임의 또 다른 중요한 측면을 재조명할 수 있도록 하였다.

4. 도덕률 폐기론은 여러 가지 윤리의 유한한 차원들을 강조하고 있다

절대주의자들은 마치 절대적인 원리들을 절대적으로 이해한 것처럼 행동하면서, 자신들의 견해를 과도하게 주장하고 있다. 도덕률 폐기론자들은 이와는 달리 상대적인 차원을 강조함으로써 윤리학에 기여하고 있다. 유한한 인간은 무한자를 무한히 인식하지는 못한다. 바울은 "이제는 내가 부분적으로 아나"(고전 13:12)라고 말했다. 기본적인 윤리 원리들은 절대적이지만, 그것들을 파악할 수 있는 인간 능력은 덜 절대적이다. 우리는 하나님의 불변의 도덕 법칙을 항상 다르게 이해해 왔다는 사실을 지적함으로써, 도덕률 폐기론자들은 기독교 윤리학에 대해 알지 못하는 사이에 많은 기여를 하였다.

Ⅳ. 도덕률 폐기론에 대한 몇 가지 비판

많은 도덕률 폐기론자들이 자기들의 행동에 대해 꼭 무책임한 것만은 아니지만, 전체적으로 볼 때 그들의 견해에는 몇 가지 중대한 문제점들이 있다. 고대에서 현대에 이르기까지 수많은 견해들이 도덕률 폐기론으로 귀착되었다. 이러한 도덕률 폐기론적인 견해들 각각은 앞에서 검토되었으므로, 여기서는 그 각각에 대해 간략하게 반박해 보려고 한다.

1. 과정주의에 대한 반박

헤라클리투스에게서 연유하는바 모든 것이 변화한다는 견해는 두 가지 점에서 반박될 수 있다. 첫째로 헤라클리투스 자신은 모든 것이 상대적이라고 확신하지는 않았다. 사실 그는 모든 변화의 밑바닥에는, 변화를 측정할 수 있는 불변의 로고스(Logos)가 있다고 주장하였다. 그는 이러한 로고스는 절대적인 법칙으로서, 모든 인간들은 그것에 기초하여 살아야 한다고 인식했다.

둘째로 크라틸루스처럼 모든 것이 항상 변화한다는 생각을 가진 사람이 있다면, 그는 변화를 제거하기 위해 변화를 이용하게 된다. 왜냐하면 모든 것이 변화하며 또 변화하지 않는 것이 아무 곳에도 없다면, 변화를 측정할 수 있는 방법이 전혀 없기 때문이다. 따라서 모든 것이 항상 변화할 수 없든지, 혹은 우리가 모든 것이 변화한다는 사실을 알 수 없든지 둘 중의 하나일 것이다.

2. 쾌락주의에 대한 반박

쾌락이 선의 본질이라는 주장도 몇 가지 점에서 비판받아야 한다. 우선 모든 쾌락이 다 선이라고 할 수는 없다. 예를 들자면 정신이상자가 어린이에게 고통을 가하면서 느끼는 '가학적인 쾌락'(sadistic pleasure)은 결코 선이 아니다. 사실상 그것은 엄청난 악이다. 둘째로 모든 고통이 다 악한 것은 아니다. 예를 들어 예상되는 질병이나 상처를 예방할 때의 고통은 좋은 고통이다. 셋째로 선을 쾌락으로 환원시키는 것은 범주의 혼란이다. 어떤 사람이 쾌락을 느끼고 있다고 해서 덕이 높다고 판단할 수 없는 것과 마찬가지로, 고통을 느끼고 있다고 해서 악하다고 할 수는 없다. 마지막으로 개인의 행복은 때에 따라서 상대적일 수 있지만 가치들은 그렇지 않다. 많은 순교자들은 소중히 여기는 가치들 때문에 오히려 고통을 겪었다. 따라서 선은 쾌락과 동일시될 수 없다.

3. 회의주의에 대한 반박

회의주의에는 수많은 문제점들이 있다. 첫째로 철저한 회의주의는 자기 기만적이다. 회의주의자가 모든 것에 대해 실제로 회의한다면, 그는 회의주의 그 자체에 대해서도 회의적일 것이다. 만약 그가 그 자신이 회의하고 있다는 사실에 대해 회의하지 않는다면 그는 실제로는 회의주의자가 아닌 독단주의자일 것이며, 우리는 자신의 회의적 견해를 제외한 모든 것에 대해 판단을 유보하기를 바라고 있는 셈이다. 둘째로 어떤 사실들은 회의의 대상일 수 없다. 예를 들자면 왜 나는 자신의 존재에 대해 회의해야 하는가? 어떤 사실들은 지극히 명백하며 이러한 명백한 사실을 부정하는 것만큼 쓸데없는 일은 없다. 셋째로 윤리는 우리가 살아가는 방법과 관련이 있지만, 어떠한 회의주의자도 자신의 회의주의를 일관되게 견지할 수는 없다. 그는 자기에게 음식과 물이 필요한지에 대해서, 잠시라도 판단을 유보할 수는 없다. 만약 그가 결혼했다면 그는 자기 아내를 사랑하는지에 대해서는 감히 판단을 유보하지 않으려고 할 것이다.

4. 의도주의에 대한 반박

의도주의를 근본적으로 부정할 수 있는 가장 손쉬운 방법은, "지옥으로 가는 길도 선한 의도로 포장되어 있다"는 점을 지적하는 것이다. 게다가 히틀러조차도 선한 의도에서 학살을 자행하였다. 즉 그는 '열등민족'을 뿌리뽑으려고 했던 것이다. 이와 아울러 의도주의는 나쁜 의도는 항상 나쁘고, 좋은 의도는 항상 좋다는 식의 그릇된 가정에 입각해 있다. 나쁜 의도는 나쁜 행동을 초래하지 않더라도 항상 나쁜 것이다. 죄없는 사람을 죽이려는 시도는, 비록 성공을 거두지 못했다고 하더라도 당연히 나쁘다. 하지만 사회의 재정 부담을 경감시키기 위해 불구자를 살해하는 것은, 그 의도가 아무리 숭고하다고 해도 나쁜 행동인 것이다.

5. 주의주의에 대한 반박

주의주의와는 반대로 어떤 행동은, 하나님이 하시려고 하기 때문에 나쁜 행동으로 되기도 한다. 먼저 주의주의는 하나님을 자의적이면서 본질적으로 선하지 않은 존재로 만들고 만다. 둘째로 주의주의는 또한 하나님의 의지를 그의 본성 이상으로 추켜올림으로써, 하나님의 의지가 본성과 동떨어져 기능하도록 한다. 따라서 주의주의는 문제점이 많은 신학이라 하겠다. 셋째로 주의주의는 하나님이 윤리적인 관심사에 대해 불변의 태도를 견지할 것이라고 보장하지는 못한다. 왜냐하면 하나님은 어느 때든지 자신의 생각을 바꿀 수 있으므로, 심지어는 미움이 사랑보다 더 옳다고까지 할 것이기 때문이다. 넷째로 어떤 행동이 최고 통치자의 선택에서 비롯된 행동이라고 해서 반드시 옳다고 할 수는 없다. 우리 모두가 알고 있듯이 최고 통치자들은 변덕이 심하고 자의적일 가능성이 있다. 어떤 행동이든 누군가가 수행할 수 있는 권력을 갖고 있다는 이유만으로 올바른 행동으로 되는 것은 아니다. 그것이 올바른 행동으로 되기 위해서는 올바른 권력에서 비롯된 행동이어야 한다. 결국 의지만으로는 선의 토대를 충분히 쌓아 올릴 수 없다. 그것은 선한 의지여야 한다.

6. 명목주의에 대한 반박

무엇보다도 먼저 의미의 보편적 형태나 본질이 존재하지 않는다는 명목주의자들의 말이 옳다면, 의미는 한 언어에서 다른 언어로 번역될 수 없을 것이다. 하지만 한 언어에서 다른 언어로의 의미 번역(translation of meaning)은 세계 곳곳에서 일상적으로 이루어지고 있다. 둘째로 명목주의는 윤리에 적용될 경우, 모든 선한 행동은 어떤 보편적 선에 관여해야만 선한 행동으로 치장될 수 있음을 의미한다. 따라서 모든 선한 행동에 공통된 어떤 보편적인 선이 존재해야 한다. 셋째로 기독교인에게는 이러한 보편적 선은 하나님의 도덕적인 성격이다. 하나님이 모든 선의 토대라 할 수 있는 선한 본성을 갖고 있다는 사실을 부정하는 것은, 하나님에 대한 기독교의 견해와 대립될 수밖에 없다.

7. 공리주의에 대한 반박

공리주의가 안고 있는 첫번째 문제점은, 공리주의에서는 목적달성에 필요한 어떠한 수단이든 목적이 수단을 정당화 시킨다는 점이다. 공리주의의 주장대로라면 1,800만명을 학살한 스탈린의 행위도, 공산주의적인 유토피아의 실현이라는 관점에서 정당화될 수 있다. 둘째로 결과만으로는 행동을 정당화시키지 못한다. 결과가 나타나면 우리는 좋은 결과인가 나쁜 결과인가를 살펴 보아야 한다. 목적이 수단을 정당화시키지 못한다. 수단 그 자체가 정당해야 한다. '불순한' 유전자의 담지자로 추정되는 유아를 마지못해 살해한 행위도, 순수한 유전자의 보존이라는 목적에 의해 정당화되지 않는다. 셋째로 공리주의자들조차도 보편적인 선을 회피할 수 없다는 사실을, 알고 보편적인 선의 실현에 최고 목적을 두고 있다. 그렇게 하지 않는다면 그들은 선의 개념을 절대로 도출해 낼 수 없을 것이다. 마지막으로 어떤 행동이 바람직한 결과를 낳았다고 해서 그 행동을 옳은 행동으로 볼 수는 없다. 우리는 종종 그릇된 행동을 하려고 한다. 옳다고 여겨지는 목적을 달성하려는 열망조차도, 과연 올바른 열망인가라는 문제의식을 갖고 재검토해야 한다. 물론 여기서는 열망이 올바른가의 여부를 측정할 수 있는바 열망과 무관한 어떤 기준이 있어야 한다.

8. 실존주의에 대한 반박

많은 비판이 실존주의 윤리로 집중되고 있다. 우선 모든 사람이 말 그대로 "자기 자신만의 일을 한다면" 혼란만이 초래되어, 누군가가 자기 자신만의 '일'을 하는 것을 방해할 것이다. 둘째로 자유로운 선택도 어떤 맥락이나 구조를 필요로 한다. 두 사람 혹은 그 이상의 사람들이 함께 누릴 수 있는 절대적인 자유는 불가능하다. 왜냐하면 어느 한 사람이 다른 사람들이 자기에게 행해지지 않기를 원하는 일을 선택해서 다른 사람들에게 행한다면 불가피한 갈등이 야기될 것이다. 바로 이 때문에 자유로운 선택을 구조적으로 결정하기 위한 법칙이 필요하다. 법칙이 있어야만 그 누구의 자유도 무시하지 않으면서, 모두의 자유를 최대한 실현시킬 수 있을 것이다. 셋째로 정당성이 없으면 그 어떠한 자유로운 행동도 존재할 수 없다. 만약 정당성이 없는 자유로운 행동을 한다면 그것은 부당한 행동으로 된다. 하나의 생각이 무모순이라는 제 1원리를 벗어날 수는 있어도 어떤 행동도 정당성이라는 그 제 1원리를 벗어나지 못한다. 생각과 행동 모두가 제 1원리들에 의해 정당화되므로, 제 1원리들을 위배한 사람은 결국에는 그러한 제 1원리들 때문에 파탄을 맞을 것이다.

9. 진화론에 대한 반박

진화론적 윤리에 대한 반박은 과정주의적인 윤리에 대한 반박과 비슷하다. 첫째로 우리는 어떤 토대 위에서 무엇이 목표인지를 결정하는가? '발전'이란 무엇을 의미하는가? 이 말은 생물학적으로 이해되어야 하는가 정치적으로 이해되어야 하는가? 아니면 문화적으로 이해되어야 하는가 혹은 도덕적으로 이해되어야 하는가? 둘째로 바람직한 발전이 실제로 올바른 발전임을 우리가 어떻게 알 수 있는가? 누구든지 나쁜 방향으로 발전할 수도 있다.

셋째로 진화과정을 방해하거나 돕는다는 것을 누가 결정하는가? 무엇이 진화 과정을 방해하고, 무엇이 그 과정을 돕는가를 판정하기 위해서, 진화과정 바깥에 있는 일정한 기준을 상정해야 한다. 그렇지 않으면 우리는 변화가 더 올바른 방향으로 진행될지, 아니면 더 나쁜 방향으로 진행될지를 알 수 없을 것이다. 과정 중의 어떠한 단계도 궁극적이거나 안전하지 않으므로 과정을 초월한 일정한 기준이 있어야 그 과정을 판단할 수 있다. 그렇지 않으면 우리는 단순한 변화와 실제적인 과정의 차이를 구분할 수 없다.

10. 정서주의에 대한 반박

정서주의가 안고 있는 첫번째 문제점은, 윤리적 진술은 규범적이지 않다는 것을 규정하려고 한다는 점이다. 정서주의는 '해야 한다'는 말은 이런 저런 일을 해야 한다는 것을 의미하지 않고, 단순히 "나는 그것이 잘못이라고 느낀다"라는 것을 의미한다고 규정하고 있다. 이것은 의미의 청취라기 보다는 의미의 통제이다. 정서주의는 윤리적 진술이 의미하는 바를 귀기울여 듣기보다는, 그 진술이 의미해야 하는 바를 규정하고 있다. 둘째로 정서주의자들조차도 실제로는 주관적인 감정에 의해 모든 것이 규정된다는 것을 믿고 있지 않다. 즉 정서주의자들도 다른 모든 사람들과 마찬가지로 예를 들면 인간에게서 사상과 표현의 자유를 빼앗는 것은 매우 잘못된 일이라고 확신하고 있다. 셋째로 정서주의자들이 사기, 절도, 폭력, 고문 등에 대해 반응하는 방식을 통해서, 우리는 정서주의자들도 이러한 행위들을 잘못으로 여기고 있음을 알 수 있다.

11. 허무주의에 대한 반박

허무주의는 도덕률 폐기론의 핵심이다. 허무주의는 모든 객관적 가치를 부정하기 때문에, 이러한 견해는 신랄한 비판을 받기 마련이다. 무엇보다도 먼저 허무주의는 자기파괴적이다. 왜냐하면 허무주의자는 모든 가치를 부정할 수 있는 자신의 권리를 중요시하기 때문이다. 그는 자신의 견해만 주장하고 다른 입장을 무시할 수 있는 자유를 중요시하고 있는 것이다. 둘째로 니체조차도 부정적이든 긍정적이든 가치판단을 하지 않을 수 없었다. 예를 들자면 그는 기독교를 "모든 상상 가능한 타락한 종교 중에서 가장 타락한 종교"로 여겼는데[3] 그렇다면 그는 어떤 기준에 의해 이러한 판단을 했겠는가?

12. 상황주의에 대한 반박

모든 절대적인 규범을 부정하는 상황윤리는, 상대주의가 받는 비판과 동일한 비판을 받기 쉽다. 첫째로 상황주의자에게는 가치판단을 위한 여지가 없다. 그는 비상대적인 여지에 자기 자신을 세워두고 모든 것을 상대화할 뿐이다. 절대적인 것이 존재하지 않는다고 절대적으로 주장하는 것은 분명히 자기파괴적이다. 둘째로 상황주의자들조차도 "원치 않는 아기가 결코

---

3) Friedrich Nietzsche, *The Anti-Christ*, in *The Portable Nietzsche*, trans. Walter Kaufmann(New York: Viking, 1968), p. 655.

태어나서는 안된다"라거나, "사랑만이 항상 선이다"[4]라는 보편적인 윤리적 진술을 하지 않을 수 없다. 셋째로 상황주의는 사실상 공리주의의 한 형태이므로, 공리주의가 받는 비판과 동일한 비판을 받아 마땅하다.

V. 도덕률 폐기론 일반에 대한 비판

도덕률 폐기론에 기여해 온 특정한 견해들에 대한 비판과 더불어, 도덕률 폐기론 전체에 대한 일반적인 비판이 몇 가지 존재한다. 이를 검토해 보자.

1. 도덕률 폐기론은 자기기만적이다

모든 도덕 가치에 대한 부정은 자기기만적이다. 누구든지 어떤 가치를 전제하지 않고서는 모든 가치를 부정할 수 없다. 철저하고 일관된 상대주의자가 될 수 있는 방법은 존재하지 않는다. 왜냐하면 그 누구도 지렛대를 놓을 곳이 없으면 세계를 움직일 수 없기 때문이다. 상대주의자들은 사실상 자기들만이 갖고 있는 절대적인 것을 고수하면서 그 밖의 것을 상대화하려고 한다. 이것은 누구든지 "우리는 결코 '결코' 라는 말을 사용해서는 안된다"거나 "우리는 항상 '항상'이라는 말을 피해야 한다"는 상대주의자들의 기본 주장을, 상대주의의 공통 분모로 삼고 있다는 데서 더욱 분명해진다. 그러므로 상대주의자들이 절대적인 것이 없다고 절대적으로 확신하더라도 무엇인가가 존재해야 한다. 도덕적인 절대들은 암시되지 않는 한 부정될 수 없는 것이다. 모든 가치를 부정하는 사람은, 누구나 자신의 부정 속에 가치가 존재한다고 확신하거나 고의로 부정하는 수고를 덜려고 한다.

2. 도덕률 폐기론은 너무나 주관적이다

많은 윤리에는 주관적인 요소가 있을 수 있다. 하지만 이것은 모든 윤리적 진술이 주관적이라는 것을 의미하지는 않는다. 의심할 여지없이 적용에

---

4) Joseph Fletcher, *Situation Ethics: The New Morality* (Philadelphia: Westminster, 1966), pp. 39, 57.

는 주관적인 요소가 있지만 원리 그 자체는 객관적이다. 예를 들어 사랑에 대한 이해는 사람마다 다르지만 사랑 그 자체는 변하지 않는다. 사회가 정의를 그 구성원에게 적용하는 데에는 발전이 있을 수 있지만, 정의는 주관적인 것만은 아니다. 순수 주관적인 윤리는 규칙없는 경기와 같다. 사실상 그것은 경기가 아니다. 그것은 규칙이다.

3. 도덕률 폐기론은 너무나 개인주의적이다

도덕률 폐기론적인 윤리는 규칙없는 경기와 같을 뿐만 아니라 심판 없는 경기와도 같다. 여기서는 모든 사람을 구속하는 객관적인 도덕 법칙이 없으므로, 누구나 자기 자신을 스스로 심판하게 된다. 구속력있는 객관적 권위가 존재하지 않기 때문에, 각 개인은 자신의 권위를 앞다투어 주장하게 된다. 각 개인은 자기가 보기에 올바른 일만 하려고 하므로, 모두가 공통적으로 해야 하는 일이 존재하지 않는다.

각 개인 책임의 가치를 강조하는 것과 어떤 개인에게도 실제적인 책임을 부과하지 않는 것은 별개의 문제이다. 이러한 원자론적인 윤리에서 각 상황은 독자적이다. 개인을 초월하는 실제적인 도덕 공동체도, 그리고 개인 상호간의 관계를 위한 의미있는 도덕적인 환경도 전혀 존재하지 않는다. 각 개인은 텅 빈 채로 밀폐된 항아리 속에서 고립적으로 살아갈 뿐이다.

4. 도덕률 폐기론은 비효과적이다

세계에 두 명이상의 사람이 살고 있는 한 항상 갈등이 존재할 것이다. 따라서 객관적인 도덕 법칙이 존재하지 않는다면, 이러한 갈등을 조정할 수 있는 방법은 존재하지 않는다. 도덕 법칙은 개인들이 서로 어떤 관계를 맺어야 하는가를 규정한다. 도덕률 폐기론자들조차도 존경받고 싶어한다. 하지만 서로 존경해야 한다고 말하는 도덕 법칙이 없는데도 다른 사람을 존경해야 하는가? 갈등을 겪고 있는 두 개인들 외부에 도덕 기준이 존재하지 않는다면, 그들 사이에 도덕적 갈등을 화해시킬 수 있는 방법이란 존재하지 않는다. 이 두 개인들 사이를 중재하기 위해서, 각자의 서로 다른 기준에 호소하는 것은 불충분하기만 할 뿐이다. 자의적으로 설정된 도덕 기준은 결코 도덕 기준이 아니다. 도덕 의무는 의무이지 선택이 아니다. 누구든지 다른 사람에게서 공명정대하다는 평가를 받는 것과 사랑받는 것 가운데서 하나를 선택할 수는 없다. 공명정대하다면 동시에 사랑받아야 한다.

5. 도덕률 폐기론은 비합리적이다

도덕률 폐기론은 예를 들면 무모순의 법칙같은 합리성의 법칙과 대립된다. 모든 일은 반드시 해야 하는 올바른 일이라고 말하는 것은 무의미하다. 이것은 그 반대로 말하더라도 마찬가지이다. 사랑이 어느 한 사람에게 올바른 일이라고 해서, 미움이 다른 사람에게 올바른 일이라고 할 수는 없다. 어느 한 문화에서 어린이에게 친절하게 대하는 것이 올바른 일이라고 해서, 다른 문화에서 어린이에게 가혹하게 대하는 것이 올바른 일이라고 할 수는 없다. 그렇게 한다면 모순된 행동을 하게 되는데, 모순된 행동은 결코 올바를 수 없다. 서로 대립하는 도덕 의무들 모두가 동등한 구속력을 갖고 있다고 주장하는 것은 비합리적이다.

〖 요약 및 결론 〗

도덕률 폐기론은 윤리적 상대주의의 기본적인 한 형태이다. 도덕률 폐기론은 타당성있는 윤리적 절대들이 존재한다는 사실을 부정함은 물론, 구속력있는 도덕 법칙들이 존재한다는 사실까지 부정하고 있다. 도덕률 폐기론에는 말 그대로 법칙이 존재하지 않는다. 이것은 물론 도덕률 폐기론이 아무런 가치도 없다는 것을 의미하지 않는다. 도덕률 폐기론자들은 개인적인 관계에 존재하는 가치 뿐만 아니라, 윤리적 결정을 내릴 때의 개인의 가치를 강조하고 있다. 더구나 그들은 종종 우리가 윤리적인 충고를 할 때의 명백하게 감정적인 차원도 지적하고 있다.

그러나 하나의 윤리체계로서의 도덕률 폐기론은 여러 가지 이유에서 자기 역할을 못하고 있다. 첫째로 모든 구속력있는 도덕 가치를 부정하는 것은 자기기만적이다. 모든 가치를 부정하는 사람은 틀림없이 그렇게 할 수 있는 자신의 권리에 가치를 부여할 것이다. 둘째로 인생이라는 경기에 객관적인 규칙을 부여하지 않는 것 또한 지극히 주관적이다. 사실 도덕률 폐기론자들에게 인생이란 결코 진지한 경기가 아니라 규칙없는 난장판일 뿐이다. 셋째로 도덕률 폐기론은 너무 개인주의적이다. 모든 사람은 자기가 생각하기에 올바른 일만을 할 따름이다. 넷째로 도덕률 폐기론은 너무 비효과적이다. 왜냐하면 둘 혹은 그 이상의 사람들은 객관적인 구속력을 지닌 규칙이 없으면 사회에서 살아갈 수 없기 때문이다. 마지막으로 도덕률 폐기론은 서로 대립하는 견해들이 모두 올바르다는 믿음을 수반하기 때문에 비합리적이다.

〖 꼭 읽어야 할 책들 〗

De Beauvoir, Simone. *The Ethics of Ambiguity*. New York: Citadel, 1962.

Fletcher, Joseph. *Situation Ethics: The New Morality*. Philadelphia: Westminster, 1966.

Heraclitus. *Cosmic Fragments*. Edited by G. S. Kirk. New York: Cambridge University Press, 1954.

Huxley, Julian S. *Essays of a Biologist*. Harmondsworth: Penguin, 1939.

Nietzsche, Friedrich. *The Birth of Tragedy and The Genealogy of Morals*. Translated by Francis Golffing. Garden City, N. Y.: Doubleday, 1956.

Sartre, Jean-Paul. *Being and Nothingness*. Translated by Hazel E. Barnes. New York: Philosophical Library, 1956.

Sextus Empiricus. *Against the Dogmatists. In Sextus Empircus*. Translated by R. G. Bury. Cambridge: Harvard University Press, 1935-49.

3

상황주의

상황주의는 그 말의 의미와는 반대로 완전히 규범없는 윤리(normless ethic)를 나타내는 것으로 간주되지는 않는다. 가장 유력한 제창자 중의 한 사람이자 『상황윤리』(Situation Ethics)의 저자인 플레처에 따르면 상황주의는 극단적인 율법주의와 도덕률 폐기론 사이에 위치한다. 도덕률 폐기론자에게는 법칙이 없으며 율법주의자는 모든 일에서 법칙을 인정하는 데 반해 플레처의 상황주의는 오직 하나의 법칙만을 인정한다.

여기서 상황주의자들의 많은 저서들이 검토되어 왔는데, 그 중에서 손꼽을 수 있는 것으로는 부룬너(Emil Brunner)의 『신의 명령』(The Divine Imperative), 니버(Reinhold Niebuhr)의 『도덕적인 인간과 부도덕한 사회』(Moral Man and Immoral Society), 로빈슨(John A. T. Robinson)의 『신에게 솔직히』(Honest to God) 등이 있다. 그러나 플레처의 저서의 입장은 위의 것들보다 훨씬 더 잘 알려져 있다.

I. 상황주의란 무엇인가?

플레처의 상황주의가 확고한 단일 규범을 주장하기 때문에 여기서는 '단일 규범의 절대주의'(one norm absolutism)로 다루어질 것이다. 왜냐하면 그의 상황주의는 그의 말처럼 법칙없는 상대주의도 아니고 율법적인 절대주의도 아니기 때문이다. 그것은 모든 것에 대해 율법을 가진 것이 아니며 그렇다고 어떤 것에 대해 율법이 없다고 하는 것도 아니라, 모든 것에 대해 단 하나의 법칙(즉 사랑의 율법)이 있다고 주장한다.

1. 율법주의와 도덕률 폐기론이라는 양극단의 회피

플레처는 윤리에 있어서 극좌나 극우의 입장을 모두 위험시하지만, 자신의 입장이 도덕률 폐기론과 구별되지 않는다는 비판에 대해서는 쉽사리 양보하고 있다. 이러한 양극단 사이에서 그는 모든 윤리적 상황에 적용될 수 있는 절대적인 단일 규범을 견고하게 세우려고 노력하고 있다.

율법주의자(legalist)는 결정해야 할 상황에 직면하여 일련의 예정된 법칙과 규율에 저해받고 있는 자로, 그에겐 율법의 정신이 아니라 율법의 문구가 우세하게 작용하고 있다. 후기 마카비파 바리새인들이 전형적인 율법주의자의 예로 지목될 수 있을 것이다. 그들은 어떤 도덕적인 범주에 대해서도 613(또는 621)개의 율법으로 미리 무장하고 있었다. 즉 그들에겐 미리 규정된 도덕 편람이 있었던 것이다. 유대교가 덜하기는 하지만 플레처는 고전적인 천주교와 개신교를 유대교와 더불어 율법적인 것으로 분류하고 있다. 유대인들은 동성연애하는 자들을 돌로 쳤으며 교회는 그들을 화형에 처했다고 플레처는 말하고 있다. 양자 모두 율법을 사랑보다 우위에 두고 있었다. 율법주의자들이 의무적인 사랑을 신봉하는 반면에 상황론자들은 사랑의 의무를 주장하고 있다.

플레처는 극단적인 윤리로써 전혀 아무런 규범도 없는 완전한 방종자인 도덕률 폐기론을 설정하고 있다. 그 도덕적인 판단은 단지 순간적인 상황에만 근거를 둔 임의적이고 줏대없는 것이다. 어떤 도덕률 폐기론자들은 선악에 대한 일종의 즉각적인 도덕적 직관인 '천리안적 양심'(clairvoyant conscience)을 주장하기도 한다. 플레처는 이러한 도덕률 폐기론적 관점의 예로서 무율법을 주장하는 '신약 자유주의자들'(New Testament Libertines), 초기 그노시스파(Gnostics)들의 '특별한 지식'과 '영적인 능력'을 주장하는 현대의 도덕 재무장(MRA) 운동, 그리고 사르트르의 실존주의를 열거하고 있다. 이러한 견해들의 공통점은 일반적으로 타당한 도덕률을 포함한 모든 도덕 법칙을 부인하는 것이며 심지어 사랑의 규범조차도 인정치 않는 점이다. 플레처의 입장에서 보면 도덕률 폐기론자들은 사랑이라는 어린아이를 율법이라는 목욕물과 함께 내팽개친 것이다.

플레처는 율법저인 법칙을 모든 것에 적용하는 율법수의와 어떤 율법도 부인하는 도덕률 폐기론의 극단적인 양이론 사이에, 모든 것에 대해 하나의 법칙을 주장하는 상황적인 절대주의를 설정하고 있다. 상황주의자는 사랑이라는 유일한 무기로만 무장하고 모든 윤리적 갈등을 해결한다. 즉, "사랑하라는 명령만이 절대적으로 선하다"[1]라는 것이다. 다른 모든 결정은 가설적이다. 사랑이라면 그것을 하라는 것이다. 예를 들면 상황이 허락하는 경우에만 진실을 말할 의무가 있지만 반대로 자칭 살인자가 희생자의 소재에 관해 물을 경우에는 거짓말을 할 의무가 있을지도 모른다.[2] 다른 도덕 법칙이 관련되는 한 그것들은 보조적인 것이지 절대적인 것은 아니다. 인간이 가진 또 하나의 윤리적인 명령은 "사랑 안에서 의무적으로 행하라"는 것이다. 문자적으로 말해서 예외없이 모든 율법, 법칙, 원리, 이상, 규범들은 어떤 상황하에서라도 사랑을 이루기 위해 기능하는 경우에만 타당하며 부수적이게 된다.[3]

상황주의자들은 또 하나의 율법(agape)을 가지고 있으며, 다소 신뢰할 수 있는 많은 일반 법칙(sophia) 그리고 상황 속에 있는 책임있는 자아가 사랑에 대한 그 법칙의 봉사여부를 결정짓게 되는[4] 특별한 결정순간(kairos) 등을 가지고 있다. 플레처의 말에 따르면 "율법주의자들은 법칙을 우상화하고, 도덕률 폐기론자들은 그것을 거부하는 데 반해 상황주의자들은 법칙을 활용한다."[5] 일반적으로 타당한 이러한 법칙을 절대적인 규범으로 견고히 하는 것은 율법주의이고, 그들 내부의 모든 가치를 거절하는 것은 도덕률 폐기론의 주장이다.

단지 보편적인 단일 규범만을 인정하는 데는 적어도 두 가지 기본적인

---

1) Joseph Fletcher, *Situation Ethics: The New Morality*(Philadelphia: Westminster, 1966), p. 26.
2) Ibid., p. 27.
3) Ibid., pp. 28, 30.
4) Ibid., p. 33.
5) Ibid.

이유가 있다. 첫째로 보편적인 것은 '중간 공리'(middle axioms) 같은 다른 보편적인 것으로부터의 연역에 의해 추론될 수 없기 때문이다. 둘째로 각 상황은 서로 너무나 상이해서 한 상황에 적용하는 법칙이 그것과 같은 모든 상황에 적용될 수 있는지에 관해 심각한 의문을 제기한다. 단 하나의 원리(즉 사랑의 규범)는 모든 환경과 여건에 적용될 수 있으리 만큼 충분히 광범위한 것이다.

2. 상황주의의 전제조건

플레처에 따르면 상황주의에는 네 가지 실행원리가 있는데 실용주의, 상대주의, 실증주의, 인격주의가 그것이다. 이러한 그의 견해는 전적으로 상대적이라든가 비규범적이라고 결론지을 수 있는 것이 아니고, 절대적인 사랑이라는 규범의 구조 내에서 다른 모든 것이 실용적이며 상대적이며 실증적이며 인격적이라는 것을 의미한다.

(1) 실용주의(Pragmatism)

플레처는 실용적인 접근방법에 따라, '옳음'이란 행동양식의 유일한 방편을 뜻한다고 주장했다. 즉 사랑을 위해 '활동'하거나 충족시키는 행위가 옳은 행위라는 것이다. 플레처는 일을 성공시키기 위해 행위에 사랑을 더하고 또 그 '현금가치'(cash value)를 실현시키기를 바라고 있다.[6] 실용적인 접근은 윤리상의 문제를 추상적이고 언어적으로만 해결하는 것을 경멸하고 오히려 그 문제에 대한 구체적이고 실제적인 해답을 찾는다.

(2) 상대주의(Relativism)

절대적인 것은 단 하나밖에 없고 기타 모든 것은 그것에 대해 상대적이다. "전략이 실용적이므로 전술은 상대적인 것이다."[7] 사랑의 거룩한 명령은 이유에 있어서 불변의 것이지만, 특별한 사건과 방법에서는 종속적이다. 플레처에 따르면 상황주의자들은 역병을 피하듯이, '절대적', '결코', '완전한', '항상' 등과 같은 말을 꺼려한다."[8] 물론 절대적으로 상대적일

---

6) Ibid., pp. 41, 42.
7) Ibid., p. 43.
8) Ibid., pp. 43, 44.

수는 없지만, 진정한 상대성이 있다면 어떤 종류의 절대성이나 규범이 있어야 한다. 간단히 살펴본 것처럼 기독교적 상황주의에서 궁극적인 표준은 '아가페적 사랑'(agapic love)이다.[9] 그러니 기독교인들은 기타 모든 것이 이 한 가지 규범에 대해 상대적이라는 사실을 늘 염두에 두어야 한다.

(3) 실증주의(Positivism)

자연주의 입장에 반대되는 실증주의의 입장에서는, 가치가 이성적으로 유출되는 것이 아니라 임의적으로 유출된다고 생각한다. 사람이 가치를 결정하는 것이지 가치를 자연으로부터 추론해 내는 것은 아니다. 실증주의의 입장은 한편 정서주의(emotivism)라 불리우는데, 그 이유는 도덕 가치가 인간생활을 위한 규정이라기보다 인간감정의 표현으로 여겨지기 때문이다. 실증적이거나 정서적인 윤리는 예술과 도덕을 같은 부류로 취급하여 양자 모두 결단 내지 신앙의 도약을 필요로 한다. 윤리적인 기술은 증명을 구하지 않고 정당화를 추구한다. 그리고 기독교적 사랑의 규범에서만 다른 모든 도덕 규범들이 그 궁극적인 정당성을 찾을 수 있다.

(4) 인격주의(Personalism)

인간의 표현 양태만이 도덕 가치인 것이 아니라 인격들도 궁극적인 도덕 가치이다. 본래 선한 사물은 없지만 인간에겐 고유한 가치가 있다. 가치는 사물에 생기는 것이지만, 그 사물은 사람에게만 가치있는 것이다. 사물은 사용되며 인간은 사랑받는다.[10] 반면에 사물을 사랑하고 사람을 도구로 사용하는 것은 '도덕의 타락'(perversion of morality)이다. 플레쳐에 따르면 사람에게만 내재적 가치가 있다고 생각하는 것은, 칸트가 말하듯이 인격을 목적으로 생각하지 결코 수단으로 다루지 않는 것을 의미한다. 그러므로 모든 것을 사람들의 선에 관련시키는 것, 바로 그것이 사랑의 의미인 것이다. 요컨대 상황주의란 실용적인 전략, 상대적 전술, 실증적 태도, 그리고 인격적인 가치중심을 가진 윤리이고, 기타 모든 것은 상대적이며 따라서 사람들에게 선을 행하는 실용적인 목적을 지향하게 되는바 절대 규범

---

9) Ibid., p. 45.
10) Ibid., p. 51.

을 가진 윤리 체계인 것이다.

3. 상황주의의 명제

상황주의의 입장은 여섯 가지 기본 명제로 설명될 수 있다. 각 명제들은 오직 절대적인 단일 규범인 사랑을 가지고 상황적으로 살아야 한다는 것을 다듬은 것인데 플레처가 제시한 순서대로 논하면 다음과 같다.

(1) 본래적으로 선한 것은 사랑 뿐이다

실재론자들은 하나님은 어떤 것이 선하기 때문에 그것을 의도하신다고 주장하지만, 플레처는 하나님이 이런 것을 의도하기 때문에 그것이 선하다고 말하는 스코투스나 옥캄 같은 주의주의자들을 따르고 있다. 본래, 그리고 스스로 선한 것은 하나도 없다. 사람에게 도움을 주는 것이면 선하고, 사람을 해하는 것이면 나쁜 것이다. 가치를 발견하는 인격은 신이거나 인간일 수 있지만 인격-신, 자아, 이웃-만이 사물을 가치있는 것으로 결정한다. 아무런 행위도 본래 가치있는 것은 아니며, 그것이 인격에 관련있는 경우에만 가치를 갖게 된다. 인격을 돕거나 해하는 것을 떠나서는 모든 윤리 행위가 무의미하다. 모든 종류의 가치와 좋음과 올바름은 술어(述語)들이지 특성들이 아니다. 그것들은 인격에 관하여 서술될 수는 있어도 그 자체가 실재적인 것은 아니다. 하나님은 선이고 사랑이며 그 외의 모든 인격은 선을 갖고 있거나 행할 뿐이다.

사랑은 하나의 태도이지 속성이 아니다. 사랑은 인격이 베푸는 어떤 것이며 또 인격만이 받아야 하는 그 무엇이다. 왜냐하면 인격만이 본래적인 가치를 지니고 있기 때문이다. 사실 플레처에 의하면 인간 속에 있는 '하나님의 형상'(image of God)은 이성이 아니라 사랑이라고 한다. 사랑과 인격성은 하나님과 인간의 독특한 유사성(similarity)으로 구성되어 있다. 이 때문에 본래적 가치를 지니고 있는 유일하게 인간적인 것은 사랑이며 바로 이것이 사람을 하나님처럼 만든다.

선의(사랑)만이 본질적으로 선하다는 명제를, 다른 측면에서 보면 악의만이 본래 악하다는 것을 뜻한다. 그렇지만 플레처에 의하면 사랑의 반대는 사랑의 오용된 형태인 증오가 아니라 무관심(indifference)이라고 한다. 증오는 적어도 다른 사람을 당신(thou)이나 인격(person)으로 취급하지만 무관심은 그들을 그것(objects)으로 간주한다. 다른 사람과 그의 요구를 완전히 무시하는 것은 그를 비인격화시키는 행위이다. 무관심은 그를 공격하는 것보다 더 나쁘다. 공격은 적어도 공격하는 사람이 상대방을 공격할 가치가 있는 인격으로 간주한다는 것을 전제하고 있다.

플레처는 어떤 행위가 다소 못하다고 해서 변명의 여지가 있는 악으로 간주하는 데 반대한다. 예를 들면 간첩의 거짓말이 전혀 옳지 않은 것은 아니다. 사랑으로 거짓말을 했다면 그 거짓말은 선하며 옳은 것이다. 그것은 용서받을 수 있는 악이 아니라 적극적인 선(positive good)이다. 사랑이 진실과 배치된다 하더라도 사랑은 진실한 것이다.[11] 사랑만이 본질적으로 선한 것이므로 사랑을 위한 행위는 그 어떤 것이라도 선이다. 주어진 상황에 있어서 사랑을 행하는 것은 항상 옳은 것이다. 심지어 그 상황이 적에게 자기의 친구를 배반하는 것을 피하기 위해 고문 도중 자살을 하는 경우일지라도 말이다.

(2) 기독교인의 결정을 지배하는 규범은 오직 사랑이다

사랑이 율법을 대신하고 정신이 문자를 대신한다. "율법을 따른다 하더라도 그것은 사랑을 위한 것이다."[12] 율법을 위하여 사랑을 따르지는 않고, 오직 사랑을 위해 율법을 따르는 것이다. 전통적으로 사람들은 사랑과 율법이 동일한 것이기 때문에, 율법을 지킴으로써 사랑을 실천한다고 믿었다. 그러나 사랑과 율법은 때때로 모순되는 경우가 있으며, 그럴 경우에는 율법보다 사랑을 우위에 두고 생각하는 것이 기독교인들의 의무이다. 사람들이 준수해야 할 것은 율법에 대한 사랑이 아니라 사랑에 대한 율법인 것이다. 즉 그것은 의무적인 사랑이 아니라 사랑의 의무인 것이다.

플레처는 예수가 모세의 율법과 십계명을 한마디로 사랑이라고 요약했음을 상기시킨다. 사실 주어진 상황에서 사랑을 위하여 깨뜨려져서는 안될 계명은 십계명 중에 하나도 없다. 모든 시공적인 상황에서 모든 사람에 의

---

11) Ibid., p. 65.
12) Ibid., p. 70.

해 적용되는 보편적인 법칙은 없다.[13] 왜냐하면 모든 사람이 동의할 수 있는 계율이라면, '선을 행하고 악을 피하라' 거나 '각각 맡은 대로 행하라' 와 같이 판에 박힌 말들이기 때문이다.[14] 즉 사랑 외에는 어떤 다른 보편적인 법칙도 없으며, 다른 모든 율법은 사랑에 의해 파괴될 수 있다는 것이다. 플레처에 의하면 어거스틴은 "신중하게 사랑하고 그 후에 하고 싶은 일을 행하라"고 말했지만, 그렇다고 그가 '원하는 대로 사랑하고 좋은 대로 행하라' 고는 말하지 않았다고 한다.[15]

기독교의 사랑은 주는 것으로서 낭만적인 사랑(erotio)이나 우정적인 사랑(philio)이 아니라 희생적인 사랑(agapio)이다. 그것은 율법주의의 도피적인 동기에 굴복하지 않듯이, 이기적인 이용에도 쉽게 굴하지 않는 책임 있는 사랑인 것이다. 사실상 율법주의는 보편적인 율법이라는 안전장치 속에 도피함으로써 개인적인 책임감에서 후퇴할 수 있다. 사람들은 상대적인 책임보다 절대적인 안전성을 바라는지도 모른다. 플레처에 의하면 전통적인 평화주의자는 전쟁이 정당한가를 결정하는 책임을 회피하고 있다. 만약 다른 누군가가 선악을 결정해 주고 또 우리가 해야 할 바를 제시해 준다면 윤리는 더욱 용이해진다.

(3) 정의는 분배된 사랑이므로 사랑과 정의는 동일한 것이다

사랑과 정의는 동일한 것이지만 사랑은 정의를 신중하게 고려하고 있다. 즉 사랑이 정의가 된다는 것이다. 정의가 다른 이들에게 응당 치르어야 할 것을 주는 것을 의미한다면 사랑은 응당 치르어야 할 그 어떤 것이다. 플레처는 "사랑 외에는 아무 것도 빚지지 말라"는 사도 바울의 말을 인용한다. 사랑이 할 수 있는 최소한의 것은 모든 사람들에게 정의를 베푸는 것이 될 것이다. 사랑과 정의의 행위는 단일 지향적이 아니라 복수 지향적이다. 계명은 이웃을 사랑하라는 것이다. 사랑에는 단순히 직접적인 이웃에 대한 현재의 활동만을 가리키는 것이 아니라 장래에 대한 통찰이 있어야 한다. 즉 최대 다수에게 최대 선을 주려는 노력이 있어야 한다. 만약 사랑이 먼 장래의

---

13) Ibid., p. 76.
14) Ibid.
15) Ibid., p. 79.

결과를 예상하지 않는다면 이기적이게 된다. 요컨대 정의란 두뇌를 사용하는 사랑인 것이다. 기독교 윤리는 사랑을 위하여 법률과 질서를 기꺼이 받아들인다. 따라서 그것은 무죄한 사람을 보호하기 위해 애정어린 폭력을 사용할 필요성을 가끔 주장한다. 그리고 때로는 불공정한 민법에 순종하지 않을 도덕적인 책임감도 갖게 될 때가 있으며, 국가가 사랑의 범위를 벗어났을 경우에는 국가에 저항하는 혁명을 요구할 경우도 있을 수 있다.

(4) 사랑은 우리가 이웃을 사랑하든 그렇지 않든 그의 이익을 꾀한다

이것은 사랑이 감정이 아니라 하나의 태도임을 강조한다. 에로스에서는 욕구가 사랑의 원인인 데 반해 아가페에서는 사랑이 욕구의 원인이 된다. 아가페 사랑은 상호적인(reciprocal) 것이 아니다. 세 가지 사랑을 비교함으로써 플레처의 입장이 밝히 드러날 수 있다. 에로스는 이기적이어서 최초의 관심도 최후의 관심도 자기 자신에 관한 것이며, 필리아는 상호적이어서 받는 만큼 주는 것이다. 반면에 아가페는 이타적이어서 보답의 요구 없이 주기만 하는 것이다. 상황 논리를 지배하는 규범은 바로 이런 아가페 사랑이다. 아가페 사랑은 이웃을 자신처럼 사랑해야 하는 그런 종류의 것이다. 플레처는 이웃을 자기처럼 사랑해야 한다는 계명을 네 가지로 해석하고 있다. 첫째로 자기 몸을 사랑하는 만큼 이웃을 사랑하라는 것이며, 둘째로 제 몸을 사랑할 뿐만 아니라 다른 이도 사랑하라는 것이며, 셋째로 키에르케고르의 주장처럼 자신을 사랑하는 식으로 올바르고 정직하게 이웃을 사랑하라는 것이며, 넷째로 자신을 사랑하는 대신에 이웃을 사랑하라는 것이다. 그렇다면 '자기 사랑'(self love)의 진정한 의미는 무엇인가? 크레르보의 버나드(Bernard of Clairvaux)는 자기 사랑의 단계를 첫째로 자신을 위한 자신의 사랑, 둘째로 자신을 위한 하나님의 사랑, 셋째로 하나님을 위한 하나님의 사랑, 넷째로 하나님을 위한 자신의 사랑 등 네 가지로 제안하고 있다. 플레처는 이 제안을 따라 이웃을 자기처럼 사랑하는 것에 대한 이해를 자신을 위한 자신의 사랑, 자신을 위한 이웃 사랑, 이웃을 위한 이웃 사랑, 이웃을 위한 자신의 사랑으로 대치시키고 있다. 플레처에 따르면 다른 사람들을 사랑하기 위해 자기 자신을 사랑하는 마지막 단계가 최선의 사랑이며 가장 올바른 자기 사랑이라고 한다.

자기 사랑과 이웃 사랑이 서로 모순되는 경우에는, "자기를 돌봄으로써 더 많은 이웃의 이익이 되어질 때는 언제나 자기에 대한 관심이 이웃의 이익을 취소시키고 우선하는 것이 사랑의 논리이다."[16] 예를 들어 선장이나 비행기의 조정사는 필요한 경우, 나머지 승객의 안전을 위해 몇 명의 승객을 희생시키고서라도 그들의 생명을 보존시켜야 한다. 사실상 자기 사랑과 이웃 사랑간에는 진정한 의미에서 충돌이란 없다. 왜냐하면 자기 사랑은 이웃 사랑을 극대화시키는 정도까지만 자신을 사랑하는 것이기 때문이다.

모든 사랑은 자기 사랑이지만, 가능한 최대 다수를 사랑하기 위해 자신을 사랑하는 것이다. 사랑은 하나이지만 그 대상은 하나님, 이웃, 자신이다. 자기 사랑은 옳을 수도 있고 잘못될 수도 있다. 즉 우리가 우리 자신을 위해 우리 자신을 사랑하면 잘못된 것이지만, 하나님이나 이웃을 위해 우리 자신을 사랑한다면 옳은 것이다. 하나님과 이웃을 사랑하는 것은 자신을 올바른 방법으로 사랑하는 것이다. 바꾸어 말하면 자신을 옳은 방법으로 사랑하는 것이 하나님과 우리 이웃을 사랑하는 길이다.[17] 그리고 이웃을 사랑하는 것은 꼭 이웃을 좋아해야 한다는 것을 의미하는 것은 결코 아니다.

사실 사랑은 우리 이웃이 마음에 든다는 것을 반드시 내포하지는 않는다. 비록 이웃의 이익을 꾀하는 일이 그의 마음에 들지 않는다 해도 이익을 주려는 계획은 잔인한 것이 아니다. 예를 들어 군간호원은 환자들이 속히 회복되어 전쟁터로 돌아갈 수 있도록 사랑하는 마음으로 환자들을 거칠게 다룰 수도 있는 것이다.

(5) 목적만이 수단을 정당화한다

만약 이 명제가 사실이 아니라면 아무런 행위도 정당화될 수 없다. 사랑의 행위 외엔 본래적으로 선한 행위란 하나도 없다. 그러므로 어떤 행위를 정당화할 수 있는 유일한 길은 그 행위가 사랑하는 의도와 목적을 위해 행해지는 것이다. 이것은 어떤 목적이라도 모든 수단을 정당화한다는 것이 아니라, 오직 사랑의 목적만이 모든 수단을 정당화한다는 것을 뜻한다. 예

---

16) Ibid., p. 113.
17) Ibid., p. 114.

를 들면 살인자의 권총을 훔친다거나, 정신분열증 환자의 치료를 위한 거짓말 같은 것은 사랑의 행위일 수 있다. 플레처는 칼로 인간의 육체를 자르는 행위를 무엇으로 정당화할 수 있는지를 묻는다. 원수로서 미워하는 것은 확실히 아니지만, 그러나 병들었거나 암에 걸린 신체기관으로부터 생명을 구하기 위한 목적이라면 육체를 절단하는 행위는 정당화될 수 있지 않은가? 이러한 경우 목적은 수단을 정당화하지 않는가?

사실상 플레처는 목적 이외의 다른 어떤 것이 수단을 정당화할 수 있는지를 질문하고 있는가? 수단이 그 자체를 정당화할 수는 없으며 오직 목적만이 수단을 정당화한다. "예견할 수 있는 결과에서 분리된 행위는 윤리적 의미를 전혀 갖지 못한다."[18] 행위의 의미는 그 행위의 용도와 목적에서 비롯된다. 그리고 윤리적 행위를 정당화할 수 있는 유일한 목적은 아가페적 사랑이다. 자체의 목적을 구하는 어떠한 수단도 잘못된 것이다. 사실 모든 목적은 종국적으로 최고 목적인 사랑에 이를 때까지 더 높은 단계의 목적에 대한 수단에 불과하다.

진실을 말하고 생명을 구하는 것과 같은 도덕 규범에 예외가 있는 것이 위험한 일이라고 비난하는 자들에 대한 답변으로, 플레처는 남용이 사용을 저해하지는 못한다고 주장한다. 무책임한 행동을 함으로써 상황주의자들의 책임있는 사랑을 남용할 사람들이 있다는 바로 그러한 이유가, 사랑의 규범 자체의 가치를 반박하지는 못한다. 그리고 모든 사람이 그것을 하면 어떻게 될까라는 소위 일반화 논쟁은 '정적인 도덕'(static morality)을 반대하고 지연시키는 기교에 불과하다.

(6) 사랑의 결정은 규정되는 것이 아니라 상황적으로 정해진다

상황 윤리의 이 마지막 전제조건은 윤리의 기본 원리, 즉 사랑의 규범과 주어진 상황에서의 상이한 원칙적용을 강조한다. 사랑의 원리는 보편적이지만 형식적인 규범이다. 그것은 사랑하는 것이 어떤 특별한 행위과정이라고 미리 규정하지는 않는다. 사랑을 정확하게 규정하기 위해서는 그가 상황에 처할 때까지 기다려야 할 것이다. 사랑이 일단 상황에 놓여질 때 취하

---

18) Ibid., p. 120.

는 '실존적인 특수성'(existential particularity)을 미리 알 수는 없다. 사랑은 미리 재단되고 미리 구성된 도덕 법칙과는 별개로 작용한다. 사랑은 사실을 보기 전에 마음을 정하지 않으며, 오히려 사실들이 상황으로부터 비롯된다.

상황주의자들이 미리 갖고 있는 것이라곤, 그가 해야 하는 것(사랑)과 그것을 해야 하는 이유(하나님을 위하여)와 누구에게 해야 하는가(이웃에게)에 관한 일반적인 지식이다. 그는 물론 사랑이 이타적이며 이기적이 아니라는 것을 안다. 그리고 사랑을 가능한 한 많은 사람들에게 베풀어야 하는 것도 알고 있다. 그는 이러한 사랑이 일반적으로 소피아(지혜)에 의해 어떻게 적용해야 할 것을 미리 알고 있다. 그러나 모든 특별한 일들이 알려질 때까지는 사랑으로 해야 할 일이 어떤 특별한 경우에 있을 것인지에 대해서는 확실히 말할 수 없다. 예를 들면 플레처에게 간음이 나쁜 것이냐고 질문한다면 그는 "글쎄 모르겠습니다. 실례를 들어보시지요"라고 대답할 것이다. 사실 플레처는 간음이 사랑으로 행해지는 경우 옳은 것이 되는 상황을 예시하고 있다. 한마디로 상황주의자들에 의하면 일반적인 목적과 이유는 절대적이지만 방법은 상대적이라고 생각한다. 절대적인 규정이 있지만 그것은 상대적인 상황에서만 적용된다는 것이다. 사랑은 궁극적이지만 어떻게 사랑해야 할 것인지는 직접적인 환경에 달려 있다. 몇 가지 어려운 도덕적인 상황을 좀더 면밀히 검토해 보면, 플레처의 '단일 규범의 절대주의'가 다른 여건에서 어떤 기능을 담당하고 있는지를 더 잘 이해할 수 있을 것이다.

4. 사랑 규범의 적용

플레처는 그의 명저『상황윤리』에서 자기가 왜 절대 규범만을 고집하며, 또 그것이 다른 상황하에서 어떻게 적용될 수 있는지를 실례를 들면서 충분하게 설명하고 있다.

(1) 이타적 간음

두 아이의 엄마였던 한 독일 부인이 제 2차 세계대전이 끝날 무렵 소련인들에게 포로가 되었는데, 그녀가 갇혀있는 우크라이나 포로 수용소의 규율에는 임신할 경우에만 의무적으로 독일로 돌려보내지게 될 수 있었다. 그녀는 친한 수용소 감시인에게 임신시켜 주기를 요청했다. 그래서 그 여자는 고국으로 귀환되어 가족의 환영을 받았으며, 그 아이를 낳아 재결합된 가정의 일원이 되었던 것이다. 이로써 그녀의 간음은 정당화되었는가? 플레처는 명백하게 말하지는 않았지만 그것을 '희생적인 간음'이라고 명명(命名)함으로써 정당화하고 있음을 암시하고 있다. 다른 곳에서 플레처는 성인임을 인정받기 위해 아내를 교환하거나 어린 소녀에게 병적인 매력을 느끼는 남자를 여자가 유혹하거나, 젊은 남녀가 부모들의 결혼 승낙을 강요받기 위해 정사를 하는 것 등을 인정하고 있다. 하여튼 플레처는 이러한 모든 것들이 사랑으로 행해질 수 있으며, 따라서 그것들을 도덕적으로 정당화할 수 있음을 직접적으로 암시한 것이다.

(2) 애국적 매춘

미정보국에 근무하던 한 젊은 여자는 그녀의 성(sex)을 사용해서 적의 스파이를 잡을 수 있도록 유혹하라는 명령을 받았다. 그녀는 비서를 가장하여 적국의 기혼 남성을 끌어들여야 했다. 그녀가 개인적인 순결을 상부의 방침에 내맡길 수 없다고 반대했을 때, "너는 한국전쟁에서 생명과 몸을 위험에 맡기는 당신의 오빠와 똑같은 애국 행위를 하고 있는 것이며 다른 방법으로는 이 일을 할 수 없다"는 말을 들었다. 그녀는 애국자로서 나라에 봉사하기를 원했다. 사랑으로 해야 하는 것은 어떤 것이었겠는가? 여기에서도 플레처는 대답하지 않지만 그가 다른 곳에서 스파이가 거짓말하면서 사랑으로 자기 나라를 위해 죽는 사람들을 인정하고 있음에 비추어 볼 때, 고국을 위해 간통하는 것을 정당화하지 못할 이유가 그에겐 없는 것 같다.

(3) 희생적인 자살

자기 생명을 내버린 것은 도덕적으로 항상 그른 일인가? 상황 윤리에 의하면 그렇지 않다. 자살도 사랑으로 행해질 수 있다. 예를 들어 어떤 사람이 가족의 재산을 다 날려 버릴 만큼의 값비싼 약을 복용하여 3년을 더 살게 되는 것과 약을 거절하면 6개월 내에 죽게 되지만 가족을 위해 충분한 재산을 남겨 줄 수 있는 두 가지 선택 중에서 어떤 것을 택해야만 한다면 어느 것이 사랑으로 하는 일일까? 이런 간접적인 희생적 자살을 상황주의자가 어떻게 인정하고 있는지를 알아 보는 것은 그리 어렵지 않다. 사실 플레처는 나찌의 가스실에서 전에 공산주의자였던 젊은 유대인을 위해 마리아 아주머니가 대신 죽은 것이라든지, 그의 동료들을 배신하지 않으려고 자기 목숨을 내버린 포로병 모두를 인정하고 있다. 상황 윤리에 따르면 자살이 사랑을 위해 행해질 수 있으며 그런 경우 그것은 도덕적으로 정당하다는 것이다.

(4) 용인할 수 있는 낙태

플레처가 인구억제 수단으로 낙태를 찬성하고 있다 하더라도 낙태를 찬성하는 데는 다른 명백한 조건들이 있다. 그는 강간당한 후 임신하게 된 미혼의 정신분열증 환자의 예를 들고 있다. 그녀의 아버지는 낙태를 요청했지만, 임산부의 건강과 불법이라는 이유로 병원측에 의해 거절당했다. 플레처는 이러한 거절을 율법주의 윤리에 기초를 둔 것으로 간주한다. "이런 경우 상황윤리자들은 거의 확실히 낙태를 찬성하고 그 아버지의 요청을 지지할 것이다."[19]

다른 예로서 임신하면 산모들이 불에 태워지기 때문에 포로 수용서에서 3,000명의 유대인 아이들을 낙태시킨 루마니아의 유대인 의사를 플레처는 묵인해 주고 있는데, 그것은 그 의사가 3,000명의 생명을 구했기 때문이라는 것이다. 태아도 생명을 구했으며 결과적으로 6,000명이 살해된 것을 막은 것이다. 상황주의에 따르면 확실히 이것은 사랑의 행위인 것이다.

(5) 자비로운 살해

불타는 비행기 속에 절망적으로 갇혀서, 총으로 쏘아 주기를 간청하는 사람에게 우리는 정말 등을 돌려야 하는가? 히틀러를 암살하는 것이 정당하지 않은가? 플레처는 위의 두 가지 실례를 제시하면서, 이것들은 자비로운 것이며 따라서 정당한 살해가 될 수 있다는 것을 지적하는 것 같다. 그는 인디안에게 발각되어 죽임을 당하는 것을 막기 위해, 우는 아이를 질식

---

19) Ibid., p. 38.

시켜 죽인 엄마의 행동을 찬동하는 것 같다. 그의 입장은 이러한 행동들이 전체 집단의 이익을 위한 희생적 사랑으로 행해질 수 있다는 것이다.

너무 많은 사람이 탄 구조보트에서 모두가 침몰하는 것을 막기 위해 몇 사람을 배 밖으로 던지는 것을 플레처는 분명히 인정하고 있다. 1841년 리버푸울에서 출항한 윌리암 브라운호의 일등 항해사가 만원 구조보트를 담당하고 있었다. 그는 나머지 사람들을 구출하기 위해 대부분의 남자를 바다로 던지도록 명령했으며, 후에 그들을 바다에 던졌던 선원인 홈즈(Holmes)는 살해에 대한 선고를 받았다. 그러나 상황 윤리는 그것이 훌륭한 죄이며 좋은 일이었다고 평가한다.[20] 플레처에 따르면 홈즈는 더 많은 생명을 구하기 위하여 사랑으로 행동했던 것이다.

그 외에도 플레처가 제시하는 많은 다른 예들이 있다. 기형아에게 호흡시키기를 거절하고, 불타는 건물에서 자기 자신의 아버지보다 암치료자를 구출하고, 매독환자와 결혼하는 사람을 불임수술시키고, 인공수정으로 독신 여성에게 어머니로서의 임무를 주는 일 등 각각의 상황에서 발생하고 강조할 필요가 있는 요점은, 각 상황에 도덕 규범들간의 충돌이 있으며 상황주의자들은 고차적인 단일 규범을 적용함으로써 그러한 충돌이 가장 잘 해결될 수 있다고 생각한다는 것이다.

가끔 충돌하는 규범들을 파괴되지 않는 보편적인 규범으로 간주하는 사람들이 더러 있다. 그렇지만 두 개 혹은 그 이상의 규범들이 서로 충돌하는데 어떻게 깨뜨려지지 않으면서 보편적일 수 있겠는가? 두 개의 반대되는 길을 갈 수는 없고 어느 하나를 선택해야 한다. 단 한 가지 규범만 준수할 수 있는 경우 두 가지 상반되는 규범을 지키는 데 대해 그가 책임질 수 있는 게 없지 않은가? 바로 이러한 점에서 상황주의자들의 해결방안이 빛을 발한다. 진실로 보편적이고 파괴되지 않는 유일한 단일 규범, 사랑이 있다. 다른 모든 규범들은 일반적일 뿐이며, 사랑을 위해서는 파괴될 수 있다. 간단하고 논리적인 해결방안이 강한 매력을 가지고 있지만 몇 개의 신중한 문제점도 있다. 이제 상황주의의 단일 규범을 평가해 보기로 한다.

---

20) Ibid., p. 136.

Ⅱ. 상황주의에 대한 평가

상황윤리 전반에 대한 종합적 평가를 시도하지 않고 규범문제에 관계되는 한에서만 평가하고자 할 때 평가는 긍정적인 것과 부정적인 것 모두 이루어진다. 우선 사랑 같은 절대적인 단일 규범을 적용하는 데에는 몇 가지 명백한 장점이 있다.

1. 상황주의 입장의 장점

보다 전통적이고 절대적인 관점에서의 비판은 플레처의 상대주의, 실용주의, 정서주의와 그가 제시하고 있는 급진적인 실례들에 대해 과민한 반응을 보이는 경향이 있다. 그러나 가끔 망각되는 것은 이런 모든 것이 그의 윤리를 단일 규범의 절대주의라고 규정짓는 맥락 속에 있다는 것이다. 이 후자의 관점에서 상황주의 입장의 많은 장점이 나타나게 된다.

(1) 그것은 규범적인 입장이다

첫번째 장점은 플레처가 윤리에 대해 규범적 접근을 시도한 점이다. 그리고 그는 기독교적 결정을 지배하는 규범은 사랑 이외에 그 어떤 것도 아니라는 명제를 제시했다. 플레처가 책 전체에 걸쳐 이 절대 규범을 반복해서 언급할 뿐만 아니라 이것을 정밀하게 다듬는 데 한 장 전체를 할애하고 있다는 사실에 비추어, 그를 가리켜 여하한 규범도 인정치 않는다거나 도덕률 폐기론자로 몰아 버리는 것은 확실히 공정하지 못한 처사인 것 같다. 사실 플레처는 자기 견해가 도덕률 폐기론이 아니라는 사실을 설명하는 데 첫 장의 많은 부분을 할애하고 있다. 그는 자기 입장을 가리켜 '단일규범의 절대주의'라고 주장한다(그 후 『규칙이란 무엇인가』에서 플레처는 자신의 접근방법에 보편적인 규범이 있다는 것을 부정하고 있다).[21]

플레처는 "가능한 한 사랑스럽게 행동하라"와 같은 형식적 원리들과 "마땅히 추구되어야 하거나 행해져야 하는 선은 유용성이다"와 같은 본질적

---

21) "What is a Rule? A Situationist's View", In *Norm and Context in Christian Ethics*, ed. Gene H. Outka and Paul Ramsey(New York: Scribner's 1968), p. 325.

원리들, 그리고 "이웃에 대한 자애로운 관심은 이웃에게 진실을 이야기하는 것을 요구한다"와 같은 규범적인 원리들을 구분하고 있다. 그에 따르면 형식적인 원리만이 보편적이다.[22] 아마도 플레처는 본질적인 내용을 지닌 보편적 원리란 없으며 '기독교 윤리의 지배적 규범'으로서의 사랑의 원리만이 유일하게 형식적, 보편적이라고 주장하고 있는 듯하다.[23]

윤리에 대한 규범적 접근을 좋게 평가하는 이유는 이미 설명하였으므로 여기서 반복하지 않겠으며, 의미있는 윤리에는 규범이 필수 불가결하다는 사실을 언급하는 것으로 충분하다. 규범이 없으면 윤리적 결정에 객관적인 기반이나 지침이 없게 된다.

(2) 그것은 절대주의이다

플레처의 입장은 규범적일 뿐만 아니라 절대적이다. 오직 파괴되지 않는 사랑의 율법이 있다. 그리고 플레처는 다른 모든 규범에 관하여 '결코'나 '항상'이란 말을 의도적으로 피한다 하더라도, 사랑의 규범에 예외가 없음을 강조하는 데는 주저하지 않는다. 그는 '오직 사랑만이'(only love) 행동을 정당화한다고 주장한다. 더욱이 전적으로 상대적인 것은 없다. 상대적인 규범은 상대적이 아닌 규범에 관련되어 있음에 분명하다. 플레처는 '무엇', '왜' 그리고 '누구', 이 세 가지가 기독교에 보편적인 것으로 본다. 즉, 이웃은 하나님을 위해 사랑받아야 한다는 것이다. 이 세 가지 보편적인 것이 절대적인 반면에 오직 환경은 상대적이다. 플레처는 우리가 이웃을 항상 사랑해야지 결코 미워하거나 무관심해서는 안된다고 명백히 주장한다. 그러므로 "기독교의 상황윤리는 구속력있고 예외가 없으며 환경에 관계없이 항상 선하고 정당한 단일 규범(즉 아가페 사랑)을 가지고 있다."[24]

(3) 그것은 규범의 충돌 문제를 해결한다

사랑의 규범을 위해서 다른 모든 윤리 규범을 파괴하는 것이 윤리적으로 정당하다는 견지에서 보면, 다른 모든 윤리 규범들은 절대적인 단일 규범에 종속적이게 된다. 이러한 해결방안은 윤리적이며 단순하다. 그것이 단

---

22) Fletcher, *Situation Ethics*, pp. 337~38.
23) Ibid., p. 69.
24) Ibid., p. 38.

순한 이유는 규범에 대한 일련의 복잡한 예외를 포함하고 있지도 않고, 규범의 피라밋을 구성하지도 않으며, 다만 다른 모든 규범에 대해 우선권을 갖는 단일 규범을 설정하기 때문이다. 그리고 그것은 내적으로 모순되지 않다는 의미에서 논리적이다. 어떤 도덕적인 딜레마도 충돌과 긴장의 상태로 두지 않고 사랑의 단일 규범에 의거하여 적어도 이론적으로는 항상 해결할 수 있다. 바꾸어 말해서 상황주의는 상충하는 두 개의 절대적이거나 보편적인 규범을 갖는 딜레마에 결코 직면하지 않는다.

(4) 그것은 다른 환경에 대해 적절한 가치를 부여한다

과소평가될 수 없는 상황주의의 또 다른 장점은, 옳고 그른 것에 영향을 미치는 윤리적인 결정의 상황이나 여건에 주의를 기울인다는 것이다. 거짓이 도덕적으로 잘못된 것이든 아니든 여건에 따라 다르다는 것은 확실하다. 판사나 배심원 앞에서의 심각한 거짓말과는 달리 친구에게 농담으로 한 거짓말은 도덕과는 관계없는 것이다. 환경으로 인해서 행위의 도덕적인 옳고 그름에 차이가 생긴다. 이와 같이 우연이거나 자기 방위로 다른 사람의 생명을 빼앗든지 아니면 자비적인 행위로 죽게 내버려 두는 것은, 고의적으로나 악의로 사람을 살해하는 것과 현저하게 다른 상황이다. 상황에 따라 규범이 적용되는 방법이 조절된다. 도덕적인 상황을 조절하는 영향을 적절하게 강조하지 않는 윤리는 율법적이거나 비인간적인 것이 된다.

사실 상황적인 제한이 규범 정의의 일부가 되지 않고서는, 모든 종류의 '다수규범의 절대주의'(many-norm absolutism)를 주장하는 것이 불가능한 것은 아니라 하더라도 어려운 일이다. 어떤 상황에서 거짓말을 하고 생명을 빼앗는 것이 잘못된 것이라고 말할 특권이 없다면 진실대로 이야기하는 것과 생명을 빼앗는 것(혹은 적어도 죽게 버려두는 것)을 피할 의무는 항상 충돌을 일으킨다. 이 점은 나중에 더 논의될 것이지만, 여기서는 윤리적 결정의 환경이나 상황에 주의를 기울이는 것이 훌륭한 윤리적 입장을 정교화하는 데 불가결한 동시에 바람직한 일이라고 언급하는 것으로 충분할 것 같다.

(5) 그것은 사랑과 인격의 가치를 강조한다

기독교적 관점에서 그리고 심지어 많은 비기독교적 관점에서도, 지도 규

범으로서 아가페 사랑을 강조하는 것은 확실히 찬양할 만한 일이다. 러셀 (Bertrand Russell)은 『나는 왜 기독교인이 아닌가』라는 책을 썼으나, 다른 곳에서는 세상이 필요로 하는 것은 기독교적인 사랑이나 동정이라고 말했다.[25] 이기적인 사랑을 옹호하는 데 목청을 돋굴 수는 없다. 그리고 기독교적 입장에서 볼 때 사랑은 하나님의 절대적인 도덕 속성이다. 신약성서에 의하면 하나님은 사랑이고 사랑은 하나님께 속한 것으로서 다른 모든 것이 사라져도 사랑은 영원히 있을 것이라고 한다. 예수는 신약성서 전체를 신약에 기록된 대로 '사랑' 한마디로 요약하였다. 사실 예수의 말에 따르면 사랑은 그의 제자들의 특징적인 표식이어야 했다. 즉 예수는 "너희가 서로 사랑하면 이로써 모든 사람이 너희가 내 제자인 줄 알리라"고 말했다.

이런 점에서 플레처가 기독교적인 아가페 사랑에 부여하는 탁월성을 기독교적인 관점에서 비판한다는 것은 매우 어려운 일이다. 다른 사람들을 사랑할 것을 강조하는 데는, 그들이 하나님의 형상인 인격으로 대우받아야 하며 단순한 사물로 다루어서는 안된다는 사실이 함축되어 있다. 이웃은 당신(thou)이지 그것(it)이 아니다. 타인은 사랑받는 인격이지 사용되는 사물이 아니다. 타인들은 그 자체가 목적이며 우리의 목적을 위한 단순한 수단이 아닌 것이다. 그러나 인간은 하나님이 내려주신 가치를 지닌 (하나님과 같은) 인격이라고 플레처는 강조하고 있는데, 이것은 기독교의 관점에서 볼 때 칭찬받을 만한 일이다.

2. 단일 규범적인 상황주의의 부적합성

일반적 도덕 관점과 특별한 기독교적 관점에서 볼 때 플레처의 상황주의가 모든 점에서 찬양할 만하다고 볼 수는 없다. 신약의 복음서 기록에 관한 그의 비판적이고 일관성없는 견해와 하나님이 이웃을 통해서만 사랑받을 수 있다는 주장의 의미를 여기에서 상세하게 다룰 시간이 없다. 단지 윤리를 위해 단일 규범만을 갖는 부적합성에 주의를 모으려고 한다.

---

25) Bertrand Russell, *The Basic Writings of Bertrand Russell*, ed. Robert E. Egner and Lester E. Denonn (New York: Simon and Schuster, 1961), p. 579.

(1) 단일 규범은 너무나 일반적이다

단일 규범, 특히 플레처가 말하는 사랑의 규범처럼 폭넓고 일반적인 규범은 대부분의 경우 전혀 규범이 없는 것보다 나을 것이 별로 없다. 보편적인 단일 규범은 성질상 광범위하고 융통성이 있어서 모든 환경에 적용할 수 있게 된다. 그러나 그 융통성은 부득이 규범이 의미하는 바를 모호하게 만들기 때문에 구체적 관련성이 게재될 때까지는 불리하다. 그리고 절대적인 사랑의 규범이 상대적인 상황에 무관한 채 구체적 내용을 결여하게 되면, 사랑의 특정한 의미는 절대적인 것이 아니라 상대적인 것이 된다.

사실 플레처는 사랑의 내용이 상황에 따라 변한다는 것을 인정하고 있다. 그러므로 "모든 경우에 사랑하라"는 명령은 "모든 경우에 x를 행하라"는 것 이상을 의미하지는 않는다. 그 이유는 '사랑'이라는 용어에 대한 진전된 인식내용이 없으면 사실상 무엇을 행하도록 명령받은지를 모르기 때문이다. 플레처는 사랑의 원리가 사실상 내용이 없다고 솔직하게 말하고 있다. 바로 이것은 그것이 우리를 내용없이 지배하는 하나의 형식 원리라고 말한 이유가 된다.[26]

실제로 플레처는 사랑이 의미하는 바를 다소라도 이해하는 것이 상황보다 앞서야 한다고 말하는 것 같다. 그러나 어느 정도로 이해하느냐가 문제이다. 사랑의 규범 속에는 그것을 단순한 상투적인 말 이상으로 끌어 올릴 만한 충분한 내용이 있는가? "사랑을 행하라"는 것은 "선한 일을 하라"는 것보다 더 특수한 것이 못된다. 두 경우 모두에서 문제되는 것은 어떤 종류의 행위가 선한 것이며 사랑의 행위인가 하는 점이다.

그래서 그의 단일 규범의 윤리는 "자연을 따르라"거나 "이성에 따라 살라"고 하는 자연법의 윤리 이상의 도움을 주지 못한다. "사랑이 무엇을 의미하는가?" 하는 대신에 "자연과 이성이 뜻하는 바가 무엇인가?" 하는 것이 문제된다. 그러나 결과는 동일하게 특별한 윤리적 방향없이 남게 된다. 사랑의 의미와 내용을 제시하기 위해 상황에 호소하는 것은 충분치 못할 것이다. 플레처는 상황이 상대적이며 심지어 근본적으로 다르다는 것을 인정한다. 사

---

26) Fletcher, "What Is a Rule" p. 337.

랑의 의미가 환경에 의존한다면 사랑의 중요성은 사실상 상황과 관련있게 되며 따라서 절대적인 것이 못된다. 여기서 두 번째 비판이 나온다.

(2) 상황은 사랑의 의미를 결정하지 못한다

사랑의 의미는 상황과 여건에 의해 완전히 결정되는 것이 아니라 그것에 의해 단순히 조절될 뿐이다. 환경은 그 환경을 판단하는 규범을 구성하지 못하고 단지 영향을 미칠 따름이다. 즉 규범이 적용될 수 있는 상황은 규범이 적용되는 방법을 지시하는 것이 아니라 그 적용에 영향을 줄 뿐이다. 의미의 완전한 결정이 상황에 따라서 비롯되는 것이라면 윤리 규범은 사실상 규범적일 수 없으며 규범이 상황을 결정하기보다는 상황이 규범을 결정하게 될 것이다. 사실 상황은 무엇이 올바른가를 결정하지 못한다. 하나님만이 그렇게 하실 뿐이다. 상황은 단순히 우리가 하나님의 율법 가운데, 무엇이 지금 여기에서 적용 가능한지를 발견하는 데 도움이 될 뿐이다.

플레처는 상황이 규범이 의미하는 바를 완전히 결정한다고 주장하지는 않는다. 다만 상황에 앞서서 사랑이 의미하는 바는 어떤 '실존적인 특수성'으로 알 수 있는 것이 아니라 일반적으로 알려진다고 말한다. 그렇지만 미리 '일반적으로' 알려진 것은 특별한 환경에서는 잘못된 의미의 사랑으로 판명될 수도 있다. 어떤 일반적인 지혜나 규범이라도 보편적이거나 파괴될 수 없는 것은 아니다. 결코 깨뜨려져서는 안되는 사랑의 일반 법칙에서 독립된 별개의 법칙이란 없다. 그렇지만 바로 이것이 문제이다. 즉 의미있는 규칙은 파괴될 수 있으며 그리고 깨뜨릴 수 없는 단일 규범은 말의 어떤 특별하거나 실제적인 의미에 있어서는 의미가 없다는 것이다. 여러 개의 보편적이고 파괴될 수 없는 규범들이 있을 가능성을 플레처는 그렇게 간단하게 없애 버리지 않았어야 했을 것이다.

(3) 보편적인 규범이 많이 있을 가능성이 있다

상황주의가 다수의 보편적 규범의 가능성을 제거해 버리는 데는 몇 가지 이유가 있는 것 같은데 어떤 이유도 명확하지 않다. 첫째로 플레처는 다수 규범의 입장은 율법주의적인 것이라고 주장한다. 이것은 합당하지 않은데, 다수 규범의 윤리가 율법주의적일 수도 있지만 율법주의적이어야만 할 이유는 없다. 그것은 모두 규범의 본질, 규범들이 상호 관련된 방식, 규범들이 율법주의적이든 아니든 생활에 적용되는 방법 등에 의존한다. 사실상 누구든지 "안식일을 지키라"와 같은 절대 규범을 형식적으로만 지킬 수 있을 뿐이다.

둘째로 다른 모든 규범이 종속해 있는 절대적인 단일 규범 없이는, 규범 간의 충돌을 해결할 방도가 없는 것 같다. 여러 가지 보편적 규범들을 관련시키는 데는 적어도 다음과 같은 세 가지 방법이 있다. (가) 어떻게 그것들이 정말 충돌하지 않는지를 보여주거나 (나) 충돌하는 경우 파괴하는 것이 왜 그른지를 보여주든지 (다) 규범들 중의 하나는 보다 높아서 낮은 규범들보다 우선한다는 사실을 보여주는 방법이 그것이다.

셋째로 플레처는 보편적인 단일 규범에서 여러 보편적 규범들을 유도해 내는 방도를 알지 못한다. 그는 '중간 공리들'(middle axioms)이 용어상 모순이라고 생각한다. 그러한 것들은 파생되지 않은 것에서 파생되어 나온 것이다. 그렇지만 추론이 전제만큼 확실하지 못할 이유는 없다. 사실 여러 가지의 보편적 규범들이 있는지의 여부와는 별개로 플레처는 그러한 가능성을 배제하지 않은 것이 분명하다. 기하에서 원리로부터 가정이 유도되어 나오듯이, 그는 추론에 의해 규범들도 그렇게 될 수 있다는 것을 부인하지 않는다. 그는 이 보편적 규범들이 많은 기독교인들이 발견한 계시에서 나올 수 있음을 부정하지 않는다. 또한 플레처는 많은 보편적 규범들이 자체의 독립적인 상태를 갖고 있음을 직관적으로 알게 될 수 있는 가능성을 분명히 배제하지 않는다.

요컨대 여러 보편적 규범들이 있을 가능성은 논리적으로 불가능하다는 것이 보여질 때까지거나, 사랑 외의 아무런 보편적 규범이 발견되지 않는 경우에는 포기되지 않을 것이다. 보편적인 규범이 될 만한 것들을 다음 장에서 도입 평가한다는 입장에서, 정말 여러 보편적 규범이 있는지에 관한 판단을 그 때까지 보류하기로 한다. 단지 여기서는 플레처가 여러 보편적인 규범이 있을 수 있다는 것이 불가능하다는 사실을 증명하지 않기 때문에 그가 보편적인 단일 규범이 있다는 사실을 증명하지 못한다고 간주하는 것으로 충분할 것이다.

(4) 다른 보편적인 규범이 가능하다

플레처의 단일 규범에 반대되는 여러 보편적 규범들이 있다는 것이 가능할 뿐만 아니라, 플레처가 사용하는 규범에 반대하여 다른 단일 규범을 선정하는 것도 가능한 일이다. 환언하면 단일 규범의 윤리는 왜 사랑 대신 미움에 기초하지 않는가? 기독교의 사랑 대신 불교의 자비는 안되는가? 긍정적인 황금률보다 부정적인 황금률, 즉 "너희가 대접을 받고자 하는 대로 남을 대접하라"는 것보다 "너희가 대접받고 싶지 않은 것을 남에게 하지 말라"는 것은 안되는가? 확실히 플레처는 모든 윤리적인 원리가 꼭 동일한 의미를 갖는다는 것을 보여주지는 않았다. 그러면 어떤 근거에서 윤리 전체를 체계화할 수 있는 단일 규범을 선택할 수 있는가? 개인 윤리의 기본적인 전제조건이 완전히 자의적인 것이 아니라면 그것을 정당화하는 몇 가지 방법이 있음에 틀림없다.

한마디로 단일 규범의 윤리 문제는 어떤 규범인가 하는 것이다. 얼핏 보기에 복종을 주장하는 윤리적인 규범은 많이 있다. 어떤 규범에다 절대적이고 깨뜨릴 수 없는 특별한 위치를 부여해야 할 것인가? 어떤 것을 희생해서라도 성실을 단일 절대적인 것으로 활용할 경우가 생길 수 없겠는가? 플레처의 사랑의 규범과 동일한 방법으로 내적으로 일관성있게 그러한 입장을 산출해 낼 수는 없는가? 그리고 절대적인 단일 규범이 다른 규범과 똑같이 내적인 일관성을 가질 수 있다면, 어떤 근거에서 한 규범에 우선권이 주어지겠는가? 각각의 결과들을 평가함으로써 가능할까? 만약 어떤 절대적인 규범이 대부분의 사람에 대해 최종적으로 가장 좋은 결과를 가져다 준다는 근거로 선택되었다면 몇 가지 문제점이 있다.

첫째로 우리는 최종적인 것을 모르는데, 사실상 최종적으로 가장 훌륭한 것이 아닌 어떤 것들(예를 들어 불성실이나 독재)이 단기적으로 매우 많은 사람들에게 만족을 주는 경우가 있다. 사실 명확하게 잘못된 것들(속임수, 미움, 전쟁)은 너무 많은 이들에게 과도하게 오랫동안 만족을 주는 수도 있다. 둘째로 결과를 근거로 규범을 선택하는 것은 그러한 견해가 수반하는 모든 문제점과 함께 공리적 기반을 지지하는 윤리를 위해 규범적인 기반을 일탈하는 것이 될 것이다. 사실상 공리주의는 그 자체의 규범에 의존하는데 그 운영에는 많은 논쟁이 뒤따른다. 즉 목적은 규범을 정당화하기 위해 필요하고 이러한 목적은 그 목적을 설정하기 위한 규범에 의존한다는 것이다. 그러나 이것은 어떤 사건에서도 규범이 윤리의 기반이 되는 것을 보여 준다. 규범은 필요한데 어떤 규범이 얼마나 많이 있는가 하는 것이 문제로 남아있다.

(5) 다규범의 윤리가 변호될 수 있다

수많은 현대 저술가들은 많은 윤리적 규범의 유효성을 변호할 수 있는 방법을 제시해 왔다. 루이스(C. S. Lewis)는 『단순한 기독교』(*Mere Christianily*)에서 보다 대중적인 수준으로 그리고 프랑케나(William K. Frankena)는 『윤리학』(*Ethics*)에서 보다 철학적인 방법으로 다루었는데, 램지(Paul Ramsey)의 『기독교 윤리에서 행위와 법칙』(*Deeds and Rules in Christian Ethics*)이라는 책도 후자의 범주에 넣을 수 있다. 사실 보편적인 구속력을 갖는 도덕 법칙은 많은 것 같다. 강탈, 폭행, 배신 그리고 성에 관한 금지사항 및 살인 등은 인류에 공통적인 것 같다. 그리고 모든 사람이 다른 사람에게 대해 그런 것들을 행하지 않는다 하더라도, 모든 사람은 다른 사람들이 이러한 규범에 따라 그들을 대해야 한다고 믿는 것 같다(이 문제에 대한 기독교적 대답은 7장을 보라. 그리고 사실 플레처는 자신의 견해가 공리주의적이라는 것을 솔직하게 그렇지만 마지못해 인정하는데, 이러한 비판은 좀더 강조되어야 한다).

(6) 플레처는 사실상 공리주의자이다

플레처는 자신의 견해가 공리주의적임을 인정하고 있다. 그렇기 때문에 그의 견해는 '단일 규범적인'(one-norm) 절대주의가 일반주의의 한 형태라고 할 수 있다. 따라서 그의 견해도 공리주의가 받는 비판과 똑같은 비판을 받을 수밖에 없다(4장). 그는 목적이 수단을 정당화한다고 주장한다. 그는 또한 최대 다수의 최대 사랑을 확신하고 있다. 우리는 최종적인 결과에 대해 알지 못한다. 그러나 다수의 선은 소수의 권리를 짓밟을지도 모른다는 것은 알고 있다. 더구나 목적이 올바르기 때문에 행동까지 올바르다고 할 수는 없다. 폭행, 학대, 살인 등과 같은 악한 행동들이 존재한다. 아무리 그 의도가 올바르다고 해도, 악한 행동이 올바른 행동으로 될 수는 없다.

〖 요약 및 결론 〗

　어떤 사람은 상황주의가 단일 규범적인 절대주의라고 주장한다. 즉 상황주의는 모든 것이 유일하고 절대적인 도덕 법칙(아가페 사랑)에 의해 판단되어야 한다고 믿고 있다는 것이다. 하지만 상황주의는 이 유일한 도덕 원리가 실제로는 공허하고 형식적인 원리임을 보여 주고 있다. 그것은 상황에 미리 앞서 혹은 상황과는 별도로 파악될 수 있는 내용을 갖고 있지 않다. 상이한 상황들만이 그것이 무엇을 의미하는지를 사실상 결정할 뿐이다. 따라서 궁극적으로 볼 때 유일한 도덕 법칙은 결코 도덕 법칙이 아니다. 상황주의는 도덕률 폐기론으로 환원된다. 왜냐하면 공허하기만 한 절대적인 도덕 법칙이란, 실제로는 결코 절대적인 도덕 법칙이 아니기 때문이다.

〖 꼭 읽어야할 책들 〗

Brunner, Emil, *The Divine Imperative*. Philadelphia: Westminster, 1947.
Fletcher, Joseph, *Moral Responsibility*. Philadelphia: Westminster, 1974.
　　　　. *Situation Ethics: The New Morality*, Philadelphia: Westminster, 1966.
Kurtz, Paul, ed. *Humanist Manifestos I and II*, Buffalo: Prometheus, 1973.
Robinson, John A. T. *Honest to God*. Philadelphia: Westminster, 1963.

4

일반주의

윤리적인 입장들은 두 가지 범주로 나눌 수 있다. 즉 구속력 있는 윤리 규범들을 확신하는 입장들과 그렇지 않은 입장들(예를 들면 도덕률 폐기론)로 나눌 수 있다. 첫번째 범주는 또 다시 보편적으로 구속력있는 도덕 법칙을 확신하는 입장들과 일반적으로 구속력있는 도덕 법칙을 확신하는 입장들로 나뉜다. 여기서 후자의 입장은 일반주의(generalism)로 불리우는데 이 입장의 전통적인 지지자들 가운데는 공리주의자들도 포함되어 있다.

I. 일반주의란 무엇인가?

공리주의자들은 도덕률 폐기론자가 아니다. 왜냐하면 그들은 개인이 어떤 행위가 과연 최대 다수에게 최대의 이익을 가져다 줄 것인가를 결정하는 일에 윤리 규범들이 도움을 준다고 믿기 때문이다. 그리고 대체적으로 공리주의자들은 절대주의자가 아니다. 왜냐하면 대개 그들은 본래적인 (intrinsic) 가치를 갖는 보편적인 규범들을 거부하기 때문이다. 공리주의의 대표자들에 의하면 규칙을 지키는 것이 좋은 결과라는 부수적 가치를 가져오기 때문에 그것을 어겨서는 안된다고 한다. 여기서는 규칙위반이 보편적으로 나쁘기 때문에 규칙이 지켜지는 것이 아니라, 오히려 어떤 윤리적인 규칙에 대해 예외를 만드는 것이 유익보다는 해를 더 많이 가져오기 때문에 규칙이 지켜진다. 다른 말로 표현하자면 행위는 그것의 본질적이고 보편적인 가치에 의해 평가되는 것이 아니라 그 결과들에 의해 평가된다. 그러므로 법칙론적 의미와 규범적인 의미에서 볼 때, 공리주의의 대표자들에게는 어떤 보편적 규범도 결코 존재하지 않는다고 할 수 있다.

물론 그렇다고 해서 공리주의자들이 어떤 절대적인 것을 전혀 가지고 있지 않다는 것은 아니다. 아마도 그들은 절대적인 목적들은 가질지 모르지만 결코 절대적인 규범은 갖지 않을 것이다. 그들은 어떤 절대적이거나 궁극적인 결과를 지니고 있어서 그것으로 모든 행위들을 판단할지는 모르지만, 그러나 개인으로 하여금 "최대 다수의 최대 이익"이라는 궁극적인 목적을 가능케 하는 절대 법칙들은 결코 갖고 있지 못하다.

1. 벤담: 양적 공리주의

공리주의는 쾌락이 인간에게 있어서 '최대의 선'(summum bonum)이라고 믿는 쾌락주의(hedonism)를 계승한다. 통속적으로 알고 있는 '먹고 마시고 유쾌하게 지내는 것'을 에피쿠로스(Epicurus)의 가르침으로 오해하기도 했지만, 사실상 육체적 쾌락을 추구하고 육체적 고통을 피하는 것이 인생의 중요한 목표라는 고전적인 교훈을 처음 주장한 사람들은 역시 고대 에피쿠로스 학파인 것이다.

(1) 쾌락의 산출방식

벤담은 그의 저서 『도덕과 입법의 원리에 대한 입문서』(*Introduction to the Principles of Morals and Legislation*; 1759)에서 이러한 고대 쾌락주의에서의 쾌락의 산출방식을 공리주의 입장으로 발전시켰다. 벤담에 따르면 자연은 인류를 두 군주(즉 고통과 쾌락)의 지배하에 두었으며, 오직 그것들이 우리가 무엇을 할 것인가 하는 것 뿐만 아니라 우리가 무엇을 해야 하는지를 가르쳐 준다고 한다.[1] 이것들은 자신의 이익을 문제시하는 그 모든 사람들의 최대 행복을, 바로 인간 행위의 유일하게 정당하고 적절하

---

1) Jeremy Bentham, *Introduction to the Principles of Morals and Legislation*(reprint ed.; New York: Hafner, 1965), p. 1.

며 보편적으로 추구할 만한 목적이라고 주장하는 '유용성의 원리'(the principle of utility)로 요약된다.[2]

여기서 어떤 한 행동이 공동체의 행복을 감소시키는 경향성보다 그것을 증대시키는 경향성이 더 클 때, 우리는 그 행동을 유용성의 원리에 적합한 것이라고 말할 수 있을 것이다.[3] 더욱이 해야 한다, 옳다, 그르다 등의 단어들은 그것들이 시행되어졌을 때 비로소 의미를 갖는다. 만약 그 단어들이 시행되지 않는다면 아무런 의미도 지니지 못한다.[4] 즉 행위들이나 단어들은 그것들의 결과들과 동떨어져서는 아무런 윤리적인 의미도 갖지 않는다. 모든 것은 그것의 결말에 의해, 즉 그것이 고통보다는 쾌락을 가져오는가에 의해 정당화될 수 있는 것이다. 그러나 유용성의 원리 자체는 어떻게 정당화될 수 있는가? 벤담에 의하면 유용성의 원리는 어떤 직접적인 증명도 행할 수 없는 것이다. 그는 자기 이외의 다른 모든 것을 증명하는 데 사용되는 것 그 자체가 증명되어질 수 없다고 주장한다.[5] 몇몇 사람은 유용성의 원리를 일관성없이 거절하기도 했지만 본래 사람들은 어떤 상황하에서도 유용성의 원리를 받아들이게 된다. 그러나 어떤 사람이 그 유용성의 원리에 대항하려고 할 때도, 그 행위는 그 자신이 깨닫지 못하는 사이에 그 원리 자체에서 나온 것이다.[6]

더욱이 만일 어떤 사람이 자신의 감정에 편승하여 공리주의의 원리를 거절한다면 그로 하여금 스스로에게 "우선 자기의 권리가 나머지 모든 인류에 대해 독재적이고 적대적인 것이 아닌지, 그리고 다음으로는 그것이 무질서하게 혼란스러운 것이어서 사람의 수 만큼이나 정사에 대한 상이한 많은 판단 기준들이 있을 것이 아닌지"를 묻게 해야 할 것이다.[7]

(2) 쾌락의 산출

만일 고통의 회피와 쾌락이 윤리적으로 선한 행위의 목적이라면, 어떻게

---

2) Ibid., p. 5. Note added by Bentham, July 1822.
3) Ibid., p. 3.
4) Ibid., p. 4.
5) Ibid.
6) Ibid., pp. 4, 5.
7) Ibid., p. 6.

이들 두 요소들의 상대적인 총량을 산정할 수 있겠는가를 물어보는 것은 당연한 처사이다. 벤담은 이 물음에 대해 개인들과 집단들을 위해 두 가지로 답변하고 있다.

개인에 있어서 쾌락이나 고통의 가치는 본질적으로 네 가지 요소들(강렬성, 지속성, 확실성이나 불확실성, 친근성이나 이원성)에 의해 결정되어질 것이다. 그러나 어떤 한 행동이 색다른 쾌락이나 고통을 낳는 경향을 고려할 때는 두 가지 요소가 더 추가될 수 있겠다. 즉 다산성(한 종류 내에서 다른 것들을 생산할 가능성)과 순수성(반대되는 종류의 감각을 일으키지 아니할 가능성)이 그것이다. 한 집단에게 쾌락의 계산법을 적용할 때는, 쾌락이나 고통의 가치를 결정함에 있어서 일곱 가지 요소들을 고려하여야 할 것이다. 즉 강렬성, 지속성, 확실성이나 불확실성, 친근성이나 이원성, 다산성, 순수성 외에 확장성(확장이 미치는 사람들의 수)이 그것이다. 그래서 한 집단에 대해 한 행위가 갖는 선의 최종적인 적산을 위해서는, 우선 그 행위가 각 개인에게 고통보다 얼마만큼 더 많은 쾌락을 주느냐 하는 문제를 결정한 후에 이것들을 모두 합산해야 한다. 총합산해서 쾌락의 양이 고통의 양보다 더 많게 조화된 상태는 일반적으로 행위에 선한 경향을 부여한다. 만일 선보다 악이 더 많으면 일반적으로 악한 경향이 드러날 것이다.

벤담은 "그렇다고 반드시 모든 도덕판단이나 법률 시행 이전에 이 과정이 추구되어야 한다고 기대하지는 않는다"[8]고 했다. 그 이유는 아마도 그것이 심리적으로나 수리적으로 너무 복잡해서 실시되기가 어렵기 때문일 것이다. 이렇게 볼 때 벤담의 견해 가운데는 일반적인 규범의 필요성이 가장 명백해진다. 만일 쾌락의 균형을 항상 결산해 낼 수 없다면 행동의 방향을 어떻게 결정할 수 있는가? 그 대답은 벤담을 계승한 밀의 공리주의 입장에서 더욱 뚜렷해진다.

2. 밀: 질적인 공리주의

밀(Mill)은 벤담의 견해 중에서 최소한 한 가지를 수정하고 발전시켰다.

---

8) Ibid., p. 31.

수정은 쾌락이 어떻게 인지되느냐 하는 문제와 관련되며, 발전은 일반 규범들이 공리주의의 전 맥락 속에서 어떤 기능을 담당할 수 있는가 하는 문제와 관련된다.

(1) 쾌락은 질적으로 규정된다

벤담의 '쾌락주의 산출 방식'(혹은 쾌락 원리)은 유물론적인 해석과 쉽게 부합된다. 벤담이 육체적인 쾌락과 고통을 말하고 있는 것처럼 보이는 것은 그에게 있어서 쾌락과 고통이 강렬성과 지속성에 의해 측정되어지기 때문이다. 벤담은 그의 만년에 행복이나 지복이란 단어가 그가 사용한 쾌락이란 단어의 의미를 더 잘 표현하고 있다고 주지시킴으로써 쾌락주의로 흐를 가능성을 약화시키려고 노력하였다. 물론 그는 유물론적인 방법으로 행복이 산정되어지거나 산술적으로 계산되어지는 것을 부인하지는 않았다.

이와 달리 밀은 쾌락들이 그 종류에 있어서 서로 다르며, 그리고 보다 높은 쾌락들이 보다 낮은 쾌락에 우선되어야 한다고 주장하였다. 쾌락들이 단지 그것들의 총계나 강렬성으로 구별되는 것은 아니다. 어떤 쾌락들이 단지 그것들의 총계나 강렬성으로 구별되는 것은 아니다. 어떤 쾌락이 다른 쾌락보다 더 높은 가치가 있는 이유는, 단순히 그 두 가지 모두를 경험한 사람 대부분이 그 다른 하나에 비해 그것을 더 선호하여 택하기 때문이다.

인간들이 어떤 쾌락을 보다 높은 수준의 것으로 뚜렷한 우선권을 부여하는 이유는 그들이 동물들보다 더 높은 능력을 가졌기 때문이다. 아무리 바보 천치 불량배가 그들의 운명에 대해 더 족히 만족할 수 있다고 할지라도, 어떤 지성인도 결코 바보가 되려고는 하지 않을 것이다.[9] 여기서 밀은 "만족한 돼지가 되느니 차라리 불만족한 인간이 되는 것이 나으며, 만족한 바보가 되느니 차라리 불만족한 소크라테스가 되는 것이 낫다"는 그의 명언을 남겼다. [10] 바보와 돼지가 서로 의견을 달리 하는 이유는, 돼지는 단지 문제의 한면 밖에 알지 못하지만 바보는 양면 모두를 알기 때문일 것이라고 한다.

---

9) John stuart Mill, *Utilitarianism*, in *The Utilitarians*(Garden City, N. Y.: Dolphin Books, Doubleday, 1961), p. 409.
10) Ibid., p. 410.

간단히 말해서 문명화된 쾌락들은 비문명화된 쾌락들보다, 그리고 지적인 쾌락들은 감각적인 쾌락들보다 더 높은 수준의 것이다. 그것들 사이에는 질적 차이가 있으며 사람은 최대 다수를 위해 가장 높은 수준의 쾌락을 추구하여야 한다. 만일 결정을 위한 어떤 지침이나 규범이 없다면 무엇이 최대 다수에게 최대 행복을 가져다 줄 것인지를 어떻게 알겠는가? 참으로 자기 행위들로 인해 일어날 먼 훗날의 결과들을 예견할 수 있는 사람은 극히 드물다. 이 질문에 대한 밀의 대답은 규범들의 필요성으로 귀결된다.

(2) 쾌락은 규범적으로 결정된다

공리주의 견해는 규범들을 도외시하지 않는다. 밀은 크게 유용한 정직성(veracity)의 규범을 언급한다. 모든 도덕가들이 주지하는 대로 이 규칙이 아무리 신성하다 할지라도 가능성있는 예외들을 내포하고 있다.[11] 즉 진실을 말하는 것은 몇몇 예외들(이를테면 생명을 구한다면 거짓말도 옳은 것이다)을 제외하고는, 최대 다수에게 최대 행복을 가져오게 할 수 있는 일반 규칙인 것이다.

밀은 사람은 항상 그의 행위들의 결과들을 산정할 수 없다는 사실을 시인한다. 엄격히 말해서 이것이 바로 규칙들과 규범들이 필요한 이유이다.

인류는 충분히 오랜 세월 동안, 자신들의 행위의 결과들을 산정할 수 있게 해주는 축적된 인류경험을 체계화시켜 왔다. 그동안 줄곧 인류는 경험에 의해 행위들의 경향성을 익혀 왔다.[12] 그리고 인간이 완전한 바보가 아니라고 가정한다면, 현재에 이르러서 인류는 행위들이 자신들의 행복에 미치는 영향에 대해 확실한 신념을 갖게 되었다.[13] 그리고 이렇게 이루어진 신념들은 대중들과 철학자가 그것보다 더 나은 신념을 발견하기까지 그들의 도덕률이 된다.[14]

간단히 말해서 사회적인 선을 최대화하도록 인간의 결정들을 유도하는 정당한 도덕적인 규칙들과 신념들과 규약들이 있기는 하지만 이것들 중에

---

11) Ibid., p. 424.
12) Ibid., p. 425.
13) Ibid., pp. 425~6.
14) Ibid., p. 425.

예외없는 것은 하나도 없다. 그것들 모두는 유용성의 원리를 위해서(즉 보다 더 큰 선이 위험에 처할 때) 위반할 수도 있으며 또 위반되어야만 한다. 왜냐하면 받아들여진 윤리 법규는 결코 신성불가침하게 옳은 것은 아니기 때문이다.[15] 그것은 무한한 개선을 내포한다. 그러나 도덕률들을 개선되어질 수 있는 것으로 간주하는 것과 규칙과 법규 같은 '중간 일반화' (intermediate generalization)를 전적으로 무시하고 각 개인의 행위를 직접 '최우선의 원리'(유용성의 원리)에 의해 판단하고자 하는 것과는 별개의 일이다.[16] 모든 도덕들이 지향하고 있는 오직 하나의 궁극적인 목표가 있다고 해서, 그 목표로 인간을 인도하는 규범들이 많이 있을 수 없다고 할 수는 없다. 그것이 의미하는 바는 이 많은 규범들이 절대적인 것이 아니며 그것들이 서로 상치할 때는 공리주의 원리에 의해 해결해야 한다는 것이다. 근본적인 도덕 원리는 오직 하나이며 다른 모든 것은 그것에 종속된다.

(3) 예외의 문제

밀은 자신의 견해가 도덕률의 예외 조항들로 인해서, 유용성을 위해 도덕률을 무차별 위반하려는 유혹을 일으키는 것이라는 비판을 받을 여지가 있음을 안다. 그의 대답은 두 가지로 나뉘어진다. 첫째로 이 비판은 모든 도덕 체계에 똑같이 적용될 수 있을 것이다. "행동 규칙이 어떤 예외도 필요치 않을 정도로 꽉 짜여질 수 없다는 사실은, 어떤 교의에 결함이 있어서가 아니라 복잡한 인간사에 기인한다."[17] 그리고 "상황들의 특수성에 융통성있게 적응하기 위해 어떤 특정한 허용범위를 설정함으로써 그 법칙들의 경직성을 완화시킬 수 없는 그런 윤리 법규란 없다. 이러한 법규 아래로 자기 기만과 부정직한 궤변이 넘나든다."[18] 공리주의자는 다른 도덕가들과 마찬가지로 지성과 덕성으로써 예외들의 오용을 극복해야 한다. 공리주의자는 하나의 도덕 기준을 가지고 있으며, 아무리 그것의 적용이 어렵다 할지라도 없는 것보다는 낫다. "모든 도덕률이 다른 체계들에서는 독자적인 권

---

15) Ibid.
16) Ibid., p. 426.
17) Ibid., p. 427.
18) Ibid.

위를 주장하지만, 그것들 사이에서 그것들을 조정하도록 위임된 공동의 심판자는 없다."[19]

둘째로 밀은 예외들은 예외로서 인식되어져야 하며 그것들에는 명확한 한계가 있어야 한다는 사실을 인정한다. 그 이유는 예외들이 필요한 한계를 넘어설 정도로 너무 많지는 않도록 그리고 예외들로 인해서 일반적인 규칙을 신뢰하는 마음이 약화되지 않도록 하기 위함이다. 밀은 이러한 관점들에 대해 간단한 언급은 하지만 상세한 설명은 하지 않는다. 다른 공리주의자들은 예외없는 도덕률이나 규칙이 본질상 예외없는 것은 아니지만 공리주의적인 논거에서 결코 위반되어서는 안된다고 주장하면서 서로 번갈아가면서 밀의 견해에로 접근을 시도하여 왔다.

3. 무어: 일반적 규칙들과 보편적 복종

공리주의자들은 예외들의 문제를 두 가지 근본적인 방식으로 다루고 있다. 행위—공리주의자들(The act-utilitarians)은 모든 윤리 행위는 각각 반드시 그 결과에 따라 평가되어야 한다고 주장한다. 그러므로 윤리적인 규칙이나 규범에 예외들이 있을 수 있으므로 특별한 경우에 그것의 위반이 정당화되기도 한다. 규칙—공리주의자들은 이와는 달리, 규칙을 어긴 결과들이 나쁘기 때문에 규칙들을 절대로 위반해서는 안된다고 주장한다. 무어(G. E. Moore)의 견해는 두 가지 입장을 조금씩 연결시키는 것 같다.

(1) 규칙들은 일반적으로만 타당할 뿐이다

무어에 따르면 "도덕적으로 이것을 완수할 책임이 있다"는 발언은 "이것이 세계에서 가장 많은 선을 낳을 수 있으리라"는 사실을 의미한다. 즉 행위의 결과들이 그 행위의 도덕성을 결정짓는다. 더욱이 어떤 결과를 가져오는 수단으로서 좋다는 윤리학적 판단과 관련해서, 어떠한 것도 보편적으로 참인 것은 없으며 한때에는 일반적으로 참이었지만 다른 때에는 많은 것이 거짓일 수 있을 것이다. 그러므로 우리는 '이런 결과가 대체적으로 이런 행위에 뒤따른다'는 식의 가정으로서의 일반화 이상의 것은 결코 부여

---

19) Ibid.

할 수 없다. 그리고 오로지 그 행위의 발생 상황이 대체적으로 똑같은 경우에서만 이 일반화가 참이 될 것이다.[20] 규칙들과 규범들은 일반적으로 유용한 것이지 실제로 보편적인 것은 아니다.

사실상 윤리적인 규칙들이 실제로 절대적인 것은 아니며 단지 가정적일 따름이다. 그것들이 말하고 있는 바는, 만일 우리가 이런 상황 속에서 이런 방식으로 행동한다면 아마도 최대의 선이 따르리라는 것이다. 그러나 다른 상황들이 개입할 수도 있기 때문에 이것을 가능성 이상으로 더 확실하게 알 수는 없다. 그렇기 때문에 윤리적인 법칙은 과학 법칙이 아니라 과학적인 예보의 성격을 지녔다. 그리고 이 예보의 성격은 그 가능성이 아무리 지대하다 할지라도 항상 단순한 가능성일 따름이다.[21]

예를 들어 살인을 보편적으로 악한 것으로 이해해서는 안될 것이다. 왜냐하면 실제로 우리가 어떤 상황에서는 살인이 좋은 결과를 가져오는 것을 보기도 하기 때문이다. 그리고 상황이 완전히 바뀐다면, 가장 보편적으로 확실한 일반 규칙으로 생각되던 것들도 의심받게 되는 일이 쉽게 눈에 띌 것이다.[22] 그래서 살인의 일반적 비효용성은 단지 대부분의 인류가 삶을 가치있는 것으로 계속 믿는 한에서만 입증될 것이다. "살인이 수단으로서는 좋지 않은 것임을 증명하기 위해서, 우리는 인간의 생존이 전반적으로 악하다고 주장하는 염세주의의 중요한 주장을 반박해야 한다."[23] 따라서 "살인을 일반적으로 피해야 한다고 말하는 것은, 대부분의 인류가 분명히 살인에 동의하지 않고 계속 살아 갈 것을 주장하는 한에서만 의미있다."[24] 여하튼 대부분의 사람들이 계속해서 삶을 가치있는 것으로 평가하는 한 어떤 개인의 살인 행위가 나쁘다는 윤리학적인 고찰은 입증가능성이 있는 것으로 보여진다.[25] 절제와 약속이행 같은 다른 규칙들도 마찬가지 방식으로 적

---

20) G. E. Moore, *Principia Ethica*(Cambridge: Cambridge University Press, 1962), p. 22.
21) Ibid., p. 155.
22) Ibid., p. 156.
23) Ibid.
24) Ibid.
25) Ibid.

용된다.

같은 방식에서 순결도 단지 사회의 보존을 위해서 필요한 것으로 여겨지는 특정한 조건에 따라 그것의 보편적인 유용성이 좌우되는 그러한 일반적인 규칙에 지나지 않는다. 예를 들면 순결은 대개 배우자의 질투를 피하고 아버지의 사랑을 보존하면서 사회를 보존하는 데 필수조건이라는 사실이 전제되어진다. 그러나 그것들 없이 존재하는 문명사회를 상상하기란 어렵지 않다.[26] 그렇기 때문에 순결의 법칙은 사회가 그것 없이도 존재할 수 있다면 폐기되어질 수도 있는, 단지 일반적이고 조건부적인 규칙에 지나지 않는다.

(2) 어떤 일반적인 규칙들은 결코 위반해서는 안된다

도덕 규범들이 단지 개별적인 예외들을 갖는 일반 규칙들임에도 불구하고, 무어는 대부분의 사람들이 대체적으로 참이라고 규정한 규칙을 절대로 거역해서는 안된다고 주장하였다. 그가 제시하는 이유들은 다음과 같다. 첫째로 극히 대부분의 경우에 특정한 법칙을 준수하는 것이 확실히 유용하다면, 어떠한 경우라도 규칙을 위반하는 것은 틀림없이 나쁜 일일 것이다.[27] 더욱이 특별한 경우에 있어서 결과들과 그 가치에 대한 우리의 인식이 대단히 불확실하기 때문에, 자신의 경우 아마도 그 결과가 좋을 것이라는 개인의 판단은 확실히 그러한 행위가 나쁘다고 하는 일반적인 가정에 대항해서 성립하기가 어려워 보인다.[28] 또한 이러한 일반적 무지에 덧붙여서 사실상 문제가 발생하였을 때는, 우리가 규칙을 어김으로써 취하고자 하는 결과들 중의 하나를 강렬하게 바라고 있다는 사실 때문에 우리의 판단은 대체적으로 한쪽으로 치우치게 될 것이다.[29] 우리는 무어를 따라 일반적으로 유용한 규칙을 항상 준수해야 한다고 말할 수 있을 것 같다. 그것은 모든 경우에 유용하기 때문에 그러한 것이 아니라, 어떤 특정한 경우에 유용하게 될 가능성이 우리가 그것의 비효용적인 경우를 취하게 될지도 모를 가능성보다

---

26) Ibid., p. 158.
27) Ibid., p. 162.
28) Ibid.
29) Ibid.

더 크기 때문에 그러한 것이다. 간단히 말해서 규칙들을 위반할 수밖에 없는 상황들이 있다손 치더라도, 우리는 그러한 상황들이 어떠한 성질의 것인지를 결코 알 수 없으며, 그리고 다만 그렇기 때문에 결코 그 규칙을 위반해서는 안되는 것이다.[30]

확실히 규칙을 어기는 것이 자신에게는 이익이 된다고 할지라도, 그같은 규칙위반이 다른 불리한 위법행위를 조장하는 경향이 있는 한 그것은 나쁜 결과를 초래한다. 왜냐하면 본보기가 어떤 영향력을 끼치는 곳에서는, 예외적으로 옳은 행위의 영향은 일반적으로 그릇된 행위들을 유발하기 때문이다.[31] 무어에 따르면 이러한 논리전개는 한 단계 더 나가야 한다. 즉 자신에게는 옳은 것이지만 일반적으로는 그른 그런 행위를 한 사람에게 벌을 주는 것은, 비록 그의 본보기가 위험스런 영향을 끼치지 않는다 할지라도 확실히 잘한 처사이다. 왜냐하면 제재는 일반적으로 본보기보다는 행위에 더 큰 영향을 미치기 때문이다. 따라서 예외적인 경우에 있어서 제재들을 완화한다면, 예외가 아닌 경우들에 있어서도 거의 확실히 그와 유사한 행위를 조장할 것이다.[32]

오직 일반적으로 적용할 만한 것으로 간주된 규칙들만 항상 준수해야 한다는 위의 입장은, 단지 그것의 일반적인 유용성이 확실히 밝혀진 규칙들이나 규범들에만 국한된다. 어떤 규칙의 일반적 유용성에 의심의 여지가 있는 경우, 무어는 행위―공리주의의 접근방식에 동의하는 것 같다. 그에 의하면 의심의 여지가 있는 특별한 경우에 좋은 결과를 예견할 수 없을 때에는, 오히려 자신의 행위가 가져다 줄지도 모를 하찮은 결과의 본래적 가치를 고려하여 선택을 유도해야 할 것이다.[33]

각 경우에 실로 보편적으로 그른 행위는 전혀 없고, 오직 공리주의적인 근거에서 보편적으로 피해야 하는 일반적으로 그른 것들이 몇몇 있을 뿐이다. 그래서 무어의 입장은 적어도 두 가지 방식에서 참으로 보편적인 규범

---

30) Ibid.
31) Ibid., p. 163.
32) Ibid., p. 164.
33) Ibid., p. 166.

들을 전혀 제공하지 않게 된다. 첫째로 사람이 항상 준수해야 할 규범들은 진정 보편적으로 옳거나 그른 행위를 지칭하지 않고, 단지 일반적으로 그른 행위를 지칭할 따름이다. 예외는 특별한 경우에 정당화될 수 있다. 그러나 어떤 주어진 경우가 합법적인 예외로 간주될 것을 주장하면 선보다 악이 더 많이 초래되기 때문에 당연히 규칙을 위반해서는 결코 안되는 것이다.

둘째로 항상 준수해야 하는 무어의 일반 규칙들은 오직 그 결과들에 의해 정당화되어지기 때문에 실제로 절대적인 의미에서의 규범적인 보편 개념이 못된다. 그것들은 법칙론적인 것이 아니며 또한 본래적인 가치를 지닌 행위들을 지칭하지 못한다. 무어는 본래적인 가치가 있는 행위란 없으며, 모든 행위들은 결과에 따라 판단되어야 한다고 매우 분명하게 말한다.[34]

4. 어스틴: 어떠한 일반적 규칙도 위반해서는 안된다

어스틴(J. Austin)의 '법칙—공리주의'에서는 위반될 수 없는 규칙들에 관한 문제가 무어보다 한 단계 더 나아간다. 무어에 따르면 오직 어떤 규율들은 그것들의 일반적인 유용성 때문에, 그리고 사람이 자기의 경우가 합법적인 예외인지를 확신할 수 없기 때문에, 그리고 만약 그것이 합법적인 예외라 할지라도 규율에 대해 예외를 만듦으로써 다른 상쇄하는 나쁜 결과와 영향들이 유발되기도 하기 때문에 결코 위반되어서는 안된다고 한다. 이와는 달리 어스틴은 그것이 행하여질 경우 일반적으로 나쁜 결과를 초래하게 되는 그런 행위들에 관한 규칙들은 결코 위반해서는 안된다고 주장한다.

(1) 규칙들은 일반적인 결과에 따라서 정당화된다

어스틴은 규칙 준수의 정당성이 오직 그 규칙의 준수가 가져다 주는 좋은 결과들에 있다고 주장하기 때문에 그는 분명히 공리주의자이다. 그에 의하면 규칙들은 유용성에 적합하게 맞춰질 것이며 행위는 우리의 규칙들에 맞춰질 것이다.[35] 우리의 행위는 행위들의 경향성으로부터 추론된 규칙

---

34) Ibid., pp. 92, 93, 104, 105.
35) John Austin, *The Province of Jurisprudence Determined* (1832; reprint ed., London: Weidenfeld and Nicolson, 1954), p. 47.

들에 따르려고 하겠지만, 직접적으로 일반적인 『유용성의 원리』에 근거하여 행위가 결정되지는 않을 것이다.[36] 유용성은 궁극적으로 우리 행위의 시금석이 될 것이다.[37] 규칙들은 그것을 준수함으로써 보다 큰 선을 가져올 때 그리고 그것을 위반함으로써 사회에 보다 큰 악을 가져올 때 비로소 정당화된다. 여하튼 규칙들은 특정하거나 개별적인 행위들에 관한 것이 아니라 행위들의 종류들에 관한 것이다.

(2) 보편적인 규칙의 준수는 일반적인 결과에 의해 정당화된다

행위―공리주의에서는 각 개별행위가 그것의 특정한 결과에 의해 정당화될 수 없지만 그 행위 전체는 그 결과들에 의해 판단될 수 있다. "만약 우리가 어떤 특별한 행위나 개별행위가 갖는 경향을 살피고자 한다면, 우리는 그 행위를 고립된 단일한 것으로 파악해서는 안되며 그 행위가 속해 있는 같은 부류의 행위들을 살펴야 한다."[38] 더욱이 "우리는 같은 부류의 행위들이 일반적으로 행해졌든지 아니면 생략되었다고 가정해야 하며, 그리고 일반적인 행복이나 선에 미치는 가능성있는 영향들을 고려해야 한다."[39] 왜냐하면 "단일 행위에 관해서 우리가 이끌어 낸 특정한 결론은 모든 유사한 행위들을 포괄하고 있는 일반적인 결론을 함축하고 있기" 때문이다.[40]

이것에 대한 유일한 예외는 규칙들이 서로 모순되거나 어떤 특정한 행위에 규율이 없는 경우에 봉착할 때이다. 더군다나 이러한 일반 규범들은, 일반적으로 준수되고 또 일반적으로 유용할 경우에만 준수될 수 있다. 만약 어느 한쪽의 조건(혹은 양쪽의 조건 모두)이 충족되지 않는다면, 곧 힘을 잃게 되며 항상 준수되지만은 않는다. 어스틴은 그의 주장에 대해 많은 실례들을 제시하고 있다. 아무리 가난한 사람이라도 절도라는 특정행위가 가진 유용성을 이유로 그의 부자 이웃의 물건을 훔쳐서는 안된다. 왜냐하면 만일 도둑질이 일반적이라면 그 결과는 사회에 대해 재난이 될 것이기 때

---

36) Ibid.
37) Ibid.
38) Ibid., pp. 47, 48.
39) Ibid., p. 48.
40) Ibid.

문이다. 마찬가지로 어떤 선한 목적에 돈을 쓰기 위해서라도 결코 탈세하여서는 안된다. 왜냐하면 균등한 납세가 정부의 존재를 위해서는 필수적이기 때문이다. 그리고 탈세가 거의 이루어지지 않기 때문에, 나 자신과 다른 사회 구성원들은 그것이 주는 보호를 만끽할 수 있게 된다.[41]

마찬가지로 동떨어진 사건으로서의 개인에 대한 처벌은 선보다 해를 더 많이 끼칠지도 모르지만, 벌이 어떤 체계의 일부분으로서 간주될 때는 유용하거나 유익한 것이다. 한 다스(12개)나 한 스코어(20개)의 벌로써 수천의 범죄들이 방지된다.[42] 즉 개별적인 벌은 일반적인 관례의 좋은 결과에 의해서 정당화된다. 일반적인 규칙들을 어긴 일반적인 결과가 대체적으로 나쁘기 때문에 예외가 결코 있어서는 안된다.

전통적으로 볼 때 공리주의자들은 모든 행동이 최대 다수의 최대 선을 가져왔는가라는 관점에서 판단되어야 한다고 주장하였다. 조셉 반하트(Joseph Barnhart) 교수는 이러한 공리주의적 계산을 일정 정도 수정하고 있다. 그는 우리가 우리 자신을 비롯한 모든 개인에게, 최대 선(행복)을 가져다 주기 위해 행동해야 한다고 확신하고 있다.[43] 그는 자유주의적인 관점에서 그렇게 할 때에만, 각 개인의 권리가 훨씬 더 훌륭하게 보장될 수 있다고 믿고 있는 것이다.

Ⅱ. 일반주의에 대한 평가

일반주의에는 심각한 결점들 뿐만 아니라 결정적인 장점들도 있다. 우선 윤리 규범에 대한 일반주의의 접근방식이 갖는 긍정적인 측면을 언급하고자 한다.

1. 일반주의의 장점

---

41) Ibid., p. 39.
42) Ibid., p. 40.
43) Joseph E. Barnhart, "Egoism and Altruism", *Southwestern Journal of Philosophy* 7, 1(Winter 1976); 101-10.

일반주의의 장점에는 여러 가지가 있지만, 이 책에 언급된 규범적인 연구와 관련해서 적어도 세 가지를 들 수 있다. 일반주의는 첫째로 규범들의 상치문제를 해결할 수 있으며, 둘째로 규범들의 필요성을 반영하고, 셋째로 어떤 일반주의자는 위반할 수 없는 규범들을 주장한다.

(1) 규범들의 필요성

일반주의자들은 규범들의 필요성을 인식한다. 심지어 공리주의적인 목적들도 그 목적들을 획득하기 위한 규범적인 수단을 필요로 한다. 궁극적인 목적에 도달하기 위해서는 안내도(road-map)가 있어야 하며 행위를 지도하기 위해서는 명백한 기준들이 필요한 것이다. 누적된 인류의 경험에서 이끌어 낸 규범들이나 규범적인 근거들이 없이는, 한 개인의 행위가 먼 훗날에 미치는 결과를 절대로 결정할 수 없게 된다. 예견 능력이 없는 인간은 그것을 따르면 좋은 결과를 낳을 원리들에 의거해야 하는 것이다.

무어에 의하면 인간이 먼 미래를 알지 못한다면 알려진 가까운 미래에 의거해서 자신의 행위를 측정해야 한다. 그러나 그는 이것이 증명되지 않은 것임을 솔직히 시인한다. 이어서 그는 "한 행위가 다른 행위보다 결과에 의해 더 옳다거나 그르다고 간주하는 것에 대하여 아직도 그 충분한 근거가 발견되지 않았음이 명백하다"고 말했다.[44] 이렇게 볼 때 공리주의자가 자기 주장이 좌절되지 않기 위해서 규범들에 호소하는 것은 이해함직한 일이다.

(2) 상치하고 있는 규범들에 대한 해결책

일반주의의 입장은 진실을 말하는 것과 생명을 구하는 것 사이에서 볼 수 있는 것같이 의무간에 대립이 있을 때, 무엇을 해야 하는가 하는 문제에 대한 해결책을 제시한다. 왜냐하면 몇몇 일반주의자들에게는 참으로 예외없는 보편적 규칙이란 전혀 없기 때문이다. 기껏해야 그것들은 상황에 따라 위반할 수 있는 단지 일반적인 규범들에 불과하다. 이렇게 볼 때 아무리 거짓말이 일반적으로 나쁘다 할지라도 생명을 구한다면 옳은 것이 될 수도 있다.

절대적인 목적(즉 최대 선)은 오직 하나 뿐이며, 규칙과 규범같은 모든 수단들은 그 목적에 대해 상대적인 것이다. 수단들이나 규범들 사이에 충

---

44) Moore, *Principia Ethica*, p. 153.

돌이 있게 될 때는 공리주의적인 목적에 직접 호소함으로써 해결될 수 있는데, 만약 이런 경우 거짓말이 대부분의 사람들에게 보다 유용하고 유익하다면 그러한 거짓말은 해야 한다.

앞에서 언급한 바와 같이 일반주의적인 해결방법은 도덕률 폐기론도 아니요 상황주의도 아니다. 그리고 상황주의는 한 개의 궁극적인 규범을 요구하지만 일반주의자들은 아무런 궁극적인 규범도 요구하지 않는다. 물론 일반주의는 일반적인 규범들 사이에 대립이 있을 때 어떤 방향으로 행위를 결정하도록 하나의 규범처럼 기능하는 하나의 궁극적인 목적을 가지고 있다. 그렇다고 해서 일반주의자들은 최대 다수의 최대 선을, 최선의 목적을 획득할 수 있는 하나의 규범으로는 간주하지 않으며, 오히려 그것에 따라 최선의 규범이 선택되어져야 할 목적 그 자체로 간주한다. 중재적인 입장에서 일반주의는 규범이 없다는 견해를 피하면서 규범들간의 충돌문제도 해결하려고 한다. 여기에 대한 대답은 간단하다. 즉 도덕 원리들이 서로 갈등을 겪고 있을 때 이 갈등은 절대적이지 않다. 왜냐하면 항상 예외가 존재하기 때문이다. 도덕 의무들은 일반적일 뿐 보편적이지 않다. 그리고 일반적인 원리들은 예외를 인정하고 있다.

(3) 위반할 수 없는 하나의 규범

다른 일반주의자들은 규칙이나 규범들을 결코 위반해서는 안되는 사례를 제시한다. 아무리 그들이 어떤 일반적인 규율을 위반하는 것을 특별히 정당화 할 수 있는 예외적인 경우가 있음을 수긍한다 할지라도 생명구원이나 약속이행 등과 같은 규칙을 결코 위반해서는 안되는 실제적인 근거들을 제시하고 있다. 행동에 있어서 의미있고 위반할 수 없는 규범들을 갖고자 하는 그들의 욕구는 그들의 윤리학에 있어서 칭찬받을 수 있는 측면이다. 그것은 그들이 실제적인 단계에서 예외적인 접근방식이 갖는 많은 난점들을 알고 있었음을 암시해 주고 있다. 더욱이 일반주의자들은 철저한 상대주의자도 아니다. 그들은 항상 절대적인 규범으로 간주되지는 않는 어떤 절대적인 목적을 자기들의 상대적인 수단들을 식별하는 데 사용한다. 사실 절대적인 목적이 없다면 어떻게 일반주의자들이 그들의 식별을 정당화할 수 있으며, 어떻게 어떤 규범들을 결코 위반해서는 안된다고 주장할 수 있었겠는가? 만일 이 문제들을 결정하기 위한 궁극적인 기준이 없다면, 어떻게 상대적인 것이 다른 것에 우선하여 선택될 수 있겠는가? 각 행위들을 본래적인 가치에 의해 구별하는 것은 일반주의자들이 하려는 일이 아니다. 왜냐하면 그것은 사물들을 부대적인 가치(즉 유용성)에 의해 판단한다는 그들의 전제에 반대되기 때문이다.

2. 일반주의의 결점

일반주의에 찬동하는 입장에서 지적할 수 있는 긍정적인 특징에도 불구하고, 일반주의의 입장에는 몇 가지 심각한 문제점들이 있다.

(1) 목적은 수단을 정당화하지 않는다

공리주의는 목적이 수단을 정당화한다고 믿고 있다. 그러나 이것은 명백히 오류이다. 게르만 민족을 보다 완전한 민족으로 만들겠다는 히틀러의 목표는 옳았지만, 그 목적을 달성하기 위한 수단은 옳지 못했다. 국가의 안전보장이라는 닉슨 대통령의 목적은 고귀한 목적이었지만, 그 목적에 도달하기 위한 도청이라는 범죄적이고 비윤리적 행동은 결코 정당화되지 않았다. 목적은 결코 수단을 정당화하지 않는다. 수단 그 자체가 정당해야 한다. 즉 어떤 행동이든 그 목적이 올바르다고 해서, 자동적으로 올바른 행동으로 되지는 않는다. 목적을 달성하기 위한 수단은, 선이라는 객관적 기준에 의해 그 올바름의 여부가 판단되어야 한다. 파멸로 이르는 길은 선한 의도로 뒤덮여 있다(잠 14:12). 어떤 행동이든 그 배후의 의도가 선하다고 해서 선한 행동으로 되지는 않는다. 행동 그 자체가 선할 경우에만 선한 행동으로 되는 것이다. 기독교 입장에서 우리는 바울의 다음과 같은 말에 동의해야만 한다; "그런즉 우리가 무슨 말 하리요 은혜를 더하게 하려고 죄에 거하겠느뇨"(롬 6:1).

(2) 일반주의는 보편적인 규범을 전혀 갖지 못한다

실제적인 근거에서 항상 따라야 하는 일반적인 규범과 그리고 항상 순응함이 본질적으로 옳은 참으로 보편적인 규범 사이에는 뚜렷한 차이가 있다. 후자는 본질적으로 옳은 행위에 대해 말하고 있다. 그러나 일반주의자는 확대범위가 좁은 규범들을 제공할 뿐이다. 항상 특기할 수 없는 예외들이 있든지 그렇지 않으면 규칙에 규정되지 않은 경우들이 있을 뿐이다. 그리고 아무리 일반주의자들이 일반적인 유용성 때문에 이들 규칙들을 위반하지 않으려 한다 하더라도, 규칙 자체는 본질적으로 위반할 수 없는 것은 아니다. 만일 사람이 행동에 있어서 항상 따라야 할 의미있는 규범들을 찾아서 그것으로써 항상 행해야 할 올바른 행위들을 수행하게 하는 지침으로 삼고자 한다면 일반주의에 대해 실망할 것이다. 일반주의자가 제시할 수 있는 최선의 것은 일단의 일반 규범들인데, 그것들은 모든 경우를 망라하지도 못하며 상호 충돌하지 않는 것도 아니다. 또 그것들이 보다 효과적이기 위해서는 그것들을 특정한 경우와 종종 결정적인 경우들에 적용하는 다른 수단을 가져야만 한다.

(3) 공리주의적인 행위들은 전혀 본래적 가치를 갖지 않는다

또 다른 비판이 공리주의적인 일반주의자들에게 가해질 수 있는데, 그들이 가진 규범들은 전혀 본래적인 가치를 지닌 행위들을 표현하고 있지 않다는 것이다. 예를 들어 생명을 구하고자 하는 시도조차도 본래적인 가치를 지닌 행위가 아니라는 것이다. 그것은 실제로 그 사람이 구원되거나 그 무익한 시도로부터 어떤 다른 선이 생겨날 때에만 가치를 지닌다. 공리주의의 전제에 따르면 가난한 사람에게 전혀 미치지 않는 자선 선물이나 아무런 호의적인 응답도 없는 친절행위는 선한 행위가 아니다. 사실상 어떤 행위도 그것으로부터 좋은 결과가 생기지 않는다면 본래적으로 선한 것이 아니다. 그리고 어떤 행위도 그것이 최대 다수에게 최대 행복을 가져다 주지 못한다면 도덕적으로 옳은 것이 아니다. 어떤 자비심이나 희생이나 사랑도 좋은 결과가 따르지 않는다면 전혀 가치가 없게 된다. 반대로 만일 어떤 행위가 선을 가져다 준다면, 그것이 그렇게 의도되었든 아니든 선한 행위인 것이다. 그래서 공리주의의 입장은 행위들의 윤리적 가치를 인생의 운명과 행운에로 격하시킨다. 즉, 끝이 좋아야 모든 것이 좋고 선하다는 것이다. 이것은 어떤 행위의 의도들이 그 행위의 선과는 아무런 본질적인 관계가 없음을 의미한다. 사람이 악을 마음에 품고 어떤 일을 시행하였는데 그것이 우연히 선으로 되어 칭찬받게 된다고 생각할 수도 있는 일이다. 분명히 말해서 우

연성과 도덕성은 그렇게 서로 밀접한 관계에 있는 것은 아니다.

(4) 절대적 규범의 필요성

규범들간의 대립을 해결할 수 있는 절대 규범을 갖지 않고, 서로 대립하고 있는 일군(a group)의 일반 규범들을 일관성있게 견지한다는 것은 가능한 일이 아니다. 이것은 공리주의적인 일반주의자들이 규범들간의 대립을 해결할 수 있는 목적에 호소할 필요성을 주장한다는 사실에 의해 명백해지는 것 같다. 그러나 그 목적이 이렇게 쓰여질 때 그것은 하나의 규범적인 기능을 수행하게 된다. 그 목적(즉 최대 선)은 어떤 수단이 그 목적을 이루기 위한 최선의 수단이 될 것인가를 결정하는 데 사용된다. 이렇게 그러한 목적에 호소하는 것은 명백히 순환 논리일 뿐 아니라, 덜 궁극적인 원리들이나 규범들간의 대립을 해결할 수 있는 궁극적인 원리를 또한 명백히 필요로 하게 된다. 달리 말해서 상대적인 규범들은 홀로 성립될 수 없다. 그것들은 상대적이 아닌 어떤 것과 관련되어야 한다. 따라서 가정된 비(非)상대적인 규범이 없이는 상대적인 규범들은 충분히 그 기능을 발휘할 수 없다. 즉 일반적인 규범들은 보편적인 규범을 전제로 한다.

절대적이거나 보편적인 규범들의 수가 하나인가 많은가 하는 문제는 다음에 더 충분히 논하게 될 것이다. 현재로서는 다른 규범들이 어떤 상황에서 참이 되고자 한다면 어떤 상황에서도 참인 규범이 적어도 하나 있어야 함을 지적하는 것으로 족하다.

(5) '목적'은 애매모호한 말이다

일반주의자들의 윤리는 궁극적으로 최상의 결과를 가져오는 것에 토대를 두고 있다. 그런데 여기서 '궁극적'이라는 말은 얼마나 오랜 기간을 의미하는가? 일년? 일생? 또는 영원히 긴 시간? 직면한 현재를 초월한 그 어느 것도, 인간의 이해할 수 있는 범위 밖에 있다. 오로지 하나님만이 미래를 알 수 있을 뿐이다. 따라서 하나님만이 공리주의자로 될 수 있을 것이다. 하지만 하나님은 공리주의자가 아니다.

분명히 하나님은 자신의 도덕 원리들이, 궁극적으로는 최선의 결과를 낳을 것임을 알고 있다. 그러나 그는 그 이유 때문에 최선의 결과를 만들어 내려고 하는 것은 아니다. 오히려 그는 올바르기 때문에 올바른 일을 하려고 한다. 올바른 일은 그의 불변의 도덕적 성격과 일치하기 때문에 올바르다. 따라서 우리가 준수해야 할 규범을 결정하기 위한 토대로서 오랜 시간이 흘러야 알 수 있는 결과를 설정하는 것은, 인간 능력으로는 불가능 하지만 도덕적으로 완전한 하나님에게는 결코 문제가 되지 않는다.

궁극적인 '최대의 선'을 양적으로 이해해야 하는가 질적으로 이해해야 하는가를 둘러싼 논쟁은 그 초점이 애매모호한 논쟁이다. 우리는 '선'이 의미하는 바를 어떻게 규정해야 하는가? 1장에서 살펴본 바와 같이 선이 신적으로 규정된 의미를 갖고 있지 않는 한, 무엇인가를 객관적인 선으로 주장할 수 있는 현실적 토대는 존재하지 않는다. 그리고 도덕적 선이 객관적이지 않다면 우리는 도덕률 폐기론자가 되고 만다.

목적이라는 말의 모호성은 그것이 '최대 다수'를 위한 것이라고 할 때와 '모든 개인들'을 위한 것이라고 할 때의 불일치에 비추어 볼 때 한층 더 뚜렷해진다. 어떤 관점을 취하는가에 따라 상당한 차이가 나타난다. 이것은 특히 소수의 권리라는 측면에서 볼 때 더욱 더 그러하다. 일정한 사람들의 기본 권리가 부정된다면, 대부분의 경우에 보다 많은 선은 다수의 사람들을 위해서만 실현될 수 있을 것이다.

(6) 윤리적 규범의 필요성

일반주의조차도 어떤 절대적인 규범이나 규범들의 필요성을 부정하지는 않는다. 무엇보다도 먼저 어떤 기본적인 가치 기준이 없다면, 결과가 좋은가 나쁜가를 판단할 수 있는 수단은 존재하지 않는다. 무엇이 가장 좋은 것인가를 판단하기 위한 기준이 없다면, 우리는 어떻게 결과가 더 좋은지 더 나쁜지를 알 수 있겠는가? 둘째로 축적된 인간 경험은 궁극적인 기준으로서 기능하지 못한다. 우리는 축적된 경험을 판단하기 위한 축적된 경험 외부의 일정한 도덕 기준이 없다면, 무엇을 경험으로 축적해야 하는가를 알 수 없게 된다. 셋째로 공리주의에서는 목적은 행동판단의 규범으로 기능한다. 목적은 그 이외의 모든 것을 판단하는 궁극적인 기준이므로 그 역할은 규범적이다.

〚 요약 및 결론 〛

　도덕률 폐기론과는 대조적으로, 일반주의는 구속력있는 도덕 원리들이 존재한다고 주장하고 있다. 그러나 절대주의와는 대조적으로, 일반주의는 이러한 도덕 법칙들 가운데 그 어느 것도 절대적이지 않다고 주장하고 있다. 일반주의자는 모든 도덕 원리는 예외를 인정하고 있다고 주장하면서 도덕적 갈등을 쉽게 해결하고 있다. 그러나 일반주의자는 절대적인 도덕 원리를 가지고 있지 않으므로, 그의 견해는 도덕률 폐기론으로 환원되기 쉽다. 언제 어느 때든지 모든 사람에게 구속력을 발휘할 수 있을 정도로 본질적 내용을 갖고 있는 객관적인 도덕 규범들이 존재하지 않는다면, 그 어떤 시기의 그 어떤 행동이라도 정당화될 수 있을 것이다.

〚 꼭 읽어야 할 책들 〛

Austin, John. *The Province of Jurisprudence Determined.* 1832. Reprint ed. London: Weidenfeld and Nicolson, 1954.

Bentham, Jeremy. *Introduction to the Principles of Morals and Legislation.* Reprint ed. New York: Hafner, 1965.

Kurtz, Paul. *Forbidden Fruit: The Ethics of Humanism.* Buffalo: Prometheus, 1988.

Mill, John Stuart. *Utilitarianism.* In *The Utilitarians.* Garden City, N. Y.: Dolphin Books, Doubleday, 1961.

Moore, G. E. *Principia Ethica.* Cambridge: Cambridge University Press, 1962.

Singer, Marcus G. *Generalization in Ethics.* New York: Knopf, 1961.

5
무조건적 절대주의

절대주의와 상대주의는 윤리관의 두 가지 기본 유형이다. 앞의 세 장 (2~4장)에서는 윤리적 상대주의에 대해 검토했는데, 다음 세 장 (5~7장)에서는 윤리적 절대주의의 세 가지 형태에 대해 살펴보려고 한다.

기독교인들 사이에서 아마도 영향력있고 광범위하게 거론된 견해는 무조건적인 절대주의의 견해일 것이다. 이러한 입장의 고전적인 형태를 어거스틴에게서 발견할 수 있으며, 칸트(Kant) 같은 유명한 철학자 그리고 머레이(John Murray)와 핫지(Charles Hodge) 같은 신학자에 의해서 변호되어 왔다.

I. 무조건적 절대주의에 대한 해설

무조건적 절대주의의 기본 전제는 모든 도덕적 갈등은 단지 외견상의 갈등일 뿐 실재적이 아니라는 점이다. 죄는 항상 회피될 수 있다. 예외를 전혀 인정하지 않는 '도덕적인 절대'(moral absolutes)가 존재하며, 이러한 것들은 결코 서로 모순되지 않는다. 생명을 구하기 위해서는 거짓말을 해도 된다거나 거짓말해서는 안된다와 같은 고전적인 물음에 대한 무조건적 절대주의의 답변은, 결코 거짓말을 해서는 안된다라는 강한 부정의 답변이다. 어거스틴에게 있어서의 이러한 문제의 중요성은, 오직 자기는 그것을 위해 쓰여진 『거짓말에 반대해서』(*Against Lying*)와 『거짓말에 대해서』

(On Lying)라는 두 권의 저서와 함께, 그의 저서 곳곳에 있는 여타의 주석들에 의해 측정될 수 있다.

1. 성 어거스틴의 무조건적 절대주의

중세의 주교인 어거스틴은 때때로 상황주의자인 것처럼 오해되어 왔다. 왜냐하면 그는 누구든지 "하나님을 사랑해야 하며 하나님이 원하는 대로 행해야 한다"고 말했기 때문이다. 어거스틴은 자신의 전체적인 윤리 체계를 사랑의 견지에서만 구성하였다는 것은 사실이지만, 그가 단지 사랑만을 강요했다는 것은 사실이 아니다. 어거스틴은 자비(사랑)는 여러 가지 미덕들을 완성시키지만 여러 가지 미덕들을 소진시키지는 않으며 자비는 오히려 여타 미덕들도 함축하고 있으며 또 그것들을 당연하게 여긴다고 확신하였다.

(1) 거짓말에 대한 어거스틴의 반증

진실을 이야기해야 한다는 도덕적인 절대 명령을 파괴하는 것에 반대하여 어거스틴이 표명한 많은 주장들이 존재한다. 그에게 있어서 진실을 말하는 것은 절대적인 진리이며, 절대적인 것들은 파괴할 수 없다. 어거스틴은 재빨리 모든 반증(falsifications)이 거짓이 아님을 지적하고 있다. 속이려는 의도가 내재되어 있는 허위만이 거짓말로서 규정되는 것이다. 인간은 문제 자체가 참이냐 거짓이냐에 의해서가 아니라, 속 마음에 의해서 거짓말하고 있다거나 하고 있지 않다는 판단을 받아야 한다. 따라서 누군가가 듣는 사람에게 올바른 무엇인가를 납득시키기 위해서, 농담으로 이야기하거나 설령 거짓으로 이야기하더라도 그 이야기는 거짓말이 아닌 것으로 된다. 예를 들어 어느 한 사람이 어떤 마을로 가려고 하여 거짓말쟁이로 낙인이 찍혀 있는 친구에게 방향을 묻는다면 이 거짓말쟁이 친구는 그에게 산적이 출몰하는 길을 가도록 방향을 가르쳐 줄 것이다. 그래서 그가 친구가 가르쳐 준 길과는 반대의 길을 택하여 산적을 피하고 죽음을 모면한다면, 이 때의 거짓말쟁이 친구의 말은 거짓말이 아닐 것이다.

강도를 모면하거나 목숨을 유지하기 위한 거짓말도 어거스틴의 무조건적 절대주의 속에서는 엄격하게 금지되고 있다. 왜냐하면 사랑의 선택은 사실상 또 다른 죄의 허용이나 스스로 죄를 범하는 것 사이에 놓여 있기 때문이다. 발각되는 것을 막기 위해 거짓말했던 이교도의 집단인 브리스길라파(Priscillianists)에 대해서, 어거스틴은 기독교인들은 이들을 이교도로서 뿐만 아니라 신앙심이 전혀 없는 사람들(거짓말쟁이)로서 비난해야 한다고 주장하였다. 더 나아가서 기독교인들은 거짓말쟁이들을 폭로하기 위한 거짓말을 해서도 안된다. 간략히 말해서 또 다른 죄를 범하지 않기 위해서 한 가지 죄를 범하는 것도 죄를 범하는 것이다.

몇몇 사람들은 천국에 도달하는 또 다른 수단으로서의 거짓말은 용인될 수 있다고 주장한 적이 있었다. 그렇지만 어거스틴은 영원한 선을 일시적인 악에 의해서는 결코 달성될 수 없다고 주장하였다. 그는 "이유가 있기 때문에 어떤 경우에 닥치면 거짓말을 해야 한다고 생각해서는 안된다"고 주장한다. 왜냐하면 사람을 보다 쉽게 진리로 인도하는 것이라 할지라도, 거짓말이면 가르침의 내용으로 되어서는 안되기 때문이다. 어거스틴은 거짓말이 모든 확실성을 파괴하기 때문에, 거짓말은 진실에 대한 관심을 붕괴시켜 버린다고 주장한다. 진실에 대한 관심이 사라지거나 조금이라도 약화된다면, 모든 것들은 의심스러운 것으로 남아 있게 될 것이다. 간략히 말해서 진실을 이야기하지 못한다면 정직은 존재하지 않으며, 정직이 존재하지 않는다면 확실성도 존재하지 않는다. 일단 거짓말이 용납되어 전달된다면, 누구든지 화자가 진실을 이야기하고 있다는 확신을 두 번 다시 갖지 못할 것이다. 거짓말은 더욱더 복잡하게 되는 거미줄과도 같은 것이다. 거짓말은 스스로를 설명하거나 은폐시키기 위해 보다 많은 거짓말을 필요로 한다. 따라서 결국 이것은 새빨간 거짓말로 되거나, 하나님에 대한 모독으로까지 되고 만다. 왜냐하면 어느 한 사람이 상습적인 거짓말쟁이로 된다면, 그는 하나님 앞에서까지 거짓말할 것이기 때문이다.

거짓말은 기독교 신앙을 약화시킨다. 즉 우리가 어느 한 부분에서 진실되지 않는다면, 우리가 기독교 교리를 가르치더라도 사람들은 어떻게 우리의 말을 믿을 수 있겠는가? 사람들에게 신앙을 가르쳐 주려고 할 때, 그들은 당신들의 말이 옳고 그른지를 내가 어떻게 알 수 있겠는가라고 말할 것이다.

어거스틴은 사람은 강도를 모면하기 위해서일지라도 거짓말 해서는 안된다는 자신의 주장의 토대로서 플라톤의 전제를 인용하였다. 즉 어거스틴은 사람은 영혼과 육체의 순결을 유지하기 위해 노력해야 하지만, 양자 모두가 보호받을 수 없을 때에는 육체를 희생해서라도 영혼을 보호해야 한다고 주장했다. 누구든지 영혼이 육체보다 선호되어야 하고 또 영혼의 죄가 육체의 죄보다 더 나쁘다는 사실을 직관적으로 알고 있다.

어거스틴은 자신의 무조건적 절대주의를 입증하기 위해서 성경 및 외경에서 수많은 구절들을 인용하고 있다. "오만한 자가 주의 목전에서 서지 못하리이다 주는 모든 행악자를 미워하시며 거짓말을 하는 자를 멸하시리이다"(시 5:5~6). "속이는 입은 영혼을 죽인다"(지혜서 1:11). 따라서 어거스틴은 "영생은 거짓말에 의해서 상실된다. 거짓말은 다른 사람의 일시적인 생명을 유지하기 위해 말해져서는 안된다. 한마디로 일시적인 생명을 위해 어찌하여 영생을 잃는가?"

어거스틴은 어떤 행위는 그 자체로는 선도 악도 아님을 인정하였다. 예를 들어 가난한 자에게 자선을 베푸는 것은 어떤 때에는 선한 행위일 수 있으나, 다른 때에는 그 동기에 따라 악한 행위일 수도 있다. 그러나 행위 자체가 이미 죄일 때(즉 도둑질, 비신앙, 신에 대한 모독 등의 행위를 할 때)에는, 어느 누가 자기는 죄를 범하지 않기 위해서라는 그럴 듯한 이유를 댈 수 있겠는가? 몇몇 도덕 행위는 본래적으로 선한 행위이며, 따라서 이와 대립되는 행위를 하는 것은 아무리 좋은 목적이 내재되어 있다고 해도 결코 용납될 수 없다.

『철회』(Retractions)에서 어거스틴은 자기 주장의 몇몇은 모호했음을 고백하였다. 그러나 그는 그러한 주장을 수정하거나 정정하지 않았다. 그는 '무조건적인 도덕 절대주의'(unqualified moral Absolutism)를 강하게 확신하므로써 보상받기를 분명히 원했다.

(2) 난해 구절들에 대한 어거스틴의 취급

성경에는 정당화된 거짓말의 많은 사례들이 기록되고 있는 듯이 보인다. 어거스틴은 그러한 구절들을 알고 있었으며 자신의 무조건적 절대주의의 견지에서 그것들을 설명하려고 하였다. 즉 라합, 히브리인 산파들, 롯, 그리고 나발을 죽이겠다는 다윗의 맹세, 아브라함과 야곱과 예수 등의 거짓말과 기만 등이 그것이다. 히브리인 산파들은 바로왕에게 거짓말을 하였음에도 불구하고, 하나님은 명백히 그녀들에게 축복을 내렸다(출 1장). 라합의 거짓말은 유대인 정탐꾼들의 목숨을 구했으며, 그녀는 히브리서의 '명예의 전당'(Hall of Fame)이라는 장(11장)에서 독실한 신앙심의 표본으로 칭찬받았다. 어거스틴의 대답은 하나님은 이 여성들이 자비롭기 때문에 축복을 내렸지, 결코 용서해 주지는 않았다는 것이었다. 하나님은 그들을 거짓말했기 때문에 칭찬했던 것이 아니라, 자기 백성들에게 자비로운 일을 했기 때문에 칭찬하였다. 그리고 보답되었던 것은 그들의 거짓말이 아니라 그들의 관대함이었다. 즉 그들의 거짓말 때문에 축복하신 것이 아니라, 그들의 거짓말에도 불구하고 축복하신 것이다.

또한 롯은 소돔인들이 비도덕적인 목적을 갖고 자기 손님에게 요구하였을 때 도덕적인 갈등에 직면하였다. 몇몇 사람들에게는 자기 딸로 하여금 소돔인들의 수청을 들게 한 행위는, 작은 죄(강간)를 용인함으로써 커다란 죄(동성애)를 방지한 것으로 간주될 것이다. 어거스틴은 이러한 딜레마에 대해 두 가지 사실을 상기시킴으로써 반대하였다. 첫째로 사람은 결코 다른 사람이 더 큰 죄를 범하는 것을 두려워하여 자기 스스로가 죄를 범해서는 안된다. 둘째로 이러한 딜레마와 더욱 직접적으로 관련있는 것으로서, 어거스틴은 롯이 죄를 범한 것이 아니며 오히려 소돔인들이 자기 딸들을 강간함으로써 죄를 짓도록 단지 허용한 것이라고 주장하였다.

성경은 하나님 앞에서의 맹세를 결코 어겨서는 안된다고 이야기 하고 있는 것 같지만, 그렇다고 해도 어리석은 맹세나 사악한 맹세는 지켜서는 안된다고 말하고 있다. 어거스틴의 대답은 우리는 과거의 의로운 사람들이 행한 모든 것을 다 규범적인 것으로 받아들일 수 없다는 사실이다. 간략히 말해서 성경은 다윗의 이러한 사악한 맹세 행위를 기록하고는 있지만, 그런 행위를 결코 시인하고 있지는 않다. 성서는 아브라함이 바로왕이 사라가 자기 아내임을 발견했을 때, 목숨을 구하기 위해서 사라가 자기 '여동생'(실제로는 사촌 동생이었음)이라고 거짓말하였다고 기록하고 있다(창 20장). 어거스틴은 아브라함은 단지 진실을 은폐했을 뿐, 거짓된 것을 이야기하지 않았기 때문에 거짓말한 것은 아니라고 주장하였다. 하나님의 축복을 얻기 위해 야곱이 자기 아버지 이삭을 속인 행위에 대해서도, 어거스틴은 "야곱이 자기 어머니가 아버지를 속이려는 듯한 명령을 내렸을 때 했던 행위는 거짓말이 아니라 신비(Mystery)일 뿐이라"고 주장하였다.

복음서를 보면 예수는 마치 몰랐던 것처럼 "누가 나를 건드렸는가"라고 묻고서, 후에 두 명의 제자에게 엠마오 도상에서 자기 속마음과 달리 더 멀리 가려고 했음을 알려 주었다는 사실이 기록되어 있다(눅 24:28). 여기서의 어거스틴의 대답은 이것은 사실상 거짓말이 아니라 교육이었다는 것이다. 예수는 제자들이 알지 못했던 것을 가르쳐 주기 위해서 누가 자기 옷을 건드렸는지를 모르는 척하였다. 따라서 이러한 가르침은 진실된 것이기 때문에 어떤 거짓도 연주되지 않았다. 이러한 주장은 약간의 거짓이 필연적으로 개입되더라도, 속마음이 올바르다면 결코 거짓말하는 것이 아님을 의미하고 있다.

2. 칸트의 무조건적인 절대주의

임마누엘 칸트(Immanuel Kant)는 현대의 가장 영향력있는 사상가 중의 한 사람이다. 그는 물(物) 자체의 인식에 있어서는 불가지론자였지만, 독실한 유신론자였고 도덕적인 절대주의자였다.

(1) 보편적인 도덕 의무

칸트는 보편적인 도덕의무를 정언명법(categorical imperative)이라고 불렀다. 이것은 의무가 조건적이지 않고 무조건적이라는 것을 의미했다. 칸트는 "누구든지 어떤 일을 한다면 이런 저런 결과가 반드시 나타날 것이다"와 같은 가설적인 규범을 싫어했다. 대신에 그는 "누구든지 이렇게 저렇게 해야 한다"와 같은 절대적인 법칙적 윤리를 선호하였다. 의무는 결과에 상관없이 의무인 것이다. 칸트는 몇몇 방식으로 이러한 정언명법을 이야기하였다. 첫째로 우리는 항상 타인들을 목적으로 대해야 하며, 목적에 이르기 위한 수단으로 대해서는 안된다. 둘째로 누구든지 자신의 행위가 다른 모든 사람들을 위한 법칙으로 될 수 있도록 행동해야 한다.

칸트는 진리를 선포할 것과 생명을 보호할 것을 정언명법의 예로써 제시하였다. 즉 거짓말하거나 살인하는 것은 보편적으로 나쁜 것이라고 생각했던 것이다. 이러한 입장에 대한 그의 증명은 다음과 같다. 사람이 보편적인 법칙으로서의 거짓말을 해야 한다면, 세상에는 더 이상 거짓된 것으로 이야기해야 할 진리는 존재하지 않게 될 것이다. 따라서 거짓말하는 것은 자기파괴적인 행위이다. 그러나 아무리 우리가 보편적인 법칙으로서 원할 수 밖에 없다고 하더라도, 우리는 결코 거짓말해서는 안된다. 왜냐하면 이것은 지상명령이기 때문이다. 마찬가지로 누구든지 살인해서는 안된다. 왜냐하면 누구든지 살인한다면 모든 사람이 살인할 수 있음을 인정해야 하기 때문이다. 그러나 모든 사람이 살인한다면, 결국에는 살인의 대상이 하나도 남지 않게 된다. 따라서 살인은 어떤 경우에도 허용되어서는 안된다.

(2) 보편적인 도덕 의무의 변호

칸트의 무조건적 절대주의에는 최소한 세 가지 근거가 존재한다. 이들 근거는 모두 법칙론적(의무중심적) 윤리에 대한 그의 강력한 위임을 나타낸다.

첫째로 도덕 의무는 본질상 어떤 예외도 인정하지 않는다. 도덕 법칙에 예외가 존재한다는 사실은, 그것이 법칙이 아니었음을 알려준다. 뉴톤의 인력 법칙과 마찬가지로 도덕 법칙에도 예외가 존재하지 않는다고 칸트는 확신하였다. 하나님은 자신의 윤리적인 것이든 자연적인 것이든 율법이 깨뜨리는 것을 관용하지 않으신다. 우주는 보편적인 법칙에 따라 움직인다.

둘째로 도덕 의무는 본유적인 것이며 비본유적인 것이 아니다. 그리고 본유적으로 선한 것은 결코 악한 것이 될 수 없다. 본유적으로 선한 행위를 악한 행위라고 부르는 것은, 빛을 어둠이라고 부르는 것만큼이나 터무니없는 것이다. 본질적으로 선하지도 않고 악하지도 않은, 그러나 다른 것에 의해서 선한 것으로 되거나 악한 것으로 되는 것만이, 어떤 때에는 선한 것으로 다른 때에는 악한 것으로 불리워질 수 있다. 그러나 본유적으로 선한 행위는 그렇지 않다. 이러한 행위는 그 자체로 항상 선하다. 진실을 이야기하는 것은 본유적으로 선한 행위이고 거짓말하는 것은 본유적으로 악한 행위이기 때문에 선한 거짓말이란 결코 존재할 수 없다.

셋째로 보편적인 도덕 법칙에 대한 칸트의 변호는 초월적인 논증의 일종이다. 그에 의하면 도덕 의무는 도덕적인 삶을 살아가기 위한 절대적이고 보편적인 의무로서 설정하는 것이 절대 필연적이다. 사회는 법칙없이는 기능할 수 없으며, 그리고 법칙은 법칙이기 위해서 보편적이어야 한다. 만약 법칙이 모든 사람에게 적용되지 못한다면, 그것은 법칙이 아니다. 따라서 보편적인 도덕 법칙은 단순히 사회적으로나 개인적으로 바람직한 것이 아니라, 삶을 위해서 합리적으로 필연적인 것으로 설정된다.

(3) 생명을 구하기 위한 거짓말은 항상 잘못이다

어느 누구든지 거짓말하거나 살인해서는 안된다는 사실은, 칸트가 자신의 논문 "선한 동기에서 거짓말할 수 있는 가정상의 권리에 관하여"에서 이야기했던 딜레마를 낳는다. 칸트의 그러한 가정에 대한 반응은, 어거스틴의 반응과 마찬가지로 무조건적인 부정이었다. 그는 이렇게 말했다; "아무리 그 의도가 선하다고 하더라도, 거짓말한 사람은 그 결과에 대해 책임을 져야 한다. 그 결과를 예측할 수 없었다고 해도 마찬가지이다."[1] 왜냐하면 "항상 진실을 이야기하라는 것은 이성의 신성하고 무조건적인 명령이며, 그 어떤 편법에 의해 제한되어서는 안되기 때문이다."[2] 칸트는 자신의 견해를 가다듬으면서, 다음과 같은 몇 가지 사실을 강조하고 있다.

모든 사회적 의무는 도덕적인 계약인데, 진실은 모든 계약의 토대이다. 서로의 말에 대한 상호 신뢰가 없다면 계약도 존재할 수 없다. 따라서 진실은 모든 사회적 의무의 토대이다. 이것이 없다면 모든 법은 쓸모없고 불확실한 것으로 되고 만다.

칸트는 진실을 들을 권리가 있는 사람에게만 진실을 이야기하는 것이 의무라는 견해에 강하게 반대하고 있다. 즉 우선 그는 진실을 어떤 사람에게는 수여할 수 있고, 다른 사람에게는 거부할 수 있는 소유권이 아니라고 주장하고 있다. 둘째로 진실을 이야기할 의무는 사람에 따른 차이가 없고, 어떤 상황에서도 지켜져야 하는 무조건적인 의무인 것이다. 따라서 모든 사

---

[1] Immanuel Kant, "On a Supposed Right to Tell Lies from Benevolent Motives," in *The Critique of Practical Reason*, trans. Thomas Kinsmill Abbot, 6th ed. (London: Longmans Green, 1963), p. 363.

[2] Ibid.

람을 진실로 대하는 것은 의무이다.

우리는 한 사람에게만 거짓말함으로써 모든 사람에게 해를 입히게 된다. 왜냐하면 거짓말은 모든 사람을 각종 악으로부터 보호해 주는 정의의 원리에 어긋나기 때문이다. 진실은 이야기 할 때의 정의의 조건을 구성하는데, 모든 사람은 한 사람에게만 거짓말하더라도 어쨌든 반드시 지켜야 할 정의의 원리를 어기고 만다.

칸트는 "살인 대상자가 집 안에 있는가"라는 살인자의 질문에 당신은 그렇다라고 대답했지만, 이 살인 대상자는 누구의 눈에도 띄지 않고 집을 나가 살인자와 마주치지 않았을 경우가 있다.[3] 혹은 "당신은 진실을 알고 있는 대로 이야기했는데, 살인자는 집안에서 살인 대상자를 찾다가 달려온 이웃에게 붙잡혀 살인을 못하게 되는 경우도 있을 것이다"[4]라고 주장한다. 결과적으로 거짓말은 죄없는 사람을 보호하기 위해 꼭 필요한 것은 아니다.

3. 머레이의 무조건적 절대주의

복음주의 전통에서의 무조건적 절대주의의 가장 극명한 사례 중의 하나가 웨스트민스터 신학교의 존 머레이(Murray)의 절대주의이다. 『행동의 원리』(Principles of Conduct; 1957)라는 저서에서 머레이는 정당화될 수 있는 거짓말을 해야 할 상황에서도, 자기는 얼마나 '진실의 신성함'(the sanctity of truth)을 고수하려고 노력했는가를 밝히고 있다.

(1) 하나님의 율법은 절대적이다

어거스틴과 마찬가지로 머레이도 하나님의 율법은 절대적으로 구속력있는 것이라고 확신하고 있다. 하나님의 의지는 불변하는 본성의 최상의 반영이다. 하나님은 진실되고 결코 거짓말 할 수 없기 때문에(히 6:18) 우리도 거짓말해서는 안된다. 성서의 도덕적인 기준은 다음과 같다; "하늘에 계신 너희 아버지의 온전하심과 같이 너희도 온전하라"(마 5:48).

(2) 거짓말하는 것은 항상 나쁘다

---

3) Ibid., pp. 362, 363.
4) Ibid., p. 363.

하나님의 절대적인 율법으로부터 진실을 이야기하라는 명령이 내려지기 때문에, 우리는 진실을 이야기 하는 데 있어서 어떠한 예외도 둘 수 없다. 머레이는 "우리에게 있어서 진실성의 필요성은 하나님의 진실성에 의존하고 있다. 우리는 하나님이 거룩하기 때문에 거룩해야 하는 것과 마찬가지로, 우리는 하나님이 진실하기 때문에 진실해야 한다"고 했다.[5]

(3) 성서에 있는 거짓말에 대한 설명

머레이는 어거스틴과 마찬가지로 난해한 성서의 몇 가지 구절에 관해 설명하고 있다. 라합에 관해서 그는 "우리의 목적은 우리가 형제임을 주장하고 그들의 안전을 염려하며 그들을 구원하는 데 있지만, 거짓말 하는 것은 결코 정당화될 수 없다. 왜냐하면 그것은 하나님의 본성과 모순되며 정당할 수 없기 때문이다"[6]라고 말했다. 거짓말에 관한 성서의 몇 가지 사례들을 검토한 후에 머레이는 다음과 같은 결론을 내린다; "결국 우리는 성서 자체는 물론 성서로부터 신학적인 추론도 라합의 비진실성을 변호해 주지 못하며, 이러한 사실은 어떤 특정한 상황에서는 우리가 거짓말을 떳떳하게 해도 된다는 입장을 지지해 주지 않음을 알게 된다."[7]

(4) 중요한 한 가지 제한

머레이는 모든 거짓말이 잘못이라고 확신하고 있지만, 모든 의도적인 기만은 당연히 거짓말이라고 주장하고 있지는 않다. 예를 들어 군인이 작전을 펴다보면 거짓말 하지 않고서도, 적군이 잘못된 결론을 내리도록 유도해야 할 때가 있다. 머레이에 따르면 "우리는 어떤 상황에서도 우리의 말과 행동에 관심을 기울이거나 영향을 받을 가능성이 높은 다른 사람들이 자기들의 능력 범위 내에서 모은 자료에 기초하여, 진실된 말과 행동을 해야 한다는 주장은 잘못된 가정에 입각한 주장이다."[8]

간략히 말해서 우리는 거짓말하지 않고서도, 다른 사람들의 오해를 살

---

5) John Murray, *Principles of Conduct* (Grand Rapids: Eerdmans, 1971), p. 127.
6) Ibid., p. 139.
7) Ibid.
8) Ibid., p. 145.

만한 말이나 행동을 의도적으로 할 수도 있을 것이다.

4. 하나님의 섭리

무조건적인 절대주의는 또 다른 전제(즉 하나님의 섭리라는 전제) 위에 서있다. 무조건적인 절대주의자들은 결과가 법칙을 규정하지 않는다고 확신하는 의무주의자들이므로, 사람은 명백한 도덕적 딜레마에 봉착할 경우 하나님의 섭리 안에서 항상 '제 3의 선택'을 한다는 것을 강조하고 있다. 성서 및 여타의 문헌에 나타난 몇몇 사례들은 하나님이 이러한 딜레마로부터 자신의 신자들을 구원하고 있음을 밝히고 있다. 따라서 우리는 불가피한 도덕적 딜레마란 실재하지 않음을 함축적으로 알 수 있다. 다니엘은 기본적인 사례로서 종종 거론되고 있다. 이교도 왕은 다니엘에게 금지된 고기와 술을 먹임으로써 하나님의 율법을 위반하라는 명령을 내렸다. 그러나 다니엘은 하나님이 축복을 내렸고 그럼으로써 왕의 총애를 받게 했던바 야채와 물을 먹겠다는 '제 3의 대안'을 제시했다(단 1장).

또한 사라는 하나님의 율법을 지켰으며, 동시에 하나님이 관여하심으로 간통을 막아주리라 믿으면서 자기 남편의 명령을 준수하였다고 이야기 된다. 하나님은 이런 일을 아셨던 것이다(창 20장). 하나님이 관여하지 않았던 성서의 많은 사례에도 보면, 신자가 믿음으로 구원을 요청했었다면 하나님이 관여했을 것이라는 사실이 암시되어 있다. 왜냐하면 "하나님은 미쁘사 우리가 감당치 못할 시험 당함을 허락지 아니하시기 때문이다"(고전 10:13). 하나님이 관여하고 있지 않다는 몇몇 사례들이 있음을 인정하는 사람들은, 그것을 인정하는 이유가 인간의 생명 속에는 딜레마를 안겨다 주는 선행적(先行的)인 죄가 존재했다는 데 있다고 주장한다. 예를 들어 차를 빨리 몰고 있는 사람이 있다면, 그 사람은 다른 길이 없다면 학교버스를 들이받든가 보행인을 치는 것 중에서 하나를 선택해야 할지도 모른다. 그러나 이러한 딜레마는 운전자 자신이 차를 빨리 몬 악의적 선택에서 발생한 것이다.

간략히 말해서 우리는 때때로 우리 자신의 도덕을 무시하고서 거짓말을 해야 한다. 그러나 많은 하나님의 백성들은 "나는 진실을 이야기할 것이고 결과는 하나님께 맡기겠다"는 것과 같은 진실을 표명하고 있으며 또 대다수가 그렇게 할 수 있다. 여기서 논의되는 경우는 텐 붐(Corie ten Boom)의 가족들이 나치에게 진실을 이야기했을 때 나타난다(The Hiding Place). 그들은 유대인들이 "책상 밑에 숨어 있다"고 이야기했는데도, 유대인들은 책상 밑 마루 밑에 있었기 때문에 나치는 유대인들을 발견하지 못했다. 무조건적인 절대주의자들 중의 몇몇은 이것은 우리가 하나님을 믿고 결코 거짓말을 하지 않을 경우 하나님이 내려주는 보호의 일종이라고 주장하고 있다. 따라서 목숨을 구하기 위해서(혹은 여타의 도덕적인 선을 행하기 위해서)는, 거짓말을 할(혹은 도덕적인 율법을 위반할) 필요가 없게 된다.

5. 무조건적 절대주의의 요약

무조건적인 절대주의자(혹은 기독교인들)의 입장을 구성하는 몇 가지 주요 전제들이 있다. 간략히 말한다면 다음과 같은 것들이다;

(1) 하나님의 불변의 성격은 도덕적 절대들의 토대이다.
(2) 하나님은 율법 속에서 자신의 불변의 도덕적 성격을 표현해 왔다.
(3) 하나님은 자기 자신과 모순되지 않는다.
(4) 따라서 절대적인 도덕 법칙이 두 개가 존재한다고 하더라도, 양자는 결코 서로 대립하지 않는다.
(5) 모든 도덕적 갈등들은 겉으로만 그러할 뿐 실재하지는 않는다.

II. 무조건적 절대주의의 긍정적인 측면

무조건적 절대주의는 기독교 윤리라고 할 만한 요소들을 많이 갖고 있다. 무조건적 절대주의는 하나님의 불변의 본성에 기초를 두고 있으며 그 본질은 의무적이다. 무조건적 절대주의는 또한 하나님의 섭리를 굳게 믿고 있으며, 죄를 짓지 않을 수 있는 방법이 항상 존재한다는 믿음을 견지하고 있다. 무조건적 절대주의의 여러 가지 측면들을 좀더 상세하게 검토해 보자.

1. 무조건적 절대주의는 하나님의 불변의 본성에 기초하고 있다

대부분의 무조건적 절대주의자들은 자기들의 보편적인 도덕 의무들을 하나님의 불변의 본성 속에 고정시킬 필요성을 강하게 느끼고 있다. 사실 절대적인 도덕 명령자가 없다면, 절대적인 도덕 명령들이 존재할 수 없을 것이다. 오로지 절대적인 도덕 법칙의 제정자만이, 절대적인 구속력을 갖는 도덕 법칙을 만들 수 있다. 이와 같은 가장 찬양받을 만한 무조건적 절대주의의 강조점은 도덕률 폐기론(2장), 상황주의(3장), 일반주의(4장) 등 도덕적 상대주의의 비일관성을 시사해 주고 있다.

2. 무조건적 절대주의는 결과보다는 규범을 강조하고 있다

무조건적 절대주의는 의무론적 윤리이다(1장 참조). 따라서 무조건적 절대주의는 규범이 결과를 규정하지 그 반대는 아니라고 주장한다. 여기서 다시 무조건적 절대주의는 기독교 윤리의 필수적인 요소임을 알 수 있다. 바람직한 결과를 낳기만 하면, 모든 것이 다 올바른 것으로 되는 것은 아니다. 그 어떤 행동이든 결과에 상관없이 올바르기 때문에 올바른 행동으로 된다. 물론 하나님은 올바른 행동이 올바른 결과를 가져오도록 하였다. 모세는 이스라엘 민족에게 이렇게 말했다; "내가 오늘날 네 행복을 위하여 네게 명하는 여호와의 명령과 규례를 지킬 것이 아니냐"(신 10:13). 하지만 올바른 일을 하는 목적이 올바른 결과를 낳는 데 있다고 하더라도, 그 결과에 상관없이 올바른 일은 어디까지나 올바른 일이다. 그리고 아무리 좋은 결과가 나오더라도 잘못된 일은 어디까지나 잘못된 일이다.

3. 무조건적 절대주의는 하나님의 섭리를 굳게 믿고 있다

무조건적 절대주의의 또다른 긍정적 차원은, 하나님의 섭리에 대한 명백한 확신이다. 이것은 죽음에 직면했는데도 에스더와 더불어 "죽으면 죽으리이다"(에 4:16)라고 이야기 하거나, 세 명의 히브리인 소년들과 더불어 "우리가 섬기는 우리 하나님이 우리를 극렬히 타는 풀무 가운데서 능히 건져 내시겠고 왕의 손에서도 건져 내시리이다"(단 3:17~18)라고 말할 수 있는 신자들의 태도에서 분명히 드러난다. 절대적인 윤리는 절대적인 주권을 쥐고 있는 하나님께 기초하고 있으므로, 신자는 하나님을 절대적으로 신뢰할 수 있다. 하나님의 섭리가 존재하므로, 우리는 세상사를 책임지고 처리하지 않아도 된다. 기독교인은 하나님이 규범을 만들었으므로, 우리의 의무는 단지 규범을 준수하고 그 결과를 하나님께 맡겨두는 것 뿐이라고 굳게 확신할 수 있다.

4. 죄를 짓지 않을 수 있는 방법이 항상 존재한다

무조건적 절대주의의 또 다른 훌륭한 특징은, 죄를 짓는 것을 피할 수 있다는 확신이다. 우리가 반드시 준수해야 할 도덕 법칙과 의무를 만든 하나님의 목적은, 우리로 하여금 죄를 짓지 않도록 하는 데 있다. 아무튼 수미일관적인 하나님의 세계 안에서는 그 어떤 도덕적 갈등도 존재하지 않으며, 그리고 해결 불가능한 갈등도 있을 수 없다. 왜냐하면 항상 '피할 길' (고전 10:13)이 존재하기 마련이다. 덜 나쁜 일을 하는 것이 결코 필요하지 않다. 항상 '제 3의 대안'이 존재한다. 즉 신자는 결코 어느 한 가지 죄를 범하지 않기 위해서, 다른 죄를 범해서는 안된다. 하나님은 그것에 대한 대처방안을 이미 세워 놓았다.

Ⅲ. 무조건적 절대주의의 부정적 측면

비판자들은 무조건적 절대주의의 수많은 문제점들을 지적하고 있다. 모든 무조건적 절대주의자들이 동일한 견해를 갖고 있다고는 할 수 없으므로, 무조건적 절대주의에 대한 비판들 가운데 일부는 타당하지 않을 수도 있다. 그렇지만 그 대부분은 모든 형태의 무조건적 절대주의에 적용된다.

1. 몇몇 반박 가능하거나 잘못된 전제들

먼저 무조건적인 절대주의를 지지할 사람들에 의해 불필요하거나 불공정하게 상정된 전제조건들을 고찰해 보자.

(1) 영혼의 죄가 육체의 죄보다 무거운가?

어거스틴에 의해 설정된 이와 같은 플라톤적 전제는 사라졌던 적이 결코 없었다. 많은 기독교인들은 오늘날까지도 이처럼 다양한 이원론적 위계질서(hierarchy)를 갖고 있다. 이러한 이원론은 위와 같은 기독교인들이 육체의 도움보다 영혼의 구원에 훨씬 많은 관심을 기울이므로 사회적 관심을 결여하고 있다는 근거있는 비난의 대상으로 귀착된다. 인간의 통일성에 관한 성서적 가르침은 이러한 잘못된 이분법을 시정해 주고 있다.

이런 윤리적 이원론을 주장한 어거스틴이 옳았다면, '선의의 거짓말'(white lie)이나 사소한 '악한 생각'은 살인이나 강포보다 훨씬 나쁜 것으로 될 것이다. 왜냐하면 어떤 영적인 죄도 육체적인 죄보다 훨씬 나쁘기 때문이다. 더군다나 어거스틴은 이러한 원칙을 적용하는 데 있어서도 일관성이 없었다. 그렇지 않다면 그는 다윗이 자신의 맹세(영혼)를 지키기 위해 나발(육체)을 죽였어야 했다는 견해를 반박하지 않았을 것이다.

(2) 생명을 구원하기 위한 거짓말은 자비와 구분할 수 있는가?

어거스틴은 하나님은 자비에는 축복을 내리지만, 거짓말에는 그렇지 않다고 말하고 있다. 그렇지만 자비가 표현되고 정탐꾼들이 구원받았던 것은 거짓말이라는 수단에 의해서였다. 똑같은 일을 히브리 산파들의 거짓말에서도 볼 수 있다(출 1:15~16). 거짓말과 자비의 행위 사이의 구분은 사실상 존재하지 않았다. 그리고 단순한 형식적인 구분은 설명으로써 충분하지 않을 것이다. 왜냐하면 실제로는 심사숙고하의 단지 하나의 행동(거짓말도 포함한)만이 존재했으며, 이러한 행동은 하나님에 의해 찬양되었기 때문이었다.

(3) 본유적으로 선한 행위란 존재하는가?

어거스틴은 몇 가지 행위는 사람의 의도나 동기와는 상관없이 본질적으로 선하다고 주장하였다. 만약 그렇다면 도둑질이나 거짓말이 항상 나쁜 것으로 된다. 그렇지만 이런 견해를 거부해야 할 몇 가지 이유가 존재한다. 우선 어떤 행동이 본유적으로 옳거나 나쁘다면, 동물이나 바보에 의한 살인 행위는 도덕적으로 그릇된 것으로 여겨져야 할 것이다. 인간의 살인 행위만이 도덕적으로 그릇된 것이라고 하거나, 바보들이 자기들의 행위를 도덕적으로 책임질 수 없으므로 인간이 아니라는 주장은 불충분한 주장이 될 것이다. 또한 '인간'이라는 말을 덧붙이는 것은, 본질적으로 선한 행위는 악이 아니며 단지 의도된 악한 행위만이 악이라고 말하는 것과 마찬가지로 누군가에 의해 사주된 행위이기 때문에 바보들의 행위는 잘못이었음을 의미하게 된다. 이것은 다음 비판으로 귀결된다.

(4) 거짓말은 의도없이 규정될 수 있는가?

어거스틴은 거짓말을 의도적인 거짓으로 규정하였다. 그러나 거짓말을 만들기 위해 거짓 증거하는 행위에 의도가 부가될 필요가 있다면, 그러한 거짓 증거하는 행위는 거짓말로 되지 않을 것이다. 더 나아가 악이라면, 성서에서 나타난 도덕적인 규정에 모순되는 어떤 거짓 증거나 행위라도 모두 악으로 될 것이다. 이것은 비의도적인 거짓말은 물론 사람들에게 가해지는 우연적인 위태(혹은 죽음)도 포함하게 될 것이다. 그러나 이것은 사실이 아니다. 마지막으로 어거스틴은 모든 행위가 가나안 사람을 구제하는 것과 같이, 본유적으로 선하거나 악하지 않음을 인정하였다. 그렇다면 그는 이미 자신의 절대주의에 제한을 두게 된다. 아마도 거짓말 같은 여타의 행위도 본유적인 악이 아니게 된다.

(5) 거짓말은 모든 확실성을 파괴하는가?

어거스틴은 거짓말은 모든 확실성을 파괴한다고 주장하였다. 이러한 주장은 기껏해야 거짓말은 어떤 특정한 확실성(즉 거짓말임이 알려져 있는 증언에 기초를 둔 정보)만을 파괴한다는 사실을 입증할 뿐이다. 더군다나 이러한 주장은 우리 모두가 범하고 있는 비의도적인 잘못을 범한 것으로 알려진 사람의 반발에 직면하게 될 수 있다. 그러므로 어거스틴의 주장은 많은 것을 입증해야 할 것이다. 또한 누구든지 다른 사람에 의해 결정되는 일에 대해 확신할 수 없음을 밝혀야 할 것이다. 그러나 어거스틴 자신의 기독교 신앙은, 스스로가 불확실하다고 생각하지 않았던 사도들의 증언에 의존하였다.

(6) 허용과 위임 중에서 하나를 선택해야 하는가?

무조건적 절대주의자들은 우리로 하여금, 목숨을 구하기 위해 거짓말해야 하는 도덕적 딜레마가 존재하지 않는다고 믿게 할 것이다. 그들은 이러한 상황에서는 단지 하나의 도덕 명령(즉 진실을 이야기해야 한다는 것)만이 존재한다고 확신하고 있다. 그들은 여타의 책임은 목숨을 위협하는 사람에게 있다고 주장하고 있다. 즉 그 사람의 책임은 진실을 인정하여 무고한 사람을 죽이지 않는 것이다. 그렇지만 과연 그러한가? 무고한 생명을 구하기 위한(즉 자비를 호소하기 위한) 나에게 주어진 의무는 존재하지 않는가? 실재적인 모순은 진실을 이야기 하는 것과 자비를 호소하는 것 사이에 있지 않을까? 다른 말로 한다면 위임의 행위와 태만의 행위 중의 하나를 선택해야 할 것이다. 그리고 태만의 죄는 위임의 죄만큼 죄로 되지 않는가?

(7) 거짓말은 인간들을 지옥으로 보내는가?

카톨릭이나 개신교를 불문하고 소수의 기독교인들은, 진실로 하나의 거짓말(인간이 생애 전체를 통해서 가끔씩 행한 거짓말 조차도)이 지옥으로 가기에는 충분한 것이라고 믿고 있다. 실제로 성서가 가르치고 있는 대로 (엡 2:8~9) 은총에 의한 구원만을 확신하는 사람은, 누구나 이 점에서는 많은 갈등을 겪지 않을 것이다. 불못 속으로 빠지게 하는 비진실성에 의해 자신들의 생명이 결정지워지는 사람들만이 고민할 것이다(계 21:8). 그리고 이런 구원받지 못한 사람들은 '두려움에 떠는' 사람들과 함께 자기들이 올바르다고 생각할 것이다. 그러면 한번(혹은 가끔)이라도 두려움에 떨었던 적이 있는 모든 사람이 다 지옥으로 갈 것이라는 말을 누가 하겠는가?

(8) 하나님은 항상 도덕적인 딜레마로부터 우리를 구원해 줄 것인가?

하나님의 관여가 도덕적 딜레마를 해결해 주지 못한다고 생각할 만한 몇 가지 이유가 있다. 첫째로 성서의 어느 곳에도 신앙심이 풍부한 모든 사람들에게 이것을 약속해 준다는 구절이 없다(고전 10:13은 도덕적 갈등을 회피하기 위한 관여의 보장이 아니라, 단지 유혹에 대한 승리의 약속일 뿐이다). 둘째로 성서는 물론 역사도 하나님이 항상 도덕적 갈등으로부터 신앙심이 풍부한 사람들을 구원하고 있다는 주장을 뒷받침해 주지 않는다. 하나님은 다니엘과 사라는 구원했지만 아브라함(창 22장), 산파들(출 1장), 라합(수 2장), 세 명의 히브리 소년들(단 3장), 사도들(행 4장)은 구원하지 않았다. 그렇지만 갈등은 실재하였고 신자들은 이런 경우에도 독실하였다. 더욱이 모든 현실의 도덕적인 갈등이 인간의 선행적인 죄에 의해 나타나는 것은 아니다. 예수는 자신의 하늘 아버지와 지상의 부모들(눅 2장), 자비와 안식일의 준수(막 2:27), 십자가에서의 공의와 자비(히 4:15) 사이에서 많은 갈등에 직면하였지만 죄를 짓지는 않았다. 사실상 도덕적인 갈등은 하나님에 대한 인간의 신앙심에 의해 나타난다. 이것은 산파들, 다니엘, 아브라함, 사도들, 심지어 붐의 예를 보면 잘 알 수 있을 것이다. 붐의 경우 만약 그녀가 무고한 유대인들에 관심을 기울이지 않았더라면, 그녀는 결코 그들의 목숨을 구하기 위해 거짓말해야 할 필요가 있게 되는 딜레마에 빠지지 않았을 것이다.

(9) 아브라함의 은폐는 거짓말이었을까?

어거스틴은 아브라함이 자기 아내 사라의 정체를 숨긴 것은 거짓말이 아니었다고 주장하였다. 왜냐하면 그녀는 실제로 그의 누이였기 때문이다. 그러면 자기 아내(리브가)가 누이가 아니었는데도 누이라고 주장했던 이삭의 경우는 어떻게 되는가?(창 26:7) 이것은 생명을 구하려는 의도하에서의 거짓말임에 틀림없었다. 어거스틴은 이러한 문제를 이야기하지 않고 있으며, 아브라함에 대한 설명은 이삭의 경우를 충족시키지 못하고 있다.

항상 진리를 이야기해야 한다는 명령이 존재하는 것은 아니라는(우리가 사무엘의 반쪽 진실이라는 신적으로 인정된 경우에서 볼 수 있는 바와 같이) 머레이의 견해에 동의할 수 있다고 하더라도 은폐는 때로는 거짓말로 된다. 누군가가 묻는 사람이 요청하는 것이 무엇인가를 정확하게 알면서도 의도적으로 잘못 대답함으로써 사실을 은폐한다면, (비록 직접적인 거짓말은 하지 않더라도) 이것은 거짓말과 동일한 것이 아니겠는가? 간략히 말해서 이러한 종류의 거짓말은 의도적인 기만이 아닐까?

2. 치명적인 제한

무조건적 절대주의는 제한을 설정하기 위한 수천 개의 제안을 필요로 하지는 않는다. '단 하나의 제한'에 의해서도 제한은 설정된다. 칸트가 인정했듯이 법칙에 대한 단 하나의 예외도, 법칙이 진정으로 보편적이 아님을 입증한다. 무조건적 절대주의의 지지자들의 정의에 있어서 절대적인 법칙은 어떤 예외도 갖지 않는데, 그렇지만 그들이 자신들의 견해를 제한했거나 그것에 예외를 두었던 방식은 많이 있다.

(1) 어거스틴의 예외들

어거스틴은 신적인 명령에 있어서의 많은 예외를 인정하였다. 그는 아브라함을 의도적 살인의 죄로 용서하였다. 왜냐하면 아브라함은 '하나님의 명령에 복종하여' 자기 아들을 희생시키려고 하였기 때문이다. 마찬가지로 입다가 자기 딸을 희생시키고 삼손이 자기 목숨을 버린 것도, 그들을 통해서 기적을 창조하였던 주님의 영이 그렇게 하도록 명령을 내렸다는 근거에서 용서될 수 있다.[9] 그러나 하나의 구속력을 갖는 것이 아님을 밝혀준다. 마찬가지로 어거스틴은 인간을 다스리기 위한 신적인 명령에는 예외가 존재했다고 주장하고 있다. 성서는 한 가지 법률의 결과에 대한 순종(예를 들어 불복종 때문에 감옥에 가는 것; 단 6장) 뿐만 아니라 정부의 지배에 대한 복종도 명령하고 있음에 주목해야 한다(벧전 2:13~14). 바울은 이러한 복종과 순종 모두를 명령하고 있다; "나는 저희로 하여금 정사와 권세잡은 자들에게 복종하며 순종하며 모든 선한 일 행하기를 예비하게 하며 아무도 훼방하지 말며 다투지 말며 관용하며 범사에 온유함을 모든 사람에게 나타낼 것을 기억하게 하라"(딛 3:1~2).

(2) 머레이의 제한

머레이는 모든 의도적 기만이 거짓말로 되는 것은 아니라고 주장하였다. 그는 우리의 이야기나 행동에 관심을 갖거나 영향 받는 사람들의 이해 범위 내에 있는 자료의 견지에서 볼 때, 우리는 이야기 하고 행동하는 모든 상황에서 진실해야 한다고 하는 것은 '잘못된 생각'이라고 주장하고 있다.[10] 그러나 일단 이러한 제한이 내려진다면 누구든지 두 가지 중대한 문제에 봉착하게 된다. 첫째로 어떻게 사람은 무수한 유사한 제한을 허용하는 것을 억제할 수 있는가? 어거스틴은 초자연적인 관여와 관련된 특수한 경우로 의도적 기만의 허용가능한 사례를 제한하였다. 머레이는 모든 경우에도 의도적인 기만을 허용하였다.

---

9) Saint Augustine, *City of God*, in *A Select Library of the Nicene and Post-Nicene Fathers of the Christian Church*, ed. Philip Schaff, vol. 2(Grand Rapids: Eerdmans, 1956), p. 15.

10) Murray, *Principles of Conduct*, p. 145.

둘째로 정의상 거짓말은 어거스틴이 말했던 것처럼 의도적인 기만이지만, 머레이는 동일한 방식으로 거짓말을 정의하지 않으므로 다른 차원에서 이야기하고 있다. 그러나 누구든지 거짓말에 대한 머레이의 이러한 새로운 정의를 인정한다면, 머레이는 더 이상 근원적인 어거스틴적 의미에서의 무조건적 절대주의자가 아니게 된다. 더 나아가서 머레이는 이렇게 재정의의 동향을 보임으로써, 오히려 규정적인 재정의에 의해 '무조건적 절대주의'를 구제하고 있다는 비판을 받게 된다. 그러나 이것은 정말로 올바른 비판인가? 거짓말은 때때로 정당화되기도 한다는 사실을 인정하지 않으려고 거짓말을 재정의하는 것보다는, 거짓말(즉 의도적인 기만)이 정당화될 수 있음을 누구든지 믿게 될 때도 존재한다는 사실을 인정하는 것이 더욱 정직한 일이지 않을까?

(3) 핫지의 제한

핫지는 어거스틴적 절대주의의 파멸을 막기 위해서 또 다른 술수를 쓰고 있다. 그는 거짓말로 추정되는 것에는 제한이 존재한다고 주장하고 있다. 이러한 제한은 맥락 속에서 파악된다. 즉 의도적 기만은 진실이 예상되는 맥락 속에서 행해진다면 거짓말에 포함된다.[11] 누구든지 정탐꾼으로부터 진실을 기대하지 않으므로, 정탐꾼의 거짓말은 거짓말이 아니게 된다.

하지만 이러한 해결방법을 택하더라도, 무조건적 절대주의에는 여전히 몇 가지 심각한 문제점들이 남아 있다. 첫째로 그와 같은 조건이 설정된다면, 이 견해는 더이상 무조건적 절대주의가 아니게 된다. 그것은 "의도적으로 잘못을 범해서는 안된다"라는 도덕 규범에는, 예외가 존재한다는 것에 대한 승인이 따르기 때문이다. 하기는 어거스틴은 처음부터 이 규범을 거짓말로 규정하였다. 둘째로 어떤 도덕 법칙이 조건적인 도덕 법칙인지를 알 수 있는 유일한 방법은, 무엇이 높은 차원의 도덕 법칙이고 무엇이 낮은 차원의 도덕 법칙인지를 밝혀내는 것이다. 그러나 이것은 차등적인 절대주의의 한 형태일 뿐 무조건적 절대주의가 아니다(7장 참조).

---

11) Charles Hodge, *Systematic Theology*(reprint ed,; Grand Rapids: Eerdmans, 1952), vol. 3, pp. 439~44.

3. 비성공적인 제한들

무조건적 절대주의는 실제로는 무조건적인 것이 아니다. 그것은 신적인 명령을 제한하는 여러 가지 방법을 알고 있는 것처럼 보인다. 무조건적 절대주의자들은 신적인 명령이 하나님의 본성에서가 아니라 하나님의 의지에서 비롯된다고 주장하거나 어떤 신적 명령은 도덕적인 것이 아니라 본성상 순수 시민적이거나 의식적인 것이라고 이야기하거나, 아니면 신적인 명령이 '평등명령'(ceterus paribus)으로 모든 사물에 적용한다고 주장함으로써 절대적인 차원 이하로 떨어뜨리고 있다. 그러나 이러한 해결에는 몇 가지 문제가 있다. 첫째로 모든 도덕 명령들이 이런 범주들에 적합한 것이 아니다. 어떤 명령들은 진실과 자비같은 하나님의 본성을 반영하는 두 가지 도덕 원리들 사이에 있다. 둘째로 신적인 명령을 시민적인 것과 의식적인 것과 도덕적인 것으로 분할하는 것이야말로, 성서 후기적이고 의심의 여지가 있고 기독교 이후(13세기경)에 기원을 둔 것이다. 셋째로 어떤 명령들을 다른 명령들에게 종속시키려는 움직임은 사실상 무조건적인 절대주의가 아니라 차등적인 절대주의의 한 형태로 되고 만다(7장을 보라). 마지막으로 많은 종속이나 어떤 제한도, 도덕 명령이 제한되어야 할 경우가 있음을 인정함으로써 무조건적 절대주의의 철회가 된다.

4. 섭리에 대한 반발

하나님의 섭리에 의존하면 도덕적 갈등을 피할 수 있다는 주장은, 다음과 같은 이유에서 잘못된 주장이다. 무엇보다도 하나님은 도덕적 딜레마에 관여하여 그것으로라도 모든 신자들을 항상 구원해 주지는 않는다. 성서 어디에도 무조건적 절대주의의 이런 전제에 대한 증거는 없다. 사실상 초자연적인 관여라는 전제는 이들 절대주의자들에 의해 설정된 다른 전제들과 모순된다. 모든 갈등이 명백할 뿐이고 실재하지 않는다면, 신적인 관여의 필요성이 왜 있겠는가? 신적인 관여의 필요성은, 갈등이 존재한다는 입장(무조건적인 절대주의의 주장과는 대립됨)에 대한 양보이다. 누구든지 일단 실재적인 도덕적 갈등이 존재하고, 그리고 이것은 신적인 관여에 의해서만 해결될 수 있다고 생각한다면, 그는 더이상 무조건적인 절대주의자로 되지 않고 일종의 차등적인 절대주의자로 된다.

더군다나 모든 도덕적 딜레마가 선행적인 죄에 의해 초래된다면, 왜 관여의 필요성이 존재하겠는가? 하나님은 가끔 자신의 자비의 발현으로서 관여의 필요성을 느끼지만, 하나님은 항상 그렇게 해야 한다거나 그렇게 의욕하리라고 확신할 만한 근거는 존재하지 않는다. 우리는 항상 실재적인 도덕적 갈등을 벗어나도록 기적이 우리를 도와 주는 것을 기대해서는 안된다.

많은 무조건적 절대주의자들은 하나님이 항상 신자들을 구원해 줄 것이라는 믿음에 의거하여 윤리적 딜레마를 해결하고 있다. 그렇지만 이것은 몇 가지 심한 이의에 부딪히게 된다;

(1) 하나님은 어느 곳에서도 자신이 우리를 도덕적 갈등으로부터 구해주기 위하여 항상 관여할 것이라는 약속을 하지 않고 있다.
(2) 세 명의 히브리 소년들은 하나님이 자기들을 도덕적인 딜레마에서 구원해 주리라고 기대하지 않았다(단 3장).
(3) 예수는 어려운 상황을 벗어나기 위해 기적을 기대하는 것에 대해 경고했다(마 4:7).
(4) 기적을 기대하는 것은 책임을 우리에게서 하나님에게로 이동시킨다. 그것은 일종의 "고민이 있으면 하나님께 호소한다"는 말과 같다.
(5) 우리는 하나님이 장차 기적을 행하리라는 가능성에 대한 현재 결정의 실재성을 경멸해서는 안된다.
(6) 하나님이 우리가 옳은 일을 한다면 관여할 것이라는 믿음은 문제를 회피하는 것이다. 그것은 실재적인 도덕적 갈등없이도 올바른 일을 할 수 있는 방법이 항상 존재한다는 것을 전제로 한다.
(7) 이러한 견해는 빈번한 기적의 관여를 요구한다. 그러나 빈번한 기적의 관여는 생명과 기적을 불가능하게 만든다. 왜냐하면 양자 모두 자기들의 기능에 적합한 정상적인 행위의 모형에 의존하고 있기 때문이다.
(8) 마지막으로 누구든지 하나님이 관여할 것이라고 믿는다면, 대답해야

할 물음들이 존재한다. 예정된 암살의 무고한 희생자의 소재를 밝히라는 소명을 받은 기독교인의 시나리오에는, 왜 진실을 이야기 하기에 앞서 하나님의 관여를 기대하지 않는가? 그러한 방법으로는 무고한 희생자의 소재가 밝혀지지 않는다. 그리고 왜 하나님의 관여를 기대하지 않고서 예정된 암살에서 귀머거리가 되는가?

5. 항상 제 3의 선택을 할 수 있는 것은 아니다

도덕 의무들이 결코 서로 대립하지 않는다고 가정하는 것은, 비현실적일 뿐만 아니라, 비성서적이다. 병원, 법정, 전장 등지에서의 현실 생활은 도덕적 갈등이 일상적으로 일어나고 있음을 보여준다. 누구든지 때에 따라서는 다른 사람을 살해해야 하고, 다른 사람에 의해 살해당해야 한다. 태아가 죽지 않으면 태아와 산모 모두가 죽어야 하는 경우가 있다(자궁외 임신의 경우). 이와 마찬가지로 성서는 이삭을 죽일 때의 아브라함(창 22장), 히브리인 산파들(출 1장), 세 명의 히브리 소년들(단 3장)에게는 제 3의 선택이 존재하지 않았음을 알려주고 있다. 이렇게 제 3의 선택이 존재하지 않은 상황이 발생하지 않으리라고 가정하는 것은 순진한 것이다. 따라서 기독교 윤리가 모든 상황에 적용될 수 있으려면, 이처럼 현실에서 일상적으로 일어나는 도덕적 갈등들을 해결할 수 있어야 한다.

6. 모든 도덕적 갈등이 스스로 만들어진 것은 아니다

더구나 선행적인 인간 죄가 모든 도덕적인 딜레마를 초래하는 것은 아니다. 아무리 아담의 죄가 원죄와 전가된 죄의 궁극적인 원인이라고 주장한다고 해도, 그것이 그때 이후로 모든 개인적인 죄의 탓이 될 수는 없다. 즉 모든 개별 인간이 인간의 원죄에 의해 자기 자신의 도덕적 딜레마에 빠지는 것은 아니다. 그렇지 않을 경우 개인적인 죄를 고백할 필요가 없게 된다(요일 1:9). 우리가 이렇게 주장하는 것은, 전적 타락과 윤리적 책임을 혼동하게 만든다. 기껏해야 개인의 전형적인 죄가 개인의 도덕적 갈등의 원인으로 된다. 열 가지 죄는 갈등을 무고한 사람들에게 강요하는 타인들에 의해서 초래된다. 실제로 반대의 경우가 사실일 때가 가끔 있다. 즉 개인의 도덕적인 딜레마는 누군가의 신실성이나 정의로움에 의해서 촉진될 수 있다.

7. 기본적인 비일관성

대부분의 무조건적 절대주의자들은 일관적이지 못하다. 왜냐하면 그들은 사람을 구하기 위한 거짓말은 정죄하는 한편 자기들의 재산을 구하기 위한 의도적인 기만에는 관여하기 때문이다. 예를 들자면 대부분의 사람들은 도둑들이 침입하는 것을 속이기 위해 집에서 멀리 떨어진 곳에 불을 밝혀 둔다. 그러나 도둑들로부터 자기 재산을 지키기 위해 거짓말 한다면, 현실적인 살인자로부터 무고한 생명을 구하기 위한 거짓말은 왜 허용되지 않는가? 유대인의 생명을 구하기 위해 거짓말해야 했던 코라 텐 붐(Corie ten Boom)을 비난하면서, 그들은 자기들의 보석을 도둑 맞지 않기 위해 거짓말을 하고 있다. 그러나 인간은 물건보다도 훨씬 더 소중하다.

8. 태만의 죄에 빠짐

또 다른 문제는 무조건적 절대주의자는 종종 무자비한 행위를 한다는 것이다. 무조건적 절대주의자는 자기가 위임의 죄라고 생각하는 것을 회피하기 위해 보다 더 큰 태만의 죄를 범한다. 플라톤의 사례는 교훈적이다.[12] 사람을 죽이기 위해 주인이 무기를 요구한다면, 그 무기를 누가 주인에게 되돌려 주겠는가? 자비의 율법은 재산권의 율법보다 고차원적인 것이다. 마찬가지로 성서는 무고한 사람의 목숨을 구하는 것은 죄를 범한 사람에게 진실을 이야기 하는 것보다 훨씬 더 큰 의무라고 말한다(출 1:15~16). 따라서 진실을 죄인에게서 보류시킴으로써 무고한 사람에게 자비를 베풀지 못한다면, 무조건적 절대주의자는 위임의 죄를 피하려고 시도한 한편 태만의 죄에 빠진다.

9. 율법주의의 경향

또한 무조건적 절대주의는 율법의 문구에 얽매여 율법의 정신을 망각함

---

12) Plato, *The Republic*(New york: Oxford University Press, 1967), 1. 330.

으로써 율법주의에 빠지기 쉽다. 이것은 예수가 다음과 같이 말했을 때 훈계한 것과 같다; "안식일은 사람을 위하여 있는 것이요 사람이 안식일을 위해 있는 것이 아니니"(막 2:27). 텐붐의 뒤틀린 억류경험 이후 그녀가 "인간적으로 취급받았다"고 말하면서 감옥 석방에 서명날인하지 말도록 요구하는 것은 차가운 무관심이 아니며 거짓말과 삶이 비교 검토될 때 삶이 더 중요한 게 아닌가?

10. 침묵이 항상 가능한 것은 아니다

어떤 무조건적 절대주의자가 시사했듯이 부분적인 진리나 침묵에 의해 거짓 증거를 피한 것이 항상 가능한 것은 아니다. 사무엘은 베들레헴으로 온 자신의 두 가지 목적 중의 하나(즉 다윗왕에게 기름부으러 왔지만 제사를 드리려고 왔다)만을 이야기함으로써 사울의 분노를 면할 수 있었다. 그러나 만약 사울이 사무엘에게 다른 목적을 물었다면, 사무엘은 무슨 생각을 했겠는가? 이러한 점에서 볼 때 사무엘은 거짓말하거나 침묵을 지키거나, 혹은 무고한 죽음의 위험을 무릅쓰면서 무자비해야 했다. "네가 이야기하지 않으면 나는 이 사람들을 죽이겠다"고 말하는 심문자 앞에서의 침묵은 태만이라는 무자비한 죄도 될 수 있다.

〚 요약 및 결론 〛

무조건적 절대주의의 많은 바람직한 측면과 순수한 절대적인 것들을 지키려는 고상한 노력에도 불구하고 무조건적인 절대주의에는 결점이 많다. 그것은 비현실적이고 무자비하며, 심지어 어떤 때는 율법주의적이다. 성서와 실제 생활에서의 신적 명령의 무수한 갈등들에 대해 올바로 대응하기 위한 절대적인 것들의 불가피한 수정을 막는 데 성공하지 못하고 있다. 하나님은 도덕적인 갈등을 계획하지도, 그리고 바라지도 않는다는 것은 의심할 여지없이 옳다. 그러나 이것은 이상적인 세계가 아니라 현실의 타락된 세계이다. 그리고 기독교 윤리가 우리가 살고 있는 세계에 적합하다면, 그것은 무조건적 절대주의의 영역으로 후퇴해서는 안된다. 그것은 절대적인 것들을 고수하면서도, 정직하고도 적절하게 모든 도덕적 상황에 대처할 수 있는 도덕적으로 뛰어난 방법을 찾아내야 한다.

〖 꼭 읽어야 할 책들 〗

Augustine, Saint. *On Lying*. In *A Select Library of the Nicene and Post-Nicene Fathers of the Christian Church*, edited by Philip Schaff, vol. 2. Grand Rapids: Eerdmans, 1956.

─────. *To Consentius: Against Lying*. In *A Select Library of the Nicene and Post-Nicene Fathers of the Christian Church*, edited by Philip Schaff, vol. 2. Grand Rapids: Eerdmans, 1956.

Hodge, Charles. *Systematic Theology*. Reprint ed. Grand Rapids: Eerdmans, 1952.

Kant, Immauel. "On a Supposed Right to Tell Lies from Benevolent Motives." In *The Critique of Practical Reason*. 6th ed. Translated by Thomas Kinsmill Abbot. London: Longmans Green, 1963.

Lutzer, Erwin W. *The Necessity of Ethical Absolutes*. Grand Rapids: Zondervan, 1981.

Murray, John. *Principles of Conduct*. Grand Rapids: Eerdmans, 1971.

Plato. *The Republic*. New York: Oxford University Press, 1967.

6
상충적 절대주의

복음주의자들은 일반적으로 윤리적 절대주의의 형태를 고수해 왔다. 그들은 상황주의와 대비해 볼 때 많은 도덕적 절대들이 존재한다고 주장해 왔다. 이렇게 둘 이상의 도덕적 절대들을 고수할 때 도덕적인 모순의 문제가 제기된다. 둘 이상의 도덕 명령들이 불가피하게 모순될 때 어떻게 해야 되는가라는 문제가 제기된다.

기본적으로 이러한 문제에 대해서는 세 가지 해결방법이 존재한다; 첫째로 무조건적 절대주의는 이러한 모순 전체는 명백할 뿐 실재하지 않는다고 주장한다. 즉 어떤 두 가지 절대적인 명령이 불가피하게 모순되는 경우란 존재하지 않는다. 둘째로 상충적 절대주의(相衝的 絕對主義: conflicting absolution)는 도덕적 모순의 실재성을 인정하면서, 어떠한 길을 가더라도 사람은 죄를 짓는다고 주장한다. 셋째로 차등적 절대주의는 도덕적인 모순은 가끔 발생하지만, 사람이 어떤 상황에 처해서 매우 훌륭한 일을 한다면 개인적으로 무죄하다는 주장을 한다. 이 장에서는 두 번째 견해를 검토해 볼 것이다.

I. 상충적 절대주의에 대한 해설

상충적 절대주의라는 윤리 입장의 중심 가정은, 우리는 타락한 세상에 살고 있으며 이런 세상에서는 현실적인 도덕적 모순이 발생하기 마련이라는 것이다. 그런데 여기에 수반되는 전제는, 두 가지 의무가 모순될 때, 인간은 도덕적으로 두 가지 의무에 대해 책임이 있다는 것이다. 하나님의 율법은 죄없이는 결코 파괴될 수 없다. 따라서 이러한 경우에 사람은 단지 덜 나쁜 것을 해야만 하고, 자신의 죄를 고백한 후에 하나님의 용서를 구해야 한다.

1. 상충적 절대주의의 역사적 배경

상충적 절대주의는 그리스 세계에 뿌리를 두고 있다. 이것은 그 후 종교개혁 사상에 통합되기도 했는데, 지금은 현대 실존주의 사상과 통속적 사상 속에서 그 모습을 드러내고 있다. "나는 두 가지 나쁜 일 중에서 덜 나쁜 일을 했다"는 흔히 들을 수 있는 이 말은, 이런 상충적인 절대주의의 한 표현 형태라 하겠다. 실제로 상충적 절대주의는 '덜 나쁜 견해'(the lesser evil view)로 불리우기도 한다.

상충적 절대주의는 기독교에 뿌리를 두고 있으면서도 그리스에서 많이 발전했다. 고대 그리스의 비극들은 덜 나쁜 것을 선택해야 하는 상황들을 묘사했다. 예를 들어 B. C. 5세기의 소포클레스(Sophocles)와 유리피데스(Euripides)는 도저히 회피할 수 없는 운명에 맞서 싸웠던 영웅들에 관한 희곡을 썼다. 이렇게 극화된 딜레마들은 상충적 절대주의가 해결해야 하는 현실세계의 도덕적 갈등들의 본질을 반영했다.

덜 나쁜 것이라는 개념은 종교개혁에서의 타락 교리(특히 마르틴 루터가 발전시켰던 교리)에서 새로운 차원을 얻게 되었다. 루터의 사상은 상충적 절대주의의 맹아들을 담고 있는데, 그 중 하나가 그의 '두 개의 왕국' 교리이다. 루터는 기독교인들은 두 개의 왕국(즉 하나님의 왕국과 현세의 왕국) 속에 동시에 살고 있다고 확신하였다. 그런데 이 두 개의 왕국은 서로 대립하지만, 기독교인들은 양쪽 모두에 대해 책임이 있으므로 갈등의 발생은 불가피하다.

둘째로 루터가 멜랑크톤(Melanchthon)에게 했던바 "우리는 대담하게 죄를 범해야 한다"는 말은, 덜 나쁜 것을 선택하라는 말로 해석되어야 한다. 루터는 이렇게 주장했다; "죄인으로 되고 대담하게 죄를 범하더라도,

그 보다 훨씬 더 대담하게 죄와 사망과 세상을 이기신 그리스도를 신앙하고 그 안에서 기뻐하라."[1] 루터파 학자인 틸리케(Helmut Thielicke)는 이같은 루터의 주장에 대해서, "이것은 그 어떤 타협도 정당화될 수 있다는 것을 의미하지 않는다. 핵심은 그리스도가 세상의 형식(skama: form) 즉 타협을 필요로 하는 구조를 정복하고 극복했다는 데 있다"[2] 고 논평했다. 간단히 말해서 죄는 때에 따라서는 불가피하지만 십자가를 통해서 극복될 수 있다는 것이다. 이리하여 타락한 세계에서는 죄가 불가피하지만, 속죄 받은 세계에서는 죄를 용서받을 수 있다.

2. 틸리케

상충적인 절대주의 견해에 대한 가장 포괄적인 현대적 설명은, 틸리케의 저서에서 찾아볼 수 있을 것이다. 그가 나름대로 정리한 상충적 절대주의에는 몇 가지 요소들이 있다. 그의 견해는 현실세계에는 도덕적 갈등들이 불가피하게 존재한다는 믿음에 토대를 두고 있다. 즉 "갈등적인 상황을 부정하는 것은 결정을 부정하는 것으로 된다"는 것이다.[3] 틸리케에 따르면 갈등적인 상황에서는 "우리가 쉽게 해결할 수 없는 애매모호한 상황에 처할 가능성이 높다." 따라서 "완벽주의자는 명분을 내세워 갈등을 회피하는 것이 아니라, 갈등을 이겨 내고 견뎌낼 때에만 결정을 내릴 수 있다."[4]

갈등적인 상황에서는 죄가 불가피하다. 왜냐하면 우리는 "애매모호한 상황에서는 항상 죄를 짓기 때문이다."[5]

따라서 이렇게 타락한 세계에서는 "행동은 사실상 하나님이 요구하는 것과 현실세계가 허용하는 것 사이의 타협으로 되고 만다."[6] 이른바 정당 전

---

1) Letter to Melanchthon, August 1, 1521, in *Letters I*, vol. 48 of *Luther's Works*, ed. and trans. Gottfried, G. Krodel(Philadelphia: Fortress, 1963), p. 282.
2) Helmut Thielicke, *Theological Ethics*, ed. William H. Lazareth, vol. 1 (Philadelphia: Fortress, 1966), p. 504.
3) Ibid., p. 610.
4) Ibid., p. 612.
5) Ibid., p. 653.
6) Ibid., p. 499.

쟁도 불가피하게 부정의와 연관되어 있다. 왜냐하면 "완벽한 정당 전쟁이 존재하지 않기 때문이다. 즉 나는 어느 한쪽이 다른 한쪽보다 더 잘못하고 있다는 나 자신의 생각이나 견해를 바탕으로 해서만, 현재 벌어지고 있는 전쟁을 지지하고 또 그것에 뛰어 들겠다는 결정을 내릴 수 있을 뿐이다."[7]

도덕적 타락은 도덕적 딜레마의 원인이다. 도덕적 갈등은 창조에 의해 세상에 부여된 특성에 기인하지는 않으며 '본래는 그렇지 아니하였다' (창 19:8). 오히려 "타락과 관련된 이야기에 나오는 원초적인 결정에 궁극적인 뿌리를 둔바, 우리 배후의 복합적인 잘못된 결정들에서 비롯된다."[8] 간략히 말해서 도덕적 갈등은 현실 세계가 타락한 세계라는 사실에서 비롯된다. 죄없는 세계에서는 도덕적 딜레마도 존재하지 않을 것이다. 하늘나라에서는 당연히 도덕적 딜레마가 존재하지 않을 것이다. 하나님은 도덕적 딜레마를 원하지도 또 만들어 내지도 않았다. 도덕적 딜레마는 하나님의 이상(理想)이 아니다. 그런데 다른 한편에서 본다면 현실 세계는 이상적인 세계가 아니라 타락한 세계이다. 이와 같은 세계에서는 우리가 악과 직면할 수밖에 없다.

갈등적인 상황에서 결정내릴 수밖에 없다면, 우리는 덜 나쁜 것을 선택해야 한다. 왜냐하면 "무거운 죄와 가벼운 죄가 병존하기 때문이다." 즉 어떤 죄든지 죄임에는 틀림없으나, "동일한 무게를 갖고 있지는 않다."[9] 틸리케는 덜 나쁜 것을 선택하고서 행하는 것은, 결코 정당화될 수 없음을 분명히 하고 있다.[10] 뿐만 아니라 실용적인 정당화도 불가능하다고 밝혀두고 있다. 왜냐하면 '더 나쁜 일을 하지 말라'는 슬로건은 우리의 행동을 비기독교적 실용주의에 종속시키므로, 윤리적으로는 항상 파멸적인 결과를 초래하기 때문이다."[11] 사실 "'더 나쁜 일을 하지 않기 위해서' 나쁜 일을 언제든지 해도 된다는 것은, 목적이 수단을 정당화한다는 것을 의미하는 만큼

---

7) Ibid., p. 414~15.
8) Ibid., p. 596.
9) Ibid., p. 620.
10) Ibid., p. 602.
11) Ibid., p. 625.
12) Ibid., p. 590.

그 저의가 의심스러운 원칙이 아닐 수 없다."[12] 우리는 단지 갈등적인 상황에서는 두 가지 명령 모두가, 우리의 도덕 의무이므로 죄가 불가피하다는 것만을 인정할 뿐이다.[13] 하지만 덜 나쁜 죄와 더 나쁜 죄가 있으므로, 기독교인은 용서받을 수 있다는 사실을 분명히 인식하고서 덜 나쁜 죄를 범해야 한다. "기독교인은 여기 현세에는 완전하게 올바른 것이 존재하지 않음을 알고 있다. 그렇지만 그렇다고 해서 무엇을 하든 똑같이 비난받거나 똑같이 용서받는다는 결론을 내리지는 않는다." 반대로 기독교인은 "비난받아야 하는 것과 덜 비난받아야 하는 것 사이와 올바른 가능성과 덜 올바른 가능성 사이에는 질적 차이가 있음을 분명히 인식하고 있다."[14]

틸리케에 따르면 "우리는 애매모호한 상황을 견뎌내거나 극복해 낼 수 있다. 그리고…이에 따른 불가피한 갈등은 항상 용서받는다."[15] 기독교인은 "당연히 참여해야 하는 이른바 '정당전쟁'(just war)에서도 항상 용서를 구하는 위치에 있어야 한다는 것을 알고 있다."[16] 따라서 우리는 "성령의 보호 아래 행해지는 모든 행동은 설령 그것이 왜곡된 형태라고 해도, 하나님의 이름을 빌어 행해지고 있음에도 불구하고 언제나 용서를 필요로 한다"는 것을 명확히 깨달아야 한다.[17] 어쨌든 갈등적인 상황에서 기독교인은 "현세의 절대적인 규범과 일치하는 행동이라 할지라도 그것은 용서받아야만 하는 행동임을 인식하고 행동해야 한다…"[18] 간단히 말해서 하나님의 명령을 준수하기 위한 최선의 노력이라 하더라도 그것은 용서받을 필요가 있는 것이다.

Ⅱ. 상충적 절대주의의 기본 전제들

상충적 절대주의에는 네 가지 기본 전제들이 있다. 첫째로 하나님의 율

---

13) Ibid., p. 488.
14) Ibid., p. 501.
15) Ibid., p. 654.
16) Ibid., p. 655.
17) Ibid., p. 659.
18) Ibid., p. 431.

법은 절대적이고 확고부동하다. 둘째로 타락한 세계에서는 하나님의 명령들 사이의 갈등이 불가피하다. 셋째로 도덕적 갈등이 발생하면 우리는 덜 나쁜 것을 택하여 행해야 한다. 넷째로 우리는 죄를 고백하기만 하면 용서받을 수 있다.

1. 하나님의 도덕 법칙은 절대적이다

"여호와의 율법은 완전하다"(시 19:7). 시편 기자는 하나님께 "주의 말씀의 강령은 진리오니 주의 의로운 모든 규례가 영원하리이다"(시 119:160)라고 고백했다. 하나님은 자신의 율법이 파괴되도록 만들지는 않았다. 시편 기자는 다음과 같이 선포했다; "주께서 주의 법도로 명하사 우리로 근실히 지키게 하셨나이다"(시 119:4). "여호와의 규례는 확실하여 다 의로우니…이를 지킴으로 상이 크니이다"(시 19:9, 11). 더욱이 여호와는 자기 명령을 파괴하는 자를 죄없다 하지 않을 것이다(출 20:7).

한마디로 하나님은 절대 완전하시며, 그의 율법은 그의 성품을 반영하고 있다; "그러므로 하늘에 계신 너희 아버지의 온전하심과 같이 너희도 온전하라"(마 5:48). 하나님 율법의 절대적인 완전성에 미치지 못하는 그 어떤 것도 죄가 된다. 하나님의 율법이 파괴될 때마다, 율법을 파괴한 사람은 죄를 짓게 된다. 왜냐하면 죄는 불법이기 때문이다(요일 3:4). 하나님은 불변이시다(말 3:6). 이것은 하나님의 성품을 반영하고 있는 도덕 법칙의 경우에도 마찬가지이다. 하나님은 거짓말하실 수 없다(히 6:18). 그러므로 설령 목숨을 구하기 위한 거짓말이라 할지라도, 거짓말을 하면 용서받을 수 없게 된다.

2. 도덕 활동은 불가피하다

상충적인 절대주의의 두 번째 전제는 인간의 타락(depravity)에서 나온다. 인간은 하나님의 율법을 어겨 왔으며, 자기 자신은 죄를 불가피하게 범하게 되는 거미줄 같은 죄의 관계에 뒤엉켜 있음을 발견하게 된다. 인간의 타락에 앞서서 아담은 죄를 짓지 않을 수 있었지만, 타락한 이후 인간은 죄를 짓지 않을 수 없게 되었다. 인간은 죄 일반을 범할 수밖에 없을 뿐만 아니라, 현재의 타락한 세상에서 모든 선택이 잘못이라는 비극적인 도덕적 딜레마에 처해 있다. 사람은 어떤 일을 하더라도, 하나님의 율법 중의 하나를 어길 수밖에 없다. 그것이 타락한 세상의 실제 모습인 것이다. 사람은 때때로 죄를 지어야 한다. 사람은 덜 나쁜 죄를 선택해야 하지만, 그럼에도 불구하고 죄를 짓는 것은 마찬가지이다.

상충적 절대주의는 "당위는 가능을 함축한다"(ought implies can)는 칸트의 격언과 모순되게 된다. 인간은 항상 결코 도달할 수 없는 완전성이라는 기준에 복종해야만 한다. 예를 들어 "하늘에 계신 너희 아버지의 온전하심과 같이 너희도 온전하라"(마 5:48)는 말씀이 있다. 더 나아가서 도덕적인 딜레마 속에서 인간은 율법중의 하나를 어길 수밖에 없더라도, 두 가지 율법을 도덕적으로 지킬 수 있도록 노력해야 한다. 이러한 것이 현재의 죄로 가득찬 세상에서, 상충적인 절대주의를 주장하는 사람이 말하고 있는 바이다. 하나님은 세계를 이렇게 구상하지는 않았다. 그러나 현재의 악한 세계는 하나님의 이러한 이상과는 동떨어져 있다.

3. 덜 나쁜 것을 행할 의무

모든 죄가 똑같은 것만은 아니다. 예수는 빌라도에게 "나를 네게 넘겨준 자의 죄는 더 크니라"(요 19:11)고 말씀하셨다. 단 한 가지 죄(즉 성령모독죄)만이 용서받을 수 없을 정도의 나쁜 죄이다(마 12:32). 따라서 덜 나쁜 것을 해야 할 의무가 존재하게 된다. 우리의 도덕 의무들이 서로 대립하고 있을 때마다, 덜 나쁜 것을 해야 할 의무가 존재하게 된다. 우리의 도덕 의무들이 서로 대립하고 있을 때마다, 우리는 덜 중요한 의무를 준수하지 않는 것이 죄임을 인식하면서 더 중요한 의무를 준수해야 한다. 그러나 상황에 따라서는 그러한 죄는 덜 나쁜 죄로 된다. 비록 훌륭한 일이 아니더라도, 최선을 다하는 것이 항상 우리의 의무인 것이다. 우리는 선이 최소화되어 있을 때조차 그것을 최대화해야 한다.

4. 용서는 가능하다

상충적 절대주의와 관련된 네 번째 전제는, 죄는 때때로 불가피한 것이라고 해도 그리스도의 십자가를 통해 하나님의 용서가 항상 가능하다는 사실이다. 실제로 현재의 슬픈 세상의 다행스러운 부산물 중의 하나는 죄의 불가피성이 인간들로 하여금 용서의 십자가에 매달리도록 한다는 사실, 즉 딜레마를 '벗어날 방법'이 존재한다는 사실이다. 그것은 죄를 피할 수 있는 방법은 아니다. 왜냐하면 죄는 어떤 경우든지 본질적으로 불가피한 것이기 때문이다. 따라서 그것은 죄짓는 것을 오랫동안 참을 수 있도록 피하는 방법이다. 간략히 말해서 죄에서 벗어날 수 있는 방법은 우리에게 있어서는 신앙고백이고 하나님께 있어서는 십자가상에서의 그리스도의 희생이다. 덜 악한 상황에서 인간이 할 수 있는 것은, 덜 악한 죄를 짓고 하나님의 율법을 어겼음을 고백하면서 예수 그리스도를 통한 용서를 받아들이는 것이다. 죄는 불가피하지만 구원은 가능하다.

Ⅲ. 상충적 절대주의의 몇 가지 긍정적인 공헌

상충적 절대주의는 도덕 절대주의의 한 형태로서 많은 장점들을 갖고 있으나, 때에 따라서는 심한 반발을 사기도 한다. 먼저 상충적 절대주의가 기독교 윤리에 끼친 네 가지 긍정적 공헌을 살펴보자.

1. 상충적 절대주의는 도덕적 절대들을 보유하고 있다

상충적 절대주의는 약점들을 갖고 있지만, 도덕적 절대들 만큼은 고스란히 보유하고 있다. 하나님의 율법은 절대적이므로, 그것을 어기는 것이 도덕적으로 정당화될 수 있는 때가 절대로 존재하지 않는다. 하나님은 절대적으로 선하며, 하나님의 율법은 이런 하나님의 본성을 절대적으로 반영하고 있다. 따라서 도덕 법칙을 어기는 것은 하나님의 본성에 대한 공격이 된다. 아울러 하나님은 자신의 본성이 침해받는 것을 허용하지 않는 것과 마찬가지로, 도덕 법칙을 어기도록 내버려 두지 않는다. 상충적 절대주의는 이렇게 도덕적 절대들의 불변의 확고한 성격을 기반으로 한다는 점에서 찬양받을 만하다.

2. 상충적 절대주의는 도덕적 현실성을 보유하고 있다

상충적 절대주의자들은 초월적인 도덕 가치들을 확고하게 움켜쥐고 있음에도 불구하고, 도덕적 갈등이 일어나고 애매모호한 상황이 벌어지는 현실세계에 대해 끊임없는 관심을 기울이고 있다. 모든 결정이 명확하고 산뜻한 것만은 아니다. 모든 것이 검거나 희지는 않다. 도덕적 상충은 실재한다. 이런 도덕적 딜레마에 대한 현실주의적 인식은 칭찬받을 만하다. 모든 갈등에 대해 겉으로만 그리할 뿐 실재하지 않는다고 설명하려는 노력은 존재하지 못한다. 상충적 절대주의자의 머리는 도덕적 완전성이라는 천상의 구름 속에 있지만, 그의 두 발은 지상의 불완전성이라는 진흙탕을 확고하게 딛고 있다.

3. 상충적 절대주의는 도덕적 갈등의 뿌리가 인간 타락에 있다고 인식하고 있다

상충적 절대주의의 또 다른 중요한 차원은 도덕적 갈등의 본질에 대한 통찰력이다. 상충적 절대주의는 도덕적 딜레마의 뿌리가 도덕적 타락에 있다고 인식하고 있다. 타락하지 않은 세계에서는 불가피한 도덕적 갈등이 존재하지 않을 것이다. 오직 죄 때문에 갈등이 일어난다. 하나님에게는 도덕적 갈등이 존재하지 않는다. 이것은 천국에서도 마찬가지이다. 인간 자신이 도덕적 딜레마를 만든다. 물론 이것은 각 개인이 독자적으로 도덕이라는 침대를 만들고 그 위에 눕는다는 것을 의미하지는 않는다. 일부가 아담 이외의 사람들이 저지른 죄의 결과이면 또 다른 일부는 우리 자신이 지은 죄의 결과이다. 그런데 죄는 도덕적 갈등의 뿌리이다. 하나님은 세계를 이렇게 만들려고 하지는 않았다.

4. 상충적 절대주의는 예외없는 해결방안이다

상충적 절대주의에는 순수한 단순성이 있다. 그것은 예외없는 해결방법이며 결코 궤변이라는 비난을 받지 않는다. 하나님의 절대적인 도덕 법칙을 어기는 것은 항상 잘못이다. 예외, 면제, 신적 면제 등이 존재하지 않는다. 절대적인 도덕 법칙은 절대적이다. 이것은 이것이고 그것은 그것이다. 혼란스런 상황이 전개되고 있는 복잡한 세계에서 찾아보기 힘든 찬양받을 만한 상충적 절대주의는 차분하고 꾸밈없는 호소력을 보유하고 있다고 할 수 있다.

Ⅳ. 상충적 절대주의에 대한 비판

상충적 절대주의의 긍정적인 측면에도 불구하고, 그것에 대한 무수한 이의가 제시되어 왔다. 우리는 여기서 그것들 중의 네 가지를 검토할 것이다. 앞의 두 가지 견해는 도덕적인 것이라고 부를 수 있으며, 뒤의 두 가지는 기독론적이라고 부를 수 있다.

1. 죄를 지어야 할 의무는 도덕적으로 터무니없는 것이다

상충적 절대주의에 따르면 현실 속에서 도덕적 갈등에 직면할 경우, 우리는 두 개의 악 중에서 덜 나쁜 악을 택해야 할 도덕 의무를 느끼게 된다. 즉 우리는 도덕적으로 나쁜 일을 해야 하는 것이다. 그러나 어떻게 부도덕한 일을 해야 할 도덕 의무가 존재할 수 있는가? 이것은 도덕가의 터무니없는 주장일 것이다. 이러한 비판에 직면할 때 상충적 절대주의를 옹호하는 사람들을 위해서 세 가지 기본적인 대안이 있다. 첫째로 그러한 사람들은 덜 나쁜 일을 해야 할 도덕 의무나 신적인 명령이 존재하지 않는다고 주장할 것이다. 그것은 단지 일종의 실용주의적이거나 공리주의적인 근거들 그리고 개인적이거나 사회적인 이유들로 인한 인간의 당위일 뿐이다. 이러한 대안은 성서적인 기독교인에게는 특히 난처한 것으로 여겨질 것이다. 왜냐하면 그러한 기독교인은 하나님의 지시나 명령이 전혀 없는 삶에서의 가장 곤란한 상황에 처하게 될 것이기 때문이다. 기독교는 불완전한 윤리를 지니게 될 것이다. 그것은 일상적인 상황은 해결할 수 있을지 모르지만 매우 어려운 상황(즉 비극적인 도덕적 선택을 할 수밖에 없는 상황)에 처하게 되면 그것은 절대적으로 어떤 하나님의 명령도 부여하지 못할 것이다.

상충적 절대주의를 옹호하는 사람에게는 딜레마를 벗어날 수 있는 또 다른 길이 있다. 그러한 사람은 악한 행위를 해야 할 상황에서도, 악한 행위를 하지 말고 선을 극대화시키라는(즉 악을 극소화시키라는) 도덕 의무가 존재함을 인정할 것이다. 그러나 그가 이러한 방법을 택한다면, 그의 입장은 차등적인 절대주의로 귀결되고 만다. 왜냐하면 어째서 그것을 악이라고 불러야 하는가? 예를 들어 환자의 목숨을 구하기 위해 환자의 다리를 절단하는 의사는, 결코 사람을 병신으로 만드는 죄를 범하는 것이 아니라 최대한의 선을 행하라는 명령을 받고 있는 것이다. 신체 일부의 절단은 비극적이지만, 기독교 윤리에서는 목숨을 구하기 위한 절단을 잘못된 행위로 생각해야 할 어떤 근거도 없다. 마찬가지로 악을 행할 수밖에 없는 상황 속에서도 최대한의 선을 행하려고 할 때, 상충적인 절대주의자가 주장하는 것처럼 왜 그러한 행위를 악한 행위라고 불러야 하는가?

마지막으로 상충적 절대주의는 죄의 불합리성과 불가피성을 인정할 수 있을 것이며, 사람은 아무리 불합리하더라도 도덕적으로 잘못된 것을 해야 하는 도덕적인 의무를 지니고 있다고 주장할 수 있을 것이다.

2. 불가피한 것은 도덕적으로 죄가 되지는 않는다

상충적 절대주의는 사람이 개인적으로 불가피한 것에 대해 개인적으로 책임있다고 주장하고 있다는 비판으로 귀결된다. 모순적인 절대주의를 신봉하는 사람들은, 책임은 능력을 의미하며 당위는 가능을 의미한다는 적대자들의 전제를 반박하고 있다. 그들은 불가능한 것을 요구하는 하나님의 명령도 있다는 성서의 사례, "하늘에 계신 너희 아버지의 온전하심과 같이 너희도 온전하라"(마 5:48)를 지적할지도 모른다. 그들은 하나님은 인간에게 죄를 짓지 말라는 명령을 내리지만, 인간은 죄를 짓지 않을 수 없다고 주장하는 타락의 교리를 지적할지도 모른다.

그러나 이러한 경우에는 누구든지 인간의 기준으로 볼 때는 완전히 불가능한 것을, 하나님의 은총에 의해서 "할 수 있다"는 의미에서만 "당위가 가능을 함축한다"는 사실에 주목할 필요가 있다. 이러한 의미에서의 "당위가 가능을 의미한다"는 주장은, 이러한 성서적 진리를 위반하는 것이 아니다. 더 나아가서 "당위가 가능을 함축한다"는 원리에 초점을 맞추는 것은, 실재적인 논점이 무엇인지를 간과하게 만든다. 상충적인 절대주의의 도덕적 불합리성은, "당위가 가능을 의미한다"는 명제가 옳다거나 잘못이라는 판단에 기초를 두고 있지 않다. 기독교적인 관점에서 본다면 '당위'는 '하나님의 명령'을 의미하며, 그리고 하나님은 도덕적으로 악한 것을 행하라고 명령하지는 않으므로(명령할 수 없으므로) "악한 것을 행해야 한다"고 말하는 것은 불합리하다. 하나님은 선하되 절대적으로 선하다. 따라서 그는 결코 악한 것을 수행할 수도 촉진할 수도 없다. 왜냐하면 하나님이 인간에게 악을 행하라고 명령하는 것은, 하나님의 의지와 전적으로 모순되기 때문이다.

물론 누구든지 하나님이 명령내린 것은 사실상(ipso facto) 선하며 악하지 않다고 주장함으로써, 여기에 대해 답변할지도 모른다. 왜냐하면 누구든지 선을 하나님이 명령하는 것으로서 규정할 수 있을 것이기 때문이다. 그렇지만 이러한 답변은 상충적인 절대주의의 견해에 있어서는 치명적인 것이다. 왜냐하면 소위 덜 악한 것을 행할 수밖에 없는 상황에서 하나님이 명령내린 것이 사실상 선이라면, (하나님이 명령을 내렸다는 이유로) 그것은 악이 되는 것이 아니다. 사실상 하나님이 명령을 내렸기 때문에 이러한 상충적인 상황에서도 하나님이 명령을 한 행위가 선하다면, 상충적인 절대주의의 견해는 결국 차등적 절대주의로 귀결되고 만다. 하나님의 명령에 따라 사람이 행하게 되는 선한 행위는, 하나님의 명령에 복종하여 이루어지기 때문에 죄가 아니라 권장할 만한 행위인 것이다.

논의를 마무리하기에 앞서서 '선과 옳음'(good and right)을 구별하는 것은, 상충적인 절대주의의 입장에 도움되지 않는다는 점에 주목해야 한다. 그러한 상황에서의 덜 악한 행위는 올바른 행위라고 주장할 수 없다. 왜냐하면 누구든지 올바른 행위가 도덕적으로 선한 것이었나 악한 것이었나라고 항상 물을 수 있기 때문이다. 즉 그 행위가 비난받아야 할 행위였는가 그렇지 않은 행위였는가 질문할 수 있기 때문이다. 만약 그러한 행위가 도덕적으로 악한 것이거나 죄를 유발하는 것이라면, 우리는 곧 바로 우리가 출발했고 위에서 비판받았던 내용으로 되돌아 가게 된다. 다른 한편으로 '올바른 행위'가 선한 것이거나 죄를 유발하는 것이 아니라면, 그 견해는 차등적인 절대주의의 견해로 전락하고 만다.

이러한 두 입장 사이의 본질적 차이는 상충적인 절대주의의 견해에 따르면, 비참한 도덕행위는 죄를 유발하는 것이며 고백과 용서를 요구하는 것인 데 반해서 차등적인 절대주의의 견해에 따르면 그러한 행위는 죄를 유발하지 않는 것(즉 무죄한 행위)이라는 데 있다. 사람은 어떤 결정을 내렸다는 것에 대해서 후회할 수는 있지만, 크게 원통해 할 필요는 없다. 실제로 차등적인 절대주의에 따르면 최대의 선에 대한 것은 처벌이 아닌 보상으로 귀결된다. 상충적인 절대주의의 견해는 '덜 악한' 행위를 '선한 행위와 대비시켜 볼 때의 올바른' 행위라고 명백히 함으로써 지니고 있는 문제점을 극복하지 못하고 있다. 사람은 이러한 행위를 하기 때문에 죄를 짓게 되는가 그렇지 않은가 라는 문제는 계속 남아 있게 된다. 만약 죄를 짓게 된다면 하나님은 불가피하게 죄로 될 수밖에 없는 행위를 명령하게 된다. 만약 죄를 짓지 않게 된다면 그러한 행위는 도덕적으로 용납될 수 있으며, 우리는 차등적인 절대주의의 입장으로 나아가게 된다.

상충적인 절대주의를 보완하려는 노력 속에서 이루어진 또다른 구분이 존재한다. 모순적인 상황에서 최선을 다했기 때문에 비난받지는 않으나, 최선을 다하는 과정에서는 비난받을 수 있다는 주장도 가끔 존재한다. 왜냐하면 가장 충성스런 종이라고 해도 불필요한 경우가 있기 때문이다. 이러한 의미에서 본다면 최선을 다한 사람을 비난하는 것은 터무니 없는 것이라고 주장될 수는 있지만, 최선을 다하는 과정에서 악한 일이 행해진다면 비난하는 것이 타당할 수도 있다. 거짓말하는 것은 나쁜 일이지만, 선한 일을 하는 전체 과정은 선한 것이 아니겠는가? 따라서 사람은 전체적인 행위 자체는 선한 것이었다고 해도, 특수한 상황에서 했던 거짓말은 고백해야 한다. 하나님은 아마도 전체적으로는 선한 일을 하는 과정에서의 어떠한 나쁜 행위도 비난할 것이다.

이러한 구분을 바라보면서 우리는 윤리적으로 복합적인 것은, 전체로서 사고되어져야 한다는 것에 주목해야 한다. 왜냐하면 어떤 맥락에서 이루어진 일은 도덕적으로 선하고, 다른 맥락에서 이루어진 일은 도덕적으로 악한 것으로 될 수 있기 때문이다. 예를 들면 생명을 구하기 위한 필수적인 수단의 하나로서 의사에 의한 다리 절단은 선한 것일 수 있지만, 학대 행위의 하나로서 다리를 절단하는 일은 악한 것으로 된다. 행위에 의미를 부여하는 것은 전체적인 도덕적 맥락이다. 따라서 누구든지 윤리적인 일 전체로부터 특정한 악한 부분을 분리시켜서, 전체행위를 선한 것이라고 부를 수는 없을 것이다. 여러가지 의도가 복합되어 있는 행위로서의 절단은 선한 것이지만 악한 것으로 된다. 누구든지 전체적인 절단 과정이 선한 것이었지만, 사람의 다리를 자르는 실제적인 행위는 악한 것이었다고 주장할 수는 없을 것이다.

이러한 논의는 전체적인 논의하에 있는 보다 원칙적인 문제(특히 행위의 도덕성을 판단하는 데 있어서의 의도와 행위의 관계라는 문제)로 귀결된다. 이러한 문제들에 관한 논의의 대부분은 어떤 하나의 행위가 본질적으로 선한가 악한가, 혹은 그러한 행위는 반드시 고려되어야 할 여러가지 의도가 복합된 행위인가 라는 문제에 의해 복잡해지기도 하고 그렇지 않게도 된다. 이것에 관한 적절한 논의는 이 책의 범위를 벗어나는 것이기에 그만두기로 하자. 여기에서는 후자의 경우가 올바르다고 생각하는 것이 가장 타당하다고 말하는 것만으로 충분하다. 선한 의도만으로 어떤 행위를 도덕적으로 옳다고 판단하는 것은 불충분하다. 히틀러도 학살을 자행함으로써 보다 나은 세상을 만들려는 의도를 지녔을지도 모르나, 수백만의 유대인들을 학살한 행위는 동기가 아무리 훌륭하다고 해도 도덕적으로 선한 행위가 될 수 없었다. 마찬가지로 동기나 의도와 무관한 행위도, 반드시 선한 것으로 되지는 않는다. 예를 들어 다른 사람들의 칭찬을 받기 위해 가난한 사람에게 자선을 베푸는 사람들은 도덕적으로 찬양될 수 없다. 만약 그렇게 된다면 상충적인 절대주의의 입장은, 어떤 행위를 총체적인 의도로부터 분리시켜서 그것을 나쁜 것이라고 하면서도 전체 과정이 선한 것이라고 한다는 점에서 잘못을 범하게 된다.

3. 예수는 죄를 지었음에 틀림없다

상충적 절대주의에 따르면 죄는 실제적인 도덕적 갈등 가운데서 불가피한 것이다. 그러나 성서에 따르면 예수는 모든 일에 우리와 한결같이 시험을 받았다(히 4:15). 그러므로 만약 실제적인 도덕적 딜레마가 있다면, 예수가 그것들에 직면했거나 그렇지 않았을 것이다. 만약 예수가 도덕적 말씀에 직면했다면 예수는 죄를 지었어야 했다. 그러나 성서를 본다면 예수는 죄를 범하지 않았다(히 4:15; 고후 5:21). 따라서 여기서의 유일한 대상은 예수가 결코 실제적인 도덕적 갈등에 직면하지 않았다는 사실이다. 도덕적인 갈등이 있었다고 상정한다면, 이러한 딜레마에 대한 몇 가지 설명이 제시될 수 있다. 첫째로 상충적인 절대주의는 부정확하며, 예수는 도덕적인 갈등에 직면했을 때에도 죄를 짓지 않았던 것으로 된다. 왜냐하면 도덕적인 갈등의 상황에서 최고선을 행한다면, 사람은 결코 죄를 지은 것으로 여겨지지 않기 때문이다. 성전에서 빵을 훔치는 것(즉 책임자의 허락 없이 빵을 먹는 것)은, 하나님의 종이 굶주리는 것이 어쩔 수밖에 없는 대안일 경우에는 결코 도덕적으로 잘못된 행위가 아니다. 예수가 마태복음서에서 말씀하신 것(마 12:3~8)도 이러한 경우가 아니었겠는가?

그러나 상충적인 절대주의는 변명의 여지가 없을 것이라고 쉽사리 단정을 내리지는 말자. 예수는 결코 도덕적인 갈등에 처한 적이 없었기 때문에, 도덕적인 갈등의 영역에서는 죄를 짓지 않았다고 할 수 있다. 이러한 입장에 대한 설명에는 두 가지가 있다; 첫째로 하나님은 예수의 무죄성을 유지시키기 위해, 섭리 가운데서 예수가 도덕적 갈등의 상황에 처하지 않도록 하셨다는 것이다. 그렇지만 만약 그렇다면 기독교인은 왜 자신이 독실한 신자인데도, 도덕적인 갈등에서 벗어나지 못하고 있는가라는 질문을 던질 것이다. 사실상 이것은 많은 비상충적인 절대주의자들이 주장하는바, 항상 독실한 신자들을 위한 세 번째 대안이 준비되어 있다는 것과 똑같다. 다니엘은 이교도의 떡을 먹고 이교도의 술을 마시거나 자신의 불복종의 결과로 고통당하는 필요가 없었다(단 1장). 세 번째 신앙적 출구가 존재하였다. 이것이 고린도전서 10장 13절이 의미하는바 '피할 길'이 존재한다는 것이 아니겠는가? 상충적 절대주의가 예수가 그러했던 것처럼 하나님은 항상 자신의 의지를 충실히 따르는 사람들을 위해 출구를 준비해 두고 있다는 주장을 대안으로 생각한다면, 이것은 사실상 비상충적인 절대주의와 똑같게 된다. 왜냐하면 궁극적으로 상충적인 절대주의는, 학생의 의지에 충실히 복종하는 사람들에게는 불가피한 도덕적 갈등이 존재하지 않는다고 말할 것이기 때문이다. 섭리적인 출구(providential way out)는 오직 그리스도에게만 있지, 하나님의 의지에 충실히 복종하는 여타 하나님의 종들에게 없다는 주장이 설득력을 갖게 될 것이다.

예수는 자기 자신에게 오점을 남기는 어떤 원죄도 범하지 않았기 때문에 도덕적 딜레마에 빠진 적이 없다는 주장이, 보다 타당한 주장이 될 것이다. 자신들의 도덕적인 침대를 만드는 사람들만이 그 위에 누워야 한다. 예수는 결코 죄를 짓지 않았으며, 따라서 그는 결코 불가피한 도덕적 갈등에 빠지지 않았다. 표면상으로 이러한 견해는 장점을 지니고 있다. 우리의 선행적인 죄가 우리를 도덕적인 곤경에 빠뜨린다는 것이 일반적인 생각인 것 같다. 즉 우리는 씨뿌린 대로 거두고 있는 것이다. 그렇지만 이러한 명백한 진리로 상충적 절대주의가 붕괴하는 것을 막으려면, 이러한 진리는 보편적이어야 한다. 즉 우리가 직면하고 있는 도덕적 딜레마가 우리 자신의 선행적인 죄에 의해 발생했음이 항상 일반적으로 입증되어야 한다. 그러나 이것은 몇 가지 반대되는 예에 의해서 곧 바로 거짓임이 드러나게 된다. 즉 때로는 죄없는 사람들도 도덕적인 곤경에 직면하게 될 수도 있다. 도대체 어떤 죄를 저질렀기에 독일 기독교인들은, 거짓말하거나 유대인들이 가스실로 가는 것을 방관만 하게 되는 위치에 놓였는가? 이러한 기독교 신자들은 세계의 다른 신자들보다 훨씬 무거운 죄를 지었기 때문에 그럴 수밖에 없었는가? 여기서 우리는 예수가 망대가 무너져 치어 죽은 사람들에 대해 말한 것을 기억하게 된다; "또 실로암에서 망대가 무너져 치어 죽은 여덟 사람이 예루살렘에 거한 모든 사람보다 죄가 더 있는 줄 아느냐"(눅 13:4).

도덕적 딜레마가 항상 선행적인 죄로 인해 발생한다는 것은 사실이 아니다. 때로는 그것은 '선행적인 의'(antecedent righteousness)에 의해서도 발생하기도 한다.

다니엘과 세 명의 히브리 소년들은 타락하지 않았기 때문에 도덕적 딜레마에 빠지지 않았다(단 1, 3, 6장). 사도들은 악을 행하지 않았음에도 설교를 중단하라는 명령을 받았다. 결국 그들은 설교를 금하는 권세자들의 명령과 복음을 전하라는 주님의 명령 사이에서 하나를 선택해야 하는 입장에 놓이게 되었다(행 4장). 이것은 자기 아들을 죽여야 하느냐 아니면 하나님의 말씀을 어기느냐 하는 딜레마에 처했던 아브라함에게 있어서도 마찬가지이다(창 22장). 사실상 사람은 일생 동안 하나님에 대한 헌신이 오히려 도덕적 갈등을 심화시키고 있음을 깨닫게 된다. 즉 도덕적 갈등을 초래하는 것은, 사람의 '선행적인 죄'(antecedent sin)가 아니라 하나님의 공의일 수도 있다. 만약 위의 주장이 옳다면 상충적인 절대주의의 입장은, 스스로에 대한 비판을 극복하지 못한다. 즉 그것은 기독론적인 딜레마를 명쾌하게 설명하지 못한다. 또한 그것은 예수가 아무런 선행적인 죄도 범하지 않기 때문에, 도덕적 갈등에 빠지지 않았다는 것도 밝혀내지 못한다.

상충적인 절대주의에 반대하는 사람들은, 또 다른 고려 사항이 상충적인 절대주의에 있다는 사실에 기뻐하게 된다. 즉 우리에게는 항상 선행적인 죄가 있지만 그리스도는 그렇지 않다는 것이다. 왜냐하면 우리는 타락해 있지만 그리스도는 그렇지 않기 때문이다. 아담의 죄는 그리스도를 제외한 모든 사람들이 안고 있는 선행적인 죄이다. 따라서 우리는 타락된 세상에 참여하고 있으므로, 아담의 원죄 때문에(롬 5:12) 우리는 그리스도가 빠지지 않았던 도덕적 딜레마에 빠지게 될 것이다.

이러한 주장에는 부정할 수 없는 확실한 개별성이 존재한다. 이것은 그리스도의 경우에 있어서의 명백한 차이는 물론, 우리의 경우에 있어서의 선행적인 죄에 대한 인식을 지적하고 있는 듯하다. 그렇지만 여기에는 최소한 두 가지 이상의 문제점이 존재한다. 첫째로 아담의 원칙에서 기인하는 도덕적 갈등은, 타락한 인간에게만 존재하는 것이 아니다. 그리스도 또한 이러한 타락한 세계 속에서 살았다. 그리고 그리스도는 개인적으로는 전혀 죄를 짓지 않았다고 하더라도, 아담의 원죄 및 여타 사람들의 죄에서 기인하는 도덕적 갈등의 세계 속에 파묻혀 살았다. 모든 도덕적 갈등이 어떤 사람 자신의 선행적인 죄에서 기인하지 않는다는 사실을 염두에 두어야 한다. 타인들의 죄도 개인적으로 비극적 상황을 만들지 않았던 사람들을 딜레마에 빠뜨릴 수 있다. 그렇다면 왜 그리스도는 타인들의 죄로 의해 강요된 도덕적 갈등에 빠지지 않았을까라는 의문이 생기게 된다.

둘째로 그리스도가 아담의 타락에 의한 도덕적 갈등에 빠지지 않은 이유에 대해 설명하려는 노력은 집단적인 죄와 개인적인 죄를 혼동하고 있다.

타락한 인간에 의해 이루어진 모든 것이 죄가 된다는 공동의 인식이 있다. 이런 의미에서 죄는 모든 타락한 사람들에게 불가피한 것이다. 그렇지만 이것은 인간이 이러한 상황을 만들어 내기 때문에 개인적으로 죄가 있다거나, 어떤 특정한 죄도 불가피하다고 말하는 것과는 전혀 다르다. 직접적인 도덕적 선택은 그것이 불가피하기 때문에 죄를 유발하는 것은 아니다. 그렇지만 아담의 타락이 없었다면, 사람은 자기 방어를 위해 살인하지는 않았을 것이다. 아마 낙원에서는 살인해야 할 어떠한 이유도 존재하지 않을 것이다. 그럼에도 불구하고 자기 방어를 위해 살인하는 것은, 하나님의 율법에 의한다면 개인적으로 비난받아야 할 행위가 아니다(출 22:2).

우리는 여전히 다음과 같은 의문을 갖게 된다; 예수는 과연 하나님의 명령들이 불가피하게 모순되는 도덕적 딜레마에 빠지지 않았는가? 복음을 검토하면 우리는 몇 가지 사례들을 발견할 수 있다. 즉 12세의 예수는 자신의 세상 부모의 말에 따르느냐, 아니면 자신의 하늘 아버지의 말씀에 따르느냐 하는 갈등에 직면하였다. 그는 나중에는 세상 부모에게 복종하였지만, 처음에는 하나님의 의지에 복종하기 위해 세상 부모를 방치하였다(눅 2). 이러한 맥락에서 볼 때 예수는 다윗 성전의 제사용 빵을 훔친 행위를 용인함으로써, 곡물을 가져온 자기 제자의 행위를 정당화했다고 하는 것은 주목할 만한 사실이다(마 12:3~4). 이와 관련하여 예수는 다른 사람들에게 "아비나 어미를 나보다 더 사랑하는 자는 내게 합당치 아니하고 아들이나 딸을 나보다 더 사랑하는 자도 내게 합당치 아니하고"(마 10:37)라고 말씀하셨다. 여러 가지 이유로 인해서 예수는 그 자신이 자기 제자들 및 여타 사람들에게 가르쳤던바(마 23:3) 종교적 권위에 복종하느냐, 아니면 궁핍한 사람들을 도와줌으로써 자비의 율법에 따르느냐(눅 14:1~6)라는 갈등에 부딪혔다. 예를 들면 그는 안식일에도 다친 사람을 치료하는 것을 선택하였다. 비난받게 되었을 때 그는 안식일의 율법은 인간보다는 하위의 것이며, 그 반대는 아니라고 이야기하였다. 또 다른 이유에서 예수는 제자들이 안식일에 곡물을 거두어 들이는 것을 용인하였다(눅 6:1~5).

그렇지만 예수가 직면했던 최대의 도덕적 갈등은 자비와 정의가 직접적이고도 불가피한 모순에 빠지게 되었던 시련과 십자가였다. 그는 율법의 명령대로 죄없는 자신을 위해 변호해야 했는가(레 5:1), 아니면 다수의 인류에게 자비를 베풀어야만 했는가? 더 나아가 그는 다른 사람들을 위해 자신의 생명을 스스로 희생시켜야 했는가(요 10:10), 아니면 다른 사람들을 위해 부당하게 죽는 것을 거부했어야 했는가? 이러한 두 가지 경우에서 예수는 공의보다는 자비를 택했다. 그렇다면 이렇게 함으로써 그는 하나님이 금하신 죄를 지었는가? (어느 누구도 더 큰 사랑을 갖지 못한다). 십자가는 두 가지 악 중에서 약간 못한 것이 아니다. 그것은 더 '큰 선'(the greater good)이다. 이렇게 되면 상충적 절대주의는 문자 그대로 십자가 앞에 서게 된다. 즉 도덕적으로 갈등을 빚는 상황에서 최대의 선을 행하는 것이 죄라면, 예수는 아마도 역사상 최대의 중죄인이 될 것이다. 실제로 하나님 자신도 십자가에 매달린 예수를 보고 도덕적인 갈등에 빠졌다. 즉 자기 아들을 희생시켜야 하는가 아니면 세계가 파멸하는 것을 방관해야 하는가 라는 갈등을 느꼈던 것이다. 결국에는 감사하게도 자비가 공의를 이기게 되었다. 확실히 그리스도의 희생은 '덜 나쁜 악'(a lesser evil)이 아니었다. 그것은 하나님이 할 수 있었던 '최대의 선'(the greater good) 이었다(요 15:13; 롬:8~9).

4. 그리스도는 도덕적 갈등에 직면했음에 틀림없다

상충적 절대주의에 대한 네 번째 이의는 또 다른 기독론적인 문제와 관련되어 있다. 그리스도가 우리의 완전한 도덕적 모범이었다면, 그는 어느 쪽이든 죄를 지을 수밖에 없었던 도덕적 갈등에 직면했어야 했다. 그렇지 않고 그리스도가 죄를 전혀 짓지 않았다면, 그리스도는 도덕적 갈등에 결코 직면하지 않았을 것이다. 따라서 우리는 그리스도로부터 삶에서 가장 어려운 도덕적 결단을 내렸다는 사례를 찾아볼 수 없게 된다. 그러나 히브리서 기자는 예수가 우리와 한결같이 시험을 받았다고 말하고 있다(히 4:15). 또 바울은 "내가 그리스도를 본받는 자 된 것같이 너희는 나를 본받는 자 되라"(고전 11:1)고 말한다. 그러나 예수가 결코 도덕적 갈등에 직면하지 않았다면, 우리가 어떻게 윤리적인 딜레마 속에서 그를 따를 수 있겠는가?

상충적 절대주의를 옹호하는 몇몇 사람들은, 솔직하게 그리스도는 우리의 완전한 도덕적 모범이 아님을 인정하고 있다. 그러나 이 점을 받아들일 수는 없다. 왜냐하면 그것이 그리스도의 추종자에게는 그들이 따라야할 그리스도의 모범으로서의 윤리가 불완전한 것임을 인정하는 것이 되기 때문이다. 실제로 신약 성서에 대해 올바르게 이해한다면 우리는 그리스도라는 도덕적 모범의 완전성을 희생시키기 보다는, 상충적 절대주의의 주장을 단념하는 것이 낫다는 것을 알게 된다.

죄를 짓지 않았는데도 도덕적 딜레마에 직면하게 된다는 사실은 예수에게서 증명되고 있다. 만약 그렇다면 도덕적인 딜레마는 개인적인 죄를 필수적인 전제로 요구하지 않는다. 항상 최대의 선을 행함으로써 피할 길이 존재한다. 상충적인 상황에서도 보다 차원높은 율법(예를 들면 정부보다는 하나님께 복종하는 것)을 지키는 일은 무죄한 추구가 될 수 있다.

〚 요약 및 결론 〛

상충적 절대주의는 때에 따라서는 서로 상충되는 무수한 도덕적 절대들이 있다고 확신하고 있다. 이런 견해는 하나님의 율법이 절대적이며 따라서 결코 침해받지 않는다는 전제에 뿌리를 박고 있다. 다른 한편 상충적 절대주의는 현실 세계가 타락한 세계임을 인정한다. 그리고 이렇게 타락한 세계에서는 도덕적 딜레마가 존재한다고 주장한다. 그런데 이처럼 현실 속에 실재하는 불가피한 도덕적 갈등이 일어날 때에는, 덜 나쁜 행동을 하는 것이 우리의 의무이다. 그러나 우리는 그런 행동이 어떤 행동인가를 반드시 깨닫고서, 하나님의 율법을 어긴 죄를 고백해야 한다. 그리고 이어서 하나님의 용서를 받아들여야 한다.

상충적 절대주의는 도덕적 절대들을 견지하고 있다는 장점을 갖고 있으며, 또한 우리가 살고 있는 타락한 세계에 대해 현실적인 태도를 취하고 있다. 그러나 상충적 절대주의는 도덕적인 비난이나 기독론적 비난에 대해 성공적으로 대처하지 못하고 있다. 죄를 지어야 할 도덕 의무가 존재한다고 말하거나 불가피한 일을 했다고 해서 누군가를 비난하는 것은 도덕적으로 터무니없는 일일 것이다. 더구나 그리스도가 모든 측면에서 우리와 마찬가지로 시험받았다면 그도 도덕적인 딜레마에 직면했음에 틀림없다. 반면에 만약 시험받지 않았다면, 그는 우리의 완전한 도덕적 모범으로 될 수 없다. 간단히 말해서 벽에 봉착했을 때 상충적 절대주의는 그리스도가 도덕적 딜레마로부터 자신을 구해내기 위해 특별 섭리의 개입을 허용했다고 주장함으로써 비상충적 절대주의로 전락하거나, 누구든지 도덕적으로 최대선을 행해야 한다고 주장함으로써 차등적 절대주의로 전락하고 말 것이다. 다시 말해서 상충적 절대주의는 상당히 유익한 통찰력을 갖고 있음에도 불구하고, 독자적인 확고한 기반위에 서있지 못한 것 같다.

〖 꼭 읽어야 할 책들 〗

Luther, Martin. "Letter to Melanchthon." In *Luther's Works*, edited and translated by Gottfried G. Krodel. Philadelphia: Fortress, 1963.

Lutzer, Erwin W. *The Morality Gap*. Chicago: Moody, 1972.

Montgomery, John. *Situation Ethics: True or False*. Minneapolis: Dimension Books, Bethany Fellowship, 1972.

Thielicke, Helmut. *Theological Ethics*, Edited by William H. Lazareth. Philadelphia: Fortress, 1966. Vol. 1.

7

차등적 절대주의

전체적인 윤리적 상대주의는 복음주의에 대한 대안이 아니다. 하나님의 성격은 불변적이며, 하나님의 율법은 그 하나님의 본성을 반영하고 있다(1장). 윤리적인 절대주의 견해들 중에서 복음주의자들은 무조건적인 절대주의(5장), 상충적인 절대주의(6장), 차등적인 절대주의(9장) 중의 하나를 선택해야 한다. 우리의 이전 분석은 비록 극복될 수 있는 것이기는 하지만, 이들 견해들 중의 앞의 두 견해가 안고 있는 심각한 문제점들을 지적해 왔다. 따라서 토론되어야 할 견해(즉 차등적인 절대주의)만이 남아 있게 된다.

I. 차등적 절대주의의 역사적 뿌리

복음주의자들이 주장하는 세 가지 유형의 절대주의 중에서 무조건적 절대주의는 재세례파 전통과 관련있고, 상충적인 절대주의는 루터파 전통과 상관있으며, 차등적 절대주의(graded absolutism)는 칼빈파 전통과 연루되어 있다. 차등적 절대주의의 기본 전제들을 검토하기에 앞서 그 뿌리들을 순서대로 간략히 살펴보자.

1. 성 어거스틴

대부분의 다른 개신교 전통들과 마찬가지로 차등적 절대주의의 뿌리는 성 어거스틴에게서 찾을 수 있다. 어거스틴은 거짓말의 문제에서는 무조건적 절대주의의 입장을 옹호하지만(5장 참조), 모순적인 상황에 대한 그의 견해는 차등적 절대주의자들의 견해와 유사하다. 예를 들어 두 견해 모두가 덕목에는 등급이 있으며 때에 따라서는 도덕 의무들이 상호 모순되기도 하므로, 우리는 더 높은 차원의 도덕 의무를 준수하면 비난받지 않는다고 주장하고 있다.

차등적 절대주의자들과 똑같이 어거스틴도, 죄에는 등급이 존재하므로 어떤 죄는 다른 죄보다 더 나쁘다고 믿고 있다.[1] 어거스틴의 윤리는 사랑에 집중되어 있으므로, 그는 우리가 사랑해야 할 대상들에 등급을 매기고 있다. 당연히 하나님은 인간보다 더 많이 사랑받아야 하고, 인간은 물건들보다 더 많이 사랑받아야 한다.[2] 따라서 이렇게 볼 때 하나님은 맨 꼭대기에 있고 물건들이 맨 밑바닥에 있는 가치의 피라밋이 존재하는 셈이다.

어거스틴은 또한 도덕 의무들이 때로는 서로 모순된다고 생각하고 있다. 어거스틴은 절대로 거짓말하지 말라고 주장하지만(5장 참조), 그러면서도 차등적 절대주의의 중심 전제들의 하나인바 도덕 의무들이 서로 충돌할 수 있다는 사실을 인정하고 있다. 이와 마찬가지로 그는 생사에 관계되는 중대한 상황에서는, 도덕적 갈등이 존재한다는 사실도 인정하고 있다. 그는 자살을 도덕적으로 잘못된 행위로 바라보지만, 그럼에도 불구하고 다음과 같이 이야기 하면서 삼손의 자살을 정당화시키고 있다; "하지만 하나님은 인간이 자살해서는 안된다는 율법을 만들면서, 그와 동시에 몇 가지 예외들을 정해 놓았다. 이러한 예외들에는 두 가지가 있는데, 그 하나는 일반 법칙에 비추어 볼 때 정당화될 수 있는 것이고 다른 하나는 특정 개인에게 잠정적으로 부여된 특수한 임무이다."[3] 어거스틴은 여기서 하나님으로부터 살인하라는 명령을 받았기 때문에 인간을 고의적으로 살해하지 말라는 일

---

1) Saint Augustine, *Enchiridion*, in *A Select Library of the Nicene and post-Niceane Fathers of the Christian Church*, ed. Philip Schaff, vol. 3 (Grand Rapids, Eerdmans, 1956), p. 245.

2) Saint Augustine, *On Chirstian Doctrine*, in *A Select Library of the Nicene and Post-Nicene Fathers of the Christian Church*, ed. Philip Schaff, vol. 2(Grand Rapids, Eerdmans, 1956), p. 530.

3) Saint Augustine, *City of God*, in *A Select Library of the Nicene and Post-Nicene Fathers of the Christian Church*, ed. Philip Schaff, vol. 2(Grand Rapids, Eerdmans, 1956), p. 15.

반 법칙을 어겼다고 할 수 있는 아브라함, 입다, 삼손 등을 후자의 범주에 포함시키고 있다.

차등적 절대주의자들처럼 어거스틴도 모순적인 상황에서 더 높은 차원의 도덕 의무를 준수하는 것은, 더 올바른 일을 하는 것이지 덜 나쁜 일을 하는 것이 아니라고 생각한다. 예를 들어 아브라함과 삼손은 하나님의 명령에 따라 살인했기 때문에 찬양받고 있다. 두 가지 도덕 의무가 서로 충돌할 때, 신자는 높은 차원의 의무를 이행한다는 이유로 낮은 차원의 의무를 이행하지 않아도 된다. 이렇게 본다면 어거스틴은 차등적 절대주의의 선구자라고 할 수 있다.

2. 찰스 핫지

자기의 저서 『조직 신학』에서 찰스 핫지(Charles Hodge)는 일종의 차등적 절대주의를 옹호하고 있는데, 이 사실은 의도적 거짓말에 관한 그의 논의에서 여실히 알 수 있다. 핫지는 진리가 절대적이며 하나님의 본성에 토대를 두고 있다고 주장하면서도 동시에 의도적으로 거짓말하는 것이 때에 따라서는 올바르다고 믿고 있다. 그는 "진실은 항상 신성하다. 왜냐하면 하나님의 본질적인 속성들 중의 하나이기 때문이다. 따라서 진실에 나쁜 영향을 미치거나 진실에 적대하는 것은 모두 하나님의 본성과는 반대된다"[4]고 생각하고 있는 것이다. 하지만 다른 사람을 의도적으로 속이는 것이 정당화되는 경우도 있다. 그는 이렇게 말한다; "기만하려는 의도는 기만이라는 개념을 구성하는 한 가지 요소이다. 그러나 기만하려는 이러한 의도가 항상 나쁜 것만은 아니다."[5] 핫지는 정당화될 수 있는 기만의 사례로서 히브리 산파들(출 1장)과 사무엘(삼상 16장)을 들고 있다.

핫지는 또한 "적군에게 접근하는 길을 은폐하는 일은 물론, 적군을 의도대로 유인해 내는 것은 정당하다"고 믿고 있다.[6] 그에 따르면 그렇게 하는

---

4) Charles Hodge, *Systematic Theology*(reprint ed., Grand Rapids: Eerdmans, 1952), p. 437.
5) Ibid., p. 440.
6) Ibid., p. 441.

것이 올바른 이유는 "생각하고 있는 것을 밝혀도 그것이 진실일 것이라고 기대할 권리를 갖고 있지 않은 사람들에게는 진실을 이야기하지 않아도 되는 상황에 봉착할 수 있기 때문이다."[7] 예를 들자면 "어떤 어머니는 자기 아이를 찾아내 죽이려고 하는 사람을 만날 경우, 수단과 방법에 상관없이 최선을 다해 그 사람을 틀린 길로 유인할 권리를 갖고 있다. 이러한 상황에서는 진실을 이야기해야 한다는 일반 의무는, 잠정적으로 그보다 더 높은 차원의 의무에 통합되기 때문이다."[8] 핫지에 의하면 "높은 차원의 의무가 낮은 차원의 의무를 흡수한다는 원칙은 확고한 원칙이다."[9]

핫지는 이러한 유형의 차등적 절대주의는 "인간 본연의 양심에 바탕을 둔 명령"이라고 믿고 있다. 예를 들어 "생명을 구하기 위해 고통을 가하는 것은 분명히 올바른 일이다. 도시 전체가 전염병에 감염되는 것을 막기 위해…여행자들을 강제로 검역하는 것도 올바른 일이다." 그는 이 원칙은 사실 "나는 자비를 베풀겠지만 희생하지는 않겠으며 그리고 소의 생명을 구하기 위해서거나 소의 고통을 중지시키기 위해 안식일을 어기는 것이 올바르다고 이야기했던 주님에 의해서 정립되었다"[10]고 말했다.

아울러 핫지는 높은 차원의 의무를 이행하느라 낮은 차원의 의무를 소홀히 하더라도 그것은 죄가 아니라고 주장한다. 그는 "그릇된 일을 하는 것이 올바를 수 있다"는 입장을 거부한다.[11] 그러나 그는 생명을 구하기 위해 의도적으로 거짓말하는 것은 올바르다고 믿고 있다. 그리고 핫지는 이것을 결코 정당화될 수 없는 의도적 기만을 나타내는 용어인 '거짓말'로 부르고 싶어하지 않지만, 그러한 상황에서는 의도적으로 거짓말하는 것이 도덕적으로 올바르다고 생각하고 있다. 왜냐하면 이렇듯 더 높은 차원의 의무가 존재하는 경우에는 '진실을 이야기할 것으로 기대할 권리'와 '진실을 이야기해야 할 의무'가 사라져 버리기 때문이다.[12]

---

7) Ibid.
8) Ibid., p. 442.
9) Ibid., p. 441.
10) Ibid., p. 442.
11) Ibid.
12) Ibid., p. 447.

Ⅱ. 차등적 절대주의의 기본 요소들

핫지의 분석은 차등적 절대주의나 윤리적 위계주의(ethical hierarchicalism)의 기본 요소들을 제시하고 있다. 차등적인 절대주의의 성서적인 근거로서 세 가지 본질적인 전제들을 들 수 있는데, 그 각각은 적절한 성서에 토대를 두고 있다.

1. 보다 높은 수준과 낮은 수준의 도덕 법칙이 있다

모든 도덕 법칙이 동일한 비중을 갖는 것이 아니다. 예수는 율법 중에서 더 중한 것(마 23:23)과 지극히 작은 것(마 5:19), 그리고 가장 큰 계명(마 22:36)에 대해 이야기한 바 있다. 그는 빌라도에게 유대인들은 '더 큰 죄'를 지었다고 말했다(요 19:11). 보다 상대적으로 광범위한 죄(그리고 선행)의 위계질서에 대한 복음주의자의 혐오에도 불구하고, 성서는 '제일의' 덕(고전 13:13)과 주어진 덕 중에서 '더 큰' 행위에 대해 이야기하고 있다(요 15:13).

모든 죄가 동등하다는 일반적인 견해는 야고보서 2:10에 대한 잘못된 해석에 기초하고 있다. 이 구절은 모든 죄의 동등성이 아니라 율법의 통일성에 대해 이야기하고 있었을 뿐이다; "누구든지 온 율법을 지키다가 그 하나에 거치면 모두 범한 자가 되나니." 죄를 범한 사람 모두가 똑같이 취급당할 수는 없다. 그리고 모든 율법의 위반 행위가 동등한 죄를 구성한다는 것도 아니다(약 3:1). 그렇지만 어떤 율법의 위반행위도 죄를 구성한다는 것만은 사실이다. 어떤 사람들은 예수는 누구든지 마음으로 간음하고 살인할 수 있다고 말했는데(마 5:28), 이것은 죄를 저지르는 행위와 마찬가지로 죄가 되는 일을 생각하는 것도 나쁘다는 것을 의미한다는 잘못된 주장인 것이다. 예수는 심판에 상응하는 최소 세 가지 차원의 죄가 있음을 지적하면서(마 5:22) 이러한 견해를 동일한 가르침 속에서 거부하였다. 실제로 지옥에서의 처벌의 정도(마 5:22; 롬 2:6; 계 20:12)와 천국에서의 보답의 차등적인 수준(고전 3:13)이라는 개념은 죄까지 정도에 따라 다르다는 것을 알려주고 있다. 기독교에서 어떤 죄는 출교의 처벌(고전 5장)을 받지만 다른 죄는 죽음의 처벌(고전 11:30)을 받는다는 사실은, 모든 죄가 그 경중에 있어서 동일하다는 일반적인 성서 모형을 뒷받침해 주고 있다. 실제로 용서받을 수 없을 정도의 죄는 한 가지(성령훼방죄) 뿐이다(막 3:29).

보다 높고 보다 낮은 도덕 법칙에 대한 가장 명확한 설명은, '큰 계명'에 관한 율법사의 물음에 대한 예수의 대답 속에 잘 나타나 있다(마 22:34~35). 예수는 크고 첫째되는 계명은 하나님께 대한 사랑이며, 둘째는 이웃에 대한 사랑이라고 단정적으로 이야기 하였다. 이와 동일한 주장이 다음과 같은 예수의 교훈에서도 재확인되고 있다; "아비나 어미를 나보다 더 사랑하는 자는 내게 합당치 아니하고 아들이나 딸을 나보다 더 사랑하는 자도 내게 합당치 아니하고"(마 10:37). 수많은 여타의 성서 구절도 이러한 주장을 뒷받침하는 것으로서 이해될 수 있다(잠 6:16; 딤전 1:15; 요일 5:16; 마 5:22). 보다 높고 보다 낮은 도덕 법칙이 실제로 존재하기 때문에 모든 죄가 동등하다는 일반적인 믿음은 잘못된 것이다.

다른 두 가지 절대주의도 이러한 주장의 진실성을 인정하고 있다는 것에 주목해야 할 필요가 있다. 상충적인 절대주의자는 모든 악이 동등하지 않음을 암시하면서, 덜 나쁜 악에 대해 이야기하고 있다. 마찬가지로 무조건적인 절대주의자도 도덕 법칙은 하나님이 명령하신 시민적이거나 의식적인 율법보다 우위에 있고, 모든 것이 동등할 때에만 많은 율법들이 결속력이 있다는 사실을 인정하고 있다.

그렇다면 다음과 같은 문제가 제기된다; 도덕 법칙은 위계질서가 매겨져 있는 차등적인 어떤 것인가? 몇 가지 이유에서 이러한 물음에 대한 대답은 단정적이다. 우선 모든 윤리적 명령은 도덕 법칙이며, 기독교인들은 시민법에 복종할 윤리적인 의무를 갖고 있다(롬 13:1~6; 벧전 2:13~14). 시민법에 복종하는 것은 단지 시민의 의무만이 아니다. 왜냐하면 이러한 복종은 '양심을 인하여'(롬 13:5) 도덕적인 입법가(하나님)가 명령한 것이기 때문이다. 둘째로 국가 권력에 복종하고 의식적인 의무를 수행하라는 명령은 하나님의 명령이며 따라서 도덕적인 의무와 관련이 있다. 누구든지 복종해야 할 신적인 계명은 그 본질상 윤리적인 책임이다. 그렇지 않다면 그것은 선포적이거나 서술적인 진술일 뿐 명령적인 진술로는 되지 못한다.

셋째로 시민적이고 의식적인 율법과 도덕 법칙 사이의 구분은 엄격하지 않다. 하나님의 율법은 통일성과 상호 침투성(interpenetrating)을 갖고 있으므로, 시민적이고 의식적인 명령과의 도덕적인 연관이 존재한다. 하나님이 우리들에게 명령을 내린 것(이웃을 사랑하거나 이웃을 위해 희생하는 것)은 모두 도덕적인 복종을 요구한다. 마지막으로 하나님의 명령에 있어서의 갈등들은 사람들이 아무리 도덕적인 명령과 시민적이고 의식적인 명령을 구분하더라도, 그 본질상 도덕적인 두 가지 명령 사이에서 명확히 나타난다(예를 들면 창 22장; 마 22장; 출 1장). 그렇다면 우리는 성서의 도덕적 명령에는 차등적인 수준이 있다는 결론을 내릴 수 있다.

2. 불가피한 도덕적 갈등이 존재한다

개인으로서는 두 가지 명령을 동시에 수행할 수 없다는 점에서 도덕적 갈등이 불가피하게 나타나게 된다. 이러한 사실을 입증해 주는 사례는 무수히 많다(성서 안에는 물론 성서 바깥에도 있다). 여기서 몇 가지 사례들을 살펴보자.

첫번째로 아브라함과 이삭의 이야기(창 22장)는 실제적인 도덕적 갈등을 내포하고 있다. "살인하지 말라"는 것은 하나님의 도덕 명령이다. 그럼에도 불구하고 하나님은 아브라함에게 아들 이삭을 죽이라는 명령을 내렸다. 아브라함이 이삭을 죽이려는 생각을 갖고 있었다는 것은 문맥을 보더라도 명백하며, 특히 우리에게 아브라함은 하나님이 이삭을 죽음에서 이끌어 올릴 것으로 믿었다는 히브리서를 보면 더욱 명백해진다(히 11:19). 더군다나 아브라함이 자기 아들을 죽이는 행위를 철저히 이행하라는 명령을 받지 않았다는 사실도, 도덕적 갈등이 있다는 사실을 배제하지 못한다. 왜냐하면 도덕적인 의미가 담겨져 있는 그러한 행위를 수행하려는 의도 그 자체가, 이미 도덕적으로 책임져야 할 행위이기 때문이다(마 5:28). 보다 높은 율법의 견지에서 '예외'(혹은 면제)가 인정되어야 하므로, 그것을 하나님이 특별히 인정한 예외라고 말하는 것으로는 불충분하다. 또한 '예외'(혹은 면제)가 요구된다는 사실은, 두 가지 율법이 참으로 갈등관계에 있음을 알려준다.

두 번째로 삼손의 이야기도 하나님의 두 가지 명령 사이의 갈등을 내포하고 있다. 삼손은 도덕적으로 자살이 금지되어 있었음에도 불구하고, 하나님의 용인하에 자살을 행했다(삿 16:30). "살인하지 말라"는 명령과 "네 생명을 취하라"는 명령은 신적이고 도덕적인 것이었다. 그렇지만 이러한 두 가지 명령 사이에 실질적으로 갈등이 존재하였을 때, 하나님은 다른 명령에 복종하기 위해 어느 한 명령을 묵살하는 것을 명백히 용인하였다.

세 번째로 입다가 자기 딸을 희생시킨 이야기(삿 11)는 하나님께 대한 맹세(전 5:1~4)와 무고한 사람을 죽이지 말라는 명령 사이에 실질적으로 도덕적 갈등이 존재함을 보여 주고 있다. 누구든지 필연적으로 죄를 짓게 만드는 맹세를 지켜서는 안된다는 무조건적 절대주의자의 주장은 여기에서는 전혀 가능하지 못할 것이다. 왜냐하면 이런 주장에 따른다면 입다는 자기 딸을 죽이겠다는 맹세를 지켜서는 안되기 때문이다. 그렇지만 성서는 입다가 살인하겠다는 맹세를 지킨 것을 용인해 주는 듯하다. 입다는 자기 딸을 영원한 처녀로 만듦으로써, 자기 딸의 육체적 생명을 희생시킨 것이 아니라 결혼 생활을 희생시켰다고 주장하는 사람들이 있다. 그렇지만 이러한 해석은 "누구든지 내집 문에서 나와서 나를 영접하는 그는 여호와께 돌릴 것이니 내가 그를 번제로 드리겠나이다"(삿 11:31)라는 입다의 서약의 견지에서 볼 때 문제점이 많다. 관습대로라면 번제물을 죽인 후 제단에 올렸을 것이다. 번제물을 결혼생활 할 수 없도록 만들었다는 것은 터무니없는 말이다.

네 번째로 각각의 사람들이 거짓말하는 것과 생명을 구하기 위해 돕지 않는 것(즉 자비를 베풀지 않는 것) 중에서 하나를 선택해야 했다는 것을 보여주는 사례가 성서에는 몇 가지 있다. 히브리 산파와 기생 라합은 그러한 사례로서 충분할 것이다. 그들이 옳았는가 잘못했는가는 차치하더라도, 여기서의 중요한 점은 갈등이 진실된 것이었으며 두 가지 명령 모두가 도덕적이었다는 사실이다. 세 번째 대안으로서 침묵을 주장하는 것은 불충분하다. 왜냐하면 살인을 회피하는 데 있어서 기만이 필수적일 때, 침묵은 살인으로 귀결될 수도 있기 때문이다. 이것은 흔히 볼 수 있는 일(즉 살인자가 "나에게 진실을 말해 달라 그렇지 않으면 나는 그들을 죽이겠다"고 말할 때에 볼 수 있는 일)이다. 진실을 말한다면 산파는 어린아이들이 살해당하지 않도록 할 수 있었을 것이라는 근거에서, 이런 경우에는 갈등이 존재하지 않는다고 주장하는 것도 옳지 못하다. 왜냐하면 진실을 말한다는 행위 속에서, 산파는 무자비한 사람으로 되고 말기 때문이다. 다른 말로 한다면 거짓말이라는 덜 나쁜 죄를 짓지 않는다면, 산파는 무자비한 사람으로 된다는 더 커다란 죄를 짓게 된다.

다섯 번째로 십자가에서도 도덕적인 갈등이 존재한다. 즉 많은 자유주의 신학자들은 대속(substitutionary atonement) 교리를 본질적으로 비도덕적인 것으로 생각할 정도로 십자가에도 도덕적인 갈등이 내재되어 있다. 두 가지 도덕 원리는 다음과 같다; 무고한 사람은 자기가 전혀 저지르지 않았던 죄로 인해 처벌받아서는 안되는데도(겔 18:20), 그리스도는 우리의 죄 때문에 처벌받았다(사 53장; 벧전 2:24; 3:15; 고후 5:21). 몇몇 사람들은 그리스도가 이런 처벌을 자발적으로 감수하였기 때문에, 도덕적 갈등의 책임이 사라진다고 주장함으로써 문제를 해결하려고 하였다. 그러나 이것은 존스타운(Jonestown)에서의 자살을 명령한 짐 존스(Jim Jones)가, 부하들이 자발적으로 자살했기 때문에 비도덕적인 일을 하지 않았다고 말하는 것과 같다. 여타의 해석은 십자가에서의 하나님의 행위를, 하나님의 불변의 도덕적 본성에 아무런 필연적 기초를 두지 않은 전적으로 자의적인 행위로 설명하고 있다. 그러나 이것은 하나님을 불필요한 존재로 격하시키며, 십자가의 필요성을 없애 버리고 만다. 왜냐하면 하나님이 인간들을 십자가 이외의 방법으로 구원할 수 있다면, 그리스도의 죽음은 불필요하기 때문이다.

여섯 번째로 정부에 복종하라는 하나님의 명령을 따르는 것과 다른 (보다 높은) 도덕률을 준수하는 것 사이에 실제적인 갈등이 존재한다는 사실을 보여주는 사례가 성서에는 무수히 많다. 예를 들어 히브리 산파는 모든 남자 어린아이를 살해하라는 바로의 명령을 무시했다. 유대인 포로들은 느부갓네살왕이 내린바 자신의 황금상을 숭배하라는 명령을 무시하였다(단 6장). 각각의 사례를 살펴볼 때마다 다른 선택이 전혀 없었음을 알 수 있다. 관련된 사람들 모두가 두 가지 명령 중에서 하나를 택해야만 했던 것이다.

무조건적인 절대주의조차도 갈등의 불가피성을 인정하여 한 가지 명령(시민적인 명령)을 보다 낮은 명령으로 만들고 있다. 그러나 이러한 책략은 두 가지 명령 모두가 도덕적인 의미를 지닌 하나님의 명령이라는 사실과 또 그러한 상황은 개인적으로 불가피했다는 사실을 피할 수 없다. 결국 딜레마에 빠질 것이라고 예측했던 사람들에게 있어서는 아무런 선행적인 죄도 존재하지 않았다. 이러한 사례들 속에서 우리는 그들 모두가 도덕적이고 경건했기 때문에 딜레마에 빠지게 되었음을 알 수 있다.

불가피한 진정한 도덕적 갈등을 보여주는 여타의 사례들을 성서에서 많이 발견할 수 있지만, 앞에서 열거한 사례들만으로도 충분할 것이라고 생각한다. 불가피한 갈등에 관한 어떤 사례도 정곡을 찔러 모든 것을 잘 설명해 주고 있다고 생각한다. 그러면 다음 전제로 넘어가 보자.

3. 어떤 죄책도 불가피한 것에 대해 전가되지는 않는다

하나님은 보다 높은 율법을 지켜야 한다고 명령함으로써, 개개인이 불가피한 도덕적 갈등에 대한 책임을 지도록 하지는 않는다. 이러한 주장의 진실성을 살펴보기 위한 방법은 많이 있다. 첫째로 논리학은 공의로운 하나님은 개개인이 불가능한 일에 사실상 책임지도록 하지 않을 것임을 알려주고 있다. 그리고 불가피한 일을 회피하는 것도 불가능하다.

둘째로 보다 높은 의무를 저버리지 않고서는 도저히 행할 수 없는 그러한 의무를 행하지 않는다고 해서 도덕적으로 비난할 수는 없다. 이것은 어느 누구에게나 심지어는 그것과 대립되는 윤리적인 견해들을 갖고 있는 복음주의자들에게도 자명한 사실이다. 어떤 사람이 생명을 구하기 위해 자기 아내와의 6시 저녁 식사 약속을 지키지 못한다고 비난해서는 안된다. 마찬가지로 도대체 자기 아내를 죽이려고 하는 성난 이웃에게 총을 반환하지 않는다고 비난할 수 있겠는가? 이러한 사례에서 볼 수 있듯이 보다 높은 의무를 다하기 위한 찬양받을 만하고 전형적인 행위는, 보다 낮은 의무를 다하지 못한 책임을 경감시켜 준다.

셋째로 성서는 갈등적인 상황에서도 자기들의 보다 높은 의무를 다했기 때문에 하나님의 칭찬을 받았던 사람들에 관한 많은 사례들을 포괄하고 있다. 아브라함은 하나님을 위해 자기 아들 이삭을 희생시키라는 하나님의 명령을 기꺼이 따랐다(창 22장; 히 11장). 마찬가지로 다니엘(단 6장)과 세 명의 히브리 소년들도, 인간 정부에 불복종했음에도 불구하고 하나님의 용서를 받았다. 히브리 산파는 왕의 명령을 따르지 않았는데도 하나님의 축복을 받았다(출 1장). 성전에 난입해서 진설병을 훔쳐 먹은 다윗과 그의 부하들은 그리스도에 의해 무죄로 선언되었다(마 12:3~4). 각각의 사례에서 볼 수 있듯이 그들은 도덕 법칙을 어겼다고 해서(좋게 말한다면 따르지 않았다고 해서), 하나님의 비난을 받지 않았을 뿐만 아니라 오히려 명백하게 하나님의 용서를 받았다. 부모의 말에 복종하라는 도덕 명령(눅 2:41~42)이나, 하나님이 부여한 권위와 관련있는 여타의 유사한 사례들(출 12장; 행 4~5장; 계 13장)에 있어서도 마찬가지이다.

4. 차등적인 절대주의는 옳다

따라서 불가피한 도덕적 갈등의 상황에서는 하나님은 사람이 보다 높은 도덕 법칙에 따르는 한, 보다 낮은 도덕 법칙을 지키지 않는다고 해서 그 사람을 죄인으로 만들지는 않는다. 즉 하나님은 사람들이 보다 높은 율법을 버리지 않고서는 도저히 보다 낮은 율법을 지킬 수 없으므로, 보다 낮은 율법을 지켜야 할 의무로부터 사람들을 면제시켜 준다. 이런 면제는 윤리에 있어서의 '오른편 주행 우선의 법칙'(right of way law) 같은 구실을 한다. 많은 국가에서는 두 대의 차가 신호등이 없는 곳에서 동시 교차할 경우, 오른편에 있는 차가 올바른 길을 가고 있다고 해석한다. 상식적으로 볼 때 두 대의 차가 동시 교차할 수는 없다. 그 중 한 대의 차는 반드시 양보해야 한다. 마찬가지로 어떤 사람이 두 가지 율법이 불가피한 갈등에 빠져드는바 윤리상의 '교차로'에 접어들게 될 때, 하나의 율법은 다른 율법에 반드시 양보해야 함이 자명한 일이다.

Ⅲ. 차등적인 절대주의의 정교화

모든 결정이나 의무에 있어서 가장 명백하고 기본적인 것은, 하나님을 사랑하라는 명령과 이웃을 사랑하라는 명령 사이에 있다.

1. 인간을 사랑하는 것보다 하나님을 사랑하라

예수는 오직 하나의 명령만이 '가장 크고 첫째'가 된다고 선언하고 있다(마 22:35~38). 더 나아가서 그는 하나님에 대한 사랑이 부모에 대한 사랑보다 훨씬 더 귀중한 것이어서, 양자를 대비시키면 부모에 대한 사랑은 증오처럼 보일 정도로 되어야 한다고 가르치고 있다(눅 14:26). 이러한 가르침의 의미는 만약 부모가 어린아이에게 하나님을 미워하라고 가르친다면, 어린 아이는 하나님께 복종하기 위해서라면 부모의 말에 불복종해야 한다는 것이다. 성서가 어린아이들에게 "모든 일에 부모에게 순종하라"(골 3:20)고 가르치고 있다는 사실에도 불구하고 이것은 올바르다. 에베소서 6:1에서 덧붙여진 '주 안에서' 이하의 구절은, 육친에 대한 의무를 보다 낮은(즉 하나님께 복종하고 하나님을 사랑해야 할 의무보다 낮은) 차원에 놓고 있다는 것을 알려 준다.

2. 정부에 복종하는 것보다 하나님께 복종하라

하나님은 인간의 정부를 정해 주었으며, 그것이 악할지라도 권위에 굴복하라고 기독교인에게 명령내리고 있다(롬 13:1~2; 딛 3:1). 베드로는 "인간이 세운 모든 제도를 주를 위하여 순복하라"고까지 말하고 있다(벧전 2:13). 굴복(obedience)과 복종(submission)을 구분하려는 노력(그리고 기독교인들은 통치자들에게 복종할 뿐이지 굴복할 필요는 없다는 주장)은 몇 가지 이유로 실패로 돌아갔다. 첫째로 그것은 기독교인들에게 지금 살고 있는 나라의 법률에 따르도록 명령한 앞 문장의 정신에도 명백히 어긋난다. 둘째로 앞에서 베드로가 한 말은 '모든 명령'에 굴복할 것을 요구하며, 명령 불복종의 결과에 굴복할 것을 요구하지는 않는다. 반면에 율법에의 복종은 굴복이다. 셋째로 신약에서 사용되고 있는 복종이란 단어는 굴복을 의미한다. 예를 들면 그것은 노예가 주인에게 해야 할 일이었다(골 3:22). 마지막으로 굴복이라는 말과 복종이라는 말은 디도서에서는 병행적으로 사용되고 있으며(3:1), 따라서 기독교인들은 통치자들에게 복종해야 한다.

기독교인들은 정부에 복종하라는 하나님의 명령을 받고 있다는 것은 명백하다. 따라서 정부에 대한 불복종이 하나님에 의해 용인된다면, 그것은 명백히 보다 높은 도덕 법칙이 적용되는 경우이다. 이러한 사실을 알려주는 몇 가지 사례를 성서에서 발견할 수 있다. 첫째로 하나님께 대한 숭배는 정부의 어떤 명령보다 우위에 있다(단 3장). 둘째로 개인적인 기도에 반대되는 어떤 정부의 법률도 지켜서는 안된다(단 6장). 더 나아가서 정부가 신자에게 복음을 전파해서는 안된다고 명령하거나(행 4~5장), 우상숭배에의 참여 혹은 무고한 희생자를 내는 학살에의 참여를 명령한다면 이러한 명령에도 복종해서는 안된다(출 1장). 각 경우에서 볼 수 있듯이 기도하고 하나님을 숭배하며 복음을 전파하라는 등의 명령은, 정부에 굴복해야 할 의무보다 고차원적인 것이다.

3. 진실을 말하기 보다 자비를 베풀라

성서가 기독교인들에게 "거짓 증거하지 말라"(출 20:16)는 명령을 내리고 있다는 것은 의심의 여지없는 사실이다. 우리는 또한 "그런즉 거짓을 버리고 각각 그 이웃으로 더불어 참된 것을 말하라"(엡 4:25)는 말을 듣고 있다. 실제로 기만(deception)과 거짓말(lying)은 성서에서 반복적으로 금지하고 있다(잠 12:22; 19:5). 다른 한편으로 성서는 거짓말이 정당화될 수 있는 경우가 있음을 보여주고 있다. 라합은 이스라엘 정탐꾼들의 생명을 구하기 위해 거짓말을 했으며, 히브리인들의 『명예의 전당』(히 11장)이라는 책에 기록되었다. 우선 성서의 어느 곳에서도 그녀의 이러한 거짓말을 비난하는 구절을 찾아볼 수 없다. 둘째로 그녀의 거짓말은 그녀가 정탐꾼들의 생명을 구하면서 보여준 자비로운 행위의 일부분이었다는 사실에 주목해야 한다. 성서는 "기생 라합과 무릇 그 집에 동거하는 자는 살리라 이는 그가 우리의 보낸 사자를 숨겼음이니라"(수 6:17)고 말하고 있다. 그렇지만 라합의 거짓말에 의해 정탐꾼들은 숨겨질 수 있었다. 결국 그녀의 거짓말은 그녀의 신앙의 절대필수적인 일부분이었다. 왜냐하면 그녀는 하나님의 명령에 따라 거짓말을 했기 때문이다(히 11:31; 약 2:25).

히브리 산파의 이야기에서도 우리는 하나님이 인정한바 '생명을 구하기 위한 거짓말'의 한층 더 명백한 사례를 발견할 수 있다; "하나님이 그 산파들에게 은혜를 베푸시니라…하나님이 그들의 집을 왕성케 하신지라"(출 1:20~21). 성서의 어느 곳에서도 하나님은 산파가 거짓말에도 불구하고 자비 때문에 축복받을 수 있다고 말하지는 않았다. 거짓말은 자비의 일부분이었다.

자비는 진실보다 우위에 있는 것으로 간주되고 있다는 것은 놀라운 일이 아니다. 상식적으로 보더라도 나치에게 행한 거짓말과 관련있는 유대인들에 대한 텐 붐의 자비로운 행위는, 악한 것이 아니라 선한 것이었다. 사실상 생명을 구하기 위해 거짓말해서는 안된다고 주장하는 사람들의 주장은 일관성이 없다. 왜냐하면 그들은 자기들의 사유 재산을 지키기 위해 거짓말하기 때문이다. 즉 그들도 집을 나설 때에는 도둑들을 의도적으로 기만하기 위해 집안의 불을 켜 놓는다. 생명을 구하기 위해 똑같은 일을 하지 않는가? 생명은 램프보다 더 중요하지 않은가? 재산보다 사람이 더 소중하지 않은가? 왜 보석을 감추기 위한 거짓말은 하면서, 유대인의 생명을 구하기 위한 거짓말은 하지 않는가?

차등적인 절대주의에 대한 여타의 사례들을 성서에서 찾아볼 수 있지만, 율법 중에서도 더 중요한 것이 있으며 하나님의 명령에도 더 중요한 것과 덜 중요한 것이 있다는 사실을 지금까지 열거한 사례들에서도 충분히 볼 수 있다. 도덕적으로 갈등을 느끼게 되는 모든 상황에서, 해결방도를 찾기 위해 성도를 들춰 보는 것은 기독교인의 의무이다. 어떤 특정한 상황에서 무엇을 해야 할지 모른다면, 누구든지 예수의 다음 말에 경청할 필요가 있다; "너희가 성경도 하나님의 능력도 알지 못하는고로 오해하였도다"(마 22:29).

Ⅳ. 차등적인 절대주의에 대한 비판

여타의 모든 견해들과 마찬가지로 차등적인 절대주의도 비판받고 있다. 적극적이든 소극적이든 비판이 차등적 절대주의에 가해져 왔는데, 여기서는 그 각각에 대해 간략하게 살펴보기로 하자.

1. 차등적 절대주의는 상황주의와 어떻게 다른가?

첫째로 플레처는 '만족스러운 절대들'(contentful absolutes)이 있다고 믿지 않지만 차등적인 절대주의는 그것을 믿는다. 차등적인 절대주의에 따르면 예를 들어 신성모독, 우상숭배, 간음, 살인, 거짓말 등을 금지하는 성서의 보편적인 명령은 모든 사람들을 언제 어디서나 절대적으로 구속하고 있다. 둘째로 차등적인 절대주의는 위에서 예시된 바와 같은 하나 이상의 절대들을 주장하고 있다. 이에 반해 플레처는 오직 하나의 절대만을 신봉하고 있으며, 이러한 절대조차도 형식적이고 공허하다. 셋째로 플레처는 주어진 경우에서 사람이 해야 할 일을 상황이 결정한다고 믿고 있으나, 차등적인 절대주의에 의하면 상황적인 요소는 사람이 해야 할 일이라고 하나님이 규정했던 것을 발견하는 데 도움을 줄 뿐이라고 주장하고 있다. 즉 상황은 공허한 절대를 내용으로 채워 주지 못하며, 따라서 사람들이 해야 할 일을 결정해 주지도 못한다. 오히려 상황적인 요소는 하나님의 명령 중의 어느 것이 특정한 경우에 적용될 수 있는지를 발견하는 데 도움을 줄 수 있을 뿐이다.

2. 차등적 절대주의와 상황주의가 실천 속에서는 서로 일치하는가?

이 물음을 차등적 절대주의와 상황주의가 이론상으로만 다를 뿐, 실천 속에서는 그렇지 않다는 것을 암시하고 있다. 하지만 이와 같은 비판은 방향이 잘못된 비판이다. 무엇보다도 우선 이 두 견해가 어떤 행동과정 속에서는 서로 일치할지라도, 그렇게 된 이유들이 매우 다를 것이다. 따라서 유사성들은 우연적인 것이지 본질적이지 않다. 플레처는 상황의 '실존적인 특수성'(existential particularity)이 규정적이기 때문에, 무엇인가가 옳고 그르다는 판단을 내리고 있다. 다른 한편 차등적인 절대주의는 하나님이 규정했기 때문에 무엇이 옳고 그르다는 판단을 내리고 있다. 더군다나 상황주의와 차등적인 절대주의 사이에는 수많은 중요한 판단상의 차이점들이 존재한다. 예를 들어 플레처와 대비하여 볼 때 차등적 절대주의는 아내 교환은 감옥에서 벗어나기 위한 간음, 신성모독, 원치 않은 아이의 낙태, 성교육을 위한 매춘, 혼전 성교 등의 주장에 찬성할 수 없다. 간략히 말해서 원칙적으로나 실천적으로 상황주의와의 어떠한 관련도 전적으로 우연적인 일이다. 사실상 이와 동일한 우연적인 유사성들도 다른 대부분의 견해들과 상황주의 사이에서도 발견될 수 있다.

3. 차등적 절대주의는 주관주의의 한 형태인가?

각 개인은 무엇이 최대의 선인가를 혼자서만 결정해야 하지 않는가? 그래서 이것은 주관주의로 귀결되지 않는가? 이러한 물음을 반박할 때에는 두 가지 사실을 염두에 두어야 한다. 첫째로 누군가가 자기 나름대로의 주관적 선택에 기초를 두고, 또 자기 나름대로의 가치체계를 구성한다면 이것은 주관주의이다. 그렇지만 다시 한번 강조하지만 이것은 기독교인이 차등적 절대주의가 견지하는 바는 아니다. 둘째로 차등적 절대주의에서 기독교인은 무엇이 윤리적으로 우위에 있는가를 스스로 결정하지 않는다. 오직 하나님만이 자신의 본성에 부합되게 가치의 피라밋을 쌓아 올릴 수 있다. 이러한 사실은 성서에 기록되어 있으며, 따라서 성서에서 계시된 것과 마찬가지로 주관적이다. 가치들의 우위성은 객관적이며 하나님에 의해 결정된다. 유일한 주관적인 요소는 하나님의 가치에 대한 우리의 이해와 인식이다. 내가 여기서 말할 수 있는 한, 이것은 모든 여타의 기독교적인 견해도 공유하고 있는 한계이다.

4. 차등적 절대주의는 어떤 의미에서 절대주의인가?

낮은 차원의 명령을 준수하는 것이 때에 따라서 불필요하다면, 어떤 의미에서 차등적 절대주의를 절대주의라고 부르는 것이 올바른가? 이러한 물음에 대답할 때 두 가지 사실을 염두에 둘 필요가 있다. 우선 차등적 절대주의가 도덕적 절대들과 세 가지 방식으로 관련을 맺고 있다. 차등적 절대주의는 무엇보다도 그 근원부터 절대적이다. 모든 규범들은 하나님의 절대성에 기초를 두고 있다. 하나님은 변화하지 않으며, 그의 본성에 기반을 둔 제원리도 마찬가지로 변화하지 않는다. 더욱이 각각의 특별한 명령도 그 특별한 영역에서는 절대적이다. 각각의 도덕 법칙은 그 자체로 절대적이다. 도덕 법칙들 사이에 갈등이 존재할 때에만, 갈등을 해소하기 위해 보다 높은 것에 호소해야 된다. 마지막으로 도덕 법칙은 우선순위에 있어서 절대적이다. 갈등을 해소하기 위한 가치들의 차등도 절대적이다. 예를 들면 하나님과 부모 사이에서 불가피한 갈등을 빚을 때에는, 우선적으로 하나님을 중시해야 한다는 것은 하나님에 의해 절대적으로 확정된 사실이다.

둘째로 당연히 차등적 절대주의는 무조건적인 절대주의가 아니다(5장 참조). 차등적 절대주의는 조건적인 절대주의나 상황적인 절대주의나 또는 다른 무엇으로도 불리울 수 있다. 하지만 차등적 절대주의는 상황주의와 비교해 볼 때, 도덕 법칙은 그것의 근원과 영역과 등급에서 절대적이라고 주장하기 때문에 절대주의의 한 형태라고 하는 것은 틀리지 않다.

5. 하나님이 유일하시다면 어떻게 많은 도덕 법칙들이 존재할 수 있는가?

하나님이 본질적으로 유일하시다면, 어떻게 그의 본성에 바탕을 둔 도덕 법칙들이 많이 존재할 수 있는가? 이 물음에 대한 대답은 간단하다. 하나님은 유일하시지만, 그러면서도 많은 속성들을 갖고 있다는 것이다. 각각의 절대적인 도덕 법칙은 하나님의 불변의 도덕적 속성들에 뿌리를 박고 있다. 이런 각각의 도덕 법칙들은 하나님의 본성을 반영하는 한 절대적이다. 원의 중심은 하나이지만 그것을 지나는 반지름이 무수하게 있듯이, 하나님이 갖고 있는 많은 도덕적 속성들은 모두 그의 유일한 본성에 뿌리를 박고 있다. 예를 들어 하나님의 사랑은 변함없으며 하나님의 거룩함 또한 불변하다. 사랑과 거룩함은 서로 다른 도덕적 속성이지만, 둘 다 하나님의 유일한 본성에 바탕을 두고 있다.

6. 하나님 안에서도 서열이 존재하는가?

하나님의 도덕적 본성에 뿌리박고 있는 도덕 원리들에 등급이 존재한다면, 하나님 안에도 등급이 존재하는가? 이 물음에 대한 대답을 찾다 보면 두 가지 사실이 눈에 뜨일 것이다. 첫째로 하나님의 본질 속에는 등급이 존재하지 않는다. 하나님의 본질은 절대적으로 유일하다. 그런데 여기서 어떤 형태로든 등급이 존재한다는 것은, 둘 혹은 그 이상의 등급이 있다는 것을 의미한다. 따라서 하나님 안에서도 가치들의 등급이 존재할 수 있지만, 그것은 그의 여러 속성들 내에서만 존재할 뿐 그의 본질 속에서는 존재하지 않는다. 예를 들자면 똑같이 하나님의 속성인 자비와 공의에 각각 뿌리를 박은 두 도덕 원리들이, 불가피하게 상충될 때에는 자비가 공의에 우선할 수 있다.

둘째로 차등적 절대주의에서는 하나님의 속성들 속에 등급이 존재한다는 것이 전혀 불필요한 사실이다. 등급은 하나님의 속성들에 바탕을 둔 하나님의 율법들 속에서만 존재할 수 있을 뿐이다. 즉 우선순위는 가치들의 토대에는 존재하지 않는다. 가치들이 도덕 법칙 안에서 표현될 때에만 존재할 수 있을 뿐이다. 그러므로 실제의 등급은 하나님의 속성들 속에는 존재하지 않고, 그것들이 그의 창조물에 적용될 때에만 존재하게 된다. 예를 들어 빛은 하나이지만, 프리즘을 통과할 때에는 파장이 높은 것에서 낮은 것의 순서로 배치되어 있는 일곱 가지 색깔 속에서 표현된다. 이와 유사하게 모든 도덕적 속성들이 하나님 안에서는 한가지이지만, 이것들은 유한한 세계의 프리즘을 통과함으로써 낮은 차원에서 높은 차원에 걸친 많은 율법들로 분산되어 간다. 어떤 경우든지 위계질서가 하나님 안에 있지 않고 하나님에 의해 계시되며 또한 하나님의 절대적인 본성을 반영하고 있다는 사실은 차등적인 절대주의에게 필연적인 것이다.

7. 예수는 실제적인 도덕적 갈등에 직면한 적이 있었는가?

성서는 우리들처럼 예수도 모든 점에서 유혹받았으며, 또한 우리의 완전한 도덕적 모범이라고 가르치고 있다. 예수를 추종하는 우리들이 직면하는 가장 어려운 상황을 우리의 도덕 모형이 직면하지 않고 있다면, 기독교 윤리의 기초에는 무엇인가가 결여되어 있음에 틀림없다. 그렇다. 예수는 죄를 짓지 않았는데도 도덕적 갈등에 직면하였다(히 4:15). 우리는 예수의 일생에서 도덕적 갈등의 구체적 사례들을 발견할 수 있다. 즉 부모를 따르는 것과 하나님을 따르는 것 사이의 갈등(눅 2장), 안식일 제도를 준수하는 것과 소를 치료하는 것 사이의 갈등(막 2장), 그리고 정부에 복종하는 것과 하나님에게 복종하는 것 사이의 갈등(마 22장) 등은 예수가 직면했던 도덕적 갈등의 사례들이라 하겠다. 그러나 종종 간과되고 있는바 그리스도가 직면했던 가장 커다란 갈등은 십자가의 갈등이다. 그는 무고한 자신의 의로움을 주장하는 것과 죄를 지은 인류에 대한 사랑 사이에서 고심하였다. 그는 자신만의 의로움을 주장하는 대신에, 많은 사람들에 대한 사랑을 선택하였다는 것에 주목할 필요가 있다. 이러한 갈등은 의심할 여지없이 인간에 의해 초래된 가장 커다란 것이었으며, 불가피한 갈등에서는 의로움보다 사랑이 우위에 있음을 극적으로 보여준다.

8. 우리는 과연 우리 자신의 도덕적 갈등들을 창조하는가?

우리의 도덕적 딜레마는 자신이 만들어 내는 것이고, 그렇기 때문에 우리는 어떤 '더욱 선한 일'을 하여 도덕적 딜레마로부터 벗어나기보다는 도덕적 딜레마에 책임을 져야 하지 않는가? 이 물음에 대한 대답으로서 두 가지 사실을 지적할 수 있겠다. 첫째로 우리는 때에 따라서는 우리 자신의 갈등을 스스로 창조해 내는데, 이 경우에 우리는 죄를 짓는다는 사실이다. 만약 우리가 도덕적인 침대를 만들고 있다면 우리는 거기에 누워야 한다. 수많은 도덕적 갈등이 피해질 수 있는데 그렇지 않을 경우 초래되는 딜레마에 대해 우리에게 책임이 있다.

둘째로 모든 도덕적 갈등이 불가피하지만, 그것들 모두가 개인의 선택적인 죄에서 비롯된다고 생각하는 것은 잘못이다. 사실상 어떤 때에는 인간이 지닌 미덕이 도덕적 갈등을 초래할 수도 있다. 이것은 히브리 산파들, 세 명의 히브리 소년들, 다니엘의 이야기에서 입증된다. 또한 다른 경우에는 불가피한 갈등을 초래하는 것이 인간의 죄도 아니고 인간의 의로움도 아닐 수 있다. 예를 들면 산모의 생명을 구하기 위한 낙태나 혹은 너무 많은 사람을 실은 구명보트에 의해 야기된 위기는, 보통 개인들의 선행적인 죄의 결과인 것은 아니다. 차등적인 절대주의는 이런 종류의 개인적으로 불가피한 갈등을 문제로 삼고 있다. 그리고 성서와 인간 경험 모두가 이런 현실적이고 불가피한 갈등에 관한 의미심장하고 수많은 사례들을 제공해 주고 있다.

9. 어떻게 덜 나쁜 일이 해야 할 선한 일일 수 있는가?

차등적 절대주의는 예언자가 금지한바(사 5:20) 악을 선이라고 선언하는 것에 지나지 않는가? 이 물음은 차등적 절대주의와 상충적 절대주의를 혼동하고 있다. 상충적 절대주의는 도덕적 갈등이 불가피하게 전개될 때 해야 할 올바른 일은 덜 나쁜 일이라고 믿지만, 차등적 절대주의는 더욱 선한 일이라고 믿는다. 차등적 절대주의자는 악은 행해야 할 선(good)이라기 보다는 갈등 속에서의 최고의 의무로서 행해야 할 선이라고 말하고 있다. 예를 들어 생명을 구하기 위한 거짓말을 할 때, 거짓말이 필수적이었음에도 불구하고 거짓말이 선한 것이 아니라(이런 거짓말은 항상 나쁘다) 생명을 구하기 위한 자비의 행동이 선한 것이다. 다른 말로 한다면 불행하게도 소위 '악'이 때로는 선한 행동의 수행을 동반한다는 것이 사실이다. 이러한 경우들에 있어서 하나님이 보다 선한 행위를 수행한다는 견지에서, 그가 '악'을 동시에 행했다고 해서 하나님으로부터 비난받지는 않는다.

이러한 관점에서 차등적인 절대주의는 두 가지 결과(좋은 결과와 나쁜 결과)가 하나의 행위에서 비롯될 때에는, 개개인은 자기가 의도했던 좋은 결과에 대해서만 책임질 뿐, 좋은 의도에서 필연적으로 나타난 나쁜 결과에 대해서는 책임지지 않는다는 이중 결과의 원리와 유사하다. 예를 들어 의사가 생명을 구하기 위해 다리를 절단할 경우에 그는 환자를 불구로 만들었다는 점에 대해서는 도덕적 비난을 받지 않으며, 오히려 환자의 생명을 구했다는 점에서 도덕적으로 칭찬을 받는다.

10. 차등적 절대주의는 실제로 공리주의인가?

최대한으로 선한 일을 하는 것은 공리주의가 주장하는 바를 실천하는 것이 아닌가? 그러나 차등적 절대주의와 공리주의 사이에는 근본적인 차이점이 있다. 우선 공리주의는 목적론적(목적 중심적) 윤리이지만, 차등적 절대주의는 의무론적(의무 중심적) 윤리이다(1장 참조). 차등적 절대주의자들이 '더욱 많은 선'을 이야기 할 때에는, 그들은 더 나은 결과를 의미하고 있는 것이 아니라 더 높은 규범을 의미하고 있는 것이다. 그들은 더 높은 차원의 목적을 거론하고 있는 것이 아니라, 더 높은 차원의 규범을 거론하고 있는 것이다. 더군다나 그들의 행동 토대는 미래의 결과(궁극적인 결과)에 있지 않고, 현재의 명령(당면한 명령)에 있다. 물론 어떠한 윤리든지 행동의 결과들을 고려해야 하지만, 그렇기 때문에 차등적 절대주의자들이 공리주의자로 되는 것은 아니다(4장 참조). 하지만 차등적 절대주의는 공리주의와 비교해 볼 때, 하나님이 정해 놓은 도덕 법칙들이 최상의 결과들만을 낳을 것이라고 주장하고 있다. 그리고 차등적 절대주의는 최상의 결과들에 대한 인간의 계산은, 최상의 규범들이 무엇이어야 하는지를 규정하지는 못할 것이라고 믿고 있다. 우리는 규범을 준수하면서 미래의 결과들을 하나님에게 맡기기만 하면 된다.

11. 면제와 예외는 어떻게 다른가?

차등적 절대주의는 절대적인 법칙에 예외(exceptions)란 있을 수 없고 단지 면제만이 있을 수 있다고 생각한다(1장 참조). 그렇지만 이것은 어의상의 차이일 뿐 실제적인 차이는 아니지 않은가? 그렇지 않다. 어의상 차이 이상의 차이가 엄연히 존재한다.

첫째로 예외는 도덕 법칙의 보편성과 절대성을 침범하지만 면제는 그렇지 않다. 예외가 존재한다면 율법은 절대적이지 않으며, 따라서 하나님의 본성을 반영하지도 못한다. 기껏해야 일반적으로 볼 때 무엇이 올바른 행동 방법인가를 설명해 낼 뿐이다. 이와는 반대로 절대적인 규범들은 하나님의 불변의 본성에 토대를 두고 있으며 예외를 인정하지 않는다. 만약 예외를 인정한다면 하나님은 일정한 시기에만 믿을 수 있다거나 자애롭지, 그 밖의 시기에는 그렇지 않다고 말하는 것으로 되고 만다.

둘째로 예외는 때로는 특정한 상황하에서는 거짓말도 올바르다는 것을 의미한다. 그러나 면제는 그렇지 않다. 거짓말은 항상 잘못이다. 생명을 구하기 위한 거짓말(즉 선한 행동을 하다 보면 뒤따르기도 하는 거짓말)은 거짓말 자체는 아니다. 셋째로 예외에서는 일반적인 법칙이 특정한 경우에는 아무런 구속력도 발휘하지 못하며, 따라서 실제적인 갈등이 존재하지 않는다. 하지만 보편적인 법칙을 준수하는 일을 면제받는 사람이 생기더라도, 법칙은 여전히 구속력을 발휘한다. 그러므로 여기서는 갈등이 실재하게 된다. 예를 든다면 부모에게 효도하라는 율법은, 자식이 우상을 숭배하라는 부모의 명령을 거부할 때에도 자식에게 여전히 구속력을 발휘한다.

마지막으로 면제는 낮은 차원의 율법의 명령을 수행하지 못한 개인의 책임을 제거해 줄 뿐이다. 면제는 결코 그 영역에서만큼은 절대적인 법칙의 본질을 변화시키지 못한다. 반면에 예외는 율법이 절대적이지 않다는 것을 입증할 수도 있다. 면제와 예외의 차이는 다음과 같은 예에서 분명히 드러날 수 있다. 어떤 사람이 자기 목숨을 지키기 위해 다른 사람을 살해할 경우 그는 죄를 면제받는다(출 22:2). 그러나 우리에게 항상 다른 인간(살인자로 추정되는 인간이라 할지라도)을, 고유한 가치를 지닌 인간으로 대우할 것을 요구하는 율법에는 예외란 존재하지 않는다. 살인자라 해도 인간이기를 중지하는 순간은 결코 존재하지 않는다. 만약 그렇다면 인간을 존중할 것을 요구하는 율법에는, 합법적인 예외가 존재하기 마련이다. 하지만 살인자도 항상 인간이라는 사실, 그리고 살인자를 인간으로서 대우하라고 명령하는 율법이 여전히 유효하다는 사실에도 불구하고, 이 살인자에 의해 희생당할 가능성이 있는 잠재적인 희생자는 아무 죄없는 자기의 생명을 지킨다는 최우선적인 가치의 견지에서는 그러한 율법을 지키지 않은 데 따른 도덕적인 결과들에 대한 책임을 면제받는다.

12. 갈등이 실재하는데도 해소 어떻게 가능하다고 할 수 있는가?

이 물음은 해소 가능하다면 가능은 실재하지 않는다는 그릇된 전제에 입각해 있다. 그리고 이것은 몇 가지 사실들을 간과하고 있다. 첫째로 만약 그렇다면 궁극적으로는 해소되고 말 그 어떤 갈등도, 겉으로만 그리하거나 환상일 뿐이라는 사실이 밝혀질 것이다. 그러나 성서적 유신론자는 선과 악의 갈등은, 종말이 닥치면 결국 해소될 것이기 때문에 실재하지 않는다고 주장하지 않는다. 유혹에 대한 한 차례의 승리가, 죄의 유혹을 비실재적인 것으로 만들지 않는다. 왜냐하면 이것은 그리스도가 받았던 유혹을 비실재적인 것으로 만들기 때문이다.

둘째로 갈등은 해소될 수 있기 때문에 실재하지 않는다는 주장은 그 조건만 보면 정당하다. 이것은 그 의미상 하나님의 의지일 따름이다. 해소 가능할 경우 실재적인 갈등이 아니라고 우리가 규정한다면, 이 물음은 공허한 물음인 것처럼 보이게 된다. 도덕적 갈등은 실재하며 그리고 불가피하지만, 낮은 차원의 명령이 높은 차원의 명령에 굴복하게 된다면 궁극적으로는 해소될 수 있다.

셋째로 갈등은 불가피하기 때문에 실재하지만, 이 경우 낮은 차원의 명령을 준수하는 것이 면제받기 때문에 해소 가능하다. 갈등은 율법이 결코 '철회되지' 않기 때문에(즉 두 율법이 있을 경우 한 율법은 다른 율법보다 구속력이 훨씬 강한데도, 구속력이 약한 율법이 철회되는 것이 아니라 끊임없이 병존하기 때문에) 실재하게 된다. 다시 말해서 하나님의 절대적인 본성은 변화하지 않는다. 유한하고 잘못을 범하기 쉬운 인간만이, 불가피한 도덕적 갈등에 직면할 뿐이다. 그런데 도덕적 갈등에 처할 경우 하나님의 공의는 그러한 딜레마로부터 벗어날 수 있는 방법을 제공해 준다. 우리 자신의 힘만으로는 벗어날 수 없다.

13. 준수되지 않는 도덕 법칙이 어떻게 절대적일 수 있는가?

도덕 원리가 때에 따라서는 파기될 수 있는데도, 도덕 원리가 절대적이라고 주장하는 것은 모순인 것처럼 여겨질 수 있다. 왜냐하면 예외를 갖는 것은 보편적인 것이 아니고, 파기되는 것은 절대적인 것이 아니기 때문이다. 이러한 비판을 받을 때 차등적 절대주의를 옹호하려면, 몇 가지 사실들에 대해 이야기하면 된다. 첫째로 높은 차원의 명령이 준수될 때에는, 사실상 낮은 차원의 명령은 파기되지 않는다. 자석은 못을 끌어당김으로써 중력의 법칙을 어기고 있듯이, 정당방위에 의한 살인은 인간을 존중하고 인간 생명을 보호하라는 율법을 침해하지 않는다. 더 높은 차원의 율법을 준수해야 한다는 최우선적 의무는, 낮은 차원의 명령을 이행하는 것을 불필요하게 만든다.

둘째로 이미 언급했듯이 절대적인 도덕 법칙에는 예외가 존재하지 않는다. 다만 높은 차원의 도덕 법칙의 견지에서, 낮은 차원의 도덕 법칙을 준수하는 것을 면제받을 수는 있다. 따라서 높은 차원의 도덕 법칙의 보편성은 예외와 상충되지 않는다. 셋째로 명령은 이행되지 않을 때조차도 여전히 절대적이다. 왜냐하면 그 절대성은 변함없는 하나님의 절대성에 토대를 두고 있기 때문이다. 사람들이 아무 죄없는 생명을 구하기 위해 정당한 거짓말을 할 때에도, 진실의 본질은 변하지 않는다. 진실과 자비심 사이의 갈등이 실재하더라도 양자는 하나님의 본성에 뿌리를 두고 있으므로, 하나님의 본성 안에서는 양자 사이의 갈등이 존재하지 않는다. 하나님은 유일하며 그의 모든 속성들은 조화를 이루고 있다. 갈등은 인간이 때에 따라서는 이렇게 하나님의 본성에 뿌리를 둔 명령 두 가지를 동시에 실천할 수 없을 때 실재하게 된다. 이 경우 하나님은 죄인에게 진실을 이야기하기보다는, 죄없는 사람에게 자비를 베푼 인간을 비난하지 않는다. 그렇지만 이것은 두 가지 명령 모두가 언제나 구속력이 없다는 것을 의미하지는 않는다. 하나님은 절대적으로 올바른 것을 절대적으로 드러내기를 멈추지 않는다. 하지만 불가피하게 하나님의 명령들이 서로 충돌할 때에는 하나님은 높은 차원의 명령을 준수하는 것을 요구하지 낮은 차원의 명령을 준수하지 않았다고 해서 그 책임을 묻지도 않는다.

14. 진실된 하나님의 본성에서 어떻게 거짓말이 나올 수 있는가?

모든 도덕 법칙이 하나님에게 뿌리를 두고 있다면, 하나님은 절대적으로 진실한 만큼 어떻게 거짓말이 올바른 것으로 간주될 수 있는가? 이 물음에 대한 대답은 매우 간단하게도, 거짓말은 하나님의 본성에서 나오는 것이 아니라는 것이다. 진실한 하나님에게 아무리 호소하더라도 거짓말은 결코 정당화될 수 없다. 하지만 생명을 구하기 위한 거짓말의 경우는 정당화될 수 있다. 왜냐하면 '생명을 구하기 위해 거짓말 하는 것'은 사실상 자비로운 행동이고, 또 자비는 하나님의 속성들 가운데 하나이기 때문이다. 사람의 다리를 절단하는 것은 올바르지 못하다. 그것은 사람을 불구자로 만들어 놓는 행위이다. 그러나 생명을 구하기 위해 다리를 절단하는 것은 올바르다. 그것은 절단 수술이라고 할 수 있다. 둘째로 하나님은 자비로운 동시에 진실하다. 따라서 생명을 구하기 위해서 거짓말하는 것이, 진실한 하나님에게 기반을 둘 수는 없지만 자비로운 하나님에게 기반을 둘 수는 있다. 생명을 구하기 위해서는 거짓말이 필수적이라 해도, 생명을 구하는 것은 자비로운 행동이다. 차등적 절대주의는 진실과 자비가 서로 충돌할 때에는, 자비를 베푸는 행동(이 경우 거짓말하는 것)이 자비로운 하나님의 본성에 토대를 두고 있다고 주장한다. 따라서 정당화될 수 있는 거짓말은 하나님의 진실에 토대를 두고 있는 것이 아니라, 하나님의 자비로움에 토대를 두고 있다고 할 수 있다.

15. 차등적 절대주의는 '전적인 타락'을 부정하지 않는가?

이 차등적 절대주의에 반대하는 입장은, 죄가 타락한 인간에게 불가피하다는 사실을 전제하고 있다. 그런 만큼 불가피한 도덕적 딜레마는 우리의 타락한 상황의 연장일 뿐이다. 그렇지만 이러한 주장은 다음과 같은 이유에서, 타락에 대한 오해에 기초하고 있다.

첫째로 전적인 타락은 죄가 불가피하다는 것을 의미하지는 않는다. 이것은 "시험당할 즈음에 또한 피할 길을 내사 너희로 능히 감당하게 하시느니라"(고전 10:13)는 성서 구절과 모순된다. 타락은 인간이 타락하면 죄를 지을 것이라는 불가항력적인 사실을 의미하지만, 그가 반드시 죄를 지어야 한다는 것을 의미하지는 않는다.

둘째로 타락한 인간은 혼자 힘만으로는 죄를 짓지 않을 수 없지만, 하나님의 은총에 의존하면 모든 죄를 피할 수 있다. 그러므로 우리가 해야 하는 것과 우리가 할 수 있는 것은, 하나님의 은총에 의존하여 죄를 짓지 않는 것이다.

셋째로 죄가 불가피하다고 주장하는 것은 인간의 책임을 무시하는 것이다. 하나님은 합리적이고 도덕적이지만, 안할 도리가 없는 일을 행한 사람을 비난하는 것은 합리적이지 않을 뿐더러 도덕적이지도 않다.

넷째로 책임은 대응할 수 있는 능력이 있을 때 주어진다. 그리고 비난은 죄를 피할 수 있었는데도 그렇지 못했을 때 가해지기 마련이다. 타락은 죄를 불가피한 것으로 만들지 않는다. 만약 그렇게 한다면 타락은 인간이 죄를 지을 수 있는 능력을 파괴해 버리고 말 것이다.

16. 차등적 절대주의는 모순율과 관련있는가?

차등적 절대주의는 두 가지 대립적인 행동이 동시에 이루어져야 한다고 주장하기 때문에 모순율과 관련이 있다는 비난을 받고 있다. 하지만 무모순율은 상호 대립적인 행동을 동시에 하는 것이 불가능하다고 말한다.

첫째로 이것은 무모순율에 관한 잘못된 이야기이다. 모순으로 되기 위해서는 두 가지 상호 대립적인 명령이, 동시에 동일하게 구속력을 발휘해야 할 것이다. 그러나 차등적 절대주의에 따르면 두 가지 명령이 동시에 내려진다고 해도 동일한 구속력을 갖고 있지 않다. 그 가운데 한 명령이 더 강력한 구속력을 발휘한다.

둘째로 이 비판은 차등적 절대주의를 오해하고 있다. 차등적 절대주의는 상호대립적인 행동을 동시에 동일하게 해야 한다고 주장하는 것이 아니라, 단지 상호 대립적인 행동을 해야 한다고 주장할 뿐이다. 물론 하나님은 우리가 상호 대립적인 행동을 사실상 할 수 없다는 것을 알고 있으며, 그래서 그는 우리가 설령 낮은 차원의 의무를 반드시 이행해야 하는 입장에 있다고 하더라도, 이행하지 않아도 되도록 면제해 주고 있다. 즉 낮은 차원의 의무는 높은 차원의 의무 때문에 우리가 이행할 수 없을 때조차도 우리에게 구속력을 발휘하고 있다. 그러나 낮은 차원의 의무는 좁은 의미에서만 구속력을 발휘할 수밖에 없으므로, 높은 차원의 의무를 이행하는 것 자체가 우리의 의무인 것이다.

V. 차등적 절대주의의 제가치

여기서 지적할 수 있는 차등적 절대주의가 갖고 있는 가치는 매우 많다. 그 각각은 다음과 같다.

1. 차등적 절대주의는 상대주의의 함정에 빠지지 않는다

도덕률 폐기론, 상황주의, 일반주의(2~4장 참조) 등과는 대조적으로 차등적 절대주의는 상대주의의 함정에 빠지지 않는다. 차등적 절대주의는 절대적이고 변치 않는 하나님의 본성에 토대를 둔 도덕 원리들에 의거하고 있다. 그런데 이러한 원리들은 그 근원, 영역, 등급에 있어서 절대적이며, 또한 그 내용에 있어서는 객관적이고 서술적이며 실제적이다. 하나님의 도덕 법칙은 명확하며, 상황이 전개되기 이전에 파악될 수 있다. 더군다나 하나님의 도덕 법칙에는 예외란 결코 존재하지 않는다. 언제 어느 곳에서나 모든 사람들에게 적용된다.

2. 차등적 절대주의는 도덕적 갈등을 성공적으로 해결할 수 있다

무조건적 절대주의나 상충적 절대주의와 비교해 볼 때, 차등적 절대주의는 도덕적 갈등이라는 문제를 실제적이고 성공적으로 해결할 수 있다. 차등적인 절대주의는 도덕적 갈등이 벌어지고 있는 현실에만 시선을 고정시키지 않을 뿐더러, 불가피한 도덕적 갈등을 겪고 있는 개인을 비난하지도 않는다. 차등적인 절대주의에 입각한다면 우리는 총체적인 도덕적 상황을 입체적으로 바라볼 수 있으며, 또한 도덕 원리들의 절대적인 성격을 간과하지 않고서도 책임있게 행동할 수 있다. 차등적인 절대주의는 율법주의와 도덕률 폐기론의 함정에 빠지지 않는다. 차등적 절대주의는 우리로 하여금 단호하면서도 무자비하지 않게 행동하도록 해 준다.

3. 차등적 절대주의는 십자가의 의미를 이해하고 있다

차등적 절대주의를 제쳐 놓는다면 십자가의 의미를 이해하기가 힘들다. 비상충적 절대주의의 관점에서 십자가는 도덕적인 불의이다. 왜냐하면 공의는 십자가 위에서 불의라는 이유로 처벌받았기 때문이다(벧전 3:18; 고후 5:21). 높은 차원의 도덕 법칙과 낮은 차원의 도덕 법칙이 존재하지 않는다면, 그것은 결코 도덕적으로 정당화될 수 없다. 십자가의 의미를 중심으로 보면 자비는 공의보다 우위에 있다. 그리스도는 많은 사람들을 구원하기 위해서라면 고통을 감수할 수 있다(롬 5:6~18). 그런데 자비와 사랑이 공의보다 높은 차원의 가치가 아니라면, 하나님은 자기 아들이 '상처입은' 모습을 보고서도 흡족해 했던 만큼 매우 공의롭지 못했다고 할 수 있다. 하지만 하나님이 공의롭지 못한 경우란 있을 수 없다. 따라서 공의가 자비보다 하위에 있을 때에만 십자가의 의미는 실현된다.

〖 요약 및 결론 〗

차등적 절대주의는 도덕적 절대들을 확신한다는 점에서 도덕률 폐기론, 상황주의, 일반주의(2~4장 참조) 등과는 구분된다. 도덕 법칙은 그 근원에 있어서 절대적이며, 그리고 갈등이 전혀 존재하지 않는 그 자체의 영역 그리고 갈등이 존재할 때의 그 등급에 있어서 절대적이다. 비상충적 절대주의와는 대조적으로, 차등적 절대주의는 도덕적 갈등이 실재한다고 믿고 있다. 그러나 상충적 절대주의와는 달리 차등적 절대주의는, 도덕적 갈등이 전개되는 상황에서 누구든지 높은 차원의 의무를 낮은 차원의 의무에 앞세웠다는 이유로 비난받지 않는다고 주장한다.

차등적 절대주의의 기본 원리들은 다음과 같다; 하나님의 절대적인 도덕적 본성에 뿌리를 둔 도덕 원리들은 많다. 그리고 높은 차원의 도덕 의무와 낮은 차원의 도덕 의무가 존재한다(예를 들면 하나님에 대한 사랑은 인간에 대한 사랑보다 더 높은 차원의 의무이다). 그런데 이와 같은 도덕 법칙들은 때에 따라서는 불가피하게 서로 갈등을 겪기도 한다. 이처럼 갈등을 겪을 때에는 우리는 높은 차원의 도덕 법칙을 준수해야 한다. 이때 우리는 낮은 차원의 도덕 법칙을 준수하지 않은 데 따른 책임을 지지 않아도 된다.

〖 꼭 읽어야 할 책들 〗

Augustine, Saint. *City of God.* In *A Select Library of the Nicene and Post-Nicene Fathers of the Christian Church*, edited by Philip Schaff, vol. 2. Grand Rapids: Eerdmans, 1956.

─────. *Enchiridion.* In *A Select Library of the Nicene and Post-Nicene Fathers of the Christian Church*, edited by Philip Schaff, vol. 3. Grand Rapids: Eermans, 1956.

Davis, John Jefferson. *Evangelical Ethics: Issues Facing the Church Today.* Phillipsburg, N. J.: Presbyterian and Reformed, 1985.

Erickson, Millard J. *Relativism in Contemporary Christian Ethics.* Grand Rapids: Baker, 1974.

Hodge, Charles. *Systematic Theology.* Reprint ed. Grand Rapids: Eerdmans, 1952.

Kierkegaard, Søren. *Fear and Trembling.* Garden City, N. Y.: Anchor Books, Doubleday, 1954.

Ross, W. David. *Doing Evil to Achieve Good.* Chicago: Loyola University Press, 1978.

─────. *Foundations of Ethics.* Oxford: Clarendon, 1951.

제 2 부

윤리적인 문제들

8

낙태

이제 윤리 문제들에 대한 윤리적 견해로 눈을 돌려보자. 많은 윤리 문제들 가운데 가장 중요한 문제들로는, 삶과 죽음에 관련된 문제들을 열거할 수 있다. 그리고 이들 삶과 죽음에 관련된 문제들 중에서도, 많은 사람들에게 영향을 미치는 문제는 낙태의 문제이다. 따라서 우리는 태아의 생명을 끊는 일이 과연 올바른가를 검토하면서 논의를 시작하여야 할 것이다.

낙태에 대해서는 세 가지 기본 입장이 존재하는데, 이 세 가지 입장 모두가 태아의 인간적 지위에 초점을 맞추고 있다. 태아가 불완전한 인간이라고 믿는 사람들은 낙태를 지지하고 있다. 반면에 태아도 완전한 인간이라고 주장하는 사람들은 낙태에 반대하고 있다. 그리고 태아는 잠재적인 인간이라고 이야기 하는 사람들은, 특수한 상황에서의 낙태만을 지지하고 있다. 이 세 가지 견해를 도식화하면 다음과 같다.

낙태에 관한 세 가지 견해

태아의 지위	완전한 인간	잠재적인 인간	불완전한 인간
낙 태	결코 해서는 안된다	때에 따라서 해도 된다	언제나 해도 된다
근 거	생명의 신성	생명의 출현	생명의 질
모 권	사생활권보다 생명이 우위	권리들의 결합	생명보다 사생활권의우위

어떤 견해든지 태아의 지위를 중요시한다. 왜냐하면 태아가 완전한 인간일 경우, 인간 생명을 말살해서는 안된다는 원칙이 태아에게도 적용되기 때문이다. 다른 한편으로 태아가 어머니 육체의 부속물에 지나지 않는다면, 낙태는 맹장수술과 마찬가지로 하찮은 수술로 되고 만다.

또 다른 중요한 문제는 생명의 권리와 사생활권 사이의 관계이다. 인간 생명이 개인적인 사생활권보다 우위에 있다면, 사생활권을 토대로 인간의 태아를 낙태시키는 행동은 결코 정당화되지 못한다. 다른 한편으로 어머니 사생활의 권리가 태아 생명의 권리보다 우위에 있다면 낙태는 정당화된다.

I. 언제든지 낙태시켜도 된다(태아는 불완전한 인간이라는 믿음)

미국 최고 법원의 볼텐(Doe v. Bolten)에 의한 판결과 와데(Roe v. Wade)에 의한 판결은 낙태를 인정하였다. 즉 이러한 두 차례의 판결에서 미국 최고 법원은, 여성 사생활의 권리가 주(洲)의 낙태 규제의 권리보다 우위에 있다고 주장했던 것이다. 그 결과 미국의 50개 주(洲) 전역에서 낙태가 합법화되었다. 웹스터(Webster; 1989) 판결은 주에게 더 많은 낙태 규제 권리를 부여했지만 낙태를 불법화시키지는 못했다.

'임신 중절의 합법화'(Pro-Choice)를 주장하는 낙태 찬성론자는, 아기를 원한다 원하지 않는다를 결정할 수 있는 어머니의 권리를 주장하고 있다. 따라서 낙태 찬성론자는 그러한 결정을 내릴 때에는, 사생활의 권리가 우위에 있다는 믿음을 은연중 드러내고 있는 셈이다. 낙태 찬성론자 대부분은 원치 않은 아기를 낳아서는 안된다고 생각하고 있다. 여성은 자신의 의지에 반하여 강제로 임신해서는 안된다는 것이다.

최고 법원은 이렇게 '태아는 잠재적인(인간) 생명'이라는 가정에 입각하여 판결을 내렸다. 이와 동시에 최고 법원은 또한 개인권이 확립되면 "상소인은 당연히 패소하고 만다. 왜냐하면 태아의 생명권이 (제 14차) 수정안에 의해서만 보장되기 때문"[1]이라는 사실을 분명하게 인정하였다. 따라서 낙태

---

1) Roe v. Wade 410 U.S. 113, 93 S. Ct. 705, 35 L. Ed. 2d 47(1973).

찬성론자의 입장은 태아가 완전한 인간이 아니라는 믿음에 입각해 있다.

1. 태아를 불완전한 인간으로 보는 성서적 근거들

수많은 성서 구절들이 '태아는 인간이 아니다'라는 견해를 뒷받침해 주는 근거로서 인용되고 있다. 낙태 찬성론의 입장을 뒷받침해 주기 위해 인용되고 있는 몇 가지 중요한 성서 구절들을 간략히 살펴보자.

창세기 2:7은 인간은 하나님에게서 생명을 받은 이후에야 "생령이 되었다"(became a living being)고 말하고 있다. 출생하기 전까지 호흡하지 못하므로, 태아는 태어나기 전까지는 인간이 아니라고 주장하고 있는 것이다.

욥기 34:14~15에 보면 "그(하나님)가 만일…그 신과 기운을 거두실진대…사람도 진토로 돌아가니라"고 했다. 여기서도 다시 한번 생명은 호흡과 연관되어 있으므로, 호흡하기 이전에는 인간 생명이 존재하지 않는다는 사실을 추론할 수 있다.

이사야 57:16에 보면 하나님의 지은 그 영과 혼을 하나님은 창조 시점으로 삼고 있는 듯하다.

전도서 6:3~5에 보면 "낙태된 자는 헛되이 왔다가 어두운 중에 가매…햇빛을 보지 못하고 알지 못하나…"라고 했다. 이것은 태아가 어두운 무덤 속에 누워 있기만 하는 죽은 사람과 다를 바가 없다는 것을 가리키고 있다.

마태복음 26:24은 예수가 가룟 유다에게 한 말을 기록해 놓고 있다; "그 사람은 차라리 나지 아니하였더면 제게 좋을 뻔하였느니라." 이 말이 함축하고 있는 바는, 인간의 생명은 출생과 더불어 시작된다는 것이다. 그렇지 않다면 예수는 유다에 대해 "그는 임신되지 않았어야 했다"고 말했을 것이다.

2. 태아를 불완전한 인간으로 보는 다른 근거들

낙태 찬성론자들은 성서가 아닌 다른 곳에서도 몇 가지 근거들을 찾아내 자기들의 주장을 옹호하고 있다. 여기서는 그 중에서 중요한 것들을 간략히 살펴 보기로 한다. 그 밖의 것들은 '임신 중절의 합법화'에 반대하는 견해를 논박할 때 검토될 것이다.

(1) 자의식으로부터의 논증

어떤 사람들은 아기가 자의식(self-consciousness)을 소유하기 전까지는 인간이 아니라고 주장하고 있다. 모태 안의 태아는 자의식을 갖지 않은 만큼, 이 주장은 태아가 불완전한 인간이라는 견해를 지지하게 된다. 따라서 이것을 근거로 낙태가 용인될 수 있다.

(2) 육체적 종속으로부터의 논증

낙태 찬성론자들이 제시하고 있는 또 다른 근거는 뱃속의 아기가 어머니 육체의 일부이며, 어머니는 자기 육체는 물론 재생산 체계를 통제할 수 있는 권리를 갖고 있다는 사실이다. 뱃속의 아기는 어머니의 육체 안으로 침입해 들어온 것이므로, 어머니는 뱃속의 아기를 낙태시킬 권리가 있다.

(3) 어머니의 안전으로부터의 논증

불법적인 낙태는 위험하다. 그 증거로는 불법적인 낙태로 인해 5,000명에서 10,000명의 임산부가 사망한다는 사실을 제시할 수 있다. 낙태를 합법화함으로써 수천명의 임산부들이, 뒷골목에서 낡은 옷걸이 때문에 사망하는 경우를 방지할 수 있다.

(4) 학대와 무시로부터의 논증

낙태 찬성론자들이 제시하는 또 다른 근거는, 아동에 대한 학대와 무시를 방지할 필요성이다. 원치 않은 임신으로 인해 원치 않은 아이가 태어나는데, 이 원치 않은 아이는 학대받는 아이가 되고 만다. 낙태는 아동에 대한 학대를 방지할 것이다.

(5) 불구로부터의 논증

왜 어떤 아이들은 불구자로 태어나야 하는가? 왜 가족이나 사회는 억지로 불구자들을 돌봐야 하는가? 출산 이전의 검사를 토대로 행한 낙태는, 이와 같이 불필요하고 바람직하지 못한 출산을 방지할 수 있다. 한 걸음 더 나아가 낙태 찬성론자들은 인류 유전자의 순수성에 깊은 관심을 기울여 나쁜 유전자를 제거해야 한다고 주장하기까지 한다.

(6) 사생활권으로부터의 논증

최고 법원은 와데 판결에서 자기 육체에 대한 여성 사생활의 권리는 헌법에 의해 보장된다고 선언하였다. 한편 윤리적인 근거에서 이와 동일한 주장을 하는 사람들도 있다. 이들은 우리에게 불청객을 집 밖으로 쫓아낼 권리가 있듯이, 여성에게도 원치 않은 아기를 자궁 밖으로 쫓아낼 권리가 있다고 주장하고 있다.

(7) 강간으로부터의 논증

'임신 중절 합법화' 지지자들은 어떠한 여성도 자신의 의지에 반하는 아기를, 억지로 임신해서는 안된다고 주장하고 있다. 강간을 당해 임신한 아기를 낳으라는 것은 부도덕한 일이다. 누구도 자신의 의지에 반하는 임신을 해서는 안된다.

Ⅱ. 태아가 불완전한 인간이라는 견해에 대한 평가

낙태 찬성론의 근거들을 개괄적으로 살펴보았으므로, 여기에 대한 간략한 평가가 그 다음 순서일 것이다. 먼저 성서적인 근거들에 대한 반박을 살펴보자.

1. 태아를 불완전한 인간으로 보는 성서적인 논증들에 대한 반박

(1) 호흡은 인간 생명의 시초가 아니다

호흡을 인간 생명의 시초로 보아서는 안되는 몇 가지 근거가 있다. 호흡이 인간 생명의 현존과 동일시 된다면, 호흡의 상실은 인간 생명의 상실을 의미할 것이다. 하지만 성서는 인간들이 호흡을 멈춘 이후에도 계속 생존한다는 사실을 명확히 하고 있다(빌 1:23; 고후 5:6~8; 계 6:9). 성서는 호흡이 시작되기 훨씬 이전(즉 임신 순간)부터 모태 안에 인간 생명이 존재한다고 말하고 있다. 다윗은 "모친이 죄 중에 나를 잉태하였나이다"(시 51:5)라고 말했다. 그리고 천사는 마리아에 대해 "저에게 잉태된 자는 성령으로 된 것이라"(마 1:20)고 이야기했다. 아울러 의학적으로는 호흡을 멈춘 많은 사람들도, 나중에 소생하거나 기계의 힘을 빌어 생명을 유지하고 있다.

우리는 호흡에 관한 성서 구절들이 인간 생명의 시작에 대해 이야기하고 있는 것이 아니라, 단지 최초의 '소개식'(coming-out)에 대해서만 이야기하고 있을 뿐이라는 점을 염두에 두어야 한다. 출생은 세상에로의 인간의 데뷰인 것이다. 그러한 구절들은 관찰할 수 있는 생명에 관해 이야기하고 있는 것이지, 생명의 시작에 관해 이야기하고 있는 것은 아니다. 성서 시대에도 사람들은 모태 속의 아기를, 생명을 가진 존재로 인식하고 있었다. 어머니는 아기가 움직이거나 때에 따라서는 '뛰놀기'조차 하는 것을 느낄 수 있었다(눅 1:44). 출산은 인간 생명의 시작으로서가 아니라, 가시적 세상에서의 생명의 시작이나 출현(인간의 데뷰)으로 간주되었던 것이다.

(2) 아담은 독특한 경우였다

아담은 하나님에 의해 직접적으로 창조되었으므로, 그는 특수한 경우였다고 할 수 있다. 따라서 그가 숨쉬기 이전까지 인간이 결코 아니었다는 사실은, 개별 인간의 생명이 언제 시작되었는가를 결정하는 요인이 아닌 것이다. 이를 입증해 주는 몇 가지 이유들을 열거할 수 있다; 첫째로 아담은 다른 인간들처럼 임신된 다음에 출생하지는 않았다. 그는 직접적으로 창조되었다. 둘째로 아담이 성인으로 창조되었다는 사실은 개별 인간의 생명이 성인이 되기 이전까지는 시작되지 않는다는 것을 입증해 주지 않은 것처럼, 그가 숨쉬기 이전까지 인간이 아니었다는 사실은 개별 인간의 생명이 언제 시작되는가를 입증해 주지 못한다. 셋째로 창세기 2:7의 '생기'는 생명을 뜻한다(욥 33:4의 '기운' 참조). 따라서 이것은 아담이 호흡을 시작했기 때문이 아니라, 하나님이 인간 생명을 부여했기 때문에 그의 생명이 시작되었음을 의미한다. 인간의 생명은 그 이후 수정이나 임신을 통해 그의 후손에게 부여되었다(창 4:1). 넷째로 동물들은 호흡하기는 하지만 인간은 아니다(창 7:21~22).

(3) 지식은 인간이 되는 데 필수적이지 않다

전도서 6:3~5는 낙태된 자가 알지 못한다고 이야기하고 있으나, 이것은 낙태된 자가 인간이 아니라는 것을 의미하지는 않는다. 만약 그렇다면 성인들도 죽은 후에는 인간이 아닐 것이다. 왜냐하면 전도서는 또한 "네가 장차 들어갈 음부에는…지식도 없고 지혜도 없음이니라"(9:10)고 말하고 있기 때문이다. 맥락상 이 구절은 사람들이 살아 있는 동안에, 주어진 기회들을 잘 활용해야 한다는 사실을 명확하게 말하고 있을 뿐이다(9:9 참조). 지식이 없다고 해서 불완전한 인간이 된다면 무식한 사람은 인간이 아닐 것이고, 유식한 사람은 무식한 사람보다 더욱 인간적일 것이다.

2. 태아를 불완전한 인간으로 보는 비성서적인 근거들에 대한 반박

낙태 찬성론의 비성서적인 근거들은 모두 문제점의 대상이 될 수밖에 없다. 이것들 모두는 증명해야 하는바, 태아가 인간이 아니라는 사실을 전제하고 있다.

(1) 자의식은 인간이 되는 데 필수적이지 않다

자의식이 인간이 되는 데 필수적이라면, 깊은 잠을 자고 있거나 혼수상태에 빠져 있는 사람들은 인간이 아니게 된다. 이것은 또한 아내가 곤히 자고 있는 남편을 깨울 때마다, 항상 남편에게 생명을 불어 넣는다는 터무니없는 주장으로 연결될 수도 있다. 더군다나 어린 아이들은 1-2세가 되기 전까지는 자의식을 갖지 못하는데, 그렇다면 자의식이 있어야 인간이라는 주장은 2세 이전의 유아를 살해하는 일이 정당화될 수 있다는 것을 의미하게 된다. 마지막으로 많이 배운 사람들은 세상에 대해 더 많이 알고 있으므로, 덜 배운 사람들보다 훨씬 더 인간적인 것이다.

(2) 태아는 어머니의 연장이 아니다

태아들은 어머니들의 육체적인 연장이 아니라는 것은 과학적인 사실이다. 그들은 임신 순간부터 성(性)을 갖고 있다. 어머니는 여성인데 태아는 남성인 경우가 절반이다. 임신 후 약 40일이 되면, 태아들은 죽을 때까지 일정한 개인적인 뇌파를 갖게 된다. 임신 후 얼마 안지나서 태아들은 어머니의 자궁 속에서 '양육되고' 있을 뿐이다. 출생은 단지 음식물과 산소를 섭취하는 방식의 변화에 불과하다.

따라서 젖먹이가 어머니 가슴의 일부가 아니고, 시험관 아기가 페트리 접시의 일부가 아니듯이 태아도 어머니 육체의 일부가 아니다. 태아가 어머니의 자궁으로부터 독립해 있으므로, 흑인 부부의 수정란이 백인 어머니에게로 이식되면 그녀는 흑인 아기를 임신하게 된다.

(3) 낙태가 합법화되더라도 생명을 구하지는 못한다

낙태의 합법화는 수천 명의 산모들의 생명을 구해내지 못했다. 단지 수백만 명의 아기들을 죽였을 뿐이다. 1973년 낙태가 합법화되기 이전에는, 수천 명의 산모들이 불법적인 낙태로 인해 사망하지 않았다. 미국의 인구통계국은 1973년에는 겨우 45명만이 낙태로 인해 사망했다고 발표했다. 낙태운동의 지도자들 가운데 한 명인 나탄슨(Bernard N. Nathanson) 박사는, 결국 낙태 지지자들은 통계수치를 조작했음을 인정하였다.[2]

그러나 출생율 대 산모사망율은 신생아 1만명당 1명(즉 1/100%)이다. 이것은 미국에서는 출산수술이 극히 안전한 수술들 가운데 하나임을 보여준다. 그러나 성공적인 낙태가 이루어졌다고 해도 영아 사망율은 100%이다. 낙태수술은 미국에서 가장 위험한 수술인 셈이다. 태아가 인간이라면 수백 명의 산모들의 생명을 구하는 것은, 결코 수백만 명의 태아들을 살해하는 것을 정당화하지 못할 것이다. 미국에서는 매년 150만 명의 태아들이 살해당하고 있다. 낙태가 합법화되면 태아들은 더욱 위생적이면서 노골적으로 사망하게 되는 결과만을 빚어낼 뿐이다.

(4) 낙태는 학대를 막지 못한다

낙태의 명분으로서 아동학대의 방지를 드는 주장은, 태아가 인간인가 하는 문제와는 상관없는 주장이다. 태아가 인간이라면 낙태는 아동학대를 막지 못한다. 오히려 낙태는 가장 악랄한 형태의 아동학대(잔인한 살해에 의한 학대)이다. 미국의 보건성에 따르면 낙태가 합법화된 1973년에서 1982년 사이에 아동학대는 500% 증가하였다. 연구 결과들은 매맞는 아이들의 대다수는, 부모들이 원해서 낳은 아이들임을 보여주고 있다. 한 연구에 따르면 학대받는 아이들의 91%는 원해서 낳은 아이들이었다.

(5) 불구는 낙태를 정당화하는 근거로 이용될 수 없다

이러한 낙태를 정당화해 주는 근거는, 태아가 인간이 아닐 경우에만 의미가 있다. 그러나 그 전제부터가 문제점이 많다. 태아가 인간이라면 불구자를 낙태시키는 것은, 유전적인 이유로 인한 유아살해나 안락사와 마찬가지로 결코 정당화될 수 없다. 무엇보다도 불구자의 낙태는 불구자들에 의

---

2) Bernard N. Nathanson, *Aborting America* (Garden City, N. Y.: Doubleday, 1979), p. 193.

해 추진되지 않고 있다. 더욱 결정적인 것은 어떤 기록을 보더라도, 불구자의 낙태를 지지하는 불구자 자녀를 가진 부모들의 조직이 전혀 존재하지 않았다는 사실이다. 간략히 말해서 불구자나 그의 부모들은, 불구자일지도 모르는 아이들의 낙태를 결코 원하지 않는다. 정상인들이 불구자의 낙태를 원하고 있는 것이다.[3]

(6) 사생활의 권리는 절대적이지 않다

낙태를 정당화하는 근거로서의 사생활의 권리라는 문제는, 우리로 하여금 태아가 과연 인간인가라는 기본 문제에 직면하게 한다. 달리 말한다면 사생활의 권리를 근거로 한 낙태의 정당화는, 태아가 인간이 아닐 경우에만 의미가 있다. 이것은 다음 몇 가지 이유만을 보더라도 분명하다. 첫째로 우리에게는 비밀리에 인간을 살해할 권리를 갖고 있지 않다. 낙태 지지자들은 우리에게는 아동학대와 강간이 비밀리에 행해지는 한, 거기에 참여할 권리도 없다고 주장할 것이다. 그렇지만 우리에게는 확실히 비밀리에 인간을 살해할 권리가 없다. 둘째로 인간을 낙태시키는 것은, 누군가를 집 밖으로 쫓아내는 것과는 다르다. 낙태는 우리 집에서 살고 있는 사람을 나가려고 하지 않는다는 이유만으로 죽이는 것에 오히려 가깝다. 무엇보다도 자기 혼자 힘만으로는 생존 불가능한 태아를 쫓아내는 것은 치명적인 행동이다. 이러한 행동은 태아가 자궁을 떠나서는 혼자 힘으로 살 수 없기에 태아를 살해하는 것과 마찬가지이다. 셋째로 강간에 의한 임신을 제외하고는 어떤 임신도 원치 않은 임신이 아니다. 누구든지 성교에 동의했다면 그 자유로운 행동의 결과에 책임을 져야 한다. 비유를 들자면 낙태의 99%에서 '손님'은 초대받아 안으로 들어간다. 그러므로 낙태는 손님을 집으로 초대해 놓고서 마음에 들지 않는다는 이유로 살해하는 것(혹은 죽는다는 것을 분명히 알면서도 집밖으로 쫓아내는 것)과 마찬가지이다.

(7) 강간은 낙태의 구실이 되지 않는다

강간은 태아 살해의 구실이 될 수 없다. 태아가 인간이라면 태아의 아무

---

3) E. Lenowski, *Heartbeat* 3, 4(December 1980), quoted in J. C. Willke and Barbara Willke, *Abortion: Questions and Answers* (Cincinnati: Hayes, 1985), p. 138에서 인용.

죄없는 생명을 빼앗는 것은 살인이다. 따라서 여기서 또 다시 태아의 인간적 지위가 문제로 된다. 그러나 강간의 희생자가 아무리 불쌍하다고 해도, 낙태의 정당성이라는 문제를 회피해서는 안된다.

낙태는 강간이라는 악행을 없애지 못한다. 오히려 또 다른 악행을 추가시킬 뿐이다. 강간이라는 문제는 아기를 살해한다고 해서 해결되지는 않는다. 우리는 강간범을 처벌해야지 아무 죄없는 아기를 처벌해서는 안된다. 낙태가 강간으로 인한 임신 같은 극단적인 경우에는 정당화될 수 있다고 해도, 로에(Roe) 판결이 허용했던바 요청이 있으면 곧 저질러지는 낙태까지도 정당화될 수 있는 것은 결코 아니다.

강간의 희생자가 그 즉시 의학적인 치료를 받는다면, 임신이 즉각적으로 이루어지지는 않으므로 어떤 경우든지 임신을 막을 수는 있다. 누구나 수긍할 만한 육체적이고 심리적인 상황 때문에 강간이 임신으로 이어지기도 하는데 그 확률은 1% 미만이다. 그러나 이렇게 임신이 이루어지는 경우, 강간 희생자들의 약 절반 가량은 아기를 갖기 원한다. 어머니가 아기를 원하지 않는다고 해도 양자를 들이려는 사람들이 있다. 낙태가 아닌 양자 입양이 더 좋은 대안이다.

Ⅲ. 때에 따라서는 낙태를 허용할 수 있다
(태아는 잠재적인 인간이라는 믿음)

낙태에 관한 이 견해에 따르면 태아는 잠재적인 인간에 지나지 않는다. 이 견해의 옹호자들은 인간의 인간다움은 임신과 출산 사이의 기간 동안에 점차적으로 향상된다고 주장하고 있다. 물론 잠재적인 인간이라 하더라도 태아는 사물이나 동물보다는 훨씬 더 가치가 있다. 하지만 이러한 막 나타나기 시작한 가치는, 어머니의 권리라든가 사회의 권리같은 고려 사항들에 비추어 평가되어야 한다. 일정하게 주어진 상황에서 낙태가 정당화될 수 있는가의 여부는, 이러한 여러 가지 권리들이 서로 균형을 이루고 있는가에 따라 결정될 것이다. 대체로 이 견해를 주장하는 사람들은 강간을 당하거나 근친상간을 해서 임신한 여성, 그리고 (많은 경우) 유전적인 불구자를 임신한 여성의 생명을 구하기 위한 낙태라면 적극 찬성하고 있다. 이 견해를 찬성하는 사람들이 내세우는 근거들은, 성서적인 것과 비성서적인 것으로 나눌 수 있다.

1. 태아를 잠재적인 인간으로 보는 성서상의 근거

성서에는 태아가 잠재적인 인간이라는 입장을 뒷받침해 주는 구절들이 몇 가지 있다. 그 중에서도 가장 빈번히 이용되고 있는 구절에는 여러 가지가 있다.

출애굽기 21:22~23은 다음과 같이 말하고 있다.

"사람이 서로 싸우다가 아기 밴 여인을 다쳐 낙태케 하였으나 다른 해가 없으면 그 남편의 청구대로 반드시 벌금을 내되 재판장의 판결을 좇아 낼 것이니라 그러나 다른 해가 있으면 갚되 생명은 생명으로 눈은 눈으로 이는 이로 손은 손으로 발은 발로 데운 것은 데움으로 상하게 한 것은 상함으로 때린 것은 때림으로 갚을지니라."

이 구절은 태아가 사망하면 벌금형이 부과되지만, 산모가 사망하면 사형에 처해졌다는 것을 의미한다고 볼 수 있다. 그렇다면 산모의 실제적인 생명이 태아의 잠재적인 생명보다 훨씬 더 소중하게 여겨졌다고 하겠다. 이 입장의 지지자들은 "그녀의 자식이 그녀와 이별하게 된다"는 말은 아기의 유산을 의미한다고 주장한다. 따라서 "생명에 전혀 지장이 없다"는 말은 산모에게 해당되는 말일 것이다. 왜냐하면 태아는 이미 유산되어 사망했기 때문이다. 이렇게 볼 때 태아의 사망에 대해 사형이 아닌 벌금형이 부과되었다는 사실은, 태아는 완전한 인간으로 여겨지지 않았다는 것이 명확해진다.

시편 51:5은 "내가 죄악 중에 출생하였음이여 모친이 죄중에 나를 잉태하였나이다"라고 말했다. 임신이 이루어진 순간부터 다윗이 죄인이었다는 것은 무엇을 의미하는가? 그는 임신이 이루어진 순간부터 실제적인 죄를 범했을 리는 없으므로, 실제적인 죄인은 아니었다. 다윗은 잠재적인 인간이었기 때문에 잠재적인 죄인이었다. 그는 실제적인 인간이 되고 나서야 실제적인 죄인이 되었다.

시편 139:13,16은 다음과 같이 말하고 있다.

"주께서 내 장부를 지으시며 나의 모태에서 나를 조직하셨나이다 내 형질이 이루기 전에 주의 눈이 보셨으며, 나를 위하여 정한 날이 하나도 되기 전에 주의 책에 다 기록이 되었나이다."

여기서 시편 기자는 우리가 어머니의 자궁 속에서 형성되는 과정을 서술하였다. 이 구절을 보면 태아는 '형성되어 가는' 과정에 있었으며, 또한 '아직 완전히 형성되지 않은' 육체를 갖고 있었기 때문에 완전한 인간이 아니다. 이에 덧붙여 전도서 6:3~5에 보면 태아는 숨을 쉬거나 사물을 인식할 수 없으며, 잠재적이기는 해도 자궁 속에서 모습을 드러내고 있는 인간임을 알 수 있다. 아무튼 여기에서 태아는 완전한 인간이 아니라는 주장이 나온다.

로마서 5:12은 "이러므로 한 사람으로 말미암아 죄가 세상에 들어오고 죄로 말미암아 사망이 왔나니 이와 같이 모든 사람이 죄를 지었으므로 사망이 모든 사람에게 이르렀느니라"고 했다. 하지만 모든 인간들이 실제적으로 아담 안에 있지 않다는 것은 자명하다. 따라서 모든 인간들은 잠재적으로만 아담 안에 있다고 주장할 수 있다. 결국 우리는 태어나기 전에는 잠재적으로만 인간이고, 태어난 후에야 실제적인 인간이 된다고 결론내릴 수 있다.

히브리서 7:10은 "이는 멜기세덱이 아브라함을 만날 때에 레위는 아직 자기 조상의 허리에 있었음이라"고 말했다. 여기서 레위는 아브라함 사후 수백 년을 더 살았으므로, 그가 실제적으로는 아브라함의 육신에 있지 않았다는 것은 명백하다. 그는 단지 잠재적으로만 아브라함의 육신 안에 있었음에 틀림없다. 따라서 이와 대비시켜서 볼 때, 태아는 어머니의 육신 안에 있다고 해도 잠재적으로만 인간일 뿐이라고 주장할 수 있다.

2. 태아가 잠재적인 인간이라는 다른 근거들

성서상의 근거들과 아울러 태아가 잠재적으로만 인간이라는 견해를 뒷받침해 주는 성서 이외의 몇 가지 근거들이 있다. 그 가운데 가장 중요하다고 생각되는 것들을 여기서 요약해 보겠다.

(1) 인간의 개성은 점진적으로 발전한다

인간의 개성이 점진적으로 발전 과정을 겪는다는 사실은 관찰하다 보면 알 수 있다. 누구든지 자신의 개인적인 동일성을 갖고 태어나지는 않는다. 이것은 다른 사람들과의 관계 속에서 점진적으로 발전해 간다. 따라서 누구든지 자신의 개성을 발현시킬 수 있을 때에만 비로소 한 인간으로 된다고 할 수 있다. 그 이전에는 잠재적이고 현시적(emergent)으로만 인간일 뿐이다.

(2) 인간의 발전은 육체 발달과 상호 연관되어 있다

임신과 출산 사이에 육체적인 발달과정이 있다는 것은 자명한 사실이다. 임신이 이루어진 순간부터 모든 육체적 기관과 기능이 존재한다는 것은 아니다. 임신 기간 동안에 점진적으로 발전한다. 그러나 심리적 발전과 육체적 발전이 상호 연관되어 있다는 것 또한 사실이다. 예를 들어 갓 태어난 아기는 18세 소년의 정신을 가질 수 없다. 그렇기 때문에 인간 정신은 인간 육체와 나란히 발전한다고 주장하는 사람이 있기 마련이다.

(3) 다른 생물과의 유추

도토리는 도토리 나무가 아니며 계란은 닭이 아니다. 그리고 도토리가 도토리 나무이고 계란이 닭이라면 태아도 인간이다. 그러나 계란이 닭이 아닌 것처럼 태아도 인간이 아니다. 도토리는 잠재적인 도토리 나무이고, 태아는 잠재적인 인간일 따름이다. 물론 태아는 인간으로 될 수 있는 잠재력을 갖고 있고 계란은 그렇지 않다. 사실 이러한 인간의 잠재력은 실재하는 닭보다 훨씬 더 소중하다. 그러나 도토리가 실재적인 도토리 나무가 아닌 것처럼, 잠재적인 인간은 실재적인 인간이 아니다.

(4) 법적 논쟁

최고법은 태아는 '잠재적인(인간의) 생명'이라고 말한 바 있다.[4] 일부 낙태 찬성론자들은 이러한 생각이 제 14차 수정안에 함축되어 있다고 주장한다. 이 제 14차 수정안의 해당 구절은 다음과 같다;

---

4) Roe v. Wade.

"미국에서 태어났거나 미국으로 귀화했고 미국법의 적용을 받는 모든 사람들은, 미국의 시민이자 살고 있는 주의 시민이다. 국가는…적법한 절차를 거치지 않고 시민의 생명과 자유와 재산을 박탈해서는 안된다…"

이 수정안은 태어난 사람들에게만 시민권을 부여하고 있으므로, 낙태 찬성론자들은 태아가 완전한 인간이 아니라는 사실이 헌법에 암시되어 있다고 추론한다. 그러므로 태어난 인간의 생명권은 태아에게 적용되지 않는다.

Ⅳ. 태아가 잠재적인 인간이라는 견해에 대한 평가

태아가 잠재적인 인간에 불과하다는 입장에는 몇 가지 심각한 문제점들이 있다. 먼저 성서의 구절들에 대한 해석들이 문제시될 수 있다.

1. 태아가 잠재적인 인간이라고 보는 성서상의 근거들에 대한 반박

출애굽기 21장은 태아가 잠재적인 인간이라고 가르치고 있지 않다. 따라서 출애굽기 21장으로부터 이것을 추론해 내는 것은 전혀 타당하지 않다. '출산하다'에 해당하는 히브리어는 야짜(yahtzah)인데, 이것은 '아기를 낳는다'는 것을 의미한다. 구약에서 이 말은 보통 살아있는 아기를 낳는다는 것을 가리킨다. 따라서 구절에서 이 말은 살아있는 조산아를 뜻하지 유산을 뜻하지는 않는다. 유산을 가리키는 히브리어는 샤콜(shakol)인데 여기서는 사용되지 않고 있다. 여기서 어머니의 자식을 뜻하는 말은 옐에드(yeled)인데 이것은 '아이'를 의미한다. 이것은 갓난아기와 어린아이를 동시에 가리키는 말이다(창 21:8; 출 2:3). 만약 어머니나 아이에게 어떤 위해가 닥친다면, '생명은 생명으로'라는 동일한 처벌이 가해졌다(출 21:23). 이 사실은 태아도 어머니와 동등한 가치를 가진 생명체로 간주되었음을 보여준다.

유명한 히브리 학자 움베르토 카슈토(Umberto Cassuto)는 이 구절을 다음과 같이 해석하였다;

"남자들이 서로 싸우다가 본의 아니게 임신부에게 충격을 가했고 그 결과 그녀는 아기를 낳게 되었지만, 치명적인 상처를 입지 않았을 때(즉 아기와 임신부 모두가 죽지 않았을 때) 임신부에게 충격을 가한 사람은 벌금형을 선고받았다. 그러나 치명적인 상처를 입었을 경우(즉 임신부가 죽거나 아기가 죽었을 경우)에는 사형을 선고받았다."[5]

이것은 출애굽기 21:22~23의 의미를 한층 더 명확하게 해준다. 즉 이 구절은 태아도 성인과 동등한 가치를 가진 인간임을 인정하는 구절인 것이다.

시편 51:5도 다음과 같은 몇 가지 이유에서 태아가 잠재적인 인간이라는 견해를 뒷받침해 주지 않는다. 이 구절은 설령 인간은 임신이 이루어진 순간부터 잠재적인 죄인이라고 가르치고 있다고 해도, 태아가 잠재적인 인간임을 뜻하지는 않는다. 인간이 임신의 순간부터 죄인이라는 사실은 태아도 인간(즉 타락한 인류의 일부)임을 보여준다. 우리가 죄악중 속에서 잉태되고 있는 이유는 아담의 후손이라는 사실 때문이다(롬 5:12에 대한 논평 참조).

시편 139편은 태아가 잠재적인 인간이 아닌 완전한 인간이라는 견해를 강력하게 뒷받침해 준다. 불구자도 인간인 것처럼 "아직 완전히 형성되지 않은 아기"(16절)도 인간이다. 모태 속의 아기를 가리키는 말은 '피조물'(bara)인데, 이것은 창세기 1:27의 '하나님의 형상'에 따라 창조되는 인류를 뜻한다. 태아는 인칭 대명사로 지칭되며(렘 1:5), 하나님은 모태 속의 태아를 '인지하고 있다.' 즉 하나님은 태아와 인격적인 관계를 맺고 있는 것이다. 모태 속의 각 태아는 또한 하늘나라의 하나님의 책 속에 기록되어 있다.

로마서 5:12은 모든 인간이 아담 안에 있음을 의미하지, 태어나기 전에는 잠재적 인간이라는 사실을 의미하지는 않는다. 이 구절은 모태 안의 태아에 대해 이야기하고 있는 것이 아니라, 모든 인간이 아담 안에 있다는 사실에 대해 이야기하고 있다. 우리는 모두 유전적으로나 상징적으로 아담 안에 있으며, 따라서 아담의 죄에 대해 책임을 져야 한다는 사실은 인간의 본성에 공통점이 존재한다는 것을 보여준다. 즉 인류는 단일하므로 인류는 어느 곳에 있든지 서로 떨어질 수 없다(롬 14:7). 우리가 아담 안에 있기

---

5) Umberto Cassuto, *A Commentary on the Book of Exodus*, trans. Israel Abrahams(Jerusalem: Magnes, 1974), p. 275.

때문에 임신의 순간부터 죄인이라는 사실은(시 51:5), 누구든지 임신이 이루어진 직후부터 인류의 일부로 여겨지고 있다는 것을 보여준다.

히브리서 7:10은 태아가 잠재적인 인간이라고 이야기하고 있지 않다. 이 구절은 또한 레위가 잠재적으로 아브라함 안에 있었다고 말하고 있지도 않다. 레위는 아마도 상징적으로 거기에 있었을 것이다. 그러나 레위가 잠재적으로 아브라함 안에 있었다고 해도, 그가 아브라함 안의 태아였다고 할 수는 없다. 레위는 '아브라함' 안에 있었을 때에는 임신되지 않았으므로 잠재적인 인간이었지만, 우리는 임신되기 이전부터 잠재적인 인간이다. 그렇다면 인간의 정자(난자와 수정하기 전의 정자)조차도 잠재적인 인간이다. 하지만 이것은 유전학적으로 올바르지 못하다. 정자는 23개의 유전자만을 가지고 있으나 태아는 46개의 유전자를 갖고 있다. 태아는 인간의 영혼을 갖고 있으나 정자는 그렇지 못하다.

2. 태아가 잠재적인 인간이라고 보는 비성서적 근거들에 대한 반박

태아를 잠재적인 인간으로만 보는 견해의 성서 밖의 근거들은, 태아를 불완전한 인간으로만 보는 견해의 근거들과 마찬가지로 많은 약점을 안고 있다. 그러면 여기에 대해 살펴보기로 하자.

(1) 개성은 인성과 다르다

태아는 개성을 갖고 있지 않기 때문에 잠재적인 인간에 지나지 않는다는 주장은 개성과 인성을 혼동하고 있는 것이다. 개성은 심리학적인 개념이고 인성은 존재론적인 범주이다. 개성은 속성이지만 인성은 인간 존재의 본질이다. 개성은 개인의 주변환경에 의해 형성되지만 인성은 하나님에 의해 창조된다. 따라서 개성은 점진적으로 발전하지만 인성은 임신 순간에 전달된다. 인성이 개성과 동일시된다면 주변환경에 제대로 적응하지 못한 사람은 인간으로 될 수 없다. 개성은 의식과 연관되어 있으므로 의식을 갖고 있지 못한 사람은 인간이기를 멈춰야 할 것이다. 이렇게 본다면 무의식 상태에 있는 사람을 죽이는 것이 정당화될 수 있을 것이다.

(2) 영혼은 육체와 함께 변화해서는 안된다

육체가 발달한다고 해서 영혼도 똑같이 발달하는 것은 아니다. 항아리는 크든 작든 동일한 형태를 갖고 있다. 문장은 그 의미(형식)를 변화시키지 않고서도 늘어날(확대될) 수 있다. 마찬가지로 자그마한 수정란은 자기보다 큰 정자나 훨씬 더 큰 성인과 동일한 영혼을 가질 수 있다. 따라서 인간은 육체가 명백하게 발달한다고 해서, 육체에 활력을 주는 인간의 영혼도 반드시 점진적으로 발달해야 하는 것은 아니다. 영혼은 육체의 발달이 시작되는 시점으로부터 전면적으로 존재할 수 있다.

(3) 도토리는 물론 태아도 잠재적인 생명체가 아니다

도토리가 잠재적인 도토리 나무라는 말은 식물에 대한 오해에서 비롯되는 말이다. 도토리는 껍질에 둘러쌓인 작은 살아있는 도토리 나무이다. 그 잠재된 생명은 심은 다음, 적절한 수분과 양분을 공급하기 전까지는 성장하지 못한다. 하지만 그럼에도 불구하고 그것은 작은 살아 있는 도토리 나무이다. 도토리 나무를 구성하는 모든 유전적인 정보는 도토리 안에 있다. 그리고 성인을 구성하는 모든 유전적인 정보는 수정란 안에 있다. 이 아주 작은 인간이 성인이 될 때까지 추가된 것은, 물과 공기요 음식물 뿐이다. 태아는 잠재적인 인간 생명이 아니다. 많은 잠재성을 지닌 하나의 인간 생명인 것이다.

(4) 태아는 헌법적으로 보호받는다

최고 법원은 여러 가지 이유에서 태아가 보호받아야 할 생명권을 지닌 인간이 아니라는 잘못된 판결을 내렸다. 미국에서 태어난 사람들만 미(美) 헌법의 보호를 받는 것은 아니다. 만약 미국에서 태어난 사람들만이 미 헌법의 보호를 받을 수 있다고 한다면, 미국 내의 외국인을 죽이는 것은 합법적인 일로 될 것이다. 제 14차 수정안은 분명히 국가는 "적법한 절차를 거치지 않고 시민의 생명과 자유와 재산을 박탈해서는 안되며, 모든 사람은 법 안에서 동등하게 보호받을 권리를 갖고 있다는 것을 부정해서도 안된다"고 말하고 있다.

제 14차 수정안에 의해서 주식회사들조차도 '인격체'로서 간주되어 왔다 (Santa Clara County v. Southern Pacific R. R. Co, 118 U. S. 394 〈1886〉). 그리고 최고 법원도 과거에 흑인은 시민이 아니라고 잘못된 판결을 내린 적이 있다(Dred Scott v. Sanford 60 U. S. 〈19 How.〉

393, 15 L. Ed. 691 〈1857〉). 독립 선언서에 따르면 생명권은 하나님의 주신 양도 불가능한 권리이다(1776). 그 당시 낙태가 법으로 금지되어 있었다는 사실과 그리고 태아가 '모태 속의 아기'로 규정되어 있었다는 사실은, 태아도 생명권을 갖고 있었음을 입증해 주고 있다. 그런데 와데 판결 3년 전에 연방법원은 태아도 인간이라고 명시했다(Steinberg v. Brown 〈1970〉).

V. 낙태 금지(태아는 완전한 인간이라는 믿음)

여기서 살펴볼 견해는 낙태에 관한 마지막 견해로서 태아는 완전한 인간이라고 주장한다. 따라서 태아의 생명을 의도적으로 빼앗는 것은 살인이다. 이 입장은 성서상의 증거와 성서 밖의 증거에 의해 동시에 뒷받침되고 있다.

1. 태아를 완전한 인간이라고 보는 성서상의 근거들

대부분의 성서 자료가 이미 제시되었으므로, 이 입장을 뒷받침해 주는 근거들은 다음과 같이 간단하게 요약될 수 있다.

(1) 태아는 '아이'로 불리우는데, 이것은 유아와 어린아이를 동시에 가리키는 말이며(눅 1:41, 44; 2:12, 16; 출 21:22) 때로는 성인을 가리키기도 한다(왕상 3:17).
(2) 하나님은 아담과 하와를 자신의 형상을 따라 창조한 것처럼 태아도 창조하고 있다(시 139:13; 창 1:27).
(3) 성인을 죽이거나 상처를 입히면 처벌받듯이(창 9:6), 태아를 죽이거나 상처를 입혀도 처벌을 받는다(출 21:22).
(4) 그리스도는 성모 마리아의 모태 속에서 임신된 순간부터 인간(神人)이었다(마 1:20~21; 눅 1:26~27).
(5) 하나님의 형상은 '남성과 여성'을 포함하지만(창 1:27), 남성인가 여성인가(성의 구분)는 임신이 이루어진 순간에 결정된다는 것이 과학적인 사실이다.

(6) 태아는 죄와 같은 인간적 특성들과(시 51:5) 인간에게 있는 고유한 기쁨을 소유한다.
(7) 태아를 가리킬 때도 여타의 인간을 가리킬 때와 똑같이 인칭대명사가 사용된다(렘 1:5; 마 1:20~21).
(8) 하나님은 개개인에 대해 각각의 태아에 대해서까지도 자세하게 알고 있다(시 139:15~16; 렘 1:5).
(9) 태아도 태어나기 이전에 하나님의 부르심을 받는다(창 25:22~23; 삿 13:2~7; 사 49:1,5; 갈 1:15).

대체로 이런 성서 구절들은 태아가 어린아이나 성인과 마찬가지로, 하나님의 형상대로 창조된 인간임을 의심의 여지없이 확고하게 입증해 주고 있다. 여기서 태아는 임신이 이루어진 순간부터 하나님의 형상대로 창조되며, 태아의 임신 기간 중의 생명도 하나님이 보시기에는 귀중하며 살인하지 말라는 하나님의 명령의 적용을 받는다.

2. 태아를 완전한 인간이라고 보는 성서 밖의 근거들

태아도 완전한 인간이라는 견해를 입증해 주는 성서 밖의 증거에는, 과학의 범주에 속한 것과 사회의 범주에 속한 것이 있다.

(1) 태아도 인간임을 입증해 주는 과학적인 증거

현대 과학은 자궁 안을 훤히 들여다 볼 수 있다. 그 결과 현재 개별 인간의 생명이 임신이나 수정이 이루어진 순간에 시작된다는 사실이 더욱더 분명해지고 있다.

인간의 수정란이 100% 인간이라는 것은 유전학적인 사실이다. 수정이 이루어진 바로 그 순간부터, 모든 유전적인 정보가 존재한다. 개개인의 모든 육체적 특징들이 임신이 이루어진 순간부터 존재하는 유전자 코드 안에 포함되어 있다. 아기의 성 또한 임신이 이루어질 때 결정된다. 여성의 난자와 남성의 정자는 각각 23개씩의 염색체를 갖고 있으나 정상적인 성인은 46개의 염색체를 갖고 있다. 여성의 난자와 남성의 정자가 합쳐져 임신이 이루어지는 순간에, 아주 작은 새로운 46개의 염색체를 가진 인간이 출현한다. 임신이 이루어진 순간부터 죽을 때까지, 새로운 유전적 정보는 추가되지 않는다. 임신에서 사망 사이에 추가되는 것은 단지 음식물, 물, 산소뿐이다.

1981년 미 의회 청문회에서 세계 각지의 과학자들은, 인간의 생명이 언제 시작되는가에 관해서 다음과 같이 증언했다;

"생물학과 의학에서는 성적인 재생산에 의한 개별 유기체의 재생산은, 임신 혹은 수태가 이루어지는 순간에 시작된다는 것이 정설이다"(Dr. Micheline M. Matthews-Roth).[6]

"수태 이후에 새로운 인간이 탄생한다는 사실을 인정하는 것은, 취미나 견해의 문제가 더이상 아니게 되었다. 임신에서 늙어 죽을 때까지의 인간의 인간적 본질은, 형이상학적인 논쟁이 아니라 단순한 경험적 사실이다"(Jerome Le Jeune).[7]

"그러나 현재 우리는 이구동성으로 언제 생명이 시작되는가의 문제는, 더이상 신학적이거나 철학적인 논쟁의 대상으로 되는 문제가 아니라고 주장할 수 있다. 신학자들과 철학자들은 생명의 의미나 목적에 대해 논쟁을 벌일 수는 있겠지만, 인간의 생명을 비롯한 모든 생명이 임신이 이루어지는 순간에 시작된다는 것은 확고한 사실이다"(Dr. Hymie Gordon).[8]

현대의 태아학은 태아가 어머니의 자궁 안에서 성장한다는 놀라운 사실을 밝혀냈다. 다음의 글은 태아도 완전한 인간임을 보여주는 생생한 증거이다(여기서는 사례로 여자를 들었다).

가. 임신 1개월—실현

임신 — 그녀의 모든 인간으로서의 특징들이 존재한다.

그녀는 어머니의 자궁에 착상하거나 '자리를 잡는다'(1주째).

---

6) Subcommittee on Separation of Powers, report to Senate Judiciary Committee S-158, 97th Congress, 1st session, 1981.
7) Ibid.
8) Ibid.

그녀의 심장 근육이 움직인다(3주째).
그녀의 머리, 팔, 다리가 나타나기 시작한다.

나. 임신 2개월―발전
그녀의 뇌파가 감지된다(40일에서 42일째).
그녀의 코, 눈, 귀, 발가락이 나타난다.
그녀의 심장이 뛰며 혈액이 흐른다.
그녀의 뼈가 형성된다.
그녀는 자기만의 지문을 갖게 된다.
그녀는 촉감을 느끼며 거기에 반응한다.
그녀의 모든 육체 기관들이 존재하며 기능한다.

다. 임신 3개월―운동
그녀는 삼키고 곁눈질하고 가볍게 움직인다.
그녀는 주먹을 쥐고 혀를 움직인다.
그녀는 손가락을 빨 수 있다.
그녀는 육체적인 고통을 느낄 수 있다(8주에서 13주 사이).

라. 임신 4개월―성장
그녀의 몸무게는 6배로 늘어난다(출산시 몸무게의 2분의 1).
그녀의 키는 8인치에서 10인치까지 자란다.
그녀는 어머니의 목소리를 들을 수 있다.

마. 임신 5개월―생존
그녀의 피부, 머리털, 손톱이 형성된다.
그녀는 꿈을 꿀 수 있다(REM 잠꿈).
그녀는 울 수 있다(공기가 존재한다면).
그녀는 자궁 밖에서도 생존할 수 있다.
그녀는 단지 뱃속에서 5개월을 지냈을 뿐이다.

이러한 특징들은 태아도 인간임을 부정할 수 없게 만든다. 인간의 태아는 광물, 식물, 동물이 아니라 완전한 인간인 것이다.

(2) 태아도 인간임을 보여주는 사회적 증거

생물학적이고 과학적인 증거와 아울러, 태아의 인간적인 권리를 보호하려는 많은 사회적 주장들이 있다. 이같은 주장들 중에서 가장 중요한 것을 살펴보자.

어느 누구도 인간의 태아가 인간인 부모를 갖고 있다는 것을 논쟁거리로 삼지는 않을 것이다. 그런데도 왜 인간의 태아가 인간이 아니라고 주장하는 사람이 있는 것일까? 생물학자는 쉽게 어미 돼지 뱃속의 새끼 돼지도 돼지이고, 어미 말 뱃속의 새끼 말도 말이라는 사실을 입증해 내고 있다. 그런데도 왜 태아는 인간이 아니라고 해야 하는 것일까?

인간의 생명은 결코 중단되지 않으며 계속 이어진다. 세대에서 세대 그리고 아버지에서 자식으로 이어지는, 인간 생명의 연속적인 흐름이 존재한다. 이러한 인간 생명의 흐름은 끊임없이 지속된다. 개별적인 새로운 인간 생명이 출현하는 방법은 임신이다. 따라서 임신이 이루어지는 순간에 출현하는 새로운 생명은, 모든 면에서 그 부모와 마찬가지로 인간이다. 그렇지 않다면 인간의 생명은 임신과 출산 사이에서 불연속성을 갖게 될 것이다.

현대 태아학의 아버지 릴리(A. Liley) 박사는 "우리는 출산 이전과 이후 모두 똑같은 아기를 돌보고 있는 셈이다. 출산 전에도 아기는 다른 환자처럼 아플 수도 있고 치료와 처방을 필요로 한다"고 말한 바 있다.[9] 그런데 출산 이전과 이후 모두 동일한 아기와 동일한 환자라면, 출산 이후처럼 출산 이전에도 인간이다.

현대의 의학적 보호는 조산아도 자궁 밖에서 살 수 있도록 하고 있다(25주 정도 된 태아는 생존할 수 있다). 그런데 태아는 임신 5개월째에 자궁 밖으로 나왔을 때 인간이라면, 자궁 안에 있을 때도 인간이어야 한다. 그러므로 미국의 법률이 허용하고 있는 대로, 임신 9개월에 이르기 전까지는 태아를 죽여도 된다는 근거는 전혀 없다. 의사들이 한 병원에서는 임신 5개월 된 조산아를 살리기 위해 서두르고 있는데, 다른 병실에서는 (낙태시켜) 아기를 죽이는 모순이 현대 병원에서 종종 발생하고 있다.

---

9) Willke and Willke, *Abortion*, p. 52에서 인용.

낙태에 찬성하는 주장의 모든 근거는, 유아 살해와 안락사에도 똑같이 적용된다. 만약 태아를 불구와 가난과 원치 않은 임신 등의 이유로 죽일 수 있다면, 똑같은 이유로 아기는 물론 성인을 죽이는 것도 가능하다. 낙태와 유아살해나 안락사 사이의 실제적인 차이는 존재하지 않는다. 모두 동일한 환자와 동일한 대상을 갖고 있고, 또한 동일한 결과를 낳을 따름이다.

문명이 동튼 이래 기독교인이냐 아니냐에 상관없이, 많은 사람들이 낙태는 잘못된 일이라고 주장하였다. 함무라비 법전(기원전 18세기)에 따르면 실수로 유산한 사람도 처벌을 받아야 했다. 모세의 율법(기원전 16세기)은 아기에게 상처를 입힌 사람과 어머니에게 상처를 입힌 사람을 똑같이 처벌했다. 페르시아의 디글랏 빌레셀(Tiglath-pileser 기원전 12세기)은 태아를 낙태시킨 여성들을 처벌하였다. 그리스인 철학자 히포크라테스는 의사로 하여금, 다음과 같은 선서를 하게 함으로써 낙태에 반대한다는 입장을 분명히 하였다; "나는 요청이 있더라도 자칫하면 생명을 빼앗을 수도 있는 약을 주지 않겠으며, 그러한 약을 복용해 보라고 제안하지도 않겠다. 마찬가지로 나는 임산부에게 낙태시키는 게 어떠하냐는 처방을 내리지도 않겠다." 낙태를 허용하는 스토아 학파에 속했던 세네카조차도(2세기) 자기를 낙태시키지 않은 자기 어머니를 찬양했다. 성 어거스틴(4세기), 토마스 아퀴나스(13세기), 존 칼빈(16세기) 등은 모두 낙태가 부도덕한 짓이라고 생각했다. 영국의 관습법은 낙태로 생명을 빼앗는 행위를 처벌하였다. 이것은 초기의 미국법도 마찬가지였다. 사실 1973년 이전에는 거의 모든 주가 낙태에 반대하였다.

신장, 나이, 위치, 신체 기능 등의 부수적인 문제들에 근거를 둔 생명의 차별은 도덕적으로 잘못이다. 하지만 이와 동일한 근거에서 낙태 찬성론자들은 태아가 인간이 아니라고 생각하고 있다. 우리는 그러한 근거에서 피그미족이나 조산아들은 너무 작다는 이유로 차별할 수 있었고 또한 소수민족도 차별할 수 있었다. 그러면 왜 자궁 안에 있는 아기들을 차별하는가? 그리고 우리가 아기들을 원하지 않았는데 태어났다는 이유로 인간 공동체로부터 쫓아내 버릴 수 있다고 하면, 우리는 왜 다른 바람직하지 못한 사회 구성원들(즉 AIDS 환자들, 마약 중독자들, 부랑자들)을 쫓아내지 않는가?

Ⅵ. 태아가 완전한 인간이라는 견해의 비판에 대한 반박

수정란을 완전한 인간으로 인정하는 견해는 몇 가지 문제점을 안고 있다. 여기서는 그 중에서 중요한 것 몇 가지를 살펴 보기로 하자.

1. 임신부의 생명이 위협받을 때에는 어떻게 해야 하는가?

현대 의학의 눈부신 발전 덕택에, 임신부의 생명을 구하기 위해 태아를 낙태시킬 필요는 거의 없다. 그렇지만 그렇게 하는 것이 필요할 경우(시험관 아기의 경우), 임신부의 생명을 구하기 위해 모든 예방조치를 다하는 것은 도덕적으로 정당화될 수 있다. 이것은 다음과 같은 이유에서 낙태가 아니다. 첫째로 의도 자체는 태아를 죽이려는 데 있지 않고, 임신부의 생명을 구하려는 데 있다. 둘째로 이것은 생명과 생명의 교환이라는 문제이지, 낙태를 요청받고 실행하는 상황의 문제가 아니다. 셋째로 임산부는 물론 그 누구든지 자기 생명이 위태로울 때에는, 생명을 지키기 위해 살인할 수 있는 권리를 갖고 있다(창 22:2 참조).

2. 모든 임신의 절반은 자연낙태가 된다

수정란도 인간이라면 모든 인간의 약 절반이 어떤 방식으로든 살해된다는 주장이 있다. 왜냐하면 수정란 가운데 절반 가량은 자궁에 착상하지 못하기 때문이다. 하지만 이 주장은 낙태를 정당화하는 근거로 될 수 없다. 이 주장은 자연 발생적인 죽음과 의도적인 살해 사이의 중대한 차이점을 전혀 구분하지 못하고 있다. 우리는 자연발생적인 죽음에 대해서는 도덕적으로 비난받지 않지만, 의도적인 살해에 대해서는 도덕적으로 엄청난 비난을 받는다. 일부 저개발국에서는 높은 유아 사망율을 보이고 있다. 그러나 그 때문에 고의적으로 유아를 살해하는 것이 정당화되지는 않는다. 100퍼센트 사망하는 병을 앓고 있는 사람들이 있다. 하지만 그렇다고 해서 그들을 죽이는 것은 정당화되지 않는다. 성서의 관점에서 본다면 인간이 아니라 하나님이 생명의 주인이다. 신자의 태도는 어쨌든 하나님이 생명을 주고 또 생명을 빼앗으므로, 하나님의 이름으로 생명을 축복해 주어야 한다는 것이어야 한다(욥 1:21; 신 32:39 참조).

3. 모든 수정란이 인간이라면 우리는 그들의 생명을 구하기 위해 노력해야 한다

모든 수정란이 인간이라면 자연발생적인 낙태를 막기 위해 노력해야 한다는 주장이 있다. 그러나 만약 그렇게 한다면 우리는 과잉 인구 그리고 의학적 무관심으로 인한 사망과 기근 등에 시달리게 될 것이다. 따라서 몇 가지 측면을 고려해야 한다. 자연발생적인 사망을 저지해야 하는 무조건적인 도덕 의무는 존재하지 않는다. 생명을 보호하는 것은 도덕 의무이지만, 자연 발생적인 사망을 저지하는 것까지 도덕 의무라고 할 수는 없다(9장 참조). 그것은 하나님의 생명과 죽음에 대한 주권을 무시하는 행위이다. 하나님은 모든 인간이 죽는다고 하였으므로(롬 5:12; 히 9:27) 우리에게 죽어야 할 운명에 있는 사람까지 구해야 할 도덕 의무는 없다. 인위적인 낙태에 반대함으로써 생명을 유지시키는 것과 자연발생적인 유산에 의한 사망을 인정하는 것 사이의 모순은 존재하지 않는다. 양자 모두 인간 생명에 대한 하나님의 권리를 존중해 주고 있다(신 32:39; 욥 1:21).

4. 쌍둥이들은 임신이 이루어진 순간부터 생명이 시작된다는 사실을 입증해 주고 있다

겉모습이 똑같은 쌍둥이들은 임신이 이루어진 이후에도 분할되지 않는 하나의 수정란에서 비롯된다. 이 사실을 토대로 하면, 인간의 생명이 임신이 이루어진 순간부터 시작되는 것은 아니라고 주장할 수도 있다. 왜냐하면 각 쌍둥이의 생명은 임신이 이루어진 이후에도 시작되지 않았기 때문이다. 그러나 이러한 주장은 다음과 같은 이유에서 올바르지 못하다. 본래의 수정란은 46개의 염색체를 가진 100퍼센트 인간이다. 수정란이 둘로 분할된 순간부터, 각 쌍둥이는 100퍼센트 인간으로서의 특징들과 46개의 염색체를 갖게 된다. 쌍둥이로의 분열은 무성적인 수태방식일 뿐이다. 우리는 인간의 부모를 불완전한 인간이라고 생각하지 않는다. 쌍둥이의 '부모'는 복제 인간의 '부모'인 만큼 인간임에는 틀림없다. 쌍둥이는 인간으로서의 유전학적인 특징들을 갖고 있다.

5. 일부 수정란은 46개의 염색체를 갖지 않는다

일부 아기들은 45개의 염색체를 갖고 있고(터너 증후군: Turner's Syndrome), 또 다른 일부 아기들은 47개의 염색체를 갖고 있다(다운 증후군: Down's Syndrome). 이것은 유전학적으로 불완전한 아기의 낙태를 정당화하기 위해 일부 낙태 찬성론자들이 이용하는 사례이다. 하지만 다음과 같은 이유에서 낙태 정당화의 근거로는 될 수 없다; 우리가 이렇게 염색체 수가 많거나 적은 아기들을 낙태시킬 수 있다고 한다면, 이와 유사하게 유전학적으로 불완전한 아이와 어른을 살해할 수 있을 것이다. 그러나 46개 이상이나 이하의 염색체를 가진 많은 사람들도, 비교적 정상적인 삶을 살아가고 있다. 우리는 육체적인 불구자를 불완전한 인간으로 취급하여서는 안된다. 그러므로 유전학적인 불구자도 그렇게 취급해서는 안된다.

6. 인간이 인격인 것만은 아니다

이러한 구분은 태아도 인간 존재임을 인정하지만 인격임을 인정하지 않는 것이다. 그러나 이것은 낙태 찬성론의 근거로 되지 못한다. 이러한 구분은 자의적이다. 인간으로 되는 것과 인격으로 되는 것에는 본질적인 차이가 없고, 단지 기능적인 차이만이 있을 뿐이다. 만약 본질적인 차이가 있다고 한다면 저능아, 의식 상실자, 노망기 있는 노인 등의 인격은 부정당할 수밖에 없다. 태아는 아직 인격이 아니라 하더라도 인간임에는 틀림없으므로, 아무 죄없는 태아를 살해하는 것은 잘못이다. 태아는 혈통적인 특징의 면에서 보나 유전학적인 특징의 면에서 보나 의심의 여지없이 인간이다.

〖 요약 및 결론 〗

낙태논쟁은 인간 생명의 존엄성이라는 문제에 초점이 맞춰질 수밖에 없다. 성서와 과학 모두가 개별적인 인간 생명은, 임신이 이루어진 순간부터 생명이 시작된다는 견해를 지지하고 있다. 그리고 일반 계시와 특별 계시 모두가, 아무 죄없는 인간 생명을 살해하는 것은 잘못이라고 선언하고 있다. 더군다나 낙태를 정당화하기 위해 이용되는 근거들은, 또한 영아살해와 안락사를 정당화하기 위해서 이용될 수 있다. 그러므로 낙태를 정당화하기 위한 근거들은 모두 인간 생명의 존엄성을 침해한다.

낙태가 태아의 생명에 대한 위협인 것만은 아니다. 영국의 시인 돈 (John Donne)이 말했듯이 "어떤 인간이든 죽으면 나에게는 손실이다. 왜냐하면 나는 인류에 포함되어 있기 때문이다. 그러므로 누구를 위해 종이 울리는가를 알려고 하지 말라. 종은 바로 그대를 위해 울리고 있다." 미국에서는 매일 4천 번 즉 20초마다 한 번씩 종이 울리고 있다.

〖 꼭 읽어야 할 책들 〗

Brennan, William. *The Abortion Holocaust: Today's Final Solution.* St. Louis: Landmark, 1983.
Burtchaell, James Tunstead. *Rachel Weeping: The Case Against Abortion.* San Francisco: Harper and Row, 1984.
Gardner, R. F. R. *Abortion: The Personal Dilemma.* Grand Rapids: Eerdmans, 1972.
Krason, Stephen M. *Abortion: Politics, Morality and the Constitution.* New York: University Press of America, 1984.
Nathanson, Bernard N. *Aborting America.* Garden City, N. Y.: Doubleday, 1979.
―――. *The Abortion Papers: Inside the Abortion Mentality.* Hollywood, Fla.: Fell, 1983.
Roe v. Wade 410 U. S. 113, 93 S. Ct. 705, 35 L. Ed. 2d 147(1973).
Webster v. Reproductive Health Services(1989).
Wennberg, Robert N. *Life in the Balance: Exploring the Abortion Controversy.* Grand Rapids: Eerdmans, 1985.
Willke, J. C., and Barbara Willke. *Abortion: Questions and Answers.* Cincinnati: Hayes, 1985.

9

안락사

화염에 휩싸인 비행기 속에 갇혀 있는 사람이, 차라리 총으로 쏴 죽여 달라고 부탁하면 우리는 그에게 어떻게 해야 하는가? 대부분의 자비심 많은 사람들은, 불타오르는 우리 안에서 발버둥치는 말(馬)을 총으로 쏴 죽일 것이다. 왜 인간은 동물처럼 자비로운 대우를 받아서는 안되는가? 혹은 흉칙스럽게 불구가 된 아기가 태어나 갑자기 호흡을 멈출 때, 의사는 도덕적으로 그 아기를 소생시켜야 하는가? 죽도록 내버려 두는 것이 더 자비로운 일이 아닐까? 아울러 불치의 질병을 앓고 있는 사람이, 기계의 힘으로만 생명을 유지하고 있다고 하자. 만약 플러그가 뽑힌다면 그는 사망할 것이다. 그는 살아나더라도 '식물인간'(vegetative existence) 신세를 면하지 못할 것이다. 이와 유사한 많은 상황들 때문에, 우리는 안락사와 유아 살해의 고유한 윤리문제에 초점을 맞추게 된다. '자비심에서 우러난 살인'(mercy killing)을 언제나 도덕적으로 정당화할 수 있는가?

I. 능동적인 안락사(고통을 피하기 위해 생명을 빼앗는 것)

안락사는 '좋은(행복한) 죽음'을 의미한다. 안락사에는 능동적 안락사와 수동적 안락사 두 가지 종류가 있다. 능동적 안락사는 고통을 피하기 위해 생명을 빼앗는 것이고, 수동적 안락사는 죽도록 내버려 두는 것이다. 안락사는 자발적일 수도 있고 비자발적일 수도 있다. 자발적인 안락사에서는 환자가 죽음에 동의하지만, 비자발적인 안락사에서는 그렇지 않다. 죽음은 자기 자신 때문에 초래될 수도 있고, 다른 사람 때문에 초래될 수도 있다. 죽음이 자기 자신 때문에 초래되면 자살(suicide)이고, 다른 사람 때문에 초래되는 죽음은 타살(homicide)이다.

이렇게 자비심에서 비롯된 살인은 나이 어린 사람에게 해당될 수도 있고, 나이 많은 사람에게 해당될 수도 있다. 나이 어린 사람의 경우에 그것은 유아 살해(infanticide)이고, 나이 많은 사람의 경우에 그것은 안락사이다. 여기서는 자기 자신이 저지르는가 아니면 다른 사람이 저지르는가에 상관없이 또한 나이가 많고 적음에 상관없이, 능동적인 안락사 또는 의도적으로 다른 사람의 생명을 빼앗는 것을 중심으로 논의가 전개될 것이다. 이와 같이 죽음은 결코 자연사가 아니라 비자연사(unnatural death)이다. 즉 자연스러운 과정의 결과가 아니라, 자비심에서 비롯된 죽음인 것이다.

1. 존엄하게 죽을 권리가 있다

누구든지 존엄하게 죽을 권리를 갖고 있으며, 이것은 인간 생명이 의미하는 바의 일부라는 주장이 있다. 죽음은 인간 생명의 마지막 부분이기는 해도, 그 일부임에는 틀림없다. 그런데 매우 완만하고 고통스러우며 무자비한 죽음은 존엄한 죽음이 아니다. 오히려 그것은 동물의 죽음(혹은 어떤 경우에는 식물의 죽음)과 같은 비인간적인 죽음이다. 그래서 능동적인 안락사의 지지자들은 능동적인 안락사가, 존엄한 죽음을 보장하기 위해 반드시 필요한 수단이라고 주장하고 있다. 능동적인 안락사가 없다면 우리 인간들은, 자기 자신의 운명을 전혀 선택하지 못한다. 우리는 재난을 통제하지 못한다. 우리는 단지 고통이라는 장기판 위의 장기알일 뿐이다.

2. 헌법상의 사생활권에는 존엄한 죽음도 포함된다

안락사의 근거는 최고 법원이 낙태를 정당화하기 위해 이용한 근거의 연장선상에 있다. 최고법원의 제 14차 수정안에는 사생활권이 들어가 있다고 주장한다. 이것은 여성에게는 자기 태아를 낙태시켜서 죽게 할 권리가 있음을 보장해 준다. 그러므로 사생활권에 태아의 생명을 빼앗는 것까지 포함시킨다면, 당연히 새로 태어난 아기를 죽이는 것 혹은 죽어가는 사람을 안락사시키는 것도 포함되지 않겠는가? 우리에게 누가 살아야 하는지를 결정할 수 있는 헌법상의 권리가 있다면, 누가 죽어야 할 권리도 있지 않겠는가?

3. 안락사는 고통을 겪는 사람에게 자비를 베푸는 행동이다

우리는 불타오르는 우리 안에서 발버둥치는 말을 보면 고통을 덜어주기 위해 총으로 쏴 죽인다. 인간들에게는 이와 같은 자비로운 행동을 하면 왜 안되는가? 우리는 왜 인간의 고통이 지속되도록 해야 하는가? 가장 자비로운 일은 고통을 겪는 사람을 그 고통에서 구해내는 일이다. 아무런 대가없이 끝없는 고통을 감수해야 한다고 주장하는 것은 결코 타당하지 않다. 우리에게 자비심이 있다면 고통을 경감시킬 수 있는 가장 효율적이고 항구적인 방법을 강구하고 또 고통을 겪는 사람이 행복하게 죽도록 해야 한다. 노벨상 수상자인 제임스 왓슨(James Watson) 박사는 이렇게 말하고 있다;

> "만약 한 아기가 출생 3일 이후까지 살아있기 힘들다는 말을 들으면 그 부모는 현재의 의료체계하에서는 극소수만이 부여받는 선택권을 누릴 수 있을 것이다. 의사는 부모가 동의하면 아기가 겪을 엄청난 고통을 덜어주기 위해 아기가 죽도록 내버려 둘 수 있을 것이다."[1]

4. 안락사는 고통을 겪는 가족에게 자비를 베푸는 행동이다

혼자만이 고통을 겪지 않는다. 가족까지 고통을 겪을 수밖에 없다. 불가피한 죽음을 앞당기는 것은 환자의 말 못할 고통을 덜어주는 일일 뿐더러, 환자 가족의 이루 헤아릴 수 없이 무거운 짐을 덜어주는 일이다. 환자 가족의 사회적 희생과 심리적 고통을 어느 면으로 보아도, 죽어가는 환자의 육체적 고통만큼이나 크다. 따라서 '플러그를 뽑아 버리는 것'은 환자 가족에게도 자비로운 행동이다. 1983년 인디아나주의 최고 법원은 이러한 생각에 동의하여, 도우라는 아기가(Baby Doe)가 죽도록 내버려둘 부모의 권리를

---

1) J. C. Willke and Barbara Willke, *Abortion: Questions and Answers* (Cincinnati: Hayes, 1985), pp. 204.

인정했다. 이 결정의 지지자들은 그렇게 하는 것이 자비로운 일이라고 생각하였다.

5. 안락사는 환자 가족의 무거운 경제적 부담을 덜어 준다

환자 가족은 사회적이고 심리적인 부담 뿐만 아니라, 매우 무거운 경제적 부담까지 짊어질 것이다. 중병은 순식간에 일생 동안 저축해 놓은 돈을 쓸어갈 수 있다. 그러한 돈은 종종 환자 가족이 생계유지를 위해 절실히 필요로 하는 돈일 것이다. 때에 따라서는 질병은 전체 가족의 장래 교육비나 보건비까지 휩쓸어 갈 수 있다. 그러므로 안락사는 죽어가는 사람에게 자비를 베푸는 행동일 뿐만 아니라, 그를 책임진 가족에게도 자비를 베푸는 행동이다.

6. 안락사는 사회의 무거운 부담을 덜어 준다

의료비가 상승하고 노년층이 증가함에 따라, 아픈 사람을 돌봐야 하는 부담도 커지고 있다. 1984년 봄 콜로라도 주지사 리차드 램(Richard Ramm)은 노인에게는 "죽어야 할 의무가 있다"고 선언하였다. 사실 노인의 죽음을 돕기 위한 단체도 현재 존재하고 있다. 안락사를 원하는 영국의 단체는 엑시트(Exit)로 불리우고 있다. 미국에서는 그러한 집단은 죽을 권리를 위한 모임, 또한 독약회(Hemlock society)로 불리우고 있다. 이 모임의 창립자 데릭 험프리(Derek Humphry)는, 1975년 영국에서 자기 아내가 자살하는 것을 도왔다. 이 Hemlock 모임에서 발간한 책 『내가 눈뜨기 전에 죽게 해 주오』(Let Me Die Before I Wake)는, 생명을 끊는 데 필요한 의약품의 목록은 물론 자살에 관한 연구 사례까지 담고 있다. 험프리는 "우리는 안락사에 관해 토론하는 일이 존중받을 수 있도록 했다. 우리는 또한 수많은 사람들이 편안하게 사망하도록 도왔다"고 자랑하고 있다.[2]

7. 안락사는 당연히 해야 할 자비로운 행동이다

생물 의학상의 윤리 문제를 연구하는 위원회의 위원으로 임명되기에 앞

---

2) *Reader*, June 29, 1983.

서, 철학자 와렌(Mary Anne Warren)은 심한 불구로 태어난 신생아를 완만하고 고통스러운 죽음으로부터 벗어나게 하기 위해서는 죽여야 할 '발을 다친 말'과 비교하였다.[3] 피터 싱거(Peter Singer) 교수는 "태아의 생명은 합리성의 차원에서 보면, 인간이 아닌 동물의 생명보다 전혀 귀중하지 않다. 이러한 논거들을 태아 뿐만 아니라 신생아에게도 적용할 수 있어야 한다"고 주장하고 있다. 그래서 그는 결국 "신생아의 생명은 돼지나 개나 침팬지의 생명보다도 더 귀중하지 않다"[4]는 결론을 내리고 있다. 1982년 뉴스 위크지에 실린 한 논문은 대문자로 "생물학자들은 유아 살해가 성적 충동 만큼이나 정상적인 일이다. 그래서 인간을 비롯한 대부분의 동물들은 유아살해를 자행하고 있다"[5]고 선언하였다.

II. 능동적인 안락사에 대한 평가

이러한 주장들에 대해 기독교는 강하게 반발하고 있다. 왜냐하면 이러한 주장들은 하나님의 주권에 대한 매우 뿌리 깊은 기독교의 확신과 하나님의 형상대로 만들어진 인간 생명의 신성함을 부정하는 공리주의적인 전제들에 입각해 있기 때문이다.

1. 살인할 수 있는 도덕적 권리란 결코 존재하지 않는다

안락사의 지지자들은 아무 죄없는 인간을 의도적으로 살해할 수 있는 도덕적인 권리가 존재한다고 가정하고 있다. 그러나 성서는 "살인하지 말지니라"(출 20:13)고 말하고 있다. 안락사 지지자들은 인간이 인간 생명에 대한 주권을 갖고 있다고 확신하지만, 성서는 하나님이 그런 주권을 갖고 있다고 선언하고 있다; "내(여호와)가 죽이기도 하며 살리기도 하며 상하게

---

3) William Brennan, *The Abortion Holocaust: Today's Final Solution*(St. Louis: Landmark, 1983), p. 83.
4) Peter Singer, *Practical Ethics*(Cambridge: Cambridge University Press, 1979), pp. 122~23.
5) Sharon Begley, "Nature's Baby Killers," *Newsweek*, September 6, 1982, p. 78.

도 하며 낫게도 하나니 내 손에서 능히 건질 자 없도다"(신 32:39). "주신 자도 여호와시요 취하신 자도 여호와시오니"(욥 1:21). 하나님이 인간의 생명을 창조했으므로(창 1:27), 그 분만이 인간의 생명을 빼앗을 권리를 갖고 있다(히 9:27). 그러므로 능동적인 안락사의 근본 오류는, 인간 생명에 대한 하나님의 주권을 의심하고 있다는 점이다. 안락사 지지자들은 감히 하나님을 희롱하고 있다.

2. 헌법은 살인할 권리를 부여하고 있지 않다

우선 미(美) 헌법에는 명확하게 표현된 사생활권이 없다는 사실을 지적하고 싶다. 미 헌법에는 사생활권이 암시되어 있을 뿐이다. 둘째로 설령 사생활권이 존재한다고 하더라도 그것은 제 5차 수정안과 제 14차 수정안에서 강조된 생명권보다 우위에 있지 않다. 독립선언서는 생명권을 "하나님에게 부여받은 양도 불가능한" 권리라고 부르고 있다. 따라서 생명권은 절대적이지만 사생활권은 제한적이다. 예를 들면 헌법은 사적으로 이루어지는 한에서, 아동을 학대하거나 강간을 자행할 권리를 부여하지 않고 있다. 그리고 사적으로 살인할 그 어떤 권리도 존재하지 않는다는 것은 틀림없는 사실이다. 그런데 능동적인 안락사는 살인이다. 즉 그것은 죄없는 인간의 생명을 빼앗는 것이므로 반헌법적이고 반기독교적이다.

3. 고통을 겪는 사람을 살해하는 것은 자비로운 행동이 아니다

무엇보다도 먼저 낙태를 옹호하는 주장과 마찬가지로, 안락사를 옹호하는 주장도 엉뚱한 데 초점을 맞추고 있다는 점을 지적해야 한다. 태아를 살해하는 것은 아동학대를 막지 못한다. 오히려 그 자체가 아동학대이다. 마찬가지로 불구로 태어난 아기를 살해하거나, 고통을 겪는 어른을 살해하는 것은 인간적 고통을 막지 못한다. 오히려 죽음의 고통을 가할 뿐이다. 둘째로 안락사가 많은 고통을 저지한다고 할지라도, 이 때문에 안락사가 정당화될 수는 없다. 목적은 수단을 정당화시키지 않는다. 목적은 오로지 올바른 수단만을 정당화시킨다. 그리고 죄없는 사람을 죽이는 것은, 올바른 행동이 아니라 악한 행동이다(출 20:13). 셋째로 훌륭한 목적(고통을 막는 것)이 수단(살인하는 것)을 정당화시킨다면 살인, 낙태, 안락사의 지지자들은 그러한 수단들로 인해 생명을 빼앗긴 수백만 명을 구할 수 있을 것이다. 그러나 그 어떤 안락사 지지자도 그것을 허용하지 않으려고 한다.

4. 고통을 통해 배워야 하는 것이 많이 있다

많은 안락사 지지자들은 현란한 언어를 동원하여, 고통을 피할 수 있다는 사실을 강조하고 있다. 고통은 어떠한 대가(설령 그 대가가 생명이라 하더라도)를 치르고서라도 막아야 하는 가장 나쁜 악인 것이다. 그러나 이것은 기독교적 고통관이 아니다. 야고보는 이렇게 말하고 있다; "내 형제들아 너희가 여러가지 시험을 만나거든 온전히 기쁘게 여기라 이는 너희 믿음의 시련이 인내를 만들어 내는 줄 너희가 앎이라 인내를 온전히 이루라 이는 너희로 온전하고 구비하여 조금도 부족함이 없게 하려 함이라"(약 1:2~4). 사도 바울은 로마의 기독교인들에게 "우리가 환난 중에도 즐거워하나니 환난은 인내를 인내는 연단을 연단은 소망을 이루는 줄 앎이로다"(롬 5:3~4)라고 말했다.

고통은 어떤 대가를 치르더라도 막아야 하는 악이기는커녕, 때에 따라서는 고상하고 끈기있는 성격 형성의 토대로 될 수 있다(욥 23:10). 야고보는 욥의 고통에 대해 "주는 가장 자비하시고 긍휼히 여기시는 자시니라"(약 5:11)고 말했다. 물론 히브리 기자는 "무릇 징계가 당시에는 즐거워 보이지 않고 슬퍼 보이나 후에 그로 말미암아 연단한 자에게는 의의 평강한 열매를 맺나니"(히 12:11)라고 말했다.

5. 인간의 생명에는 가격표를 붙일 수 없다

안락사가 경제적 부담을 덜어 준다는 안락사 지지자들의 주장은, 인간의 생명에 가격표를 붙일 수 있다는 오류로 가득찬 전제에 입각해 있다. 이 주장은 우리가 생명을 유지할 경제적 여유가 있을 때에만, 생명을 보호하고 유지해야 한다는 잘못된 가정을 하고 있는 것이다. 당연히 이것은 도덕적이지 않고 물질주의적이다. 그 어떤 물질적인 가치도 하나님의 형상대로 만들어진 생명같은 정신적인 가치 위에 놓일 수 없다. 예수님은 "사람이 만일 온 천하를 얻고도 제 목숨을 잃으면 무엇이 유익하리요 사람이 무엇을 주고 제 목숨을 바꾸겠느냐"(막 8:36)라고 말씀하셨다. 한 인간의 생명은 이 세상의 그 무엇보다도 소중하다(마 6:26). 따라서 우리는 돈을 아끼기 위해 생명을 빼앗아야 한다는 주장은, 인간 생명에 대한 왜곡되고 물질주의적인 견해라고 평가할 수밖에 없다.

6. 목적은 수단을 정당화하지 않는다

안락사가 사회의 무거운 부담을 경감시켜 줄 것이라는 주장의 배후에는, 공리주의의 근본 오류가 깔려 있다(4장 참조). 첫째로 이것은 개별적인 인간 생명의 본질적 가치를 간과하고 있다. 둘째로 이것은 또한 목적이 수단(살인)을 정당화한다는 잘못된 가정에 입각해 있다. 셋째로 이것은 정신적인 견지가 아닌 물질적인 견지에서만 결과를 계산하고 있다. 넷째로 안락사는 수많은 사람들의 인권을 빼앗을 때 사용하는 독재자의 도구이다(히틀러를 보라).

7. 인간은 동물이 아니다

안락사 지지자들의 주장 배후에 깔려 있는 또 다른 치명적으로 잘못된 가정은, 인간이 동물로부터 진화해 왔으며 기본적으로 동물이라는 가정이다. 그러므로 우리가 동물들 가운데 바람직스럽지 못한 동물이 있으면 완전히 말살해 버리듯이, 인간들 가운데 바람직스럽지 못한 인간이 있으면 제거해 버려야 한다는 것이다. 사실 기독교인이 불타 오르는 우리 안에서 발버둥치는 말을 쏴 죽이는 이유가, 그대로 고통을 겪는 인간을 죽여야 하는 이유로 될 수는 없다. 왜냐하면 인간은 말이 아니기 때문이다. 우리가 인간을 동물로 환원시키면 인간을 상대로 한 실험, AIDS 환자의 살해, 심지어는 집단 학살같은 지극히 악한 행위들이 논리적으로 뒤따를 수 있을 것이다. 그러나 안락사를 극렬하게 지지하는 사람들도 이러한 행위를 반대할 것이다.

Ⅲ. 수동적 안락사의 다양한 유형들

기독교의 관점에서 능동적 안락사를 검토하고 평가해 보았으므로, 이제 이른바 수동적 안락사에 대해 살펴보자. 수동적 안락사는 능동적 안락사와 많은 차이가 있다.

능동적 안락사는 죽음을 낳는 것을 의미하는 반면에, 수동적 안락사는 죽음을 허용하는 것을 의미한다. 능동적 안락사는 도덕적으로 잘못이지만, 수동적 안락사는 생명을 유지시키는 자연스러운 수단을 유보하는가 아니면 회복 불가능한 질병의 진행을 억제하는 부자연스러운 수단을 제거하는가에 따라 도덕적으로 올바를 수도 있다. 여기서 죽기까지 '내버려 두기' 위해 생명을 유지시키는 자연스러운 수단을 유보해 두는 수동적 안락사는 부자연스러운 수동적 안락사로 지칭되고, 생명을 유지시키는 부자연스러운 수단을 제거하는 것은 자연스러운 수동적 안락사로 지칭된다.

1. 부자연스러운 수동적 안락사

부자연스러운 수동적 안락사는 심사숙고 끝에 생명을 유지시키는 자연스러운 수단을 보유함으로써, 사람을 죽도록 내버려 두는 것이다. 여기서 자연스러운 수단이란 음식물, 물, 공기 등의 정상적인 생명유지 수단을 말하며, 부자연스러운 수단에는 호흡기와 인공장기 등의 기계장치들이 포함된다. 이러한 구분에 비추어 볼 때 중요한 점은 바로 이것이다. 즉 기독교의 관점에서는 모든 수동적 안락사가, 도덕적으로 정당화될 수 있는 것은 아니라는 점이다. 예를 들어 어린 아기를 굶겨 죽이는 것은 수동적 안락사이지만, 어린 아기를 굶겨 죽기까지 '내버려 두었다면' 누군가가 사실상 거기에 대한 책임을 져야 한다. 따라서 이러한 경우의 수동적 안락사는 도덕적으로 올바르지 못하다.

2. 자연스러운 수동적 안락사

어린 아기에게 음식물 '공기' 물 등을 공급하는 일을 유보하는 것은, 직접적으로 그 어린 아기의 죽음을 초래하므로 이것은 과실치사이다. 반면에 부자연스러운 수단을 제거하는 것은, 간접적으로만 환자의 죽음을 초래할 뿐이다. 따라서 자연스러운 수단의 유보는 직접적으로 죽음을 초래하므로 능동적인 안락사와 동등하다. 결국 우리는 도덕적으로 정당화될 수 있는 수동적 안락사에 관해 이야기할 경우, 자연스러운 수동적 안락사의 범주만을 가리키게 된다. 즉 회복 불가능한 질병에 걸린 사람들은, 부자연스러운 생명 유지 장비를 제거하면 자연스럽게 사망할 수 있다.

Ⅳ. 수동적 안락사를 둘러싼 논의

안락사에 관한 논쟁은 기본적으로 세계관의 충돌을 야기시킨다. 세속적인 인본주의 관점에서 보면 안락사는 의미가 있으나, 유대-기독교의 틀 내에서는 안락사가 도덕적으로 용납 불가능하다. 이러한 차이점을 이해하려고 한다면 다음 표를 보면 도움이 될 것이다.

세속적이고 인간주의적 세계관과 유대-기독교적 세계관

세속적이고 인본주의적 세계관	유대-기독교적 세계관
창조자 없음	유일한 창조자
인간은 창조되지 않았다	인간은 창조된다
하나님이 부여한 가치가 없다	하나님이 부여한 가치가 있다
인간이 권리를 규정한다	인간은 권리를 발견한다

1. 안락사는 생명에 대한 하나님의 주권과 모순된다

'안락사' 하면 보통 능동적 안락사와 부자연스러운 수동적 안락사(사람을 굶겨 죽이는 것 등)를 뜻한다. 양자 모두 인간 사망의 직접적인 원인이다. 그런데 이것은 인간 생명에 대한 하나님의 주권을 거부하기 때문에, 기독교의 관점에서는 도덕적으로 용납될 수 없다. 성서에 따르면 하나님은 만물의 창조자이면서 소유자이다(창 1:1; 시 24:1). 하나님은 자기 형상대로 인간을 창조했으며(창 1:27), 인간의 생명에 대해 책임을 지고 있다.

가인이 아벨을 살해했을 때, 아벨의 피는 울부짖었으며 하나님께 직접 복수를 호소했다(창 4:10). 하나님은 모세에게 이렇게 말했다; "내(여호와) 손에서 능히 건질 자 없도다"(신 32:39). 바로는 자기가 복종해야 할 주는 도대체 누구인가라고 말하면서 하나님의 주권에 도전한 직후, 하나님은 바로의 장남을 비롯하여 이집트의 장남으로 태어난 모든 사람들의 생명을 빼앗아 버렸다는 사실을 깨달았다(출 11:4~7). 하나님이 (모세를 통해서) 먼지로부터 생명을 창조해 냈을 때, 이집트의 마술사들은 깜짝 놀라서 "이는 하나님의 권능이시다"(출 8:19)라고 외쳤다. 하나님만이 생명의 주인이시다. 그리고 인간의 생명은 하나님의 형상대로 존재하므로, 하나님은 인간의 생명에 사회적인 구속력을 부여했다고 할 수 있다. 하나님만이 인간의 생명을 창조했으며, 하나님만이 죄없는 생명을 빼앗을 수 있는 권리를 갖고 있다. 안락사는 하나님에게서 인간 생명에 대한 주권을 빼앗으려는 무엄한 시도이다.

2. 안락사는 인간 생명의 존엄성에 반한다

하나님이 인간의 생명을 주관하고 있을 뿐만 아니라, 인간의 생명은 신성하다. 인간의 생명은 하나님의 형상대로 만들어졌다(창 1:27). 이러한 사실 때문에 아무 죄없는 인간을 살해하는 것은 잘못이다. 세상이 유혈로 낭자하고 폭력이 판을 쳤을 때 하나님은 대홍수를 일으켜 그러한 세상을 파괴하였으며(창 6:11), 그 이후 사형의 권한을 지닌 인간의 정부가 들어섰다. 하나님은 이렇게 된 이유를 다음과 같이 명확하게 밝힌 바 있다; "무릇 사람의 피를 흘리면 사람이 그 피를 흘릴 것이니 이는 하나님이 자기 형상대로 사람을 지었음이니라"(창 9:6). 인간의 생명은 신성하며 하나님과 유사하다. 이러한 이유 때문에 다른 인간을 저주하는 것은 잘못된 일이다 (약 3:9).

동물과는 달리 인간은 이성적이고(골 3:10; 유 10) 도덕적인 존재이다. 인간은 하나님과 닮았으며 하나님에 대해 도덕적으로 책임이 있다(창 2:16~17). 인간은 하나님이 거룩한 만큼 거룩할 수 있고(레 11:44), "하늘나라의 하나님 아버지가 온전하신 것처럼" 도덕적으로 온전해지라는 가르침을 받고 있다(마 5:48). 인간 생명의 신성함 때문에, 하나님은 한 인간이 다른 인간을 살해하는 것을 금지하였다. 왜냐하면 그렇게 하는 것은 간접적으로 하나님을 공격하는 행동이기 때문이다.

3. 안락사는 자살 또는 살인의 한 형태이다

성서는 살인이 잘못된 행동임을 강조하고 있다. 십계명 중에는 "살인하지 말라"(출 20:13)는 계명이 있다. 이 살인 금지의 명령을 어긴 데 대한 처벌은 사형이다(출 21:12~13). 자살도 살인의 한 형태이므로, 자살 또한 살인을 금지하는 명령의 적용을 받는다. 자기 자신을 살해하는 것은 생명에 대한 하나님의 주권을 거부하는 것 뿐만 아니라, 생명의 신성성에 대한 공격이다. 인간의 생명이 우리 자신의 것인가 다른 누군가의 것인가는 중요하지 않다. 그것은 하나님의 형상을 띠고 있으며 하나님의 지배하에 있다. 안락사는 자발적일 수 있고, 자발적이지 않을 수도 있다. 그러나 안락사를 자초했든 자초하지 않았든 안락사는 살인의 한 형태임에 틀림없다. 어떤 경우든지 성서는 안락사를 금지하고 있는 것이다.

4. 성서는 안락사를 더욱 강력하게 비난하고 있다

성서에서는 죽고 싶다고 느낄 정도로 깊은 절망에 빠진 신자가, 자살을 생각해 보지 않고 요나처럼 다음과 같이 기도한 경우가 많다; "여호와여 원컨대 이제 내 생명을 취하소서 사는 것보다 죽는 것이 내게 나음이니이다" (욘 4:3; 욥 3장 참조). 그리고 성서에 기록된 극소수의 자살자들은 하나님으로부터 비난받고 있다. 사울왕의 자살은 그 적절한 예라 하겠다(삼상 31장; 삼하 2장). 사울의 시종이 치명적인 부상을 입은 사울왕의 명령에 불복종한 죄는 엄청난 죄였다. 그 결과 "사울이 자기 칼을 취하고 그 위에 엎드려졌다"(삼상 31:4). 이것은 아비멜렉의 자살 방조죄에 있어서도 마찬가지이다(삿 9:54). 성서는 이에 대해 다음과 같이 말했다; "아비멜렉이 행한 악을 하나님이 이같이 갚으셨고"(삿 9:56).

자살은 더욱 혐오스러운 죄이다. 왜냐하면 자살은 하나님의 주권과 생명의 존엄성을 침해하는 것일 뿐만 아니라, 하나님이 우리에게 맡긴 생명에 대한 책임을 방기(放棄)하는 것이기 때문이다. 자살은 바울이 다음 구절에서 이야기한 기본적인 자기 존중마저 부정하는 것이다; "누구든지 언제든지 제 육체를 미워하지 않고 오직 양육하여 보호하기를"(엡 5:29). 성서는 다른 사람을 위해 자기 생명을 바치는 일을 적극 권장한다(요 5:13; 롬 5:7).

5. 안락사는 인도주의적인 윤리에 토대를 두고 있다

『인도주의자 선언II』는 무엇보다도 낙태, 자살, 안락사를 권유하고 있다. 이것은 당연히 하나님이 부여한 가치를 거부하고, 상황윤리를 수용하는 인도주의 자세에서 비롯된다. 인도주의자들은 "현대 과학에 의해 우주의 본질이 파악됨으로써 인간의 가치가 초자연적으로나 범우주적으로 보장될 수 있다는 견해는 더이상 통하지 않게 되었다"고 주장하는데, 이것은 "우주가 창조되지 않았다"는 그들의 믿음에 뿌리를 박고 있다.[6] 창조자가 존재하지 않는다면 창조자는 당연히 모든 가치의 근원이나 보증인이 될 수 없다. 따라서 그들의 주장에 따르면 "도덕 가치들의 근원은 인간 경험이다. 윤리는 자율적이고 상황적이므로 신학적이고 이데올로기적인 승인을 필요로 하지 않는다."[7]

물론 하나님 및 하나님이 부여한 가치가 일단 부정될 경우, 하나님이 죽으면 "모든 것이 정당하다"는 도스토예프스키의 말(『까라마조프의 형제들』)이 옳을 것이다. 사실 『인본주의자의 선언』은 "존엄하게 죽거나 안락사할 수 있고 또 자살할 수 있는 권리"[8]까지 요구하고 있다. 이러한 요구는 사실상 인도주의 입장의 본질(즉 안락사는 인간 생명에 대한 하나님의 주권을 부정한 데서 비롯된다는 사실)을 확인시켜 주고 있다. 역으로 하나님의 실재성은 생명의 신성함과 인간의 존엄성을 위한 토대이다. 세속적인 인도주의 윤리는 이것을 부정하기 때문에, 인간 생명의 보호벽을 파괴해 버리고 만다.

---

6) Paul Kurtz, ed., *Humanist Manifestos I and II*(Buffalo: Prometheus, 1973), p. 8.
7) Ibid., p. 17.
8) Ibid., p. 19.

6. 안락사는 인간 생명의 가치를 경시한다

안락사는 낙태와 마찬가지로 인간 생명의 가치를 경시하고 있다. 여기에 대한 고전적인 예가 나탄슨 박사의 예이다. 그는 약 6천 명의 태아를 살해함으로써, 서방 세계에서 가장 많이 낙태 수술을 실시한 사람 중의 한 명으로 손꼽히고 있다. 그 자신의 증언에 따르면 그는 "종교적인 신조에서가 아니라 현대의 생물학적 자료에서 도출된 인도주의 철학"[9]에 입각하여, 그렇게 무수한 낙태수술을 시행했다고 한다. 그는 결국 자기 나름대로의 '인도주의' 윤리를 이용하여, 낙태 수술이라는 지극히 비인도주의적인 행동을 했던 것이다. 안락사는 훨씬 더 비인도주의적이다. 왜냐하면 낙태와 달리 의사나 간호사가 사망 순간을 목격하는 경우는 흔치 않기 때문이다.

어떤 사회든지 아무 죄없는 생명의 대대적인 학살을 저지르면, 반드시 그에 따른 엄중한 대가를 치러야 한다. 생명의 가치는 이와 같은 인간 존재의 참혹한 무시로 인해 경시되고 있다. 우리가 출생 이전의 생명을 존중하지 않으면, 이는 생물에 대한 우리의 태도에 영향을 미치기 마련이다. 인간의 생명은 촘촘히 얽힌 거미줄과도 같다. "왜냐하면 우리들 중의 그 누구도 혼자 힘으로는 살 수 없을 뿐만 아니라 죽을 수도 없기 때문이다"(롬 14:7). 그러므로 인류의 한 구성원에게 영향을 미치는 것은 모두에게 영향을 미친다.

7. 안락사는 가족과 사회의 죄를 만들어 낸다

사랑하는 사람의 생명을 유지시켜 주는 인공 장기를 제거하겠다는 결정은 간접적인 수동적 안락사의 경우에서처럼, 도덕적으로 정당화될 수 있다고 하더라도 감당하기에 무거운 짐일 수밖에 없다. 그리고 그것이 비록 인도주의적인 동기에서 시작되었다고는 하지만, 하나님이 제거하려 들지 않는 한 생명을 제거하기 위한 주도면밀한 행동일 때에도 죄책감이 생길 수밖에 없다. 아무 죄없는 사람의 학살을 허용하는 사회는 이처럼 무거운 죄를 짊어져야 할 것이다.

---

9) Bernard N. Nathanson, *Aborting America* (Garden City, N. Y.: Doubleday, 1979), p. 259.

V. 자연스러운 수동적 안락사에 관한 논의

안락사로 인간 생명을 제거하는 것은, 그 동기가 선한가 악한가에 상관없이 도덕적으로 올바르지 못하다. 고의적으로 다른 사람의 생명을 빼앗는 것은 항상 올바르지 못하다. 하지만 다른 사람이 죽도록 내버려 두는 것(특히 자연사일 경우)은 항상 올바르지 못한 것은 아니다. 물론 음식물과 물을 제공하지 않음으로써 사람을 굶겨 죽이는 것은, 수동적 안락사의 한 형태라고는 해도 살인으로 된다. 왜냐하면 이처럼 자연스럽게 생명을 유지시키는 요소들의 제공을 유보하는 것은 죽음과 직결되기 때문이다. 그렇지만 부자연스러운 생명유지 수단을 제거함으로써, 자연스럽게 죽도록 하는 것이 도덕적으로 올바른가는 토론의 여지가 있다고 하겠다.

1. 몇 가지 중요한 차이점들

앞에서 이미 살펴본 바와 같이 유아 살해나 안락사로 한 인간 생명을 빼앗는 것은 결코 올바르지 못하지만, 어떤 사람을 죽도록 내버려 두는 것이 항상 나쁜 것만은 아니다. 우리가 음식물과 물을 제공하지 않아 어떤 사람을 죽도록 내버려 둔다면, 이것은 수동적 안락사로 불리운다고 하더라도 명백하게 살인이다. 왜냐하면 그러한 행동은 죽음과 직결되기 때문이다. 하지만 부자연스러운 생명유지 수단을 제거하는 것이 항상 나쁜 것만은 아니다. 정당화될 수 있는 수동적 안락사의 경우와 그렇지 않은 경우가, 어떤 부분에서 구분되는지 논의할 여지가 있다. 아래 표는 이런 상황을 요약 정리한 것이다.

능동적 안락사와 수동적 안락사

능동적 안락사	수동적 안락사
생명을 빼앗는 것	자연스러운 생명 유지 수단을 제거하여 죽도록 내버려 두는 것
	부자연스러운 생명 유지 수단을 제거하여 죽도록 내버려 두는 것

생명을 빼앗거나 음식물, 물, 공기 등과 같은 일반적인 생명유지 수단을 제공하지 않는 것은 결코 올바르지 못하다. 죽도록 내버려 두는 것이 정당화될 수 있는 경우는, 부자연스러운 기계적 생명유지 수단을 철거하는 경우나 회복 불가능한 질병의 경우밖에 없다.

2. 결정의 지침

부자연스러운 생명유지 수단의 과감한 이용이, 하나님이 주관하는 자연스러운 죽음의 진행에 도움되는 것이 아니라 방해되는 때가 있다. 이것은 인간의 노력이 생명을 연장하기 보다는 사실상 죽음을 연장하게 되는 경우이다. 인공적인 생명유지 수단이 인간의 자연생명을 한층 더 강화하기보다, 죽음의 자연스러운 진행을 방해할 경우에는 인공적인 생명유지 수단의 이용은 잘못이다. 이것은 죽음의 자연스러운 진행에 관여하는 하나님께 대항하는 행동인 것이다. 불치병에 걸려 혼수상태에 빠진 사람의 생명을 기계장치로 유지시키는 것은 불필요한 일이다. 사실 이것은 인간이 죽어야 한다는 하나님의 명령에 어긋나는 것이기 때문에 비윤리적인 행위로 간주될 수도 있다. 하나님은 누구든지 죽어야 한다고 정해 놓았다(창 2:16~17; 롬 5:12). 하나님은 생명에는 자연적 한계가 있다고 선언한 바 있다(시 90:10). 하나님이 정한 생명의 한계에 맞서 싸우려는 것은 사실상 하나님께 적대하려는 행동이다.

일반적으로 환자의 생명을 유지시키는 기계장치를 제거하겠다는 결정은 지극히 중요한 결정이다. 때에 따라서는 그러한 결정은 불필요할 수 있으며, 나중에 기계장치를 제거해야 할 때에는 윤리적 딜레마를 낳기도 한다. 생명의 연장을 가능하게 한 과학 발전은 또한 죽음의 진행과정도 연장시켰다. 기술은 복합적인 축복인 것이다. 그러므로 초기 단계에 생명을 유지시키는 기계장치를 제거하는 것이 필요한지 필요하지 않은지에 관한 결정을 내려야 한다. 그러면 누가 생명을 유지시키는 기계장치를 제거하고 설치하는 중요한 결정을 내려야 하는가? 이에 대한 지침은 다음과 같다;

(1) 치유 불가능한 질병이어야 한다

우리가 환자의 생명을 유지시킬 수 있는 수단을 이용할 수 있다면 그 환자를 죽도록 내버려 두어서는 안된다. 만약 질병을 고칠 수 있다면 반드시 고쳐야 한다. 죽음의 진행과정을 돌이킬 수 있다면, 자연스러운 수동적 안락사라고 하더라도 정당화될 수는 없다.

(2) 환자는 거부권을 갖고 있다

무엇보다도 중요한 것은 환자가 의식과 이성을 갖고 있는 한, 인공수단으로 자기 생명을 연장시키지 않으려는 결정에 대한 거부권을 갖고 있다. 다른 모든 상황은 똑같으나 환자가 의식을 상실했을 경우, 환자의 살겠다는 의지가 확인될 수 있다면 그의 의지를 존중해야 한다. 환자가 의식을 갖고 있지 않고 또한 살겠다는 의지도 표현할 수 없을 경우, 이 환자에 대한 책임을 진 다른 사람들이 인공수단으로 생명을 연장시켜야 하는지의 여부를 결정해야 한다. 간략히 말해서 절차에 상관없이 대신하려는 결정이 아니라, 대표하려는 결정이 내려져야 한다.

(3) 집단적 결정

다른 사람들이 결정을 내릴 수 없을 때에는 누가 결정을 내려야 하는가? 성서는 공동결정 속에 지혜가 있다고 말한다(민 35:30; 잠 24:6). 결정에는 정신적, 법적, 도덕적, 가족적 의미가 함축되어 있으므로, 이러한 측면 모두를 고려하는 것이 현명할 것이다. 따라서 목사, 의사, 변호사, 가족 등의 동의가 없는 한 결정을 내려서는 안된다. 그런데 이렇게 주위의 동의를 얻기 전부터 반드시 기도해야 한다. 심사숙고하여 결정을 내리기 전에, 무엇보다도 먼저 하나님에게 자문을 구해야 하는 것이다. 하나님은 세상의 지배자이자 초자연적인 존재이다. 병을 치료하는 것이 그의 의지일 가능성이 있다. 하나님은 우리가 자문을 구하기를 기다리고 있다(약 4:2; 5:14~15). 하나님은 기적을 수행할 수 있으므로, 우리는 환자를 위한다면 하나님께 기도하는 일부터 해야 한다. 그러나 열렬하고 반복된 기도를 한 후에도 의학으로는 치료 불가능할 뿐만 아니라, 하나님도 기적을 수행하지 않더라도 우리는 하나님의 은총이 충분하다는 사실을 확신하고 있어야 한다(고후 12:9).

Ⅵ. 회복 불가능한 질병에서의 자연스러운 수동적 안락사에 대한 평가

 신중하게 주변 상황을 고려한 끝에 제한적으로 수동적 안락사가 이루어지더라도, 몇 가지 중요한 문제점들이 여전히 남는다. 그 가운데서도 '회복 불가능하다는 것'과 '부자연스러운 수단'이 의미하는 바와 연관된 문제점들이 가장 먼저 부각될 것이다.

1. 죽는다는 것은 무엇을 의미하는가?

 "회복 불가능하다"는 규정은 비상수단의 제거가 요청될 때 그 이유의 정당성을 좌우하므로, 결정을 내림에 있어서 매우 중요하다. 실천적인 견지에서는 부상이나 질병을 치료할 수 있는 의학적 수단이 없을 때 "회복 불가능한" 상태라고 말한다. 다시 말해서 회복될 것이라는 의학적인 전망이 전혀 없고 환자가 사망하는 것이 시간문제일 때, 우리는 보통 "회복 불가능하다"고 말한다. 의학적으로 이것은 최상의 부자연스러운 (기계적인) 생명유지 수단이라 하더라도, 죽음의 진행을 정지시킬 수 없다는 것을 의미한다.

2. 부자연스러운 생명유지 수단이란 무엇인가?

 자연스러운 생명유지 수단에는 음식물, 물, 산소 등이 포함된다. 부자연스러운 생명유지 수단에는 호흡기나 인공심장 등이 포함될 것이다. 그런데 이러한 두 범주에 분명히 속하지 않는 것들(예를 들어 정맥주사, 산소 마스크, 항생제 등)은 문제를 야기시킨다. 인체 내에서 자연스럽게 생산된다는 의미에서 본다면, 정맥 주사는 분명 비자연적이지만 그렇다고 완전히 인공적이지는 않다. 왜냐하면 정맥 주사를 통해 음식물이 공급되는데, 그 음식물은 자연스러운 생명유지 수단이기 때문이다. 따라서 정맥 주사를 통한 음식물 공급을 철회하는 것은, 환자를 굶겨 죽이는 것과 똑같을 수 있다. 이것은 인공적인 산소 공급에 있어서도 마찬가지이다. 이와 같은 경우에는 결정의 도덕성이, 기술의 이용가능성에 의해 규정될 것이다. 특수장비를 사용하기가 거의 불가능한데도, 반드시 그것을 사용할 도덕적 의무는 없다. 이것은 다른 모든 기술과 약품에 있어서도 똑같다. 부자연스러운 생명 유지 수단을 억지로 사용하여, 회복 불가능한 질병에 걸린 환자의 생명을 연장시키는 것은 도덕적인 의무가 아니다.

3. 죽여서 고통을 제거해 주지 않는 것은 무자비한 일이 아닌가?

어떤 환자들은 고통이 너무 심하기 때문에, 죽음만이 자기들의 고통을 제거해 줄 수 있을 것이라고 생각하지 않는가? 이들의 참기 힘든 고통을 제거해 주지 않는 것은 무자비한 일이 아닌가? 이러한 물음에 대답하려면 다음과 같은 몇 가지 사실들을 염두에 두어야 한다. 우선 성서에는 이 물음에 대한 대답이 나와 있다;

"독주는 죽게 된 자에게 포도주는 마음에 근심하는 자에게 줄지어다 그는 마시고 그 빈궁한 것을 잊어버리겠고 다시 그 고통을 기억지 아니하리라"(잠 31:6~7).

독한 술이 알콜 중독을 야기시킬 수도 있지만(잠 20:1; 사 5:11), 죽어가는 사람들에게는 고통을 완화시켜 주므로 권유할 만하다. 간략히 말해서 성서는 죽어가는 사람들에게, 취하지 않을 정도의 술을 먹이는 것을 권유하고 있다. 왜냐하면 죽어가는 사람들에게는 진정제가 필요하기 때문이다.

4. 고통 완화제가 죽음을 촉진시킨다면 어떠한가?

때로는 고통을 완화시키기 위한 처방이 죽음을 촉진시키기도 한다. 그렇다면 이것은 부당한 수동적 안락사인가? 반드시 그렇지는 않다. 이러한 경우 이중 결과의 원칙을 상기할 필요가 있다. 한 가지 행동에서 두 가지 결과(즉 좋은 결과와 나쁜 결과)가 나올 때, 좋은 결과가 나오도록 하는 것은 우리의 도덕적 책임이다. 이렇게 좋은 결과가 나오도록 노력할 때, 나쁜 결과는 올바른 행동에서 부수적으로만 나오게 된다. 그러므로 부수적인 나쁜 결과에 대해서는 도덕적 책임을 질 필요가 없다. 예를 들어 탈저병에 걸린 한 쪽 다리를 절단할 필요가 있을때 거기에는 두가지 효과가 존재한다. 첫째는 그 병에 걸린 사람의 생명을 구할 수는 있는 것이고, 둘째로는 육체가 불구가 된다는 사실이다. 여기서 육체 일부의 절단이라는 나쁜 결과는, 곧 생명을 구하는 것이다. 마찬가지로 때에 따라서는 고통이 너무 크기 때문에, 그 고통에 대처하기 위한 의학적 처방이 죽음을 촉진하는 경우도 있다. 환자들은 수술받다가 죽을 수도 있으나, 잠재적인 이익은 예상되는 위험보다 더 가치가 있다.

5. 치료를 거부할 권리가 존재하는가?

환자에게 생명을 유지시키는 기계장치를 설치하는 것을 둘러싸고, 많은 도덕적 딜레마들이 발생하고 있다. 이러한 유형의 치료를 거부하는 것은 도덕적으로 잘못인가? 이 물음에 대답할 때에는 우선 자연스러운 생명의 치료와 인공적인 생명의 유지를 명백히 구분해야 한다. 대부분의 상황에서는 분명히 생명을 구해 주는 치료를 거부하는 것은 도덕적으로 잘못일 것이다. 생명의 구원이야말로 의료 행위의 본질적인 부분이다. 사망을 초래할 가능성이 높은 상처에 대한 치료를 거부하는 것은 자살과 똑같다고 할 수 있다. 이와 같은 일반적인 치료는 많은 문제를 낳는다.

상처입은 생명을 원상 회복시키기 위한 치료를 받아들여야 할 절대적인 의무는 존재하지 않는다. 우리는 생명을 유지시키는 치료는 용납해야 하지만, 실제로는 죽음을 연기시킬 뿐인 치료를 용납할 필요가 없다. 예를 들자면 기독교인이 수명을 2배로 늘리기 위해 알약을 복용해야 할(실제로 유익하다면) 도덕 의무는 결코 존재하지 않는다. 마찬가지로 반드시 신장투석술이나 화학요법을 사용해야 할 절대적인 도덕 의무는 결코 존재하지 않는다. 이러한 치료방법을 받아들이는 것은 바람직할 수도 현명할 수도 있으나, 도덕적으로 볼 때 그렇게까지 할 필요는 없다. 누구든지 하나님이 정해 놓은 질병과 죽음이라는 자연스러운 결과를 받아들일 수 있다(창 5장; 롬 5장). 우리는 사실상 결국에는 그렇게 해야 한다.

〖 요약 및 결론 〗

안락사는 행복하고 고통없는 죽음을 의미한다. 능동적인 안락사는 한 인간의 생명을 빼앗는 것이며, 수동적인 안락사는 죽도록 내버려 두는 것이다. 능동적인 안락사는 기독교의 관점에서 본다면 도덕적으로 올바르지 못하지만, 수동적인 안락사는 부자연스럽거나 소생가능한 죽음이 아닌 자연스럽고 소생 불가능한 죽음에 한에서 도덕적으로 용납될 수 있다.

자연스러운 수동적 안락사는 인공적인 심폐장치와 같은 부자연스러운 생명유지 수단을 제거함으로써, 자연스럽게 발생하는 죽음을 허용하는 것이다. 자연스러운 생명유지 수단에는 음식물, 물, 공기 등이 포함된다. 이러한 것들의 공급을 의도적으로 중지시키는 것은 부자연스러운 수동적 안락사이며, 따라서 기독교의 관점에서는 도덕적으로 용납될 수 없다.

도덕적으로 용납될 수 있는 자연스러운 수동적 안락사의 경우에도 결정을 내릴 때의 어려움이 존재한다. 자연스러운 수동적 안락사는 어떤 사람이 회복 불가능한 병에 걸려 죽어가고 있고, 또 본인 스스로도 죽기를 원할 때에만 실시되어야 한다. 그리고 목사, 의사, 변호사, 가족 등의 완전한 동의하에서만 결정이 내려져야 한다. 아울러 다른 무엇보다도 먼저 하나님에게 낫게 해달라는 기도를 드려야 한다. 죽음의 진행과정이 의학적으로 돌이킬 수 없고 또 하나님의 구원도 없을 것으로 분명히 판단될 때에는, 죽음의 진행과정을 연장시킬 뿐인 인위적인 노력을 중지하는 것은 도덕적으로 정당화될 수 있다.

〖 꼭 읽어야 할 책들 〗

Grisez, Germain, and Joseph M. Boyle, Jr. *Life and Death with Liberty and Justice: A Contribution to the Euthanasia Debate.* Notre Dame, Ind.: University of Notre Dame Press, 1980.

Hauerwas, Stanley. *Suffering Presence: Theological Reflctions on Medicine, the Mentally Handicapped, and the Church.* Notre Dame, Ind.: University of Notre Dame Press, 1986.

Hitler, Adolf. *Mein Kampf.* London: Hurst and Blackett, 1939.

Humphry, Derek. *Let Me Die before I Wake.* Los Angeles: Hemlock Society, 1985.

Koop, C. Everett. *The Right to Live; the Right to Die*. Wheaton: Tyndale House, 1976.

Moreland, J. P. "James Rachels and the Active Euthanasia Debate." *Journal of the Evangelical Theological Society* 31, 1(March 1988): 81-90.

Rachels, James. "Active and Passive Euthanasia." *New England Journal of Medicine* 292(January 9, 1975): 78-80.

10

생물의학적 문제

기술은 새로운 윤리 문제를 만들어 냈다. 인공수정, 시험관 아기, 대리모, 장기 이식, 장기 배양, 유전자 접합, 유전자 복제 등은 모두 의학적인 현실이다. 이러한 기술들이 행해질 수 있는가는 더이상 문제로 되지 않고 있다. 반드시 행해져야 하는가가 문제인 것이다. 여기서 다시 관점들을 두 가지 범주(즉 세속적인 인도주의 관점과 유대—기독교적 관점)로 나눌 수 있다. 논의가 진행됨에 따라 각 진영 내부에서도 논쟁이 벌어지고 있다.

I. 세속적인 인도주의 관점(하나님을 희롱함)

생물의학적 문제에서만큼이나 세속적이고 인도주의적인 관점과 기독교의 관점이 확연히 구분되는 곳은 없다. 왜냐하면 윤리적 결정이 진공상태에서 이루어지지 않기 때문이다. 윤리적 결정은 일정한 세계관 안에서 이루어진다. 그러므로 무엇이 옳고 그른가를 결정하는 인간의 역할에서 두 입장이 첨예하게 대립하고 있다. 차이점들은 아래 도표에 요약되어 있다. 이러한 차이점들을 감안한다면 대립과 갈등은 불가피하며, 많은 생물의학적 관심 영역에서 모습을 드러내고 있다. 우리가 논의를 진행시켜 나갈수록, 두 입장의 대립과 갈등은 더욱 뚜렷해질 것이다.

유대-기독교 세계관과 세속적 인도주의의 세계관

유대-기독교의 세계관	세속적 인도주의의 세계관
창조자가 있다	창조자가 없다
인간은 창조되었다	인간은 동물에서 진화되었다
하나님이 생명을 지배한다	인간이 생명을 지배한다
생명이 신성하다는 원칙	생명의 질이 중요하다는 원칙
목적은 수단을 정당화 할 수 없다	목적은 수단을 정당화한다

세속적인 인도주의자들은 자기들의 신념을 반복해서 명확하게 밝혔다. 그들의 『인도주의자 선언』(Humanist Manifestos; 1933, 1973)은 낙태, 안락사, 자살을 지지하고 있다. 그들은 기술에 관한 논의를 열띠게 전개하고 있으며, 만물을 주관하는 하나님이 존재한다는 사실을 적극 부정하고 있다. 그들은 "우리에게는 과학적 방법의 이용을 확대시키는 것이 필요하다…폭넓은 가능성의 미래에 직면한 우리는, 무엇을 추구해야 할 것인지를 결정해야 한다"고 주장한다.[1] 그들은 "그 어떤 신도 우리를 구원할 수 없다. 우리가 우리 스스로를 구원해야 한다"고 거만하게 이야기하면서 창조자나 신의 도움을 거부한다.[2] 따라서 그들은 "도덕적 가치의 근원은 인간의 경험이다. 윤리는 자율적이고 상황적이므로, 그 어떤 신학적이거나 이데올로기적인 인정을 필요로 하지 않는다"고 주장하고 있는 셈이다.[3] 이러한 맥락에서 본다면 생물의학적인 문제에 관한 그들 입장의 몇 가지 중요한 요소들을 쉽사리 파악할 수 있다.

1. 인간은 생명의 질에 책임을 져야 한다

『인도주의자 선언II』(Humanist Manifesto II)의 저자인 폴 쿠르츠

---

1) Paul Kurtz, ed., *Humanist Manifestos I and II*(Buffalo: Prometheus, 1973), p. 14.
2) Ibid., p. 16.
3) Ibid., p. 17.

(Paul Kurtz)는 『금단의 과일』(Forbidden Fruit)에서 인도주의 입장을 잘 표현하고 있다;

> "하나님이 아닌 우리가 우리의 운명에 책임을 져야 한다. 따라서 우리는 우리 자신의 윤리 영역들을 만들어 내야 한다. 우리는 맹목적이고 의식적인 도덕을 합리적인 토대를 갖춘 도덕(즉 과거의 훌륭한 지혜를 보유하면서도 새로운 윤리 원칙들을 만들어 낸 다음 그것들을 그 결과로써 판단하고 과거 경험의 맥락에서 시험하는 도덕)으로 전화시켜 내야 한다."[4]

이러한 주장에서 나오는 결론들 가운데서 우리가 염두에 두어야 하는 하나의 결론은, 시험관 안에서의 수정은 물론 능동적인 안락사까지도 정당화시킬 수 있는 '생명의 질'이 중요하다는 원칙이다.[5] 사실 이 원칙은 낙태시킬 권리와 자살할 권리에도 적용된다.[6]

인류의 유전적인 개선이라는 역시 이른바 생명의 질이 중요하다는 원칙에 토대를 두고 있다. 노벨상 수상자 제임스 왓슨(James Watson) 박사는 신생아가 지닌 유전적 자질에 관한 몇 가지 시험을 거치기 전에는, 신생아를 인간으로 규정할 수 없다고 주장하였다; "생후 3일이 지난 후에도 신생아가 살아 있다고 명확히 이야기 할 수 없다면, 모든 부모들은 선택…즉 신생아를 죽게 하고 그럼으로써 수많은 불행과 고통으로부터 벗어나는 선택을 할 수 있다."[7]

2. 각 개인은 자신의 생명에 대한 주권을 갖고 있다

세속적인 인도주의자들에게는 하나님이 생명의 주인이 아니라 인간이 주인인 것이다. 각 개인은 살 권리와 죽을 권리를 갖고 있다. 대부분의 인도주의자들은 생명을 적극 권장하지만, 그러면서도 각 개인은 자기 생명에 종지부를 찍을 권리 또한 갖고 있다고 주장한다. 따라서 자살과 자발적 안

---

4) Paul Kurtz, *Forbidden Fruit: The Ethics of Humanism*(Buffalo: Prometheus, 1988), p. 18.
5) Ibid., pp. 217, 222.
6) Ibid., pp. 217, 220.
7) J. C. Willke and Barbara Willke, *Abortion: Questions and Answers* (Cincinnati: Hayes, 1985), p. 204.

락사는 도덕적인 권리로서 옹호된다. 그런데 역설적이게도 낙태도 권리로서 여겨지지만, 이것은 일반적으로는 어머니의 선택의 자유에 토대를 두고 있다. 어떤 사람들은 태아도 인간임을 인정하지만, 다른 사람들은 생명이 언제 시작되는지를 파악하기 힘들다고 말하고 있다. 어떤 사람들은 인간의 생명은 출생시기까지는 시작되지 않는다고 주장하며, 다른 사람들은 인간 생명은 자의식을 지닌 개인으로 될 때(즉 2살이 될 때)에 비로소 시작된다고 말하고 있다.

안락사는 각 개인이 자기 생명의 주인이라는 인도주의자들의 신념의 또 다른 표현이다. 이러한 신념은 안락사를 원하는 집단의 등장에 커다란 기여를 했는데, '죽을 권리를 위한 모임' 및 자살을 원하는 사람들에게 정보를 제공해 주는 『깨어나기 전에 나를 죽게 해 주오』라는 책을 펴냈던 '독약회'(Hemlock Society) 등은 안락사를 원하는 대표적인 집단이라 하겠다. '독약회'의 설립자 데렉 험프리는 "나는 안락사가 존중받도록 하는 데 기여했으며, 또한 수많은 사람들이 행복하게 죽을 수 있도록 하였다"고 자랑하고 있다.[8]

3. 우수한 인류를 창조해야 할 의무

모든 세속적 인도주의자들은 생물학적 진화를 확신하고 있다. 즉 그들은 인간이 생물학적 진화를 실현시킬 수 있을 정도의 기술 수준까지 발전해 왔으므로, 자기들에게는 인류의 미래 발전을 지도해야 할 의무가 있다고 확신하고 있는 것이다. 일부 세속적인 인도주의자들은 생체공학적인 인간보다 한층 더 발전한, 유전학적으로 창조되는 인간까지 꿈꾸고 있다. 유전자 접합은 새로운 동물의 창조와 정형화의 전망을 밝게 하고 있다. 정자 은행, 인공 수정, 대리모는 우수한 인간을 만들어 내는 것을 가능하게 만들었다. 궁극적인 목표는 인간이 특수한 성질을 갖고 태어나도록 하는 것(즉 우수한 인종의 창조)에 있다. 출산 전의 시험을 통해서 부모들은 이미 유전학적인 결함을 지닌 아기가 태어날 가능성이 있음을 알고서 낙태시킬 수 있

---

8) Derek Humphry, *Reader*, June 29, 1983.

다. 궁극적인 목표는 완벽하게 다듬어진 인간의 탄생이다.

『인도주의 선언 II』에 서명한 사람들 가운데 한 명인 플레처는 강압적이거나 강제적인 유전자 통제는, 유전병 보균자가 임의로 임신하는 것을 억제할 경우에는 정당화될 수 있다고 확신하고 있다. 바로 여기서 수단은 목적을 정당화한다. 즉 유전학적으로 순수한 인류라는 목표는 강제적인 불임이라는 목표달성에 필요한 수단을 정당화하고 있는 것이다.

4. 목적은 수단을 정당화한다

『상황윤리』에서 플레처는 솔직하게 "목적만이 수단을 정당화 한다"고 말하고 있다.[9] 극소수 인도주의자들만이 이 원칙을 노골적으로 어느 분야에나 적용하고 있을 뿐 대부분의 인도주의자들은 의학 분야에만 적용하고 있다. 예를 들어 낙태된 아기의 뇌에서 추출한 뇌조직이 파킨슨씨병(Parkinson's disease)을 치료하는 데 도움이 된다는 사실이 밝혀졌을 때, 많은 인도주의자들은 이 훌륭한 목적은 뇌조직을 획득하는 데 필요한 수단(즉 낙태)을 정당화할 수 있다고 생각하였다. 마찬가지로 장기 이식 수술이 활성화되자 더욱 많은 장기가 필요하게 되었다. 신선한 뇌조직이 더 좋기 때문에, 제왕절개 수술을 통해 낙태된 살아 있는 아기의 뇌에서 뇌조직이 추출되기에 이르렀다.

의학의 발전이 많은 실험에 달려 있기 때문에, 의사들은 살아 있는 아기를 갖고 실험하기 위해 낙태수술의 기회를 활용해 왔다. 일부 과학자들은 공공연하게 예비 장기를 마련하기 위해, 태아를 배양해야 한다고까지 말하고 있다.

II. 인도주의적인 생물의학 윤리에 대한 평가

인도주의자들은 자기들 고유의 전제에 입각하여, 개인이나 인류의 예상되는 이익을 위한 생물의학적 조치를 인정하고 있다. 하나님이 존재하지

---

9) Joseph Fletcher, *Situation Ethics: The New Morality* (Philadephia: Westminster, 1966), p. 120.

않고 인간이 최고의 고등 동물이라면, 인도주의자들의 결론을 부정할 논리적 이유가 존재하지 않을 것이다. 하지만 인도주의자들의 전제는 잘못된 전제라고 할 수 있는 몇 가지 합리적 이유가 있다.

1. "생명의 질이 중요하다"는 원칙은 공리주의적이다

이른바 생명의 질이 중요하다는 원칙은 은폐된 공리주의의 한 형태이다. 윤리적 공리주의를 반박하면서 이미 제시되었던 논거들과 더불어, 이러한 의학에서의 공리주의를 거부해야 하는 훌륭한 이유가 있다. 우선 '생명의 질'이란 무엇을 의미하는가? 그것은 물질적인 질인가 사회적인 질인가 혹은 정신적인 질인가? 만약 이 모두가 복합된 질이라면 그 비율은 어떠한가? 종종 이것은 올바른 윤리적 성격을 결여한 행동을 정당화하기 위해 사용되는바, 잘못된 모호하고 포괄적인 용어인 경우가 많다. 둘째로 누가 '질'이 의미하는 바를 결정하는가? 환자인가? 의사인가 아니면 사회인가? 셋째로 사람들은 이러한 '질적인' 치료에서 무엇을 얻는가? 우리는 어떠한 토대 위에서 차별을 하는가? 연령인가 인종인가 아니면 사회적 계급인가? 넷째로 우리는 이렇게 애매모호한 '생명의 질'의 순서를 어떻게 알 수 있는가? 유전자 통제가 실제로 인류를 개선시킬 수 있을 것이라고 예측하는 데 필요한 모든 요인들을 인식하기 위해서는 우리는 하나님으로 되어야 할 것이다. 유전자 통제는 당장은 몇 가지 문제들을 해결할 수 있겠지만, 시간이 조금만 더 지나면 더 큰 문제들을 야기시킬 것이다.

2. 우리는 생명의 주인이 아니다

성서는 우리가 자기 생명의 주인이 아니라는 것을 한치도 틀림없이 분명히 밝혀주고 있다; "주신 자도 여호와시요 취하신 자도 여호와시요"(욥 1:21). 하나님은 모세에게 이렇게 말했다; "내가 죽이기도 하며 살리기도 하며"(신 32:39). 하나님은 생명을 창조했고(창 1:21, 27), 하나님만이 생명을 유지시킨다(행 17:28). 따라서 우리에게는 아무 죄없는 생명을 빼앗을 권리가 없다(창 9:6; 20:13).

그러나 이러한 성서상의 진리들과 더불어, 우리는 생명에 대한 주권을 갖고 있지 않다고 결론내릴 만한 그 밖의 많은 명백한 이유들이 있다. 첫째로 우리가 생명을 창조하지 않았다는 것은 누구에게나 자명한 사실이다. 생명은 인간이 지상에 출현하기 이전부터 존재하고 있었다. 인간의 생명은 분명히 인간 활동의 결과물이 아니다. 둘째로 의학의 발전에도 불구하고 우리는 죽음을 면할 수 없다. 죽음 또한 인간의 능력이 미치지 못하는 곳에 있다. 셋째로 인간은 인간 자신의 생명은 물론, 그 어떠한 생명도 창조해 낸 적이 없다. 따라서 인간은 매우 뛰어난 존재이면서도 몇 가지 생물학적으로 흥미로운 화학물질(예를 들면 아미노산) 만을 만들어 냈을 뿐이며, 현존하는 생명을 교배시키거나 교접시킬 수 있을 뿐이다. 인간은 처음부터 본격적인 인간은 말할 것도 없고, 새로운 생물체를 창조해 내지 못했다.

우리가 몇 가지 단순한 형태의 생물을 창조해 낼 수 있다고 하더라도(그래서 창조한 생물에 대한 주권을 주장할 수 있다고 하더라도), 인간 생명과 유사한 것을 창조해 낼 수 있는 현실적 전망은 아예 존재하지 않는다. 그러므로 우리는 인간의 생명을 만들어 내지 못한 만큼, 그것에 대한 주권을 주장할 권리를 갖고 있지 않다. 인간이 생명에 대한 주권을 갖고 있다는 세속적 인도주의자의 거짓 주장은, 생명에 관한 이와 같은 진리 앞에서는 무력해지고 만다.

3. 우수한 인류를 만들어 내야 할 의무는 존재하지 않는다

진화론자들은 종종 진화과정에 대한 자기들의 열망을 과시하면서 우수한 인종을 만들어 내려고 한다. 사실 다윈의 유명한 저서 『종의 기원』(1859)의 부제목인 "생존을 위한 투쟁에서 우수한 종족의 보존"은 인종주의적 의미를 담고 있다. 아돌프 히틀러(Adolf Hitler)는 다윈의 사상을 한층 더 발전시켜, 자연선택을 우수한 인종 생산의 모델로 이용하였다. 그는 이렇게 말했다; "자연은 약한 사람이 강한 사람과 친구가 되는 것을 원하지 않는다면, 우수한 인종이 열등한 인종과 한데 섞이는 것도 원하지 않을 것이다. 왜 그렇겠는가? 만약 우수한 인종과 열등한 인종이 한데 섞인다면, 존재가 진화하여 높은 단계에 이르도록 했던 자연의 노력은 쓸모없는 것으로 될지도 모르기 때문이다."[10] 유명한 진화론자 헉슬리는 "진화론적 생물학의 견지에서 본다면 인간은 현재 스스로를 지구에서의 진화론적 발전을 이끌 수 있는 유일한 존재로서 그리고 넓게는 우주의 진보를 위한 극소수의 가능성 있는 도구들 중의 하나로서 바라볼 수 있다"고 주장하였다. 헉슬리는 결국 인간을 '우주의 진화과정을 위한 경영자'로 간주하고 있는 셈이다.[11]

우수한 인종을 만들어 낼 수 있다는 허황된 기대는, 다음과 같은 몇 가지 이유에서 아무런 근거도 없다. 첫째로 현존하는 인종이 자연스러운 진화과정을 통해 만들어졌다는 실제적인 증거가 존재하지 않는다. 성서와 과학적인 증거 모두가 하나님을 인류의 창조자로 지적하고 있다.[12] 둘째로 과학기술은 지금까지 눈부시게 발전해 왔지만, 나무의 열매가 날아다닐 수 있도록 개량해 내지는 못했다. 우리가 인간을 '개량해 내기' 위해서는 많은 시간을 들여야 한다. 셋째로 우리가 인종을 영속적으로 변화시킬 수 있다고 하더라도, 그렇게 해야만 할 윤리적 이유는 없다. '존재한다'가 '존재해야 한다'를 의미하지 않는 것처럼, '할 수 있다'도 '해야 한다'를 의미하지 않는다. 우리가 어떤 일을 할 수 있다는 것은, 우리가 그것을 해야 한다는 것을 의미하지는 않는다. 능력은 도덕을 의미하진 않는다. 넷째로 우리가 실제로 인종을 변화시킬 수 있다고 하자. 그러면 인종이 단순하게 달라진 것이 아니라 더 나아졌다는 것을 어떻게 알 수 있는가? '바람직한 인간적 기준'을 통해 알 수 있다는 대답은 지극히 궁색한 대답일 것이다.

4. 목적은 수단을 정당화하지 못한다

"목적은 수단을 정당화한다"는 윤리는 이미 비판받은 바 있으므로(3~4장 참조), 여기서는 그 문제점을 요약해 놓겠다. 첫째로 목적은 수단을 정당화하지 못한다. 수단 그 자체가 정당해야 한다. 둘째로 목적 또한 정당해야 한다. 많은 사람들이 매우 바람직스럽게 여긴다고 할지라도 모든 목적

---

10) Adolf Hitler, *Mein Kampf* (London: Hurst and Blackett, 1939), pp. 239~40.
11) Julian S. Huxley, *Essays of a Biologist* (Harmondsworth: Penguin, 1939), p. 132.
12) Norman L. Geisler and J. Kerby Anderson, *Origin Science* (Grand Rapids: Baker, 1987), pp. 127~57.

이 다 올바른 것은 아니다. 많은 독일인들이 유대인 말살정책을 원했다. 그렇지만 이러한 사실은 유대인 말살정책을 정당화하지 못했다. 셋째로 목적이 올바르기 때문에 그 어떤 수단이든 정당화될 수 있다고 한다면, 국민의 화합을 위해 정적들을 살해하는 일도 정당화될 수 있을 것이고, 치명적인 AIDS의 확산을 막기 위해서 AIDS환자들을 살해하는 일도 도덕적으로 정당할 것이다. 목적은 수단을 정당화한다는 이러한 윤리를 적용할 때 나타날, 도덕적으로 용납 불가능한 결과들에 관한 사례는 이루 헤아릴 수 없이 많다.

Ⅲ. 생물의학적 윤리에 대한 기독교의 관점(하나님을 섬김)

인도주의가 생물의학적 윤리에 접근하는 방법은 하나님을 희롱하는 것이지만, 기독교의 접근방법은 하나님을 섬기기 위해 의학의 발전을 이용하는 것이다. 인도주의자들은 인간이 생명의 주권자라고 믿고 있는 반면에, 기독교인들은 하나님이 생명의 주권자라고 주장하고 있다. 물론 이것은 기술과 의학이 인간 생명을 개선하는 데 아무런 역할도 하지 않는다는 것을 의미하지는 않는다. 다만 인간의 생명을 창조해 내기 위해 기술과 의학을 사용해서는 안된다는 것을 의미할 뿐이다. 기술과 의학은 하나님이 우리에게 부여한 생명을 지배하기 위해서가 아니라 그것을 돌보기 위해 이용해야 한다.

생물 의학적 제 문제에 대한 두 가지 접근방법을 대비해 보면 차이점들이 더욱 뚜렷해질 것이고, 또한 생물의학적 제 문제에 대한 기독교의 접근방법의 기본 원리를 명확히 하기 위한 발판을 마련할 수 있을 것이다.

생물의학적 윤리에 대한 기독교의 접근방법과 인도주의의 접근방법 사이에는 뚜렷한 차이점이 있다. 기독교인들은 하나님이 생명의 주권자라고 믿고 있으나, 인도주의자들은 인간이 생명의 주권자라고 믿고 있다. 따라서 기독교인들은 인간이 하나님을 섬겨야지 하나님을 희롱해서는 안된다고 생각하고 있다. 치료는 항상 자발적이어야지 강제적이어서는 안된다. 의학의 임무는 생명을 개선하는 데 있지, 생명을 창조하는 데 있지 않다. 하나님은 우리를 생명의 유지인으로 만들었지, 생명의 감독자로 만들지는 않았다.

우리의 목표는 유전학적 적응이라는 보다 소박한 목표이지, 유전학적 조작이라는 거창한 목표가 아니다. 우리는 자연과의 협력 속에서 일하지, 자연을 지배하기 위해 일하지는 않는다. 사실 우리는 하나님의 창조물로서의 자연에 순응하고 있다. 즉 자연을 우리의 창조물로 간주하고서 통제하려하지는 않는다. 간략히 말해서 생물의학적 제 영역에서의 기독교인의 올바른 역할은, 치료에 힘쓰는 데 있어야지 우생학을 발전시키는 데 있어서는 안된다. 이것을 도표로 나타내면 다음과 같다;

생물의학적 제 문제에 대한 기독교의 접근방법과 인도주의의 접근방법

기독교의 견해(하나님께 봉사)	인도주의의 견해(하나님을 희롱)
자발적 치료	강제적 치료
인간 생명의 개선	인간 생명의 창조
인간 생명의 수선	인간 생명의 재창조
생명의 유지	생명의 감독
유전학적 적응	유전학적 조작
자연과의 협력	자연에 대한 통제
자연에의 순응	자연에 대한 지배

1. 몇 가지 기본 오류들

생물학적 윤리에 대한 현대 인도주의의 접근방법에서의 몇 가지 기본 가정들은, 기독교의 관점에서 폭로될 필요가 있다. 이것들은 빈번히 암시되기만 할 뿐 명확히 표현되지 않고 있다. 하지만 효력을 발휘하고 있다는 것은 틀림없는 사실이다.

(1) 시행 중에 있는 것은 시행되어야 한다

논리학을 공부하는 모든 학생들이 알고 있듯이, 이것은 유명한 '존재 당위의 오류'(is ought fallacy)이다. 우리가 아기들을 낙태시키고 있다는 것은 반드시 그렇게 해야 한다는 것을 의미하지 않기 때문에(8장 참조), 강간과 아동학대가 일어나고 있다는 사실도 반드시 그렇게 해야 한다는 것을

의미하지는 않는다. 이와 마찬가지로 과학자들이 유전자 복제, 유전자 접합, 장기 배양 등을 하고 있다는 것은 자동적으로 그렇게 해야 한다는 것을 의미하지는 않는다. 이러한 행동들은 그 나름대로의 도덕적 정당성을 필요로 한다. '하고 있다'는 것은 '해야 한다'는 것을 의미하지 않는다.

(2) 할 수 있다면 반드시 해야 한다

이와 비슷한 윤리적 오류는, 할 수 있다면 반드시 해야 한다는 오류이다. 과학의 발전 과정 속에는 인간이 창조해 낼 수 있는 모든 것이, 반드시 창조되어야 하고 이용되어야 한다는 윤리가 함축되어 있는 것처럼 보인다. 과학의 발전은 절대화되어 왔다. 그러나 무엇인가가 기술적으로 가능하다고 해서, 그것이 도덕적으로 용납될 수 있는 것은 아니다. 핵전쟁으로 인류를 파멸시키는 것도 기술적으로 가능하지만, 올바른 생각을 갖고 있는 사람이라면 누구나 인류를 파멸시켜서는 안된다고 확신하고 있다. 기술의 진보가 반드시 윤리적 진보인 것만은 아니며, 그것은 오히려 윤리의 퇴보일 수도 있다.

(3) 목적은 수단을 정당화한다

이미 검토된 바 있는 이 오류는, 고통의 요인이 늘어날 때마다 감성적인 호소력을 갖게 된다. 왜 낙태된 아기의 뇌조직을, 파킨슨씨 병을 앓고 있는 사람을 치료하기 위해 이용해서는 안되는가? 왜 고통을 완화시킬 수 있는 수단을 갖고 있는데도, 고통을 겪도록 내버려 두어야 하는가? 우리는 이러한 질문을 종종 받는다. 여기에 대한 대답은 물론, 수단이 나쁘다는 것이다. 다른 사람의 고통을 완화시키기 위해 아무 죄없는 한 인간을 살해하는 것은, 결코 도덕적으로 정당화될 수 없는 목적 달성의 수단이다.

(4) 잘못된 일이 겹치면 올바른 일로 될 수도 있다

누구든지 이것을 인정하지 않으려고 하지만 실제로는 그렇지 않다. 잘못된 수단으로 잘못된 것을 고치려 하는 것은 결코 올바르지 않다. 그렇다고 해서 잘못된 것이 고쳐질 리 없으며, 또 다른 잘못을 범하기만 할 뿐이다. 따라서 낙태라는 잘못된 일이 발생하고 있다는 사실은, 낙태시킨 후 생명이 붙어 있는 낙태된 아기를 갖고 실험함으로써 잘못을 두 번 저지르는 것을 정당화하지 않는다. 그렇게 함으로써 아무리 훌륭한 지식을 얻을 수 있다고 해도 마찬가지이다. 지식을 얻는 방법에 상관없이 모든 것을 다 알아야 할 윤리적 의무는 존재하지 않는다. 만약 그렇다면 정부의 사생활 침해는, 범죄를 예방하고 사회에 도움을 줄 수 있는 유익한 정보를 얻는다는 명분으로 정당화될 수 있을 것이다.

2. 몇 가지 기본 원리들

앞에서 생물의학적 제 문제에 대한 기독교의 접근방법과 인도주의의 접근방법의 차이점을 살펴보았고, 또한 인도주의적 원리들의 몇 가지 오류들을 밝혀냈다. 여기서는 그 다음으로 생물의학적 제 문제에 대한 기독교의 접근방법과 관련된 기본 원리들 가운데 일부를 서술해 보겠다.

(1) 하나님의 주권

가장 우선적인 원리는 하나님이 생명의 주권자라는 원리이다. 하나님은 생명을 가진 만물을 창조했고(창 1:21), 특히 자기 형상대로 인간을 만들었다(창 1:27). 하나님은 생사를 주관한다. 즉 그는 생명을 주기도 하고 빼앗기도 한다(욥 1:21). 우리는 흙에서 나고 흙으로 되돌아 간다(창 3:19). 하나님은 우리를 죽이기도 하고 살리기도 한다(신 32:39). 우리의 육체와 정신은 우리의 것이 아니라 하나님의 것이다. 그가 우리를 만들었으므로, 우리는 그의 소유물인 것이다. 따라서 인간에게는 인간 생명을 지배할 권리는 물론, 인간 생명의 발전을 '앞당기거나' 유전학적으로 어설프게 주물럭거릴 권리도 없다.

(2) 인간의 존엄성

기독교의 생물의학적 윤리의 또 다른 핵심 원리는 인간의 존엄성이다. 인간은 하나님의 형상대로 만들어진다(창 1:27). 인간은 하나님의 창조물의 극치이다. 인간은 하나님을 대신할 뿐만 아니라 하나님과 닮았다. 이러한 이유 때문에 살인은 가증스러운 범죄이다. 즉 하나님의 모형을 없애 버리는 행위인 것이다. 그래서 하나님은 극악한 범죄를 저지른 자를 사형에 처하는 제도를 만들어 놓았다(제 11장 참조). "무릇 사람의 피를 흘리면 사람이 그 피를 흘릴 것이니 이는 하나님이 자기 형상대로 사람을 지었음이라"(창 9:6). 인간은 이렇게 존엄한 존재이므로, 인간을 저주하는 것은 매우 잘못된 행동이다. "이것(혀)으로 우리가 주 아버지를 찬송하고 또 이것으로 하나님의 형상대로 지음을 받은 사람을 저주하나니 한 입으로 찬송과 저주가 나는도다 내 형제들아 이것이 마땅치 아니하느니라"(약 3:9~10). 이러한 인간 생명의 존엄성에는 반드시 돌봐야 할 육체(엡 5:29)와 매장될 때도 최종적인 부활을 기대하면서 정중하게 매장되어야 할 육체까지 포함된다(고전 15장).

(3) 생명의 신성함

인간 생명은 존엄할 뿐만 아니라 신성하다. 인간 생명의 존엄성은 존경심을 불러 일으키며, 신성함은 경외심을 불러 일으킨다. 이것은 인간생명이 숭배되어야 한다는 것을 말하는 것이 아니라, 신성하게 여겨져야 한다는 것을 말할 뿐이다. 인간 생명은 조물주가 숭배되는 것처럼 숭배되는 것이 아니라, 조물주의 창조물 가운데 하나로서 존중되어야 한다. 인간은 하나님이 아니라 하나님을 닮은 존재일 뿐이다.

하나님은 우리를 '천사보다 조금 못하게' 창조하셨지만, 우리에게 '영화와 존귀'로 관을 씌우셨다(시 8:5). 하나님은 거룩하고(레 11:44) 우리는 하나님의 형상대로 만들어졌으므로(창 1:27), 어떤 의미에서 우리는 하나님의 거룩함을 공유하고 있다고 할 수 있을 것이다. 이렇게 하나님의 성격을 독특하게 반영한 생명의 신성함은 낙태에 반대하는 입장의 토대이다. 인간의 생명은 아무리 심하게 상처입거나 훼손되었다고 해도, 여전히 하나님의 형상 그대로이며 신성한 것으로서 여겨질 만한 가치를 갖고 있다.

(4) 생명의 유한성

생물의학적인 제 문제에 대한 기독교의 접근방법에 고유한 또 하나의 원리는, 인간은 죽을 수밖에 없다는 원리이다. 이 원리는 세계가 타락한 데서 비롯된다. 즉 타락의 결과는 죽음인 것이다. 아담은 "선악을 알게 하는 나무의 실과는 먹지 말라 네가 먹는 날에는 정녕 죽으리라"(창 2:17)는 말을 들었다. 사도 바울은 이것에 대해 다음과 같이 말했다; "이러므로 한 사람으로 말미암아 죄가 세상에 들어오고 죄로 말미암아 사망이 왔나니 이와 같이 모든 사람이 죄를 지었으므로 사망이 모든 사람에게 이르렀느니라"

(롬 5:12). "한 번 죽는 것은 사람에게 정하신 것이요 그 후에는 심판이 있으리라"(히 9:27). 모세는 인간 생명의 유한성에 대하여 "우리의 연수가 칠십이요 강건하면 팔십이라도 그 연수의 자랑은 수고와 슬픔뿐이요 신속히 가니 우리가 날아가니이다"(시 90:10)라고 말했다. 간단히 말해서 현세에서의 인간 생명에는 한계가 있다. 인간은 죽을 수밖에 없으며, 이 사실을 회피하려고 하거나 극복하려는 인간 노력은 쓸모없는 헛된 노력에 불과하다.

(5) 인간의 생명에 대한 사랑

사랑은 기독교의 본질이다. 왜냐하면 예수는 사랑이 가장 중요한 계명이라고 말했기 때문이다. 즉 첫째가는 계명은 하나님을 사랑하라는 것이고, 그 다음 계명은 이웃을 자기 몸같이 사랑하라는 것이다(마 22:37~39). 그러므로 이러한 사상을 생물의학적 제 문제를 비롯한 윤리적 책임의 모든 영역에서 인간에게 적용하는 것이 필요하다. 기독교의 사랑(아가페)은 이기적인 사랑이 아니다. 이것은 사랑의 하나님에게서 나오며(요일 4:16) 타인들에게로 향한다(요 15:13). 이것은 또한 우리가 하나님께 대해(마 25:45) 그리고 우리보다 덜 행복한 모든 사람들에 대해 지켜야 하는 책임이다. 사랑은 공허하고 맹목적인 감정이나 태도가 아니다. 사랑은 여러 계명 속에서 명시되어 있다. 예수는 "너희가 나를 사랑하면 나의 계명을 지키리라"(요 14:15)고 말씀하셨다. 그러므로 기독교인은 성서를 생물의학적 제 문제 뿐만 아니라, 그 밖의 모든 문제들의 지침서로서 간주하고 거기에 따라야 한다.

3. 중요한 문제들에 대한 몇 가지 기본 지침들

앞에서의 논의를 통해서 광범위한 생물의학적 제 문제에 적용될 수 있는 많은 성서 지침들이 제시되었다. 여기서는 먼저 원리 및 그것의 성서상의 근거에 대해 이야기하고, 이어서 그것을 몇 가지 문제들에 적용해 보려고 한다.

(1) 자발적인 치료와 강제적인 치료

자율성의 원리는 자유와 존엄성에서 비롯되며, 수술에 대한 환자의 사전 동의(informed consent)를 수반한다. 이런 사전 동의가 없다면 합법적인 치료조차도 도덕적으로 잘못된 것으로 되고 만다. 환자는 투약이나 수술의 성격 및 결과에 관해 잘 알고 있어야 하며, 자발적이고 자유로운 동의를 해야 한다. 만약 환자가 분별력이나 의식을 잃은 상태에 있기 때문에 그렇게 할 수 없다면, 환자의 생명을 유지하기 위해 꼭 필요한 경우를 제외하고는 수술이나 치료가 이루어져서는 안된다. 이것이 이른바 '당사자 책임하의 판단'(best interest judgment)으로서, 대리판단(substituted judgment)과는 반대된다. 대리판단의 경우 환자의 자율성을 박탈해 버린다.

강제적인 치료는 사회에 아무리 이익이 되더라도 비도덕적이다. 예를 들어 인구를 조절하기 위한 강제적인 낙태는 잘못이다. 이와 마찬가지로 우생학적 이유에서 실시되는 강제적인 수정 또한 도덕적으로 잘못된 일이다. 금욕, 출산통제, 자발적인 수정 등이 훨씬 더 바람직한 대안이라 할 수 있다. 강제적인 치료는 시민에게 실시되든 죄수에게 실시되든 상관없이 비도덕적이다. 도덕적 책임을 져야 하는 인간 행동의 본질에서 볼 때, 시민이든 죄수든 자유로워야 할 뿐만 아니라 강압적인 대우를 받아서는 안된다.

사전 동의는 낙태를 비롯한 모든 '생물윤리적 결정'(bioethical decision)의 필수적인 토대이다. 10대의 중고등 학생에게 아스피린을 먹이는 것은 사전 동의를 얻어야 하는 반면에, 임신한 10대 여학생의 아기를 낙태시키는 일은 그렇지 않아도 된다는 것은 비극적인 도덕적 아이러니가 아닐 수 없다.

(2) 안락사와 죽음의 허용

앞에서 살펴 보았듯이 아무 죄없는 생명을 빼앗는 것과 죽도록 내버려 두는 것 사이에는 중대한 차이점이 있다. 전자는 항상 잘못이지만, 후자는 때에 따라서는 올바르다. 고의적으로 아무 죄없는 인간의 생명을 빼앗는 것은 살인이다. 하지만 자연사를 허용하는 것은 일종의 자비로운 행동일 수도 있다. 따라서 안락사시키는 것은 항상 잘못이지만, 자비를 베풀어 죽도록 내버려 두는 것은 때에 따라서는 올바르다.

(3) 생명 유지와 생명 연장

"살인하지 말라"(출 20:13)는 명령은, 또한 아무 죄없는 사람의 인위적인 죽음을 방지해야 한다는 의미도 함축하고 있다. 성서는 해서는 안될 일을 하는 것 뿐만 아니라, 해야 할 일을 안하는 것도 죄라고 선언하고 있다

(약 4:17). 죽어서는 안되는 사람의 죽음을 막지 않는 것은, 사실상 그러한 사람을 죽이는 것만큼이나 죄가 무겁다. 이렇게 볼 때 인간의 생명을 연장시켜야 할 의무는 존재하며, 의학적이고 기술적인 지원수단을 이용할 수만 있다면 올바르게 이용해야 한다. 하지만 생명을 유지시켜야 할 의무는, 생명을 연장시켜야 할 추정상의 의무와 구분되어야 한다. 성서는 결코 죽음의 고통을 연장시켜야 한다고 하지 않았다. 사실 불가피한 죽음을 회피하려고 하는 것은, 인간이 죽을 수밖에 없다는 원리에 반하는 것이다(롬 5:12; 히 9:27).

(4) 인공수단과 자연수단

이용가능한 모든 수단을 사용하여 우리는 인간의 생명을 유지시키려는 노력을 기울여야 한다. 물, 음식, 공기 등은 아무리 어리거나 늙고 병에 걸려 있더라도 인간에게 끊임없이 공급되어야 한다. 이러한 생명을 유지시키는 자연수단을 빼앗아 버리는 것은 죽게 하는 것과 다름 없다. 그런데 알면서도 아무 죄없는 사람을 죽게 하는 것은 살인이다. 더군다나 마취수단(기술)이 이용가능할 때에는, 인간의 생명을 유지시키기 위해 그것이 이용되어야 한다. 하지만 인간의 죽음을 연장시키기 위해 마취수단이나 비자연적 수단을 이용해야 할 의무는 존재하지 않는다. 이것은 인간이 죽을 수밖에 없다는 기독교의 자비심에 반한다. 고통을 연장시키거나 또한 죽을 수밖에 없는 운명과 싸워야 할 의무는 존재하지 않는다. 따라서 인공수단에 의해서만 생명이 유지되고 죽음의 과정을 돌이킬 수 없을 때에는, 인공수단에 의해 생명을 연장시켜야 할 도덕적 의무는 존재하지 않는다.

(5) 출산통제와 낙태

일부 기독교인들은 낙태와 출산통제 모두를 반대하고 있다. 역사적으로 볼 때 로마 카톨릭은 출산통제에 반대해 왔지만 프로테스탄트는 찬성하였다. 현재 이 두 노선은 서로 엇갈리고 있다. 하지만 낙태로 인간의 생명을 빼앗는 것과 출산통제로 인간의 생명을 억제하는 것 사이에 질적인 차이가 있다는 데에는 모두 동의하고 있다. 출산통제를 찬성하든 반대하든 출산통제는 살인이 아니다. 이것은 많은 아기들이 태어나는 것을 제한하는 방법이지, 태어나지 않은 아기들을 살해하는 방법이 아니다. 물론 출산통제로 불리우는 몇몇 방법은 사실상 낙태와 동일하다. 왜냐하면 그것은 직접적으로 수정란(인간임에 분명한)의 죽음을 초래하기 때문이다. 그러나 자연적이든 인공적이든 상관없이 단지 수정의 발생을 저지할 뿐인 출산통제의 방법은 살인이 아니다. 카톨릭과 프로테스탄트 모두, 출산통제의 방법을 이용하는 것이 올바르다는 데는 동의하고 있다. 단지 인공적인 형태의 출산통제의 정당성 여부를 둘러싼 논쟁은 전개되고 있다.

(6) 생명의 교정과 생명의 창조

이 세상은 불완전한 세상이다. 하나님은 그렇게 되도록 계획하지 않았다. 한편 인간은 이 세상을 망쳐 놓기만 해 왔다. 인류가 타락함으로써 나타난 결과는 인간의 육체에 분명히 나타나 있으며(창 3장; 롬 5, 8장), 인간의 건강에도 영향을 미치고 있다. 우리가 이러한 불완전성을 고쳐서는 안 된다는 말은 성서 어디에도 없다. 사실 성서는 의술의 이용(딤전 5:23)과 치유를 위한 기도를 권유하고 있다(약 5:14~15).

예수는 병든 사람들을 치료하는 데 많은 시간을 투여함으로써, 의술로 생명을 고치는 활동을 분명히 인정하였다. 그는 또한 자기 제자들에게 '병을 낫게 할 수 있는' 능력도 부여하였다(마 10:8). 그렇지만 불완전한 인간을 완전하게 하는 것과 완전한 생명을 창조하는 것 사이에는 중대한 차이가 있다. 타락에서 비롯된 인간 고통을 완화시키는 것은 도덕적 의무이지만, 인간을 조립해(fabricate) 내는 것은 도덕적인 의무가 아니다.

4. 몇 가지 기본 문제들

기독교적인 생명 윤리학의 기본 원리들과 지침들을 개괄적으로 살펴보았는데, 그 뒤를 이어 그것들을 현대의 기술발전에 의해 초래된 몇 가지 당면 문제들에 적용해 보겠다. 이미 앞에서 낙태(8장)와 안락사(9장)를 살펴 보았으므로, 여기서는 그것들을 제외시키고 논의를 진행하려고 한다.

(1) 장기 이식

장기 이식은 이제 현실화되었다. 심장, 폐, 신장 등의 이식은 현재 흔한 일이다. 수많은 사람들이 이러한 교정기술에 힘입어 생명을 연장시키고 있다. 장기 이식은 많은 성서상의 원칙들과 부합된다. 첫째로 자비(사랑)의 원리를 들 수 있다. 예수는 "사람이 친구를 위하여 자기 목숨을 버리면 이에서 더 큰 사랑이 없나니"(요 15:13)라고 말씀하셨다. 눈, 폐, 신장 등을 갖고 있지 않은 사람에게, 다른 사람이 그것들을 제공하는 일을 상상하기는 쉽지 않다. 우리는 죽거나 더이상 눈, 폐, 신장 등의 장기를 필요로 하지 않을 때, 조금만 신경을 쓰면 다른 사람에게 제공할 수 있다. 장기 이식은 일부에서 주장하는 대로, 인간이 죽을 수밖에 없다는 원리에 반하지 않는다. 장기 이식은 최종적인 죽음을 회피하는 수단으로서가 아니라, 생명을 연장시키는 수단으로서 이용될 수 있고 또 그렇게 되어야 한다. 그런데 여기서 노인들에게 장기 이식을 해 주는 것은 문제시될 수도 있다. 왜냐하면 노인들은 수술을 절실히 필요로 하지만, 수술을 견뎌낼 만한 체력을 갖고 있지 않은 경우가 많기 때문이다.

장기 이식의 절차와 관련된 몇 가지 중대한 도덕 문제들을 지적할 수 있다. 그 중에서도 우선 장기 이식은 사전 동의를 거친 후에 실시되어야 한다. 어느 누구도 강제로 자기 장기를 다른 사람에게 주어서는 안되고, 어떤 장기든지 제공자의 허락없이 특히 장기 제공 여부를 결정할 수 없는 사람들(예를 들어 정신 이상자나 불구자)로부터 취득해서도 안된다. 어느 누구도 자기를 위해 다른 사람의 장기를 가져올 권리를 갖고 있지 않다. 이러한 의미에서 본다면 나의 육체는 나의 것이므로, 죽음도 이 권리를 말살하지 못한다. 무덤 안에 있더라도 나의 육체는 여전히 나의 육체이다. 사람이 살아 있음을 보여주는 상징인바, 육체를 훔치지 않는 것은 인간의 존엄성 존중의 기본이다.

둘째로 제공자의 생사에 관한 도덕 문제가 제기될 수 있다. 장기가 신선할수록 장기 이식 수술에서의 성공 가능성도 더 커지는 만큼, 살아 있는 사람의 장기가 가장 좋다. 하지만 장기를 떼어내는 일이 죽음을 야기시킬 경우 그것은 잘못된 일이다. '여분의' 장기(즉 한쪽 신장이나 한쪽 눈)를 떼어내는 일을 예외로 한다면, 제공자는 장기를 제공하기에 앞서 뇌사상태에 있어야 한다. 죽음은 정의 내리기 힘들지만 일반적으로 본다면 호흡, 맥박, 신경반응, 뇌파 등 살아 있음을 보여주는 징조가 없는 것을 의미한다

(EEG). 이것은 물론 사람이 사망한 후에 장기의 부패를 막기 위해서, 기계의 힘으로 육체를 '살아있게' 만들어서는 안된다는 것을 의미하지는 않는다. 단지 우리는 신선한 장기를 얻기 위해, 죽음을 앞당겨서는 안된다는 것을 의미할 따름이다.

(2) 유전수술

유전수술은 현재 하나의 가능성이다. 그렇다면 유전수술은 과연 허용될 수 있을까? 이 물음에 대한 대답은 유전수술이 하나님이 창조한 생명을 교정하고 회복시키기 위한 노력이냐 아니면 우리가 원하는 대로 생명을 개조하기 위한 노력이냐에 따라 달라진다. 유전수술은 생명의 교정인가, 창조인가? 하나님이 창조한 생명을 유지시키기 위한 것인가, 인간이 원하는 대로 생명을 개조하는 것인가? 생명을 창조하기 위해서가 아니라 교정하기 위해서 유전수술이 시행된다면 그것은 도덕적으로 허용될 수 있다. 왜냐하면 하나님은 완전한 인간을 창조했으며, 타락한 이 세상에서도 우리 인간이 최대한도로 완전하게 되기를 원하고 있기 때문이다.

기독교의 관점에서 볼 때 또 다른 유형의 유전수술도 도덕적으로 잘못이다. 하나님은 '남자와 여자'를 창조하셨다(창 1:27). 남성과 여성이 인류를 재생해야 하는 임무를 부여받았다는 사실(창 1:28)은, 인간의 남성과 여성이 생물학적인 수컷과 암컷으로 이해되었음을 의미한다. 이 때문에 성을 전환시키기 위한 유전수술은 도덕적으로 잘못이다. 현재의 심리학적이거나 사회학적인 경향이 어떻든지, 우리는 성을 하나님이 창조한 대로 유지시켜야 한다.

(3) 성의 탐지와 선택

현재 태아가 출생하기 전에 그 성을 알아내는 것은 가능하다. 따라서 원하는 성의 선택도 가능하다. 그렇다면 이것은 과연 도덕적으로 옳은가? 앞에서 이야기한 기독교의 원리들에 비추어 볼 때, 올바른 대답은 다음과 같은 것이다. 성의 탐지는 옳지만 성의 선택은 옳지 못하다. 아기가 아들인가 딸인가를 미리 아는 것은 본질적으로 잘못이 아니다. 늦든 이르든 우리는 어떤 식으로든지 알 수 있다. 과학은 단지 그것을 빨리 알게 했을 따름이다. 과학은 많은 것들(폭풍, 지진, 뇌우, 태풍 등)을 빨리 알 수 있게 했다. 우리들 가운데 극소수는 이러한 지식을 거부하겠지만, 악한 일을 하기 위해 그것을 이용해서는 안된다.

성을 탐지하는 방법은 특유의 위험성을 안고 있다. 그것은 종종 성을 선택하는 수단으로 이용되고 있는 것이다. 불행하게도 성이 탐지된 후 원하는 성을 선택하는 유일한 방법은 낙태인데, 낙태는 도덕적으로 잘못이다(8장 참조). 따라서 누구든지 자기 자식이 태어나기 전에 그 성을 알려고 한다면(반드시 그렇게 할 도덕 의무는 없다), 그러기에 앞서서 하나님의 주권에 따라 결정된 성을 받아들이려고 해야 한다. 임신 이전의 성의 선택은 도덕적으로 반드시 나쁜 것만은 아니지만, 사회학적으로나 심리학적으로 해로울 수 있다.

(4) 인공수정

인공수정에는 두 가지 형태, 즉 남편에 의한 인공수정(AIH)과 제공자에 의한 인공수정(AID)이 있다. 기독교의 관점에서 볼 때 남편에 의한 인공수정을 반대할 정당한 명분은 없다. 누구든지 생명을 증식시키라는 하나님의 명령을 완수하는 데 장애물로 되는 것들을 제거하거나 교정하는 것은, 도덕적으로 허용될 수 있다는 전제를 수용하기 마련인데 AIH는 이 전제에 꼭 들어 맞는다. 그렇지 않다면 누구든지 시력을 회복시키기 위한 수술을 비롯한 모든 교정수술에 반대해야 할 것이다.

때에 따라서 출애굽기 4:11은, 설령 교정 가능하더라도 불완전한 상태를 감수해야 한다는 입장을 옹호하기 위해 인용되기도 한다. 하나님은 모세에게 이렇게 말했다; "누가 벙어리나 귀머거리나 눈 밝은 자나 소경이 되게 하였느뇨 나 여호와가 아니냐." 하지만 이 구절을 그렇게 이용하는 것은 그 문맥을 왜곡시키는 것일 뿐만 아니라, 다른 분명한 성서 구절들을 무시하는 것이다. 첫째로 출애굽기 4:11은 명령적이지 않고 서술적이다. 있는 상황 그대로를 서술하고 있을 뿐, 당위를 말하고 있지 않다. 둘째로 문맥상으로 볼 때 여러 가지 신체장애를 극복해 낼 수 있는 하나님의 능력에 대해 이야기하고 있지, 신체장애를 극복하는 것이 바람직하지 않다고 이야기하고 있는 것은 아니다. 모세는 자기가 바로에게 이야기하라는 하나님의 명령을 완수할 수 있을 정도로 달변이 아니라고 투덜댔기 때문에(출 4:10),

하나님은 모세에게 그렇게 말했던 것이다. 셋째로 장님과 귀머거리를 고쳐 주는 것이 올바르지 않다면, 이들처럼 불완전한 인간들을 치료해 준 예수는 여러 번 죄를 지었다고 할 수 있다(요 9장; 막 7장).

 AID는 AIH와는 달리 몇 가지 도덕 문제들을 야기시키고 있다. 어떤 사람들은 남편의 정자가 아닌 만큼 AID는 '간접 간통'(adultery by proky)이라고 주장하고 있다. 그렇지만 이러한 주장은 별로 설득력이 없다. 왜냐하면 다른 남자와의 성행위도 없을 뿐더러, 성욕도 수반되지 않았기 때문이다. 다른 사람들은 AID에 반대하는 근거로서 이른바 '한 몸의 원리'(one flesh principle)를 내세우고 있으나, 임신이 부부 사이의 성교의 산물이 아니라고 해서 부부가 한 몸이 아니란 법은 없다. 사실 한 몸은 성교 없이도 가능하다. 한 몸이란 말은 결혼 생활에서의 애정을 나타내는 말이지, 꼭 성교만을 가리키는 말은 아니다(창 2:24).

 또 다른 사람들은 AID를 통해서 태어난 아기는 사실상 남편의 자식이 아니라, 아내의 자식이라고 주장하면서 반대하고 있다. 하지만 이러한 주장이 그대로 통한다면, 남편의 자식도 아니고 아내의 자식도 아닌 양자의 입양은 설 자리가 없게 될 것이다.

 마지막으로 어떤 사람들은 인공수정에 필요한 정자를 취득하기 위해서는, 자위행위를 한다는 이유로 AID에 반대하고 있다. 하지만 부부관계에서 정자의 취득이 이루어진다면, 이 반대 주장은 곧 힘을 상실하고 만다. 무엇보다도 결혼 생활 안에서의 정자 취득행위는 자위행위를 필요로 하지 않는다. 부부관계를 하다가도 얼마든지 가능하다. 둘째로 자기 부인이 아닌 다른 여성에 대한 성욕없이 정자의 취득이 이루어지는 한, 이 반대 주장은 설득력을 갖지 못한다. 자위행위는 성욕에서 우러나고 또한 부부관계와 별도로 이루어지면 잘못된 행위이다. 이것은 또한 금욕 생활과 결혼 생활 같은 대안들도 있으므로 불필요한 행위이다.

 간략히 말해서 어떠한 사회적, 심리적, 법적, 근거들을 제시하더라도 이러한 근거들은 고려되어야 하지만, 성서의 관점에서는 AIH나 AID를 반대할 도덕적 이유는 없는 것처럼 보인다. 물론 자식이 없는 부부는 자식이 없는 대로 살아가거나 양자를 입양할 수 있으나, 반드시 그렇게 해야 할 도덕 의무는 없다. 따라서 자식이 없는 부부는 인공 수정을 통한 임신을 선택할 수도 있다.

결혼의 테두리 안에서 인공수정의 도덕성이 자동적으로 독신자에게까지 확장되는 것은 아니다. 예를 들어 성서는 비신자와의 결혼을 권유하고 있지 않지만(고전 7:39) 그렇다고 비신자와의 결혼을 금지하고 있는 것도 아니다(고전 7:12). 마찬가지로 부모가 한쪽 밖에 없는 가족들도, 사망이나 그 밖의 상황에 따라 존재할 수도 있다. 그러나 그러한 가족들은 어떤 상황하에서도 덜 이상적이므로, 인공수정에 의해 촉진될 필요는 없다. 그러므로 인공수정에 의해 성립될 가능성이 있는 동성연애 부모는, 하나님이 원하는 이상형 가족이 아니다. 아이들은 부모 양쪽 모두를 필요로 한다. 그리고 하나님은 한때 남편을 가진 적이 있었던 부인들(즉 과부들)을 특별하게 보살피고 있기는 하지만(신 14:29; 딤전 5:9), 성서는 여러 차례에 걸쳐 아버지 없는 아이를 가엾게 여기고 있다(시 10:18; 82:3). 아버지 없는 가족은 장려되어야 할 모델이 아니라, 가능한 한 피해야 하는 비극이다.

(5) 대리모

인공수정을 용납하고 있는 기독교인들에게조차도 대리모 문제는 훨씬 더 까다로운 문제로 여겨지고 있다. 사실 대리모는 '자궁을 고용하는 것' (womb for hire)이다. 왜냐하면 아기를 가진 어머니는 남편의 아내가 아니기 때문이다. 그리고 성행위가 이루어지지 않더라도, 반드시 고려되지 않으면 안될 심각한 사회적, 법적, 심리적 문제들이 발생하기 마련이다. 극적인 유명한 소송사건들에서 알 수 있듯이 모성본능은 강하며, 생물학적 어머니는 종종 아기를 포기하면서 심한 고통을 겪는다.

이론적으로 볼 때 대리모는 인공수정과는 정반대일 뿐이며 양자입양과 가깝다. 이러한 측면에서는 대리모를 통해 자식을 갖는 것이 도덕적으로 전혀 문제되지 않는다. 하지만 우리는 이론 세계에만 살고 있는 것이 아니다. 깊게 자리잡은 인간 감정이 관련되어 있다. 윤리적으로 본다면 양자입양이 더욱 현명한 방법이라고 주장할 수도 있다. 그리고 낙태가 이루어지지 않는다면, 양자로 입양할 수 있는 아기들은 엄청나게 많아질 것이다.

편의에 따른 대리모는 두말할 필요없이 잘못이다. 아내를 빌리거나 고용해서는 안되듯이, 어머니도 빌리거나 고용해서는 안된다. 이렇게 볼 때 대리모는 매춘보다 나을 바 없다. 하나님은 누구든지 배우자와만 성교하도록 허락하였고, 또한 자기 아내를 통해서만 자식을 갖도록 하였다. 우리가 이렇듯 하나님이 정해 놓은 대로 할 수 없다면, 유전학적 자식을 갖는 것이 과연 하나님의 뜻에 따르는 것인가 아닌가를 깊이 헤아려 봐야 한다. 아마도 다른 아기들을 양자로 입양하는 방법이 있을 수 있고, 우리가 부모없는 아이들을 돌보거나 아예 자식없이 살아가는 것을 하나님이 원하고 있는지도 모른다.

(6) 시험관 수정

대중적으로는 '시험관 아기'(test tube babies)로 표현되고 있지만, 시험관 수정이라는 표현이 더 정확하다. 정자와 난자는 페트리 접시에서 결합된 후, 어머니의 자궁 속으로 이식된다. 다른 방법으로는 부부가 아기를 가질 수 없을 때 이 방법을 많이 이용해 왔다. 이렇게 시험관 수정은 가능하지만, 여전히 시험관 수정을 해서 아기를 가져야 하는가라는 문제는 남아 있다.

인공수정이 허용될 수 있다고 하더라도, 기독교의 관점에서 시험관 수정(IVF)은 많은 태아들을 '낭비할' 수밖에 없다는 문제점을 안고 있다. 즉 현재의 방법에 따르면 살아남을 한 태아를 얻기 위해서는, 많은 태아들을 희생시켜야 한다. 이것은 우리가 성장할 수 있는 한 태아를 얻기 위해서라면, 알면서도 많은 조그마한 인간들을 죽인다는 것을 의미한다. 자연스럽게 생긴 많은 수정란들이 자연발생적으로 유산된다는 사실은 이와는 관련이 없다. 왜냐하면 자연사와 살인 사이에는 엄청난 도덕적 차이가 있기 때문이다. IVF는 자연사가 아니라, 인위적으로 계획된 불필요한 죽음이다. 인간에 관한 연구와 실험을 위한 IVF는, 이중으로 잘못이라는 사실은 두 말 할 필요가 없다.

물론 인간 생명을 낭비하지 않기 위해서 시험관 수정이라는 방법을 완벽하게 할 수 있는 가능성이나, 시험관을 사용하지 않고서도 남편의 정자를 아내의 자궁에 인공적으로 착상시키는 보다 자연스러운 방법을 이용할 수 있는 가능성이 존재한다. 하지만 이러한 가능성들이 실현되든 실현되지 않든 간에 IVF는 도덕적으로 잘못이다.

(7) 장기 및 조직의 채취

의학기술이 발전함에 따라 인간 요구에 부응하기 위해서 인체의 장기와 조직의 거래가 날로 늘어나고 있다. 낙태된 아기의 장기는 장기 이식 수술에 이용되고 있고, 뇌조직은 파킨슨씨병을 치료하는 데 사용되고 있다. 다른 사람의 혈액도 의학적 가치를 갖고 있다. 여기서 우리는 다시 한번 '할 수 있다'는 것을 근거로 '해야 한다'고 주장하지 않도록 주의를 기울여야 한다. 문제는 '할 수 있느냐' 혹은 '하고 있느냐'에 있는 것이 아니라, '반드시 해야 하느냐'에 있다.

장기 및 조직의 채취라는 문제를 바라볼 때 몇 가지 원리들을 정해 놓아야 한다. 먼저 합법적인 채취가 가능할 경우에도 사전 동의가 있어야 한다. 이어 인간 존엄성의 문제를 고려해야 한다. 인간의 신체는 화학공장이나 제약회사가 아니다. 그 목적은 장기 농장으로 기능하는 데 있는 것이 아니라, 하나님을 숭배하고 영광스럽게 할 수 있는 죽지 않는 인간의 신체로서 기능하는 데 있다(고전 6:19~20).

우리는 사망 후에 장기를 다른 사람에게 주는 데 대해서는 반대하지 않지만, 장기 및 조직을 채취하려는 목적으로만 신체를 살아 있는 상태로 유지시키는 것은 인간 존엄성과 죽을 수밖에 없는 운명에 반한다고 생각한다. 채취가 정당한 경우는 사전 동의를 통한 사망 후의 일회적 장기 기증의 경우밖에 없다. 그 밖의 장기를 얻기 위해서 태아를 배양하거나 신체를 인공적으로 살아있는 상태로 유지시키는 것은, 인간 존엄성에 대한 중대한 훼손이다.

(8) 냉동보존술

언젠가는 소생시킬 수 있을 것이라는 희망을 갖고, 사망한 인간의 신체를 냉동시키는 것은 가능하다. 이것은 생명으로 상당히 연장시킬 수 있을 것이다. 그리고 특히 현재에는 치료 불가능한 질병으로 사망한 사람들을 위해 이용되고 있다. 우리는 다시 한번 이 냉동보존술이 가능한가가 아니라, 과연 실시되어야 하는가를 물어야 한다. 즉 냉동보존술이 가능하고 현재 이루어지고 있지만, 우리는 꼭 냉동보존술을 실시해야 하는가? 이 물음에 대한 기독교의 대답은 다음과 같은 이유에서 부정적이다.

우선 냉동보존술을 실시해서 사람의 생명을 되찾을 수 있다는 증거가 없다. 또한 신체가 생물학적으로 소생할 수 있다 하더라도, 신체를 갖고 있었던 사람이 되돌아올 것이라는 증거도 없다. 성서는 사람이 신체를 떠날 때(빌 1:23; 고후 5:8), 하나님만이 사람을 신체로 되돌려 보낼 수 있으며 부활도 이러한 방식으로 일어난다는 것을 지적하고 있다(요 5장; 고전 15장; 계 20장). 냉동보존술의 궁극적인 목적은 죽을 수밖에 없는 인간 운명을 회피하려는 데 있다. 그러나 성서는 하나님이 죽음을 명령으로 정해 놓았고(롬 5:12; 히 9:27), 우리의 생명에 한계를 두었다는 것(시 90:10)을 명확히 밝히고 있다. 죽음을 회피하려 하거나 부정하려 하는 것은 하나님의 의지에 반한다(창 3:4 참조). 우리는 생명의 한계와 죽음의 가능성을 인정해야만 한다. 죽음을 회피하려는 헛된 노력을 기울여서는 안된다.

(9) 유전자 복제

인간을 '복제하는 것'은 유전학적으로 가능하다. 인체의 각 세포는 생명의 청사진을 갖고 있다. 따라서 무성생식에 의해서 쌍둥이를 만들어 내는 것은 이론적으로 가능하다. 일부 동물들에 있어서는 유전자 복제가 이미 실시되어 왔다. 인도주의적인 과학발전의 요구를 감안한다면, 누군가는 결국 발전된 기술을 인간 복제에 적용할 것이다. 기독교는 다음과 같은 이유로 유전자 복제에 반대하고 있다; 첫째로 유전자 복제는 하나님을 섬기는 행위가 아닌 희롱하는 행위이다. 이것은 우리가 인간 생명의 창조자가 아닌 관리자에 불과하다는 근본 원리에 어긋난다. 유전자 복제는 또한 바벨탑처럼 인간의 오만과 교만의 극치이다(창 11:1~2). 둘째로 유전자 복제는 신원확인의 불가능과 쌍둥이간의 대립같은, 예기치 못한 심리적이고 사회적인 문제들을 야기시킬 것이다. 셋째로 유전자 복제는 하나님이 정해 놓은 인간의 증식 수단(즉 어머니의 자궁 안에서의 수정)을 무시한다. 이러한 의미에서 볼 때 유전자 복제는 하나님이 창조했고 신성했던 성의 존엄성에 대한 부정이다(창 1:28; 히 13:4). 마지막으로 유전자 복제는 자기가 죽은 후에도 살아 있을 자기와 똑같은 '쌍둥이'를 무수히 만들어 냄으로써, 죽을 수밖에 없는 운명을 회피하는 또 다른 방법이다. 따라서 유전자 복제는 설령 가능하다 할지라도 도덕적으로 거부될 것이다.

(10) 유전자 접합

한 유전자를 다른 유전자에 접합시켜 새로운 종류의 생물학적 유기체를 만들어 내는 것은 현재 가능하다. 이러한 혼합층을 만드는 방법은 이미 인정받고 있다. 이처럼 인공적으로 만들어진 한 '미생물'(슈도모나드)은 기름을 먹어치우고 기름 속에서 증식하므로, 거대한 기름 덩어리를 제거하는 데 유용하다고 한다. 그 밖에도 의학적 치료, 식량의 대량 생산, 환경 정화, 보다 유용한 동물의 창조, 심지어는 보다 강한 인간의 창조 등 유전자 접합의 유용성은 과대 선전되고 있다.

하지만 유전자 접합은 몇 가지 심각한 문제점들을 안고 있는데, 이것들은 케르비 앤더슨(Anderson)의 『유전자 조작』 속에 잘 정리되어 있다. 첫째로 새롭게 창조한 유기체를 분실한 데 따르는 문제점을 비롯한 새로운 질병이 창조될 가능성과 미생물 세계의 정교한 질서가 파괴될 가능성 등 많은 문제점들이 발생할지 모른다.[13] 둘째로 사회적이고 법적인 문제점들도 있다. 앤더슨은 이렇게 말하고 있다; "그 누구도 자가용, 트럭, 항공기의 윤활 장치를 파괴시키는 전염병의 확산을 환영하지 않을 것이다."[14]

마지막으로 윤리적인 문제점들도 있다. 인간에 의한 유전자 접합은 다음과 같은 원칙들에 반한다; 첫째로 목적은 수단을 정당화하지 않는다. 유전자 접합은 "목적이 수단을 정당화한다"는 인도주의 윤리의 또 다른 전형적인 사례이다. 둘째로 하나님은 인간을 '자기 형상을 따라' 만들었다. 유전자 접합은 하나님이 창조한 인간계와 동물계를 혼합시키는 행위이다. 셋째로 인간에 의한 유전자 접합은 창조의 대상이 아닌 창조의 주인으로 되려는 인간 욕망의 고전적인 예이다. 유전자 접합은 한마디로 말해 창조자의 부정이며, 자연을 재구성하려는 시도이다. 창조명령(창 1:28)에는 하나님이 창조한 것의 파괴와 재건이 포함되지 않았다(16장 참조). 창조명령은 창조에의 복종을 의미하지, 창조에 대한 주권을 의미하지 않는다.

---

13) J. Kerby Anderson, *Genetic Engineering: The Ethical Issues*(Grand Rapids: Zondervan, 1982), pp. 87~91.

14) Ibid., p. 92.

Ⅳ. 기독교적인 생물의학 윤리에 대한 평가

기독교적인 생물의학 윤리를 부정하는 많은 주장들이 제기되어 왔다. 그 가운데 일부는 앞에서 이미 논의되었으므로, 여기서는 그 나머지 중 중요한 것들을 요약해 보려고 한다.

1. 기독교적인 생물의학 윤리는 과학발전을 억누른다

기독교적인 생물의학 윤리는 유전자 조작, 유전자 복제, 유전자 접합을 반대하기 때문에, 과학발전을 지체시킨다는 이유로 거부되고 있다. 하지만 이러한 거부 그 자체가 많은 심각한 문제점들을 안고 있다. 유전자 조작, 유전자 복제, 유전자 접합 등 생물의학적 발명은 단순한 변화가 아닌 발전으로 여겨지고 있으나, 새로운 모든 것이 도덕적으로 올바른 것만은 아니다. '과학발전'은 보통 우리가 하려고 하는 일을 정당화시키기 위해 사용되는 애매모호한 용어이다. 자칫하면 모든 것을 정당화시키는 규범으로, 과학발전을 절대화할 우려가 있다. 그렇지만 과학은 도덕 규범으로 될 수는 없다. 과학은 현재 존재하는 것을 다루지, 존재해야 하는 것을 다루지는 않는다. 과학의 기준은 과학 내부에 있지 과학 외부에 있지 않다. 이것은 독일 과학자들이 나찌 체제하에서 인간의 존엄성을 희생시키면서까지, 무시무시한 인간 연구에 종사했다는 사실에서 자명해진다.

2. 기독교적인 생물의학 윤리는 고통에 대한 적절한 보상책을 결여하고 있다

인간의 고통을 덜어 주기 위해 과학발전의 성과들을 이용하지는 않는 것은, 인간 고통에 대한 관심이 없기 때문이라는 주장도 있다. 낙태된 아기의 뇌조직이 파킨슨씨병 환자들의 고통을 완화시킬 수 있는데도, 왜 파킨슨씨병을 앓도록 내버려 두는가? 목적은 결코 수단을 정당화하지 않는다. 어느 한 사람의 생명을 연장시키는 것은, 다른 사람의 생명을 실험수단으로 사용하는 것을 정당화하지 않는다. 올바른 목적을 위해 사용될 수 있다.

인간의 생명과 존엄성의 존중에 우리는 관심을 기울인다. 그리고 인간의 존엄성과 신성함과 책임에 대한 침해는, 이러한 관심을 표현하는 방법이 아니다. 적절한 보상이라는 인도주의 기준은 결코 정당화될 수 없다. 그는 자의적으로 도덕 명령을 내리고 있다. 그는 고통을 보상해 줄 수 있다고 확신하지만, 이러한 확신을 정당화할 수 있는 실제적인 근거를 갖고 있지 않다. 그는 자기 나름의 도덕률을 정당화하려고 할 때마다 하나님과 마주치게 된다. 인간 생명에 관한 하나님의 명령이 존재하는 한, 인도주의자의 공리주의적인 보상론의 근거는 붕괴되고 만다.

〖 요약 및 결론 〗

생물의학적 제 문제는 중요한 윤리 결정의 단계를 뒤흔들어 놓는다. 이러한 제 문제에 관한 견해들 사이의 갈등은, 결국 두 가지 적대적인 세계관 (즉 세속적인 인도주의 세계관과 기독교의 세계관)을 낳는다. 전자는 창조자 그리고 인간이 창조되었다는 사실 그리고 하나님이 인간에게 부여한 도덕 의무 등을 부정한다. 전자에 따르면 인간은 뛰어난 지능을 가진 고등동물에 지나지 않는데, 인간의 뛰어난 지능은 인류를 개선하는 데 이용되어야 한다. 그러므로 세속적인 인도주의자들은 낙태와 안락사 그리고 유전자 조작 등에 찬성한다.

인도주의적인 생물의학 윤리와는 대조적으로 기독교인들은 하나님이 자기 형상을 따라 인간을 특별하게 창조했고, 또 인간 생명의 존엄성과 신성함을 유지시키라는 도덕 명령을 내렸다고 확신한다. 따라서 기독교는 하나님을 희롱하라는 명령이 아닌, 하나님을 섬기라는 명령을 내리고 있다. 기독교에 따르면 우리는 생명을 조종하는 기술자가 아니라 생명의 보관자에 불과하다. 그러므로 우리는 생명을 창조하기 위해서가 아니라, 생명을 교정하기 위해서 의학을 이용해야 한다. 우리는 생명을 교정해야지 생명을 개조해서는 안된다. 기술은 도덕에 봉사해야 하지 그 역으로 되어서는 결코 안된다.

〖 꼭 읽어야 할 책들 〗

Anderson, J. Kerby. *Genetic Engineering: The Ethical Issues.* Grand Rapids: Zondervan, 1982.

Anderson, Norman. *Issues of Life and Death.* Downers Grove: Inter-Varsity Press, 1977.

Ashley, B. M., and K. D. O'Rourke. *Health Care Ethics.* St. Louis: Catholic Health Association of the United States, 1982.

Beauchamp, Tom L., and James F. Childress. *Principles of Biomedical Ethics.* 2d ed. Oxford: Oxford University Press, 1983.

Gish, Duane. *Manipulating Life: Where Does It Stop?* San Diego: Master, 1981.

Lammers, Stephen, and Allen Verhey, eds. *On Moral Medicine.* Grand Rapids: Eerdmans, 1987.

Lester, Lane P., and James C. Hefley. *Cloning: Miracle or Menace?* Wheaton: Tyndale House, 1980.

Mappes, Thomas A., and Jane S. Zembaty. *Biomedical Ethics.* 2d ed. New York: McGraw-Hill, 1986.

Monagle, John F., and David C. Thomasma. *Medical Ethics: A Guide for Health Professionals.* Rockville, Md.: Aspen, 1977.

Ramsey, Paul. *Fabricated Man: The Ethics of Genetic Control.* New Haven, Conn.: Yale University Press, 1970.

11

사 형

사형에 관한 기본적인 견해에는 세 가지가 있다. 즉 모든 무거운 죄에 대해 사형선고를 내려야 한다는 사형부활론(reconstructionism), 어떤 죄를 범했든 사형에 처해서는 안된다는 사형금지론(rehabilitationism), 그리고 몇 가지 (사형에 처해야 마땅할) 죄에 대해 사형을 처하는 것을 권유하는 응징론(retributionism) 등이 있다. 이 세 가지 견해는 모두 기독교인들에 의해 주장되고 있다. 그런데 이 가운데 두 가지 견해는 사형에 처해 마땅할 죄에 대해 사형선고를 내리는 것이 당연하다는 믿음을 공유하고 있으므로, 여기서의 논의는 그와는 대립되는 견해인 사형금지론을 중심으로 논의를 시작해 보려고 한다.

I. 사형금지론(어떤 죄를 범했든 사형에 처해서는 안된다)

이 견해의 지지자들에는 기독교인들 뿐만 아니라 비기독교인들도 포함되어 있다. 즉 자기들의 주장을 정당화하기 위한 근거를 성서에서 찾는 사람들과 그렇지 않은 사람들 모두 포함되어 있는 것이다. 이들이 내세우는 두 가지 유형의 근거 모두가 검토될 것이다. 이 입장의 본질은 재판의 목적은, 개조에 있지 응징에 있지 않다는 것이다. 재판은 교정적이어야지 응징적이어서는 안된다. 우리는 죄인을 개조시켜야지 처벌해서는 안된다. 이것은 사형을 받을 만한 죄인에게 있어서도 마찬가지이다.

1. 사형금지론의 성서적 근거들

기독교를 신봉하는 사형금지론자들은 자기 입장의 근거를 성서에서 찾고 있으므로 여기서는 이들이 자기들의 결론을 옹호하기 위해 사용하는 성서적 근거들을 요약하려고 한다. 그리고 이들의 추론은 범죄 일반에 적용될 수 있지만, 여기서는 사형에만 한정시켜 적용할 것이다.

(1) 재판의 목적은 개조하는 데 있지 처벌하는 데 있지 않다

에스겔 선지는 하나님은 악한 사람들의 죽음에서 쾌락을 느끼지 않는다고 말했다; "내(하나님)가 악인의 죽는 것을 조금인들 기뻐하랴 그가 돌이켜 그 길에서 떠나서 사는 것을 어찌 기뻐하지 아니하겠는가"(겔 18:23). 하나님은 죄인을 치유하기를 원하지 죽이기를 원하지 않는다.

(2) 사형은 모세의 율법과 함께 철폐되었다

사형은 그리스도에 의해 철폐된바 구약 성서의 합법적 제도의 일부였다는 주장이 있다. 특히 예수는 모세의 '눈에는 눈'이라는 원리를 거부하라고 호소하였다(마 5:38). 그 대신에 예수는 "악한 자를 대적치 말라"(마 5:39)고 선포하였다.

(3) 모세 시대의 사형은 현재 실행되지 않고 있다

구약은 안식일 준수의 위반, 부모 구타, 하나님에 대한 저주, 동성애, 유괴 등 약 20여가지 죄에 대해서는 사형을 규정하였다. 그러나 이러한 죄 모두가 현재에도 기소되어야 할 죄라고 믿는 사람은 아무도 없다. 그러므로 이러한 죄에 대한 사형은 현재 실행되지 않고 있다.

(4) 예수는 간통에 대한 사형을 철폐하였다

구약에서는 간통죄도 사형에 처해 마땅한 죄 가운데 하나였지만(레 20:10), 예수는 간통죄를 범한 여자에게 "가서 더 이상 죄짓지 말라"고 말함으로써 간통죄를 철폐했다는 주장이 있다(요 8:11). 고린도전서 5장에서 바울은 고린도에서 저질러지고 있는 수많은 부도덕한 죄에 대해서, 국가권력을 이용해서 처벌하지 않고 교회로부터 파문시키면 된다고 하였다.

(5) 가인도 사형에 처해지지 않았다

구약에서조차도 사형에 처해 마땅한 죄에 대해 항상 사형이 내려졌던 것

은 아니다. 가인은 아벨을 살해했다(창 4장). 그런데도 하나님은 그에게 표식을 주어, 어느 누구든지 그를 죽이지 못하도록 그의 생명을 보호하였다(창 4:15).

(6) 다윗도 사형선고를 받지 않았다

다윗은 두 차례에 걸쳐 무거운 죄(즉 간통과 살인)를 저질렀으나, 그럼에도 불구하고 사형에 처해지지 않았다. 사실 그는 자기 죄를 고백했기 때문에(시 51편) 용서받았다(시 32편). 그리고 왕위를 되찾기까지 했다(삼하 18~19장).

(7) 신약에서의 사랑은 사형을 불가능하게 한다

우리가 다른 사람을 살해하면서 동시에 그의 영혼을 사랑할 수 있다는 생각이 모순이라는 주장이 있다. 우리는 기독교인으로서 우리의 원수들조차도 기꺼이 사랑하므로, 그들을 살해하면서 그들을 사랑한다고 할 수는 없다. 사랑은 우리로 하여금 원수들을 위해서 우리 자신을 희생시키도록 강제한다(요 15:13). 원수들의 생명을 빼앗는 것은 결코 사랑이 아니다.

(8) 십자가는 모든 사람을 위한 사형이었다

기독교를 신봉하는 대부분의 사형금지론자들은, 구약에서는 때에 따라서는 사형이라는 처벌방법이 이용되기도 했음을 인정하고 있다. 그러나 그들은 그리스도가 오시기 전에 사형이 있었다고 하더라도, 그리스도가 온 이후로는 사형이 사라졌다고 주장한다. 죄가 죽음을 야기시키기 때문에(롬 6:23) 그리고 그리스도가 모든 사람을 위해 죽었으므로(롬 5:12~18), 그는 이미 모든 사람을 위해 사형받았다고 할 수 있다. 모든 사람을 위해 사형받았던 그의 고통에 비추어볼 때 더이상 사형이 있어서는 안된다.

2. 사형금지론의 도덕적 근거들

성서적인 근거들과 아울러 몇 가지 도덕적 근거들이 사형을 부정하는 데 이용되고 있다. 그 대부분은 비기독교인들은 물론 기독교인들에 의해 이용되고 있다.

(1) 사형은 부당하게 적용되고 있다

소수집단에 속한 많은 사람들만이 사형에 처해지고 있다. 그래서 사형금지론자들은 사형이 모든 사람에게 적용되지 않는다면, 아무에게도 적용되어서는 안된다고 주장한다. 그렇지 않으면 사형은 소수집단을 굴복시키기 위한 독재자의 도구나, 인종주의를 부추기기 위한 도구로 되고 만다.

(2) 사형은 범죄를 막지 못한다

사형은 사실상 범죄를 막지 못한다고 주장할 수 있다. 왜냐하면 사형제도가 실시 중에 있는 곳에서도 범죄가 여전히 계속되기 때문이다. 사실 어떤 사람들은 사형이 인간 생명을 폭력적으로 빼앗아도 된다는 허가권을 국가에게 부여하는 것이기 때문에, 위험한 범죄를 장려하고 있다고 주장한다. 따라서 국가는 사형제도를 이용함으로써 범죄를 막기보다는 장려하게 된다.

(3) 범죄자들은 치료받아야지 살해되어서는 안된다

범죄자들은 사회적으로 본다면 병자들과 같으므로 치료받을 필요가 있다. 그런데 그들을 죽이면 치료할 수 없다. 환자들은 의사를 필요로 하지 장의사를 필요로 하지 않는다.

(4) 사형은 신앙을 갖지 않은 사람들을 지옥으로 보낸다

사형은 기독교인이 지지하기 힘든 매우 잔인한 처벌이다. 왜냐하면 성서에 따르면 비신자들은 영원히 저주받을 것이기 때문이다(마 25:41~46; 살후 1:7~9; 계 20:11~15). 만약 하나님이 "오래 참으사 아무도 멸망치 않고 다 회개하기에 이르기를"(벧후 3:9) 원하신다면, 비신자를 사형에 처하도록 하는 것은 그를 영원한 지옥으로 보내는 것과 같다.

Ⅱ. 사형금지론에 대한 평가

사형금지론자들은 자기들의 견해를 옹호하기 위해 성서적인 근거들과 도덕적인 근거들을 제시하고 있으므로, 그들에 대한 평가도 당연히 둘로 나뉘어져야 한다. 먼저 그들이 제시하는 성서적 근거들로부터 평가해 보자.

1. 성서적 근거들에 대한 평가

(1) 재판의 우선적인 목적은 개조시키는 데 있지 않다

재판의 우선적인 목적은 개조가 아니라 처벌이다. 이것은 신약과 구약을 보면 분명하다. 하나님은 손수 죄를 벌하고 있으며(출 20:5; 겔 21:12), 죄가 처벌되어야 한다는 견해의 핵심은 죄인을 위해 죄가 없는데도 처벌받았던 그리스도를 보면 분명히 알 수 있다(벧전 3:18). 바울이 말했듯이 "죄의 삯은 사망이다"(롬 6:23).

가벼운 죄를 저지른 사람들은 일정 기간 동안 감금시키면 개조될 수 있다는 희망을 걸 수 있더라도, 이것은 우선적인 목적이 아니다. 큰 죄를 지으면 반드시 큰 처벌을 내려야 하므로 개조의 여지는 전혀 없다. 오직 공정한 처벌만이 있을 뿐이다. 그런데 생명을 빼앗은 죄에 대한 유일하게 공정한 처벌은 생명을 내 주는 것이다. 이러한 방법을 통해서만 정의가 충족될 수 있다.

(2) 사형은 모세의 율법에 우선했다

모세의 율법은 그리스도에 의해 실행되었지만(마 5:17; 롬 10:4), 사형은 모세의 율법에만 독특한 것이 아니었다. 하나님은 모세가 이스라엘에 율법을 부여하기(출 20장) 훨씬 이전인 노아가 살아 있을 당시에도, 죄지은 사람에 대한 사형을 제도화하였다(창 9:6). 따라서 이스라엘을 위해 모세의 율법을 실행했으므로(히 7~8장), 예수는 모든 사람에 적용되는 율법을 파괴하지 않았다(롬 2:2~14).

사형제도는 모세의 율법 이전부터 존재했을 뿐만 아니라, 모세 시대 이후에도 효력을 발휘했다. 바울은 사형을 원칙적으로 언급했고 실천 속에서 암시하였다(롬 13:4; 행 25:11). 그리고 예수는 사형을 원칙적으로 언급했고(요 19:11), 십자가 위에서 사망함으로써 실천 속에서 인정했다. 따라서 사형은 모세의 율법에서만 존재했던 것도 아닐 뿐더러, 모세의 율법과 함께 철폐되지도 않았다.

(3) 모세의 율법은 현재에는 효력을 발휘하고 있지 않다

극소수 기독교인들만이(사형복원론자들을 제외하고), 정부가 구약에서 언급된 모든 종교적이고 도덕적인 범죄들에 대해 사형을 실시해야 한다고 주장한다는 것은 사실이다. 하지만 가벼운 범죄에 대한 사형 실시를 거부하는 것이, 반드시 무거운 범죄에 대한 사형 실시를 용납해서는 안된다는 것을 의미하지는 않는다. 사실 성서에는 모세 이전은 물론 그 이후에도, 사형에 처해 마땅한 범죄에 대한 사형이 규정되어 있었다.

(4) 예수가 간통죄를 범한 여인에게 했던 말은 사형제도를 거부하는 말이 아니었다

간통죄를 범한 여인에게 보여주었던 예수의 관용적인 태도(요 8장)는, 예수가 사형제도를 거부했음을 보여주는 증거가 아니다. 그 이유는 간통죄는 사형에 처해 마땅한 죄가 아니었다는 것이다. 그러므로 예수가 살인죄에 대한 사형을 거부했음을 입증해 주지 못한다. 예수는 당시 모세의 율법을 거부하지 않았다. 왜냐하면 그 여인을 비난할 수 있는 최소한 두 명의 증인이 필요했으나(민 35:30), 그 누구도 그녀를 비난하려 하지 않았기 때문이다(요 8:11). 예수의 "가서 더 이상 죄를 짓지 말라"(요 8:11)는 말은, 사형제도를 무효화하는 선언이 아니라 그녀의 죄에 대한 용서였다.

(5) 가인이 받은 처벌은 사형을 의미한다

가인이 아벨을 살해한 것은 특별한 경우이다(창 4장). 그가 사형받지 않았던 데에는 충분한 이유가 있다. 무엇보다도 먼저 누가 사형을 집행할 수 있었겠는가? 당시에는 가족 이외에는 인간 정부가 없었으며, 그의 유일한 동생은 이미 사망했다. 하나님은 당연히 그의 아버지나 어머니가 자기들의 하나밖에 남지 않은 아들을 살해하리라고는 생각조차 안했을 것이다. 이러한 특수한 정황에 비추어 볼 때, 하나님은 가인에 대한 사형선고를 다른 방법으로 했다고 할 수 있다. 하나님은 생명의 주인이기 때문에 그렇게 할 수 있는 권리를 갖고 있다(신 32:39; 욥 1:21). 그러나 하나님은 가인을 보호했지만 그래도 가인을 죽이려는 사람이 있었으므로 하나님은 그 사람에게 '일곱 배 엄한 벌'을 내리겠다고 했는데, 여기에는 이미 사형을 내리겠다는 의지가 함축되어 있다(창 4:15). 가인이 "나를 만나는 자가 나를 죽이겠나이다"(창 4:14)라고 말했을 때, 그 자신은 사형을 받을 것으로 예상했던 듯하다.

(6) 다윗이 사형받지 않았던 데에는 특별한 이유가 있었다

다윗은 모세의 율법에 따른다면 사형받아 마땅한 두 가지 죄(즉 살인죄

와 간통죄)를 저질렀다. 그런데도 왜 그는 생명을 부지할 수 있었는가?

다윗을 비난한 사람이 있었다는 기록이 없다. 즉 율법에 따르면 두 명의 증인이 있어야 했으나 그렇지 않았다(신 17:6). 사형은 정부에 의해 집행되었는데, 이스라엘은 군주국이었고 다윗 자신은 군주였다. 사실 다윗에 대한 사형은 다윗에 의해 집행되었어야 했다.

아마도 이런 특수한 상황 때문에 하나님이 개입하여, 예언자 나단을 통해 다윗의 죄에 대한 벌을 선고하셨을 것이다. 하나님이 말씀했듯이 다윗은 '4배의' 처벌을 받았으며, 생명과 관련된 가혹한 벌을 받기도 하였다. 첫째로 다윗이 간통하여 생긴 아기는 사망했다. 다윗의 아들 압살롬은 살해당했으며, 다윗이 다른 남자의 부인을 성폭행했던 대로 다윗의 딸도 성폭행당했다. 그리고 다윗은 자신의 왕국을 상실하고 말았다. 다윗은 자신이 저지른 죄에 대한 대가를 혹독하게 치렀던 것이다(삼하 12장~16장).

(7) 사랑과 사형은 모순되지 않는다

사랑과 사형이 상호 배타적이라면 그리스도의 희생은 하나의 모순이다. 왜냐하면 "하나님이 세상을 이처럼 사랑하사 독생자를 주셨으니 이는 저를 믿는 자마다 멸망치 않고 영생을 얻게 하려 하심"(요 3:16)이기 때문이다. 예수는 다음과 같이 말씀하셨다; "사람이 친구를 위하여 자기 목숨을 버리면 이에서 더 큰 사랑이 없나니"(요 15:13). 사랑과 처벌은 서로 양립할 수 있을 뿐만 아니라, 사형 밑에 깔린 원리는 십자가를 필요로 하게 했던 원리와 동일하다. 그것은 '생명에는 생명으로'라는 원리이다. 대체보상의 개념(즉 생명에는 생명으로 보상한다는 개념; 레 17:11)은, 죄질이 극히 나쁜 범죄자에 대한 사형을 가능하게 한다.

공의를 충족시키고 은총을 베풀 수 있는 다른 방법이 있었다면, 하나님은 틀림없이 자신의 유일한 사랑스러운 아들을 희생시키지 않고 그 방법을 사용했을 것이다(고후 5:21; 벧전 3:18). 사실 사형이 1세기에 실시되지 않았더라면, 예수는 우리들이 지은 죄 때문에 죽지 않았을 것이다. 따라서 사형은 생명의 가치를 하락시키기보다는 오히려 상승시킨다. 왜냐하면 처벌이 가혹할수록, 우리는 살해당한 사람의 생명에 더 많은 가치를 두게 될 것이기 때문이다.

(8) 십자가는 사형을 없애버리지 않았다

사형은 십자가 이후의 신약에서도 여전히 (처벌 방법의 하나로) 권유되고 있다(롬 13:4; 행 25:11). 앞에서 언급했듯이 십자가는 '생명에는 생명으로'라는 원리를 없애버리지 않았고 오히려 더욱 확장시켰다. 십자가는 죄를 용서했지만, 그렇다고 해서 우리가 지은 죄의 결과들까지 모두 없애버린 것은 아니다.

예수는 모든 사람을 위해 죽었지만, 그럼에도 불구하고 모든 사람은 언젠가는 죽게 된다(롬 5:12). 기독교인이 절벽에서 떨어질 때, 자기 죄를 고백하더라도 죽음을 면하지 못할 것이다. 용서를 받았든 받지않았든, 죄의 사회적이고 물리적인 결과는 항상 남게 마련이다. 기독교인은 사형에 처해 마땅한 죄를 지었다면 용서받을 수는 있어도, 그것에 합당한 처벌을 면제받기를 기대해서는 안된다. 그런데 다른 사람의 생명을 빼앗은 데 대한 적절한 처벌은 자기 생명을 내놓는 것이다.

2. 도덕적인 근거들에 대한 평가

사형에 반대하는 입장에는 성서적 근거들과 더불어 몇 가지 도덕적 근거들도 존재한다.

(1) 불평등한 공의는 공의의 필요성을 무효로 하지 않는다

공의의 불평등한 적용을 근거로 사형에 반대하는 입장을 반박할 때, 다음과 같은 사실들을 염두에 두어야 한다. 공의가 불평등하게 적용된다면, 우리는 공의를 없애 버리는 것이 아니라 평등하게 적용될 수 있도록 노력해야 한다. 이것은 사형에 있어서도 마찬가지라고 할 수 있다. 우리는 설령 빈민이나 소수 민족이 다른 계층의 사람들보다 의료 혜택을 덜 받기 때문에 사망한다고 하더라도, 모든 사람이 평등하게 의료 혜택을 받기 전까지는 모든 의료 혜택을 없애버려야 한다고 주장하지는 않는다. 그렇다면 왜 사형은 모든 인종이 평등하게 사형에 처해지기 전까지는 존재하지 말아야 하는가? 프로 농구 선수들 가운데 흑인 숫자가 불균형적으로 많다는 사실이 흑인에 대한 인종차별의 증거가 아니듯이, 사형에 처해지는 사람들이 어느 한 집단에만 치우쳐 있다는 사실은 불평등의 증거가 아니다. 이것은 한 집단이 다른 집단보다 더 많은 죄를 짓는다는 것을 의미하는 것이 아니라, 조건에 따라 상이한 사회적 행동이 야기될 수 있다는 것을 의미한다. 하지만 이것이 아무리 이해 가능하고 유감스러운 사실이라 해도, 사회는 폭력적인 사회적 행동을 그대로 놔둬서는 안되고 시민을 보호해야 한다.

(2) 사형은 인간의 존엄성을 지지한다

잘못을 저지른 사람을 처벌하는 것은, 그 사람의 자유와 존엄성을 존중하는 행동이지 침해하는 행동이 아니다. 루이스는 이렇게 말하고 있다; "아무리 가혹한 처벌을 받더라도 우리는 무엇이 더 올바른 행동인지를 알고 있어야 하기 때문에 당연히 받아야 할 처벌을 받는 것이며, 또 그런 만큼 하나님의 형상대로 만들어진 인간다운 인간으로서 대우받는 것이다."[1] 하나님은 인간이 다른 사람의 생명을 빼앗으면 무거운 처벌을 내린다는 사실은, 하나님이 인간의 생명에 얼마나 큰 가치를 두고 있는가를 보여준다. 결국 사형은 인간의 존엄성에 대한 존중에서 우러난 처벌이며, 그것에 대한 가장 긍정적인 입장이다.

(3) 죄인들은 환자가 아닌 인간으로서 대우받아야 한다

사형에 반대하는 견해의 전제는 비인간적이다. 죄인들은 환자가 아닌 인간이다. 그들은 조종의 대상이 아닌 존경받아야 하는 인간이다. 그들은 아픈 사람이 아니라 죄를 지은 사람일 따름이다. 어떤 사람을 그의 의지와는 달리 강제로 치료받게 하는 것은 압제이며, 악한 정치적 의도를 함축하고 있는 환상적인 인도주의이다. 이것은 개인을 '사례'나 환자로 대할 뿐, 책임있는 인간으로 대하지 않음으로써 인간성을 말살하고 만다. 루이스가 말하고 있듯이 "자신의 의지에 반하여 치료받는다는 것은…아직 사리판단을 할 수 있는 연령에 도달하지 못한 사람들과 동격에 놓이는 것을 뜻한다. 다시 말해서 어린애나 백치 심지어는 애완동물로까지 취급당하는 것이다."[2] 다른 한편 아무리 가혹한 처벌을 받더라도 처벌받는다는 것은, 더 올바른

---

[1] C. S. Lewis, *God in the Dock*, ed. Walter Hooper(Grand Rapids: Eerdmans, 1970), p. 226.
[2] Ibid.

행동이 무엇인지 알고 있고 또 그렇기 때문에 잘못된 행동에 대해 처벌받아 마땅한 하나님의 형상대로 만들어진 인간으로서 존중받는 것을 뜻한다.

(4) 사형당한 사람들은 지옥으로 보내지지 않는다

사람들은 사형당했기 때문에 지옥으로 보내진다(요 3:36). 결과적으로 비신자들을 지옥으로 보내는 것이기 때문에 사형이 잘못이라면, 신자들을 천국으로 보내기 때문에 사형을 옳은 것이라고 주장할 수도 있을 것이다. 그렇다면 기독교인 살인자들만이 사형당해야 하는가? 사형은 확실히 하나님을 믿지 않고 꾸물대는 버릇을 제거해 주며, 아울러 사후의 삶에 대해 진지한 생각을 하도록 자극한다.

Ⅲ. 사형부활론(모든 중대한 범죄들에 대해 사형에 처형하라)

사형부활론은 사형금지론과는 정반대에 있는 입장이다. 사형금지론은 그 어떤 범죄에 대해서는 사형에 처하는 것을 허용하지 않는 반면에, 사형부활론은 모든 중대한 범죄에 대해 사형을 요구한다. 보다 정확히 말해서 사형부활론자들은 약 20가지의 범죄들을 비롯한, 모세 율법에서 거론된 모든 범죄들에 대해서 사형이 내려져야 한다고 믿고 있다.

고전적인 사형부활론자들은 사회는 구약의 모세 율법을 토대로 건설되어야 한다고 확신한다. 따라서 이들은 하나님의 율법의 지배를 받고 있기 때문에, 이들의 입장은 신정론적이라고 할 수 있다. 하나님의 도덕률은 모세에게 계시되었으며, 그 이후로 철폐된 적이 전혀 없었다. 구약의 율법이 갖고 있는 형식적인 측면만이, 그리스도에 의해 제거되었을 뿐이다. 그런데 도덕률은 하나님의 본성을 반영하고 있으므로 영원하다. 예수는 구약의 율법과 선지자들에 대해서 이렇게 말했다; "내가 율법이나 선지자나 폐하러 온 줄로 생각지 말라 폐하러 온 것이 아니요 완전케 하려 함이로다"(마 5:17).

공의의 우선적인 목적은 개조가 아닌 응징에 있다. 공의는 개조하는 것이 아니라 처벌하는 것이다. 사형부활론자 밴슨(Greg L. Bahnsen)은 『기독교 윤리에서의 신율』(*Theonomy in Christian Ethics*)에서 "우리는 세속에서 내려지는 처벌이 하나님 보시기에도 충분한 근거가 있는 처벌이

라는 사실을 토대로 사형선고를 이해해야 한다"고 말함으로써 이것을 분명히 해 두고 있다.[3]

사람들마다 서로 다르게 헤아리고 있지만, 구약에는 사형에 처해 마땅한 21가지 범죄들이 열거되어 있다;

(1) 살인(출 21:12)
(2) 재판관의 말을 업신여기는 행위(신 17:12)
(3) 과실치사(출 21:22~25)
(4) 다른 사람에게 죄를 뒤집어 씌우려고 위증하는 행위(신 19:16~19)
(5) 사람을 죽인 황소의 소유자가 져야 하는 태만죄(출 21:29)
(6) 우상숭배(출 22:20)
(7) 신성모독(레 24:15~16)
(8) 마술이나 요술(출 22:18)
(9) 거짓 예언(신 18:20)
(10) 배교(레 20:2)
(11) 안식일을 준수하지 않는 것(출 31:14)
(12) 동성애
(13) 수간(레 20:15~16)
(14) 간통(레 20:10)
(15) 폭행(신 22:25)
(16) 근친상간(레 20:11)
(17) 부모에 대한 저주(민 5:16)
(18) 존속구타(출 21:15, 17)
(19) 유괴(출 21:16)
(20) 사제의 음주(레 10:8~9)
(21) 성전에서 허락받지 않고 거룩한 기물들을 만지는 것(민 4:15)

이 목록을 주의깊게 살펴보면 몇 가지 흥미로운 사실들을 알 수 있다.

---

3) Greg L. Bahnsen, *Theonomy in Christian Ethics*, exp. ed. (Phillipsburg, N. J.: Presbyterian and Reformed, 1984), p. 441.

앞의 다섯 가지 죄는 실제적으로나 잠재적으로 사형에 처해 마땅한 무거운 죄라 하겠다. 나머지 16가지 죄는 그렇게 무거운 죄는 아니다. 물론 그 가운데는 살인을 야기시킬지도 모르는 죄(폭행)나 부모살해로 귀결될 가능성이 있는 죄(존속구타)도 있다. 6~11항은 종교적인 죄에 해당되고, 12~19항은 다양한 도덕 문제들과 연관되어 있다. 마지막 두 가지 죄(20~21항)는 예배상의 의무들과 관계있다. 다만 음주는 도덕적인 문제이기도 하나(잠 20:1; 23:21), 신정론자들은 이 두 가지 죄는 그 예배적인 본질 때문에, 오늘날에는 적용될 수 없는 죄라고 주장하고 있다.[4] 그러나 이러한 예외를 감안하면서도, 그들은 사형은 현재에도 여전히 유효하다고 확신하고 있다. 그들에 따르면 인간의 정부는 이러한 죄들에 대해 사형을 내려야 하는바, 하나님이 부여한 책임을 짊어지고 있다. 간략히 말해서 사형부활론자들은 사회적, 종교적, 도덕적으로 중대한 모든 죄에 대해서는 사형을 내려야 한다고 믿고 있는 것이다.

1. 사형부활론의 근거들

이렇게 규약이 정해 놓은 죄에 대해 사형이 내려져야 한다는 입장은, 구약의 율법이 현재에도 여전히 유효한가라는 문제를 낳기 마련이다. 따라서 사형부활론자들의 입장은 무엇보다도 그 성격상 성서에 토대를 두고 있는데, 많은 사람들은 그들이 현재에도 적용될 수 있는 하나님의 율법이 초래하는 엉뚱한 사회적 결과들을 지적하고 있다. 그들이 자기들의 견해를 정당화하면서 내세우는 기본적인 근거들을 검토해 보자

(1) 하나님의 율법은 그의 불변의 본성을 반영하고 있다

하나님의 도덕률은 하나님의 도덕적인 성격의 반영이다; "나는 여호와 너희 하나님이라 내가 거룩하니 너희도 몸을 구별하여 거룩하게 하고…"(레 11:44).

하나님은 공명정대하다. 그래서 그는 우리에게 공명정대할 것을 요구한다(겔 18:5 이하). 그런데 하나님의 율법이 그의 도덕적인 성격을 반영한

---

4) Ibid., p. 213.

다면 그리고 하나님의 도덕적인 성격이 변하지 않는다면, 모세를 통해서 우리에게 전달된 하나님의 율법은 현재에도 여전히 유효하다. 하나님은 변하지 않았기 때문에 반드시 그래야 한다.

(2) 신약은 십계명을 재차 언급하고 있다

시내 광야에서 모세에게 내려준 계명들은 신약에서도 다시 거론되고 있다. 바울은 롬 13:9에서 십계명 가운데 많은 것을 언급하고 있으며, 다른 곳에서도 누누이 이야기하고 있다(엡 6:2~3). 구약의 율법이 현재에도 효력을 발휘하고 있지 않다면, 신약이 십계명을 거듭 언급하는 것은 이상한 일이 아닐 수 없다.

(3) 구약은 초대 교회의 성서였다

초기 기독교 교회는 신약을 갖고 있지 않았으며, 신약은 1세기 후반에 들어와서야 겨우 쓰여졌다. 바울이 기독교인들에게 "모든 성경은 하나님의 감동으로 된 것으로 교훈과 책망과 바르게 함과 의로 교육하기에 유익하니…"(딤후 3:16). 그는 구약에 대해 언급하고 있었다. 이것은 디모데가 자신의 유대인 어머니와 할머니(딤후 1:5)로부터 성서에 대한 가르침을 받았다고 쓰여있는 것만 보더라도 명백하다. 그래서 사형부활론자들은 신약 시대의 교회는 공의의 기준으로 구약을 사용했다고 주장한다. 그리고 구약은 앞에서 언급한 여러 가지 죄에 대해서는 사형이 내려져야 한다고 가르쳤다.

(4) 예수는 자기가 율법을 폐하기 위해 오지 않았다고 말했다

예수는 분명히 "내가 율법이나 선지자나 폐하러 온 줄로 생각지 말라 폐하러 온 것이 아니요 완전케 하려 함이로다 진실로 너희에게 이르노니 천지가 없어지기 전에는 율법의 일점 일획이라도 반드시 없어지지 아니하고 다 이루리라"(마 5:17~18)라고 말했다. 이 말을 토대로 밴슨은 우리가 사형에 관한 구약의 도덕률에 전적으로 구속될 수밖에 없다고 주장하고 있다.

(5) 사형은 신약에서도 재차 언급되고 있다

더 나아가서 사형부활론자들은 로마서 13:4에서, 하나님은 통치자들에게 검을 주었다고 말함으로써 신약은 분명히 사형을 거듭 인정했다고 주장한다. 이와 마찬가지로 예수(요 19:11)와 바울(행 25:11) 모두가 사형에 대해 언급하고 있다.

2. 사형부활론에 대한 평가

많은 기독교인들은 신자들에게 있어서의 구약의 유익에 대해 높게 평가하지만(롬 15:4; 고전 10:11), 그 대부분은 모세의 율법이 현재까지도 구속력을 갖고 있다고 믿지 않는다. 그 이유는 여러 가지이지만 무엇보다도 안식일을 준수하지 않는 것에서부터 존속구타에 이르기까지의 모든 죄에 대해 사형을 내리는 것을 지지하는 사형부활론자들의 주장의 근거들을 반박해야 한다.

(1) 모든 모세 율법이 하나님의 본성에서 비롯되는 것은 아니다

모든 모세 율법은 하나님의 본성과 부합되지만, 그렇다고 모두가 하나님의 본성에서 비롯된 것은 아니다. 하나님은 결코 자기 본성에 반하여 율법을 만들지 않지만, 모든 율법이 반드시 하나님의 본성에 바탕을 두고 있는 것은 아니다. 하나님은 상이한 민족을 위해 상이한 시기에 상이한 내용을 마음대로 만들 수 있고 또 만들어 왔는데, 이러한 율법 모두는 하나님의 본성에 부합되기는 하지만 반드시 하나님의 본성에 바탕을 두고 있는 것은 아니다.

사형부활론자들은 모세의 율법 가운데 예배와 관련된 부분은, 현재 구속력이 없다고 생각하고 있다. 그리고 그들은 그리스도가 희생적이고 예표론적인 제도를 완성시켰으므로, 성전에 어린 양을 데려가거나 혹은 돼지고기와 새우를 먹는 것을 자제하는 것이 불필요하다고 믿고 있다. 그렇지만 그렇다고 해도 사형에 관한 구약 율법을 하나님이 변화시키지 않으려고 했다는 이유는 존재하지 않는다.

더군다나 사형은 율법이 아니라 특정한 율법을 준수하지 않은 데 대한 처벌이다. 그러므로 하나님이 구약에서 열거된 모든 죄에 대한 사형을 더 이상 요구하지 않았을 때, 하나님의 기본적인 도덕 원리들이 변화한다고 주장하지 않아도 된다.

모든 죄에 대해 사형을 내려야 한다고 주장하는 것은 불충분하다(롬 1:32; 6:23). 왜냐하면 하나님은 구약에서조차도 결코 모든 죄에 대해 사형을 선고하지 않았기 때문이다. 그러나 하나님이 마땅히 사형에 처해야 하

는 일부 죄에 대해서 구약에서조차도 사형을 요구하지 않았다고 한다면, 신약에서는 그 이외의 죄에 대해서 사형을 요구할 이유가 전혀 없다고 하는 것이 당연할 것이다. 그러므로 구약에서 열거된 21가지 죄 모두가 꼭 사형에 처해져야 하는 죄인가가 문제가 아니라, 하나님은 그러한 죄에 대해 현재까지 사형을 선고했는가가 문제이다. 그런데 우리가 앞으로 살펴보겠지만 하나님이 신약에서는 사형에 처하지 않으면 안 될 중대한 죄를 제외하고는, 그 어떤 죄에 대해서도 사형을 내렸다는 증거가 없다.

(2) 십계명 모두가 신약에서 재차 언급되고 있는 것은 아니다

사형부활론자들은 모세의 십계명이 신약에서 기독교인들을 위해 다시 언급된다고 주장하는 오류를 범하고 있다. 첫째로 십계명 가운데 9가지만 어떤 형태로든 신약에서 다시 언급되고 있을 뿐이다. 토요일에 하나님을 섬기라는 계명은, 다음과 같은 명백한 이유에서 신약에서 재차 언급되고 있지 않다. 즉 예수는 일요일에 부활했고 제자들에게 모습을 나타냈으며, 하늘나라로 승천했고 또한 성령을 보냈다. 그래서 초대 교회는 일주일의 첫째날에 회합을 가졌지, 마지막날에 회합을 갖지는 않았다(행 20:7; 고전 16:2). 결국 토요일에 하나님을 섬기라는 계명은, 기독교인들에게는 더이상 효력을 발휘하고 있지 않다(롬 14:5; 고후 2:16 참조).

모세 율법에 구현된 기본적인 도덕 원리들은 신약에서 재차 언급되더라도, 다른 약속을 담고 언급되고 있다. 예를 들어 바울이 에베소의 어린이들에게 "부모를 공경하라"고 말했을 때, 그는 하나님이 이스라엘에게 했던 약속과는 전혀 다른 약속을 덧붙였다. 원래 하나님은 이스라엘에게 "네 부모를 공경하라 그리하면 너희 하나님 나 여호와가 네게 준 땅(팔레스타인)에서 네 생명이 길리라"(출 20:12)고 약속했다. 에베소의 기독교인들은 땅과 축복을 약속받았던 이스라엘과는 달리, 부모를 공경하면 땅에서 오랫동안 잘 살 것이라는 말만 들었을 따름이다(엡 6:3). 그런데 율법을 준수한 데 대한 축복은 신약과 구약이 서로 다르므로, 율법을 어긴 데 대한 처벌도 신약과 구약이 서로 다르지 않을 이유는 없다. 사형은 율법이 아니라 율법을 어긴 데 대한 처벌이다. 그러므로 율법을 어긴 데 대한 처벌을 구약과 다르게 하는 것은 결코 도덕률을 변화시키는 것이 아니다.

(3) 구약은 교회를 위한 것이지 교회에 대한 것이 아니다

초대 교회가 신약을 전부 다 갖고 있지 않았다는 것은 사실이다. 교회는 A. D. 33년 경에 시작되었고, 신약의 첫번째 글은 약 20년경에도 쓰여지지 않았을 것이라 추정된다. 초대 교회는 글로 된 신약을 필요로 하지 않았다. 왜냐하면 그 때까지도 사도들이 살아 있으면서(행 2:42; 엡 2:20), 하나님의 권위를 확인시키기 위해 기적들을 행하고 있었기 때문이다(고후 12:12; 히 2:3~4).

초대 교회가 구약을 이용한 방법을 통해서, 우리는 초대 교회가 구약을 자기들에 대해 기록한 것으로가 아니라 자기들을 위해 존재하는 것으로만 생각했음을 알 수 있다. 바울은 이렇게 말했다; "무엇이든지 전에 기록한 바는 우리의 교훈을 위하여 기록된 것이니"(롬 15:4). 그는 구약이 기독교인들에게 경고하기 위한 것이라고 말했다(고전 10:11). 그러므로 신약 어디에도 구약의 율법이 세속 통치자들은 둘째치고 기독교인들에게 향한 것이라는 구절은 없다. 사실 앞에서 살펴 보았듯이 모세의 율법에는, 사형부활론자들도 현재 아무런 효력이 없다고 인정하는 부분이 존재한다.

(4) 예수는 구약의 율법을 없애버렸다

무엇보다도 먼저 예수는 구약 율법 속의 정의로운 요구들을 실현시키기 위해 있다는 것은 사실이다(마 5:17~18; 롬 10:2~3 참조). 그는 구약의 율법을 파괴시킴으로써 없애버렸던 것이 아니라 실현시킴으로써 없애버렸다.

신약은 모세의 율법이 그리스도에 의해 대체되었음을 분명히 해놓고 있다. 바울은 돌에 기록되어 있었던 것(계명)은 그 빛을 잃어 버렸다고 말했다(고후 3:7~11). 히브리서 저자는 "율법도 반드시 변역하리니"(히 7:12)라고 주장하고 있다. 왜냐하면 예레미야가 예언했던 대로 옛 언약이 새 언약으로 대체되었기 때문이다(렘 31:31; 히 8:13). 바울은 갈라디아인들에게 "믿음이 온 후로는 우리가 몽학선생 아래 있지 아니하도다"(갈 3:25)라고 말했고, 로마인들에게는 "우리가 법 아래 있지 아니하고 은혜 아래 있으니"(롬 6:15)라고 말했다. 그리고 바울은 그리스도의 죽음과 부활에 비추어 볼 때 "하나님은 우리를 거스리고 우리를 대적하는 의문에 쓴 증서를 도말하셨다"(골 2:14)고 말하였다.

신약에는 구약의 율법과 비슷한 율법이 없다고 해서, 우리가 여전히 구약의 지배를 받고 있는 것은 아니다. 버지니아와 텍사스에는 유사한 교통법이 있다. 하지만 버지니아 시민이 그 교통법의 여러 조항들 가운데 하나를 어겼다고 해서, 텍사스의 유사한 교통법 조항까지 어겼다고는 할 수 없다. 하나님의 도덕적 본성은 시대에 따라 변하지 않으므로, 우리는 도덕률의 대부분은 항상 똑같을 것이라고 생각해야 한다. 그렇지만 그렇다고 해서 바울과 베드로처럼 모세도 똑같은 하나님에게서 율법을 받았기 때문에, 우리는 지금도 여전히 모세의 율법에 얽매일 수밖에 없다고 할 수는 없다.
　여기에서도 율법과 처벌이 혼동되고 있다. 모세의 율법에서 구현된 기본적인 도덕 원리들이, 신약에서 표현된 기독교인들을 위한 원리들과 동일하다고 하더라도 그것들을 어긴 데 대한 처벌까지 항상 동일한 것은 아니다. 그리고 사형은 처벌의 문제이지 도덕률 일반의 문제는 아니다. 예를 들어 간통하지 말라는 도덕 명령은, 시대가 바뀌었는데도 전혀 변하지 않았다. 왜냐하면 하나님은 항상 간통에 반대했기 때문이다. 그렇다면 문제는 하나님은 어느 시대에서나 간통에 대해 항상 똑같은 처벌을 내려야 한다고 요구했는가에 있다. 하나님이 그렇게 했다는 증거는 없다. 물론 그렇게 하지 않았다는 증거도 없다.

⑸ 구약에서 열거된 사형에 처해 마땅한 죄 모두가 신약에서 재차 언급된 것은 아니다

　사형은 신약에서도 재확인되고 있는 것처럼 말하는 것은 잘못이다. 왜냐하면 구약에서 사형에 처해 마땅한 것으로서 열거된 모든 죄가, 신약에서도 그런 것은 아니기 때문이다. 앞에서 보았듯이 사형부활론자들조차도 구약에서 사형에 처해 마땅한 것으로 열거된 죄의 사례들 가운데 일부는 현재 아무런 의미가 없음을 인정하고 있다. 신약에서 사형에 처해야 마땅한 것으로 여겨지는 죄의 사례들은, 구약에서 열거된 죄 모두를 포괄하고 있지 않다. 사실 반역죄 같은 것들은 신약에서는 사형에 처해 마땅한 죄나 그것에 상응하는 죄로 여겨지고 있으나 구약에서는 아예 언급조차 되지 않고 있다(눅 23:2; 행 17:7 참조).
　아울러 예를 들어 구약에서 열거된 죄 가운데 일부(예를 들자면 간통죄)

는, 신약에서는 꼭 사형에 처하지 않아도 되는 죄이다(고전 5:5; 고후 2:6).

3. 사형부활론에 대한 성서적인 비판

사형부활론에 관한 비판들 대부분은, 이미 그 근거들을 논박할 때에 모습을 드러냈다. 사형을 지지하는 사형부활론은 구약의 모세 율법이 현재에도 신자들에게 효력을 발휘하고 있다는 확신에 근거를 두고 있다. 그러므로 이 사형부활론을 논박하려면, 모세의 율법이 현재 아무런 효력이 없음을 밝히면 된다.

(1) 의식의 범주와 도덕의 범주를 서로 구분하기란 힘들다

성서는 율법을 의식의 범주, 세속의 범주, 도덕의 범주로 나누고 있지 않다. 엄격하기 이를 데 없는 이러한 구분선은 존재하지 않는다. 예수는 모든 음식이 다 청결하다고 하였으며(막 7:19), 신약의 집필자들도 일부 음식이 청결하지 않다는 주장을 일소해 버렸다(행 10:15; 딤전 4:3~4). 그런데 율법의 의식적인 측면은 청결한 음식과 더러운 음식의 구분보다 더 광범위하다. 거기에는 의복, 제물, 의식, 위생 등에 관한 규정이 포함되어 있다(레 11~27장). 따라서 특정한 음식을 청결하게 하는 것은, 이른바 의식법과 동등한 위치에 놓일 수 없다. 더군다나 우상에게 바쳤던 음식이나 피 혹은 목매어 죽인 짐승을 먹지 말며 또 음란한 행동도 하지 말라는 요구(행 15:29)는, 모세의 율법에만 고유한 것이 아니었다(창 9:4 참조).

모세의 율법은 나눌 수 없는 단일체였다. 도덕률에는 세속적인 측면이 그리고 세속률에는 도덕적인 차원이 각각 존재하였다.[5] 아울러 의식법에 하나님의 거룩함이 반영되어 있다는 사실에서 명백하지만(레 11:45), 의식법칙에도 도덕적인 측면이 있었다. 분명히 하나님의 거룩함은 비도덕적인 문제가 아니다. 구약 어디에서도 모세 율법의 도덕적 측면과 세속적 측면, 혹은 세속적 측면과 의식적 측면이 서로 분리되어 있지 않다. 그리고 신약 어디에서도 모세 율법의 의식적 측면만이 제거되어야 한다는 주장이 없다.

---

5) 웨스터민스터 신앙고백(1647)은 도덕 의무들에 관한 각가지 교훈들을 포함한 의식법(19. 3)을 말하였다.

(2) 사도들은 율법을 무시하였다

사도들은 이방인도 할례받아야 하는가 받지 않아도 되는가라는 논쟁을 진정시킨 후 "모세의 율법을 따를 것"을 이방인에게 요구하였다(행 15:5).

사도들은 단지 기독교인들이 "우상의 제물과 피와 목매어 죽인 것과 음행을 멀리 할"(행 15:29) 것을 강조했다. 그러나 이러한 요구들은 모세의 율법에만 고유한 것이 아니었다(창 9:4). 또한 모세의 율법은 이것들만을 요구하지도 않았다. 따라서 사도들이 몇 가지 "긴요한 것들 외에 아무 짐도"(행 15:28) 강조하지 않았다는 사실은, 그들이 기독교인은 모세의 율법에 적용받는다고 생각하지 않았다는 것을 입증해 준다. 더군다나 사도행전 15장에서 사도들이 기독교인에게 알려 주었던 금지 사항들은, 의식상의 문제들에 관한 규정으로만 여겨서는 안된다. 왜냐하면 우상숭배를 하지 말라는 명령과 음란한 행동을 하지 말라는 명령이 포함되어 있었기 때문이다.

(3) 야고보는 율법의 통일성을 인정하였다

모세 율법의 통일성은 매우 확고해서 야고보는 "누구든지 온 율법을 지키다가 그 하나에 거치면 모두 범한 자가 되나니"(막 2:10)라고 주장하였다. 그리고 그 다음 구절에서 그는 모든 사람이 동의하는 우상숭배와 살인하지 말라는 율법은 도덕률이라고 말했다. 모세의 율법은 하나의 통일체로 여겨졌다. 따라서 그 가운데 어느 하나라도 무효화되면, 모세의 율법 모두가 무효화되고 만다.

(4) 바울은 기독교인이 율법의 적용을 받지 않는다고 말했다

신약에서 신자들은 "법 아래 있지 않고 은혜 아래 있다"(롬 6:14)고 했다. 사도 요한은 "율법은 모세로 말미암아 주신 것이요 은혜와 진리는 예수 그리스도로 말미암아 온 것이라"(요 18:7)고 말했다. 여기서 모세의 율법은 그리스도의 은총과 대비된다. 그러므로 우리는 은혜와 율법 모두에 적용받지는 않는다.

(5) 십계명은 이미 효력을 잃었다

바울은 고린도인들에게 "돌에 써서 새긴…의문(십계명)"(고후 3:7)은 그리스도 이후 효력을 상실해 버렸다고 말했다. 왜냐하면 그것은 "길이 있을 것"(고후 3:11)으로 대체되었기 때문이다. 그러면 그리스도는 어떻게 모세

의 율법을 없애버렸는가? 그리스도는 "계명의 율법을 자기 육체로"(엡 2:
15) 폐하심으로써 그렇게 하셨다. 율법은 우리를 정죄했지만 그리스도는
우리를 속죄하셨다. 왜냐하면 "그리스도 예수 안에 있는 자에게는 결코 정
죄함이" 없기(롬 8:1) 때문이다.

(6) 그리스도는 율법의 종국이다

사도 바울은 "그리스도는 모든 믿는 자에게 율법의 마침이 되시느니라"
(롬 10:4)고 말했다. 그리스도는 단순하게 율법에 종지부를 찍었던 것만은
아니다. 오히려 그는 율법의 목적이다. 그는 율법을 실현시킴으로써 없애
버렸던 것이 아니라(마 5:17~18), 실현시킴으로써 폐하셨던 것이다. 그는
율법을 완전하게 보존했기 때문에 율법의 완전한 종국이다(마 3:15; 롬 8:
3~4).

(7) 율법은 그리스도가 오기 전까지만 적절하게 역할할 수 있었다

사도 바울은 "율법이 우리를 그리스도에게로 인도하는 몽학 선생이 되어
우리로 하여금 믿음으로 말미암아 의롭다함을 알게 하려 함이니라 믿음이
온 후로는 우리가 몽학 선생 아래 있지 아니하도다"(갈 3:24~25)라고 말
했다. 여기서도 바울은 모세의 도덕률을 포함시키고 있음을 분명히 알 수
있다. 왜냐하면 그는 모세의 율법은 하나님이 이스라엘인의 조상들과 계약
을 맺은 후 430년이 지나 시내산에서 모세에게 주었던 것이라고 말했기 때
문이다(갈 3:17). 그리고 모세가 시내산에서 받았던 것은 도덕률의 핵심과
기초를 담고 있는 십계명이었다. 그래서 이스라엘인이 전달받았던 모세의
율법을 그리스도는 폐하셨다.

(8) 모세의 율법은 이스라엘인에게만 주어졌다

히브리서는 이스라엘 백성이 율법을 받았다는 사실을 강조하고 있다(히
7:11). 그리고 히브리서는 그 율법에 대해 "제사직분이 변역한즉 율법도
반드시 변역하리니"(히 7:12)라고 말했다. 새 언약이 주어짐으로써 그 이
전 계명은 연약하며 무익하므로 파기되었다(히 7:18). 옛 언약은 새 언약
으로 대체된다(히 8:1~2). 그리고 예수님은 이 언약을 새 언약이라 명명
했다는 사실 때문에, 처음의 옛 언약은 낡아지게 하셨다고 할 수 있다(히
8:13). 이 새 언약은 "내가 너희 열조들의 손을 잡고 애굽 땅에서 인도하여

내던 날에 저희와 세운 언약과 같지 아니하도다"(히 8:9)라고 말했다. 모세를 통해 이스라엘인이 전달받았던바 도덕률도 포괄한 언약이, 이미 제거되어 버렸다는 말보다 더 분명한 말은 없을 것이다.

(9) 저주없는 율법은 생각할 수 없다

기독교인이 여전히 율법의 적용을 받는다고 확신하는 사람들은 바울의 다음 말을 기억해 두어야 한다; "누구든지 율법 책에 기록된 대로 온갖 일을 항상 행하지 아니하는 자는 저주 아래 있는 자라 하였음이라"(갈 3:10). 즉 누구든지 저주없는 율법의 축복을 받을 수 없다(신 27장 참조). 바울에 따르면 율법과 함께, 축복도 전부 아니면 전무이다. 따라서 한편에서는 율법 가운데 어느 한 부분이라도 기독교인에게 구속력을 발휘한다면, 그 전부가 기독교인에게 구속력을 발휘하게 된다. 다른 한편에서는 모세의 율법 가운데 일부가 기독교인에게 적용되지 않는다면, 그 전부가 기독교인에게 적용되지 않는다. 그러나 그리스도는 우리를 위해 율법의 저주를 혼자 뒤집어 썼다(갈 3:13). 그러므로 모세의 율법이 우리에게 구속력을 발휘하고 있다고 인정하는 것은, 곧 그리스도가 우리를 위해 했던 일을 부정하는 것이다(갈 3:21).

4. 사형부활론에 대한 사회적 비판

사회적 관점에서 엄격히 본다면 사형부활론에는 몇 가지 중대한 문제점이 있다. 첫째로 사형부활론은 한 종교를 선택받은 종교로 정해 놓음으로써, 우리의 헌법상의 종교 자유를 말살해 버린다. 따라서 사형부활론은 미 헌법 제 1차 수정안의 위반이다.

둘째로 사형부활론은 이미 실행되었다가 실패로 끝난 바 있다. 칼빈의 제네바와 퓨리탄의 초기 미국이 그 전형적인 사례이다. 침례교도들은 사형부활론자라는 이유로 박해받았기 때문에 로데(Rhode) 섬으로 도망칠 수밖에 없었다.

셋째로 사형부활론은 종교적 계시에 기초한 지배인데, 항상 "누구의 계시인가"라는 문제가 제기된다. '나의 계시' 라고 대답한다면 매우 편협한 대답이다. 그래서 '하나님의 계시' 라는 대답이 있을 것으로 추정된다.

기독교인들이 기독교의 계시라고 대답하지 않도록 하기 위해서는, 우리는 이슬람교의 계시도 있다는 것을 염두에 둘 필요가 있다. 다원주의적인 세계에서는 어느 한 사람의 종교적 계시는, 다른 사람들에게 지배의 기초로서 인정받지 못할 것이다.

Ⅳ. 응징론(일부 무거운 죄에 대한 사형)

세 번째 중요한 입장은 응징론(retributionism)으로, 일부 무거운 죄(즉 사형에 처해야 마땅한 죄)에 대한 사형은 정당하다고 주장한다. 이 입장의 본질은 다른 두 입장을 비판하는 과정에서 밝혀졌으므로 여기서는 간략히 살펴 보기만 하겠다.

사형금지론과는 달리 응징론은, 사형의 우선적인 목적이 처벌하는 데 있다고 믿고 있다. 그리고 사형부활론과는 달리 응징론은, 현재의 세속 정부들이 사형에 관한 모세의 율법에 얽매여 있다고는 생각하지 않고 있다.

응징론은 범죄자는 병자가 아니라 죄인일 뿐이라고 주장한다. 범죄자의 죄를 병리학적인 견지에서가 아니라 도덕적인 견지에서 파악해야 한다. 범죄자는 합리적인 존재일 뿐 아니라 도덕적으로 책임질 수 있는 존재이므로, 무엇이 더 올바른 일인가를 알고 있고 따라서 처벌받아야 마땅하다. 사형은 선량한 사람들을 거듭되는 폭력적인 범죄로부터 보호해 주지만, 이것이 사형의 우선적인 목적이라고 할 수는 없다. 더욱이 사형이 범죄를 억제하는 기능을 하고 있더라도, 이것 또한 사형의 우선적인 목적이 아니다. 사형의 우선적인 목적은 범죄자를 처벌하는 데 있지 교정하는 데 있지 않다. 즉 사형의 목적은 선량한 사람을 보호하는 데 있기보다는 죄인을 처벌하는 데 있다.

하나님이 인간 정부를 설립한 후 죄인을 사형에 처할 수 있는 권력을 부여했을 때, 그 목적은 사형에 처해 마땅한 범죄들을 다루는 데 있었다. 하나님은 다음과 같이 분명하게 노아에게 말했다;

"내가 반드시 너희 피 곧 너희 생명의 피를 찾으리니…무릇 사람의 피를 흘리면 사람이 그 피를 흘릴 것이니 이는 하나님이 자기 형상대로 사람을 지었음이니라"(창 9:5~6).

이러한 명령이 나중에 모세의 율법과 합쳐졌을 때, 이미 살인(출 21:
12), 원수보복, 유산초래(출 21:22~23), 거짓 증언(신 19:16~19) 그리
고 사람을 죽인 황소를 소유하는 것(출 21:29) 등 사형에 처해 마땅한 수
많은 범죄들이 있었다. 각 경우마다 사형당했던 사람은, 선량한 다른 사람
이나 사람들의 죽음에 대해 책임을 졌다. 원칙적으로 볼 때 반역 행위를 하
면 많은 사람들의 생명이 위태로워지므로, 반역죄 또한 사형에 처해 마땅
한 죄에 포함된다. 간략히 말해서 사형에 처해 마땅한 죄를 지은 사람에게
사형이 내려진다.

신약에서도 사형에 처해야 마땅한 무거운 죄의 맥락 속에서 사형이 언급
되고 있다. 정부는 하나님이 노아에게 무거운 죄를 지은 사람은 처벌하라
고 주었던 칼을 갖고 있다(롬 13:4). 예수는 자기 생명을 빼앗을 수도 있는
로마의 권력을 인정했으므로(요 19:11), 그가 뒤집어 썼던 죄는 사형에 처
해야 마땅한 죄(즉 반역죄)였다고 추정할 수 있다(눅 23:2). 마찬가지로 바
울도 자기가 지은 죄가 반역적인 한에는 기꺼이 사형을 받아들이려고 했다
(행 25:11; 17:7).

1. 사형의 성서적 기반

사형은 구약 앞부분에서부터 암시되고 있으며, 신약을 비롯한 성서 도처
에서 거듭 강조되고 있다.

(1) 사형의 필요성은 인간 본성에 내재되어 있다

인간은 여성과 남성 할 것없이 하나님의 형상대로 창조된다(창 1:27).
인간은 하나님과 닮았으며 지상에서는 하나님을 대표한다. 인간을 살해하
는 것은 인간을 만든 하나님께 대한 공격이다. 그것은 인간 생명에 대한 하
나님의 주권을 부정하는 것이다(신 32:39). 하나님 자신은 사형을 요구한
다고 분명히 밝혔다(창 9:6). 하지만 사형이라는 처벌은 분명하게 거론되
기 이전에, 이미 죄의 성질 속에 함축되어 있다. 이것은 최초의 살인자 가
인의 경우를 보면 명백하다.

(2) 가인은 사형당할 만한 죄를 지었고 또한 사형당하리라고 예상했다

가인은 자기 동생 아벨을 죽였을 때 사형당하리라고 예상했다는 성서 구

절은 많은 사실을 알려준다. 하나님은 "네 아우의 핏소리가 땅에서부터 내게 호소하느니라"(창 4:10)고 말씀하셨다. 피(생명)로써 보복하겠다는 이러한 울부짖음은, 살인죄에 대한 대가가 생명임을 보여주는 분명한 예이다. 가인은 "무릇 나를 만나는 자가 나를 죽이겠나이다"(창 4:14)라고 말하면서, 솔직하게 자기 생명에 대한 보복을 예상하고 있었다. 가인을 보호하겠다는 하나님의 선언조차도, 가인을 살해한 사람에게는 "7배의 보복을 하겠다"고 말함으로써 사형을 암시하였다(창 4:15). 가인을 처벌할 수 있는 정부나 사람은 가인의 부모를 제외하고는 존재하지 않았으므로, 하나님은 사형에 처해 마땅한 가인에 대한 처벌 방법을 개인적으로 바꾸었다. 하나님은 생명의 주인이시므로 그렇게 할 권리를 갖고 있다. 그러나 그럼에도 불구하고 성서는 사형당하리라고 예상되었다는 것을 분명히 보여주고 있다.

(3) 하나님은 인간 정부에게 사형시킬 수 있는 권력을 부여하였다

노아 시대 이전에도 사형이 있었으나, 친척들만이 살인자에게 보복할 수 있었다(창 4:14). 하나님은 사형을 제도화함으로써, 사망한 사람의 가족들이 임의로 살인자를 처벌하는 것을 막았으며 그 대신 인간 정부가 집행하도록 하였다. 그 결과 개인적인 보복의 요소와 감정적인 분노가 제거됨으로써, 처벌은 더욱 객관적으로 집행될 수 있게 되었다. 그래서 노아는 사형에 처할 권리를 부여받은 최초의 인물이 아니었다(창 9:6). 어쨌든 하나님은 인간 정부를 설립하여, 가족들에 의해 임의대로 집행되고 있었던 사형을 제도적으로 집행하도록 하였다.

(4) 사형은 모세의 율법 속에 통합되었다

하나님은 이스라엘에게 사형을 명령하기 이전부터, 사형을 제도화해 놓고 있었다(출 21장). 즉 사형은 세상이 창조될 때부터 암시되어 있었고(창 4장), 또한 노아가 다스린 인간 정부에게도 이미 무거운 죄에 대해 사형을 내릴 권리가 주어져 있었다(창 9:6). 모세의 율법이 했던 일은 단지 사형을 통합시켰고, 종교적인 범죄나 의식상의 범죄 등 그렇게 무겁지 않은 많은 죄에 대해서도 사형을 내릴 수 있도록 한 것 뿐이었다. 이스라엘은 하나님이 특별한 방법으로 다스리려고 했던 선택받은 민족이었다(출 19장). 따라서 이스라엘은 하나님이 직접 다스리는 민족이었으므로, 이스라엘에 적용되

었던 이유와 똑같은 이유로 다른 민족들이 사형에 처해졌던 것은 아니다. 예를 들어 하나님은 다른 민족들에게는 안식일을 섬기라는 명령이나, 예루살렘의 성전에 십일조를 바치라는 명령을 내리지 않았다. 따라서 이스라엘을 제외한 모든 민족들은 거만한 죄에서 불공평한 죄에 이르기까지의 온갖 죄에 대해서는 심판받지만, 안식일을 준수하지 않거나 십일조를 바치지 않는다고 해서 처벌받지는 않는다(욥 1장 참조). 그런데 이스라엘은 이런 특별한 율법을 어기기 때문에, 하나님은 빈번히 이스라엘을 처벌한다. 사람들은 안식일을 준수하지 않는다는 이유로 사형을 당하기까지 했다(출 31:14).

모세는 하나님 아래서 몇몇 무거운 죄에 대한 사형을 제도화하지 않았다. 그는 사형을 자신의 율법 속에 통합시켰을 뿐이다. 그런데 그는 그다지 무겁지 않은 죄에까지 사형을 확장시켰다. 그는 사형을 모든 민족에게 적용했던 것이 아니라, 하나님이 선택한 민족에게만 특별히 적용했다.

몇 가지 무거운 짐에 대한 사형이 모세의 율법과 함께 정해지지 않았다면, 그것은 모세의 율법과 같이 사라지지 않았을 것이다. 그것은 모세의 율법에 고유한 것이 사라져 버렸는데도 계속 유지되고 있다(히 7~8장).

(5) 사형은 신약에서 재인정받았다

하나님은 모세의 율법처럼 이스라엘에게만 사형을 적용하지 않았다(신 4:8; 시 147:19~20). 사형은 노아의 시대에서도 인류 전체에게 적용되었다(창 9:6, 9~10). 그리고 하나님은 인류 전체를 위해 노아에게 했던바 다시는 홍수로 세상이 잠기게 하지 않겠다는 약속을 거두어들이지 않았던 것처럼(창 9:11) 무거운 죄에 대한 사형도 철폐하지 않았으므로, 결국 하나님이 제도적으로 정해 놓은 사형은 지금도 여전히 인류 전체에게 적용되고 있다고 할 수 있다.

인간 정부가 하나님에게서 받은 사형집행을 위한 칼(창 9:6)은 신약에서도 분명히 재확인되고 있다(롬 13:4). 예수는 빌라도 앞에서 인간 정부가 사형을 집행할 권리를 인정했으며(요 19:11), 바울도 마찬가지로 로마인들 앞에서 인정했다(행 25:11). 결국 사형은 모세의 율법 이전에는 물론 이후에도 존재했던 셈이다. 모세의 율법에서 다른 이유들 때문에 사형에 처해 마땅한 죄로 된 것들은, 현재에는 인류에게 아무런 구속력도 발휘하지 못한다.

2. 응징론에 대한 평가(부정적인 비판)

사형에 대해서는 많은 비판이 가해졌다. 이것은 살인죄에 대한 사형의 경우에도 마찬가지이다. 이러한 비판의 대부분은 사형금지론을 살펴 보면서 검토된 바 있다. 그러므로 여기서는 간략하게 요약만 할 것이다.

(1) 사형은 잔인하고 비정상적인 처벌이다

사형을 지지하는 입장대로라면, 아무 죄없는 사람이 살해될 경우 살인자는 사형당해야 한다. 다른 사람의 생명을 빼앗은 사람은 자기 생명을 내놓아야 한다. 즉 생명을 서로 주고 받아야 하는 것이다. 이보다 더 잔인하고 비정상적인 일은 없다.

(2) 사형은 불공정하게 적용된다

사형에 처해야 마땅한 죄에 대한 처벌을 집행하지 않는 것은, 실제의 죄에 대한 부당한 처사의 보상이 아니다. 두 가지 잘못된 일은 한 가지 올바른 일을 만들어 내지 못한다. 어떤 사람이 적절한 의학적 치료를 받지 못했기 때문에 사망했다고 해서, 모든 의학적 치료를 중단한다는 것은 있을 수 없는 일이다. 마찬가지로 어떤 사람이 부당하게 사형당했다고 해서, 공정함을 모든 사형으로부터 중단하는 것은 있을 수 없는 일이다.

(3) 사형은 범죄를 억제하지 못한다

정의가 행해질 때 "온 백성이 듣고 두려워하여 다시는 천자히 행치 아니하리라"(신 17:13). 사형은 범죄자가 범죄를 반복적으로 저지르는 것을 저지한다는 것만큼은 틀림없는 사실이다. 사형이 범죄의 발생을 억제하지 못한다면, 그것은 아마도 사형이 실제적인 위협으로 될 수 있을 정도로 신속하고 광범위하게 집행되지 않기 때문일 것이다(전 8:11).

(4) 사형은 최소한 현재에 있어서만큼은 성서적이지 않다

우리가 살펴본 바와 같이 그다지 무겁지 않은 죄에 대한 사형은 현재에는 성서적이지 않다. 모세의 율법에서 고유하게 규정되어 있었던 것들은, 더이상 구속력을 발휘하고 있지 않다. 그러나 사형에 처해 마땅한 무거운 죄에 대한 사형은, 모세의 율법 이전에도 인간 정부에 의해 집행되었고(창 9:6) 모세의 율법 이후에도 재인정받았다(롬 13:4; 요 19:11; 행 25:11).

⑸ 범죄자는 교정되어야지 사형에 처해져서는 안된다

이것은 형벌의 목적이 교정에 있지 처벌에 있지 않다는 잘못된 관념에 기초하고 있다. 교정을 중심으로 바라보는 견해는 범죄자를 존중되어야 할 인간으로 간주하기보다는, 치료받아야 하는 환자나 대상으로 만듦으로써 범죄자를 비인간화하게 된다. 이것은 사실상 반인간적인 환상적 인도주의이다. 이것은 또한 소수 엘리트의 손에 정적을 '환자'로 규정하며, 강제로 국가로부터 치료받게 할 수 있는 무시무시한 잠재력을 집중시킨다.

⑹ 어떤 살인자들은 이성적으로 책임질 수 없다

이 말이 사회적으로 책임질 수 있는 연령 이전의 어린이들이나, 자기들의 행동을 이해할 만한 도덕적이고 이성적인 능력을 갖추지 못한 백치들을 가리킨다면 사형은 적절한 처벌이 아닐 수 있다. 도덕적 책임은 어떤 사람이 도덕적으로 책임질 수 있다는 것을 전제로 한다. 이성을 갖고 있지 않은 사람은 이성적으로 책임질 수 없다.

⑺ 사형은 용서의 개념과 대립된다

무엇보다도 우선 용서는 형벌의 교정적인 의미에서는 무의미하다. 아픈 사람은 용서받을 수 없다. 죄인만이 용서받을 수 있을 뿐이다. 따라서 용서의 개념은 형벌이 처벌이라는 견해 속에서만 의미를 갖는다. 모든 무거운 죄에 대해서는 사형이 선고될 수 있지만, 사형에 처해 마땅한 모든 범죄자들이 꼭 사형당할 필요는 없다. 어떤 특정한 범죄를 저지른 범죄자들은 사형에 처해도 된다(롬 1:32; 6:23). 그러나 옛 율법조차도 모든 범죄에 대해 사형에 처하라고 요구하지 않았다. 창세기 4장에서 하나님은 개인적으로 가인에 대한 사형선고를 변경시켰다. 따라서 특별한 경우(즉 진정한 회개와 보상이 이루어질 경우)에 사형을 유예시키는 것은, 성서에서도 전례를 찾아볼 수 있는 일이다. 그러나 진심으로 회개한 사람에 대한 자비라는 개념은, 무거운 죄에 대한 무거운 형벌이라는 형벌의 구조를 전제로 한다.

⑻ 사형은 정신 이상자들을 무시한다

정신 이상자들(자신의 정신을 통제하지 못하는 사람들)을 사형에 처해서는 안된다. 왜냐하면 그들은 도덕적인 책임을 질 수 없기 때문이다. 하지만 일시적인 정신 이상은 종종 격렬한 분노의 표현에 불과한 경우가 많다. 그런데 우리는 분노를 표현한 데 대해서와 분노에 사로잡혀 한 일에 대해 책임질 줄 알아야 한다. 비이성적인 상태(정신 이상의 상태)에 있다는 것과 비이성적으로(범죄적으로) 행동한다는 것은 별개의 일이다. 어떤 의미에서는 사형에 처해야 마땅한 무거운 죄를 비롯한 모든 죄는 비이성적이다.

3. 응징론에 대한 평가(긍정적 기여)

허다한 비판을 받고 있음에도 불구하고, 사형에 처해 마땅한 죄에 대한 사형은 많은 긍정적인 측면을 갖고 있다. 그 가운데 몇 가지를 여기서 간단히 살펴보자.

(1) 사형은 인간을 존중하는 견해에 기초하고 있다

사형을 지지하는 응징론적인 입장은, 인간의 자유와 존엄성에 대한 존중을 전제하고 있다. 즉 정상적인 성인은 보다 올바른 일이 무엇인지를 알고 보다 올바른 행동을 할 수 있는 동시에 나쁜 일을 어떤 방식으로든 선택해서 할 수 있기 때문에, 처벌받아도 당연한 이성적이고 도덕적인 존재라는 가정에 토대를 두고 있다.

(2) 사형은 범죄자를 존중해 준다

처벌받아 마땅한 사람을 처벌함으로써, 국가는 그 사람을 존중해 주게 된다. 하지만 어떤 사람을 그의 의지와는 반대로 강제로 교정하는 것은, 그를 어린이, 백치, 애완동물로 취급하는 것이다. 알면서 나쁜 일을 하는 사람들을, 조종 가능한 대상처럼 간주해서는 안되며 처벌해야 마땅하다.

(3) 사형은 형벌에 대한 정확한 관점에 기초하고 있다

앞에서 살펴 보았듯이 형벌에 대한 성서의 견해는, 처벌 우선적이지 교정 우선적이지 않다. 형벌은 우선적으로 도덕적인 목적을 전면에 내세우고 있지, 교정적인 목적을 전면에 내세우고 있지 않다. 이것은 범죄가 우발적인가 의도적인가에 관계없다. 형벌은 죄를 범한 사람들이 감당해 낼 수 있을 때에만 내려져야 한다.

(4) 사형은 범죄를 억제시킨다

온갖 반대에도 불구하고 처벌은 범죄를 억제시킨다. 이것은 성서에도 그

렇다고 나와 있으며(신 17:13), 특히 사형의 경우에는 사실의 뒷받침을 받고 있다. 죽은 범죄자는 범죄를 반복하지 못한다. 그리고 상식적으로 볼 때 보통 사람이라면 엄한 처벌을 받아 실제로 죽게 된다면, 법을 위반하는 일에 대해 다시 한번 생각해 볼 것이다.

(5) 사형은 무죄한 생명을 보호한다

사형은 세 가지 방법으로 무죄한 생명을 보호한다; 첫째로 인간의 생명에 주어지는 강력한 선(先)프레미엄은, 생명을 유지하고 보호하는 일에 대한 존경심을 촉발시킨다. 둘째로 사형은 적절히 실시된다면 다른 잠재적인 살인자들로 하여금 하나님께 대한 공포에 사로잡히게 할 수 있다. 마지막으로 사형은 범죄가 반복되더라도 사형받을 만한 무거운 죄로 되지 않도록 방지한다.

〖 요약 및 결론 〗

기독교인들은 사형에 대해 세 가지 견해를 갖고 있다. 즉 사형금지론, 사형부활론, 응징론이 그것이다. 사형금지론은 그 어떤 범죄에 대해서도 사형에 처하는 것에 반대한다. 사형 부활론은 도덕적이든 종교적이든 모든 중대한 죄에 대해서는 사형을 내려야 한다고 주장한다. 응징론은 사형은 몇 가지 죄(즉 사형에 처해야 마땅한 죄)에 대해서는 적절한 조치라는 입장에 있다.

사형금지론은 재판이 치료하는(교정하는) 행위라는 견해에 토대를 두고 있다. 여기서 죄인은 치료를 필요로 하는 아픈 환자로 간주되고 있다. 다른 두 견해는 재판은 응징에 그 목적이 있다고 여기고 있다. 즉 죄인은 처벌받아 마땅한 도덕적으로 책임질 수 있는 사람으로 여겨지고 있는 것이다. 응징론은 모세의 율법에 따르면 사형에 처해 마땅한 죄는, 현재에도 그러하다고 주장한다는 점에서 사형부활론과는 다르다. 응징론은 언제 어디서나 모든 사람에게 적용될 수 있는 '생명에는 생명으로'라는 성서적 원리에 토대를 두고 있다.

〚 꼭 읽어야 할 책들 〛

Bahnsen, Greg L. *Theonomy in Christian Ethics.* Exp. ed. Phillipsburg, N. J.: Presbyterian and Reformed, 1984.

Baker, William H. *On Capital Punishment.* Rev. ed. Chicago: Moody, 1985.

──. *Worthy of Death: Capital Punishment-Unpleasant Necessity or Unnecessary Penalty?* Chicago: Moody, 1973.

Davis, John Jefferson. *Evangelical Ethics: Issues Facing the Church Today.* Phillipsburg, N. J.: Presbyterian and Roformed, 1985.

Endres, Michael E. *The Morality of Capital Punishment: Equal Justice for All under the Law?* Mystic, Conn.: Twenty-third Publications, 1985.

Lewis, C. S. *God in the Dock.* Edited by Walter Hooper. Grand Rapids: Eerdmans, 1970.

Moberly, Sir Walter. *The Ethics of Punishment.* Hamden, Conn.: Archon, 1968.

Van den Haag, Ernest. *The Death Penalty: A Debate.* New York: Plenum, 1983.

12

전쟁

　전쟁에 대한 그리스도인의 태도는 무엇인가? 자기 정부의 명령하에서 다른 사람의 생명을 빼앗는 것이 도대체 옳은 일인가? 전쟁에 참여하는 데 대한 성서적 근거가 있는가? 그리스도인들 사이에서 이 질문들에 대한 반응은 다양하다. 다른 생명들을 빼앗는다는 점에서 사람이 전쟁에 말려들어가는 상황에서, 그리스도인들은 근본적으로 세 가지 입장을 취한다. 첫째는 행동주의(activism)로서 정부는 하나님께서 세우셨기 때문에 그리스도인은 자기 정부에 복종하여 모든 전쟁에 참여해야 한다는 입장이다. 둘째는 평화주의(pacifism)로서 하나님은 다른 사람들의 생명을 결코 빼앗지 말라고 명하셨기 때문에, 다른 이의 생명을 취한다는 점에서 그리스도인은 어떤 전쟁에도 참여해서는 안된다는 입장이다. 마지막은 선별주의(selectivism)로서 그리스도인은 오직 올바른 전쟁에만 참여해야 하는데, 그 이유는 그렇게 하지 않으면 하나님이 명하신 더 큰 선을 행하는 것을 거절하는 것이기 때문이라고 주장하는 입장이다.

I. 행동주의(전쟁에 참여하는 것이 항상 옳다는 입장)

　행동주의는 그리스도인이 자기 정부에 복종해야 하고 또한 정부의 어떤 징집 방법에도 참여해야 한다고 주장한다. 이 입장은 성서적인 입장과 철학적이거나 사회적인 입장 두 가지로 나눌 수 있다. 먼저 성서 자료들을 고찰하는 일로부터 시작해 보자.

1. 성서적 입장

성서는 정부가 하나님께 속한 것이라고 주장하는 것 같다. 종교 영역에서든 시민국가에서든 하나님은 어지러움의 하나님이 아니요 질서의 하나님이다(창 9:6; 고후 14:33, 40).

(1) 하나님과 정부에 관한 구약성서의 자료

성서는 아주 처음부터 인간이 땅에 움직이는 모든 생물을 다스릴 것을 선언한다(창 1:25). 인간은 지상에서 왕이 될 수 있었다. 타락 후에 여자는 남편을 사모하고, 남편은 여자를 다스릴 것이라는 음성을 들었다(창 3:16). 가인이 아벨을 죽일 때, 그는 자기가 동생을 지키는 자임을 깨닫지 못했던 것을 알 수 있었다(창 4:9~10). 홍수 이전의 모든 문명이 부패되고 땅이 폭력으로 가득찼을 때, 하나님은 그것을 멸하고 인간 정부를 세웠다. 홍수 후에 하나님은 노아와 그의 가족에게 다음과 같이 말씀하셨다; "내가 반드시 너희 피 곧 너희 생명의 피를 찾으리니…사람이나 사람의 형제면 그에게서 그의 생명을 찾으리라 무릇 사람의 피를 흘리면 사람이 그 피를 흘릴 것이니 이는 하나님이 자기 형상대로 사람을 지었음이니라"(창 9:5~6).

한마디로 정부는 하나님께서 세우신 것이다. 아담은 땅을 통치할 수 있는 왕관을 받았으며, 죄악이 관영할 때 노아는 땅을 지배할 수 있는 검을 받았다. 질서의 출처는 하나님이며, 동시에 어지러움은 하나님을 위해 제거되어야 하기 때문에 정부는 하나님께 속한 것이다. 인간은 무죄한 피를 흘리는 무법자들의 생명을 취할 권리를 하나님으로부터 받았다. 정부는 하나님의 권세로 권위가 주어진다.

노아에게 주어졌던 검은 아브라함에 의해 사용되는데, 그것은 그가 자기 조카 롯을 침략했던 왕들과의 전쟁(창 14장)에 참여했을 때였다. 이 구절은 하나님께서 침략자로부터 평화로운 자들을 보호하기 위한 전쟁을 승인하신다는 것을 가르친다.

정부의 독특한 형태는 구약성서 전체를 통해 변모했지만, 정부가 하나님께 속한 것이라는 원칙은 계속 반복해서 나타난다. 모세의 신정에서 정부의 힘은 대단히 강력하여 "눈은 눈으로 이는 이로 손은 손으로 발은 발로 데운 것은 데움으로 상하게 한 것은 상함으로 때린 것은 때림으로" 갚았다 (출 21:23~25). 이스라엘 백성이 하나님의 계획과는 반대로 자기들을 위해 왕국을 세웠을 때에도, 하나님은 사무엘 선지자에게 왕을 세울 것을 명했다(삼상 8:7,22; 10:24). 다윗왕은 그가 왕이 되기 전에도, 이스라엘을 약탈하는 블레셋 사람들과 대항하여 싸울 것을 명령받았다(삼상 23:1).

이 때 국가의 정부에 관한 한, 구약성서는 지극히 높으신 자가 인간 나라를 다스리시며 자기 뜻대로 그것을 누구에게든지 주신다고 선포한다(단 4:25). 다니엘서를 더 살펴보면 하나님께서 큰 바벨론의 메대 파사(Medo-Persian)와 그리스 그리고 로마 정부를 세우셨든지 아니든지 하나님께서 그것을 정하셨다고 가르친다. 따라서 정부는 하나님에 의해 주어진 것이기 때문에 정부를 거역하는 것은 하나님을 거역하는 일이 되고 말 것이다. 그러므로 만약 정부가 전쟁에 나가라고 명한다면 사람은 하나님께 복종하여 그것에 따라야 한다고 성서적인 행동주의는 주장할 것이다. 왜냐하면 하나님은 생명을 취할 수 있는 검이나 권세를 가진 정부를 제정했기 때문이다.

(2) 하나님과 정부에 관한 신약성서 자료

신약성서는 하나님이 정부를 제정했다는 구약성서의 견해를 확증한다. 예수께서는 가이사의 것은 가이사에게 바치라고 말했다(마 22:21). 당국자(civil authority)는 하나님이 세운 것이라는 말은, 빌라도 앞에서 "위에서 주지 아니하셨다면 나를 해할 권세가 없었으리라"(요 19:11)고 말씀하신 예수에 의해서 인정되었다. 바울은 디모데에게 "임금들과 높은 지위에 있는 모든 사람들을 위하여 기도와 감사를 하라"(딤전 2:2)고 권고한다. 그는 그레데인에 관해 디도에게 "너는 저희로 하여금 정사와 권세잡은 자들에게 복종하며 순종할 것을 기억하게 하라"(딛 3:1)고 권면한다. 베드로는 매우 분명하게 "인간에 세운 모든 제도를 주를 위하여 순복하되 혹은 위에 있는 왕이나…그의 보낸 방백에게 하라"(벧전 2:13~14)고 말했다.

신약성서에서 그리스도인과 정부와의 관계에 대한 가장 광범위한 구절은 로마서 13장에 나타나 있다. 사도 바울은 모든 정부가 신성하게 제정되어졌음을 다음과 같이 말한다; "각 사람은 위에 있는 권세들에게 굴복하라 권세는 하나님께로 나지 않음이 없나니 모든 권세는 다 하나님의 정하신 바라 그러므로 권세를 거스리는 자는 하나님의 명을 거스림이니 거스리는 자들은 심판을 자취하리라"(1~2). 사도 바울은 통치자에게 복종하는 또 다른 이유로서 "그는 하나님의 사자가 되어 네게 선을 이루는 자니라…그는 하나님의 사자가 되어 악을 행하는 자에게 진노하심을 위하여 보응하는 자"(4절)라는 사실을 제시했다.

더욱이 바울은 "너희가 공세를 바치는 것도 이를 인함이라 저희가 하나님의 일꾼이 되어 바로 이 일에 항상 힘쓰느니라 모든 자에게 줄 것을 주되 공세를 받을 자에게 공세를 바치고 국세받을 자에게 국세를 바치고 두려워할 자를 두려워하며 존경할 자를 존경하라"(6~7)고 촉구하고 있다. 성서의 이 구절에 대해 특별히 중요한 것은 정부의 권세가 인간의 생명을 취할 수 있다는 것을 신약성서에서 반복했다는 것이다. 그리스도인들은 현존하는 통치자나 왕에게 복종하도록 촉구되어진다. 왜냐하면 그가 공연히 칼을 가지지 아니하였기 때문이다(4절). 즉 생명을 취할 권세를 가진 정부는 하나님에 의해 정해진다. 하나님의 정부를 거스리는 자면 누구나 하나님을 거스리는 것이다. 성서적인 행동주의자들에 의하면 이것으로부터 사람은 전쟁에 대한 자기 정부의 부름에 응해야 한다는 것이 나타나게 될 것이다. 왜냐하면 하나님은 통치자들에게 검의 권세를 주었기 때문이다.

2. 철학적 입장(정부는 인간의 보호자라는 입장)

행동주의는 단순히 성경 자료만으로 견지되는 것은 아니다. 이 입장을 위해 인용된 가장 강력한 주장은, 정부가 인간의 보호자라는 플라톤의 입장이다. 자기를 불공평하게 사형시키는 정부라 할지라도 정부에 복종해야 하는 이유에 대해 그는 세 가지 명백한 이유를 제시한다. 무대는 소크라테스가 자기 죽음을 기다리는 감옥이다. 그는 신성모독죄로 고발당했고 독배를 마시도록 선고받았다. 소크라테스의 젊은 친구인 크리토(Crito)는 그에게 탈출하여 죽음의 형벌을 피하라고 재촉한다. 소크라테스의 대답 속에서 죽는다 할지라도 불공정한 정부에 복종해야 할 다섯 가지 이유를 찾아볼 수 있다.

(1) 정부는 인간의 어버이다

사람은 불공정한 정부일지라도 불복해서는 안된다. 왜냐하면 무엇보다도 정부에 불복한다는 것은 자기 부모를 거역하는 것이기 때문이다. 소크라테스의 이 말은 각 개인의 출생은 정부의 후원 아래서 그렇게 된다는 것을 의미한다. 그는 법없는 정글에서가 아니라 아테네의 혈통 아래서 태어났다. 자기 출생을 미개인의 출생 이상으로(즉 무정부가 아닌 문명 상태로) 출생하게 했던 것은 바로 이 폴리스(Polis)였다. 요약하자면 부모가 아이를 위해 준비와 기대 속에서 수개월을 보내는 것처럼, 문명화된 출생을 가능하게 만드는 국가를 유지하는 데는 많은 세월이 소비되었다. 그러므로 훗날 자신이 정부와 사이가 좋지 않은 상태에 있음을 깨닫는다고 해서 이 세월을 가벼이 여길 수는 없다. 자신의 자유로운 출생을 가능하게 만든 것은 바로 그 정부이다. 만약 정부를 거역한다면 그 정부는 다음과 같이 물을 것이라고 소크라테스는 말한다; "우리가 당신을 태어나게 하지 않았는가? 당신의 아버지는 우리의 도움으로 당신의 어머니와 결혼하고 당신을 낳았다. 우리들 가운데 결혼을 통제하는 자들을 반대하는 것에 당신은 어떤 이의가 있는지 말해 보라. 나는 아무것도 없다고 대답할 것이다."[1]

(2) 정부는 인간의 교육자이다

소크라테스는 자기 정부에 복종해야 할 또 다른 이유로, 정부는 인간을 장본인이기 때문이라고 말했다. 이것은 현재의 인간성을 만들어 주는 교육이 자기 정부에 의해 주어졌음을 의미한다. 그는 미개인이 아니라, 태어날 때부터 뿐만 아니라 훈련에 의해 그리스인이 되었다. 출생과 훈련은 모두 자기 생명을 요구하는 정부에 의해서 가능하게 되었다. 출생 후에 아이의 교육을 조절하며 또한 당신의 아버지에게 음악과 체육을 당신에게 가르치라고 명한다면 그것은 옳은 것이 아닌가? 나는 틀림없이 옳다고 대답할 것이다. 이것으로부터 결과적으로 정부는 우리에게 당신은 우리에 의해서 태어났고 양육되고 교육받았기 때문에 당신이 전에 당신의 아버지가 그러했

---

[1] Plato, *Crito*, in *The Dialogues of Plato*, trans. Benjamin Jowett, The Great Books of the Western World, vol. 7 (Chicago: Encyclopaedia Britannica, 1952), p. 217.

듯이 당신은 우리의 어린이이며 노예라는 것을 부인할 수 있는가라고 말할 수 있다. 그것이 사실이라면 인간은 자기 정부와 대등한 것이 못된다. 인간이 자기 주인이나 아버지에게 못하는 것처럼 마찬가지로 정부를 되받아 치거나 욕할 권리가 없다. 정부가 우리를 파멸시킨다 할지라도, 우리는 그에 대응하여 정부를 파멸시킬 권리가 없다. 만약 자기가 그럴 수 있다고 생각하는 사람이 있다면, 그는 자기 나라가 양친이나 조상보다도 더 가치있는 것이며 더 고귀하고 거룩하다는 것을 깨닫지 못한 것이다. 요약하면 정부는 국민 각 개인보다 더 중요할 뿐만 아니라 국민을 초월한다.[2] 정부는 개인의 생명에 우선할 뿐만 아니라 그것보다 높은 위치를 차지한다.

(3) 피치자(즉 국민)는 자기 정부에 복종할 것을 계약했다

플라톤이 인간이 자기 정부에게 복종해야 할 이유로서 제시한 세 번째는, 인간이 정부의 명령에 의당 복종할 것을 정부와 동의했다는 것이다. 즉 정부에 충성을 맹세함으로써 자신의 정부로 삼고자 하는 피치자의 동의가 자신을 정부의 법에 복종하도록 그리고 그 결과들을 감수하도록 구속한다. 인간이 주어진 나라를 자신의 나라로 삼는다는 사실로 인해 그는 그 명령에 복종할 것을 암암리에 계약한 것이다. 우리가 우리의 나라에 의해 벌받아 감옥에 갇히거나 매질을 당할 때 조용히 그 벌을 감수해야 하며, 우리를 싸움터에서 부상하게 하거나 죽게 할지라도 정당한 것으로 따라야 한다.[3] 왜냐하면 사람이 교육의 특권과 정부의 보호를 수용한다면 그는 그럼으로써 자기 정부가 부여하는 책임(그리고 형벌) 즉 법을 지켜야 한다는 것과 심지어는 정부를 위해 전쟁에 나가라는 것을 은연중에 동의했기 때문이다.

(4) 피치자는 자기 정부 밑에 남아 있지 않을 수도 있다

인간이 자신의 정부를 거역해서는 안된다는 주장을 지지하기 위해서, 플라톤은 적어도 두 가지 다른 암시적인 주장을 사용한다. 즉 정부나 도시를 싫어하는 사람은 누구든지 자기가 좋아하는 곳으로 가도 좋지만, 통치자가 정의를 명하고 국가를 관리하는 방식을 경험한 사람은 여전히 남아서 통치

---

2) Ibid.
3) Ibid.

자가 그에게 명한 것을 준행하리라는 암시적 계약을 체결한다는 것이다. 그러나 사람이 어디로 이주해 간다고 할지라도, 그것은 그의 나라가 그를 기소하거나 징집하기 전에 이루어져야 한다. 왜냐하면 정부에 대한 자기 책임에 임하여 피하는 것은 단지 비참한 노예가 행할 수 있는 일을 행하는 것(즉 도망치는 것)이며 국민으로서 맺었던 계약과 동의를 저버리는 것이기 때문이다.[4] 달리 말해 만약 자기 나라에 기꺼이 복종하지 않으려면, 그는 자기가 복종할 수 있는 다른 나라를 찾아야 한다. 그러나 한 국민으로서 국정에 끊임없이 참여함으로 나라의 보호와 특권을 취한다면, 그는 단순히 그에 대한 나라의 요구가 바람직하지 않다고 해서 망명해서는 안된다.

(5) 정부가 없다면 사회적 혼란이 생길 것이다

사람이 자기 정부에 복종해야 하는 또 다른 이유는 법없는 국가에 누가 관심을 가지겠는가라는 플라톤의 질문 속에 내포되어 있다. 불공정한 법은 나쁘지만 법이 없는 것은 더 나쁘다. 악한 나라일지라도 무정부보다는 더 나을 것이다. 어떤 정부라도 정부가 없는 것보다는 낫다. 만약 사람들이 그들의 정부가 불공정하거나 바람직하지 않다고 느낀다고 해서 거역한다면 사회적 혼란이 야기될 것이다. 왜냐하면 만약 개인적으로나 주관적으로 정부에 대한 복종을 결정해 버린다면 어떤 법도 몇몇 국민의 비난이나 불복종으로부터 면제받지 못할 것이기 때문이다. 그 결과는 혼란일 것이다. 모든 국민을 구속하는 법이 없다면, 자기 안목에 좋게 보이는 것을 행하는 모든 사람들을 옹호하는 것이 된다. 그와 같은 것은 실제로 사회적 혼란일 것이다. 아무리 폐쇄적인 정부(closed government)라 할지라도 사람들에게는 혁명이 가능한 정부보다 나을 것이다.

이 다섯 가지 논의에서 플라톤은 행동주의의 근거로 사용된 중요한 논증들을 진술했다. 정부는 자기의 보호자이므로 사람은 항상 자기 정부에 복종해야 한다. 정부가 비록 부당하게 보일지라도 그리고 심지어 전쟁에 나가라고 명하더라도 그것에 복종해야 한다. 왜냐하면 정부가 없다면 인간은 무지와 무정부의 상태에서 사는 야만인보다 더 나을 게 없기 때문이다. 그

---

4) Ibid.

러므로 정부에 대한 자신의 책임이 아무리 바람직하지 않더라도 그럼에도 불구하고 자신의 부모와 주인처럼 정부에 복종하지 않으면 안된다.

전쟁을 지지하는 어떤 새로운 입장이라도 이와 같이 성서적이고 철학적인 입장에서 크게 벗어나지는 않는다. 위에 적힌 다섯 가지에 명백하게 포함되어 있지는 않지만 일체를 포함하는 하나의 주장은, 악한 침략자를 대적하여 싸우는 것보다 그에게 저항하지 않는 것이 더 큰 악이라는 것이다. 이것은 악한 자가 승리하는 데 꼭 필요한 것은, 선한 사람들이 아무것도 하지 않는 것이라는 말을 상기시킨다. 만약 선한 사람들이 악한 사람들에 저항하지 않는다면 악한 사람들이 세상에 편만할 것이다.

물론 행동주의 입장에 대해 평화주의자가 지적하는 하나의 근본 문제가 있다. 그것은 대부분의 전쟁에서 양편 모두가 스스로가 옳다고 주장한다는 사실이다. 종종 각 나라가 상대편을 침략자라고 주장한다. 적은 항상 나쁘다. 그러나 두 나라가 다 적들이다. 각 나라는 상대국의 적이다. 이런 점에서 모든 행동주의자들은 한 전쟁에서 두 편이 항상 옳은 것이 아니라는 점을 인정해야만 하는 듯 싶다. 그러나 어떤 나라가 부당하게 전쟁을 치른다 하더라도 그 나라의 국민은 징병에 응해야 한다. 왜냐하면 악한 정부일지라도 정부에 불복하는 것은, 부당한 전쟁에 참여해 정부에 복종하는 것보다 더 큰 악이기 때문이다.

어떤 정부라도 그것에 불복하는 것은 혁명과 무정부를 초래하며, 이것은 한 명령과 또 다른 명령 중에 어떤 명령이 우선적이냐에 대해 서로 겨루는 전쟁에 참여하는 것보다 더 큰 악이다. 요약하자면 철저한 행동주의자에 의하여 다른 명령보다 더 악한 명령 편에서 싸우는 것이, 불복종에 의해서 질서를 완전히 파괴하며 혼란을 일으키는 것보다 낫다. 그래서 만약 어떤 사람이 정부가 최선의 정의이거나 최고의 정의라는 점에 의심을 품는다면, 그는 정부가 그의 보호자이며 교육자라는 근거에서 자기 정부에 대해 복종하는 것에 만족할 수 있다. 그리고 자기 나라가 최고의 정의이든 아니든, 전쟁의 결과 어떤 식으로든지 정의가 이긴다는 사실을 믿으면서 자기 나라를 위해 싸울 수 있다.

Ⅱ. 평화주의(전쟁에 참여하는 것은 결코 옳지 않다)

평화주의자가 행동주의 입장을 반대하는 데에는 많은 이유가 있다. 평화주의자가 제시하는 이유들은 모든 행동주의에 대한 비판으로 뿐만 아니라, 그리스도인으로 하여금 전쟁에 관한 곤란한 문제에 대해 결론내릴 때 성서와 자신의 양심을 둘다 살펴보도록 하는 내용의 이야기로 사용될 수 있다. 평화주의에 관한 주장은 성서적인 것과 사회적인 것 두 가지로 나뉠 수 있다.

1. 성서적 입장(전쟁은 항상 옳지 않다)

모든 전쟁에 반대하는 기독교 평화주의는 성경의 여러 기본 전제들에 근거하고 있다. 이 전제 가운데 하나는 "살인하지 말라"(출 20:13)는 성경의 명령 속에 나타나 있고, 다른 하나는 "악한 자를 대적치 말라"(마 5:39)는 예수의 말씀 속에 나타나 있다.

(1) 살인은 항상 옳지 못하다

고의로 다른 사람의 생명을 취하는 것이 항상 나쁘다는 신념은 평화주의에 뿌리박고 있다. 특히 전쟁에서 의도적으로 생명을 취하는 것은 근본적으로 이성적으로 잘못된 것이다. "살인하지 말라"는 성서의 금지는 전쟁을 포함한다. 전쟁은 대량학살이다. 살인이 자기 사회 안에서 행해지든 다른 사회 안에 있는 사람들에게 행해지든 살인은 살인이다.

이러한 결론은 전쟁을 명하는 것처럼 보이는 성서의 많은 경우와 우선 외면상 일치하지 않기 때문에, 평화주의를 주창하는 그리스도인들은 성경이 때때로 전쟁을 명하는 것처럼 보이는 이유에 대해 설명해야 한다. 여러 평화주의자들이 제시한 답변들은 다음과 같다; 첫째로 하나님께서 명령하시는 것처럼 나타난 구약성서의 전쟁들(예를 들면 여호수아의 전쟁)은 실제로는 하나님에 의해 명령된 것이 결코 아니다. 그 전쟁들은 인간의 좀더 미개한 상태를 나타내는데, 그 상태 속에서 하나님이 그것을 허용함으로써 전쟁이 정당화되었다. 둘째로 이스라엘은 하나님이 맡기신 신정의 도구로서의 역할을 했다는 점에서 이 전쟁들은 색다르다. 이것들은 사실상 이스라엘의 전쟁이 아니라 하나님의 전쟁이었다. 이것은 하나님께서 전쟁을 이기기 위해 실행했던 특별한 기적에 의해 입증된다(수 6, 10장; 시 44편).

셋째로 어떤 평화주의자들은 구약의 전쟁들이 하나님의 온전한 의지가 아니라 허용적인 의지였다고 주장한다. 하나님은 다윗을 왕으로 선택하기를 원했지만(삼상 10:1), 사무엘 선지자에게 사울을 왕으로 기름부으라고 명령했다고 말해지는 이차적이며 양보적인 의미에서 하나님이 전쟁을 명령하신 것처럼 묘사된다. 또 모세가 인간 마음의 완악함을 인하여 이혼을 명령했던(마 19:8) 똑같은 의미로 하나님은 전쟁을 명령하신다. 하나님이 불순종이나 이혼을 좋아하지 않는 것처럼, 전쟁을 정말 원해서 명령했던 것은 아니다. 하나님은 그것보다 더 좋은 방법을 가지고 있는데 그것은 순종과 사랑이었다. 그들이 하나님께 더욱 순종했더라면 하나님은 전쟁없이 이스라엘과 가나안 땅에서 그의 목적을 성취할 수 있었을 것이다.

전쟁 그 자체는 하나님의 명령이 아니다. 하나님이 분명하면서도 명백하게 명하시는 것은 "살인하지 말라"는 것이다. 이 명령은 모든 사람에게(친구든지 적이든지) 적용된다. 모든 사람은 하나님의 형상으로 만들어졌으므로 그들을 죽이는 것은 잘못된 것이다. 구약성서는 자기 적을 사랑해야 한다고 가르치며(레 19:18; 사 34장; 몬 4), 예수도 원수를 사랑하며 자기를 핍박하는 자를 위하여 기도할 것을 명하시고 이것을 재확인했다(마 5:44). 전쟁은 미움에 근거하므로 본질적으로 나쁜 것이다. 다른 사람의 생명을 취하는 것은 사랑의 원리에 반대되는 것이므로 근본적으로 비기독교적인 것이다.

(2) 악을 힘으로 대적하는 것은 잘못된 것이다

살인이 나쁘다는 평화주의의 첫번째 기본 전제와 밀접하게 연관된 또 다른 것이 있는데, 그것은 악은 물리적인 힘으로 대적해서는 안되며 오히려 영적 사랑의 힘으로 대적해야 한다는 것이다. "악한 자를 대적지 말라 누구든지 네 오른편 뺨을 치거든 왼편도 돌려대라… 누구든지 너로 억지로 오 리를 가게 하거든 그 사람과 십리를 동행하라"(마 5:39, 41)고 그리스도는 가르치지 않았는가? 그리스도인은 복수하거나 악을 악으로 갚아서는 안된다. 복수는 하나님께 속한 것이다(신 32:35). 바울은 "내 사랑하는 자들아 너희가 친히 원수를 갚지 말고 진노하심에 맡기라…네 원수가 주리거든 먹이고 목마르거든 마시우라… 악에게 지지 말고 선으로 악을 이기라 아무에게도 악으로 악을 갚지 말고 할 수 있거든 모든 사람으로 더불어 평화하라(롬 12:17~21)고 가르친다.

성전에서 돈 바꾸는 자들을 쫓아내는 예수에 관한 이야기는 이런 입장과 모순되지 않다고 주장하는 평화주의자들도 있다. 왜냐하면 물리적인 힘(즉 채찍)은 동물에게만 사용되었지 사람들에게 사용되지는 않았기 때문이다. 더욱이 예수가 사용했던 권위는 자신의 인격과 성서의 권위였지 힘센 제자들에 의한 권위는 아니었다(요 2:15~16). 결국 성전에서 예수께서 사용하신 이런 종류의 물리적 힘을 근거로 예수께서 인간 생명을 제거하기 위해 과격한 물리적인 힘을 허용하셨다고는 결코 말할 수 없다.

게다가 "내가 세상에 화평을 주러 온 줄로 생각지 말라 화평이 아니요 검을 주러 왔노라"(마 10:34)고 말한 예수의 말씀은, 전쟁을 옹호하는 것에 사용될 수 없다. 왜냐하면 예수께서 베드로에게 "네 검을 도로 집에 꽂으라 검을 가지는 자는 다 검으로 망하느니라"(마 26:52)고 명하셨기 때문이다. 예수는 여기서 자기 사역의 목적이 아닌 결과를 밝힌 것이었다. 즉 자기에게 충성한 결과가, 사람이 그 아비와 딸이 어미와 며느리가 시어머니와 불화하게 한다는 것이다(마 10:35). 다시 말해서 그리스도의 사역의 결과는 종종 검에 의한 것처럼 가족을 분리시킬 수 있다. 다른 곳에서는 검 대신 분쟁이란 단어를 사용한다(눅 12:51). 물론 이것이 예수께서 오신 의도는 아니다.

평화주의는 악을 대적하기 위해 적어도 생명을 취한다는 점에서 물리적인 힘을 사용하는 것이 옳지 못하다는 전제 위에 성립된다. 이것은 그가 모든 힘을 거부한다는 것을 의미하지 않는다. 단지 영적인 선한 힘이 물리적인 악의 힘 앞에서 더 위대하다고 믿는다는 것을 의미한다. 평화주의자들은 다음의 말을 근본적으로 믿고 있다; "우리들의 씨름은 혈과 육에 대한 것이 아니요 정사와 권세와 이 어두움의 세상 주관자들과 하늘에 있는 악의 영들에게 대함이라"(엡 6:12).

자기 아내를 죽이려 하는 살인자를 죽일 수 있을는지에 관해 호전적인 행동주의자가 공박해 올 때 철저한 평화주의자는 때때로 다음과 같이 대단한 대답으로 응수한다. 왜 악한 살인자를 죽여 내 영혼을 심판받게 하는가? 살인자가 아내를 죽이는 것을 허용할 때 결과적으로 아내를 하늘나라에 보내는 것이며 그 살인자를 이길 수 있는 기회가 전혀 남아 있는 것이 아닌가? 좀 덜 단순한 평화주의자라면 (혹은 아마도 비기독교인 아내를 가진 평화주의자라면), 살인자를 부상시키거나 무기를 빼앗는 것으로 충분하며 살인자라 할지라도 죽여서는 결코 안된다고 주장할 것이다. 사람이 사적인 국민으로서 해야 하는 것과 공인으로서 행해야 하는 것 사이에 실제적인 차이가 없다는 것이 평화주의의 또 다른 기본 전제이다. 한 개인의 행동이 자기 이웃에게 나쁜 것(예컨대 살인)은 세상의 모든 이웃에게도 나쁜 것이다. 군복을 입는다고 해서 사람의 도덕적인 책임이 무효화되지는 않는다. 인격과 공직의 구별은 비성서적이고 모순적이다. 누구든지 단순히 그가 국가의 공무로서 행한다는 이유로, 살인하지 말라는 하나님의 명령에서 면제되지는 않는다. 살인을 금지한 도덕 명령은 국가에 대한 의무에 의해 폐지되지는 않는다. 가이사의 것은 가이사에게 주어야 하지만 그가 생사의 권세를 쥔 것은 아니다. 그것은 단지 하나님만이 행하는 것이다. 국가 권력은 사회적인 것이지 절대적인 것은 아니다. 생명을 취할 수 있는 권리는 단지 생명의 창조주인 그 분에게 속한 것이다(욥 1:21). 어떤 인간 권위라 할지라도 도덕률을 능가하는 권리를 갖지는 않는다. 사실 정부의 어떤 권위도 하나님의 도덕률로부터 나온다.

2. 사회적 주장(전쟁은 항상 옳지 않다)

전쟁은 항상 악하다고 주장하면서, 전쟁에 반대하는 강력한 사회적인 주장들이 있다. 전쟁이 인간의 분쟁을 해결하는 최선책은 아니다. 전쟁의 결과로 인간의 피가 역사를 통해 점철되어 왔다. 모든 종류의 악(즉 굶주림, 잔악성, 전염병 그리고 죽음 등)은 전쟁으로부터 야기된다.

(1) 전쟁은 탐욕의 악에 근거한다

플라톤의 『공화국』(*Republic*)을 살펴 보면 사상가들은 사치욕이 번영의 기초라고 생각했다. 그는 "우리는 전쟁이 좋은 것인지 해로운 것인지 아직 말할 필요가 없다. 그러나 단지 개인에게나 국가에게나 악의 가장 효과적인 근원인 부(富)하려는 욕구에서 전쟁이 기원했음을 발견했다고 말할 필요가 있다"[5]고 말했다. 그는 다른 곳에서 모든 전쟁은 돈을 획득하기 위해서 일어난다고 말했다.[6] 성경에도 플라톤의 분석과 일치하는 구절이 여러 곳에 있다. 야고보는 "너희 중에 싸움이 어디로 다툼이 어디로 좇아 나느뇨 너희 지체 중에서 싸우는 정욕으로 좇아 난 것이 아니냐 너희가 욕심을 내어도 얻지 못하고 살인하며 시기하여도 능히 취하지 못하나니 너희가 다투고 싸우는도다"고 말했다. 바울은 디모데에게 돈을 사랑함이 일만 악의 뿌리가 된다고 경고했다. 부를 위한 탐욕스런 갈망은 모든 악의 근원이며 특별히 최악의 악 중에 하나로 알려진 전쟁의 근원이다.

(2) 전쟁은 많은 악을 초래한다

전쟁의 많은 악은 잘 알려져서 여기서 언급할 필요가 없다. 전쟁의 부수물은 사망과 파멸이다. 게다가 기아와 흑사병도 종종 전쟁으로부터 야기된다. 슬픔, 고통, 전쟁과 항상 연관되어지는 잔인함, 그리고 고문은 아마도 헤아릴 수 없을 것이다. 전쟁의 일반적인 결과는 요한계시록 6장에 잘 묘사되어 있다. 전쟁의 '흰 말'이 싸우러 나가서 이긴 뒤에 피를 흘리게 하는 '붉은 말'이 뒤따르고 기아의 '검은 말'이 뒤따른다. 그 후에 요한은 "내가 보매 청황색 말이 나오는데 그 탄 자의 이름은 사망이니 음부가 그 뒤를 따르더라"고 말했다. 이와 같은 것들은 전쟁의 악한 결과들이다.

(3) 전쟁은 전쟁을 낳는다

전쟁의 최악의 결과 가운데 하나는 전쟁이 전쟁을 낳는 것이다. 현재까지는 어떤 전쟁도 실제로 세상을 전쟁으로부터 해방시키지 못한다. 항복한 적들은 종종 그들의 정복자에게 복수하기 위해서 분발한다. 어떤 전쟁은 일시 중단될 수는 있지만 긴 시대를 걸쳐 계속된다. 때때로 격렬한 전쟁은 종식되지만 그 뒤에 냉전이 오랫동안 계속된다. 전쟁은 본질적으로 분쟁의

---

5) Plato, *The Republic*(New York: Oxford University Press, 1967), pp. 61~62.
6) Ibid., p. 62.

항구적 해결을 실제로 제공할 수 없는 것처럼 보인다. 전쟁은 인류를 통일시키기보다는 오히려 긴장을 더욱 강화시키며, 복수심과 새로운 싸움의 가능성을 높이는 것처럼 보인다.

현대의 많은 사상가들로 하여금 평화주의 입장을 택하게 만드는 것은 아마도 이런 전쟁에 대한 공허감 때문일 것이다. "전쟁이 아니라 사랑을 하자", "폭탄을 금지하라"는 표어들과 평화의 표시와 비둘기의 상징이 유행하는 것은, 다른 나라를 다루는 한 수단으로서의 전쟁에 대한 불만족이 점고하고 있음을 보여준다. 심지어 그가 확고한 평화주의자가 아닌 어떤 사람일지라도, 적으로부터 똑같은 반응을 끌어낼 것을 희망하면서 위험을 무릅쓰고 완전히 일방적인 무장해제(disarmament)를 시도할 것이다. 그들은 가망성 없는 평화를 시도하면서, 전쟁보다 더 악한 결과를 낳을 수 없다고 부르짖는다.

요약하자면 평화주의자들은 전쟁이 비성서적이며 반사회적이라고 주장한다. 살인의 금지 속에서 하나님은 전쟁을 금지한다. 인간에 대한 인간의 끊임없는 비인간성 속에서 전쟁의 피로를 나타내는 사람들에게 전쟁에 대한 싫증은 더욱 고조되고 있다.

III. 선별주의(정당 전쟁에 참여하는 것은 옳다는 입장)

자기 나라가 옳든지 그르든지 정부의 요청에 의해 살인하려는 행동주의의 맹목적인 애국주의를 모든 사람이 다 동의하는 것은 아니다. 총을 들고 대적하지 않은 채 히틀러의 대량학살을 허용하려는 순진한 수동적인 태도에도 모든 사람이 만족하는 것도 아니다. 전에 평화주의자였던 본훼퍼조차도 마침내 히틀러는 암살되었어야 한다고 결론지었다. 모든 전쟁이 정당하거나 어떤 전쟁도 정당하지 못하다는 식의 간단한 해결에 만족하지 못하기 때문에, 어떤 전쟁은 정당하며 어떤 것은 그렇지 않다는 선별주의의 지지자들이 대단히 많이 증가하고 있다. 그리스도인들에게는 이 견해가 가장 만족스러운 대안이라 여겨진다.

1. 행동주의에 대한 반박으로서의 선별주의(어떤 전쟁은 부당하다)

행동주의와 평화주의 모두가 성서에 근거하고 있다. 선별주의는 단지 똑같은 성서 자료를 해석하는 세 번째 방편인가? 이것에 답하기 위해 우리는 평화주의와 선택주의가 둘 다 적어도 부분적으로는 옳다고 생각하는 것이 바로 선별주의의 본질이라고 주장한다. 달리 말해 선별주의는 행동주의와 평화주의를 종합한 것이다. 모든 전쟁은 부당하며 따라서 그리스도인들이 이것에 참여해서는 안된다는 것이 평화주의의 진리이다. 반대로 모든 전쟁은 정당하며 그리스도인들은 그것에 참여하여 싸워야 한다는 것이 행동주의의 진리다. 그런데 선별주의는 정당한 전쟁에만 참여해야 한다는 입장에서 행해진다. 사실상 세 가지 견해가 적어도 이론적으로 동의하는 한 가지 주장이 있다. 즉 누구나 부당한 전쟁에 참여해서는 안된다는 것이다.

물론 평화주의자는 모든 전쟁이 부당하다고 생각한다. 행동주의자는 어떤 전쟁도 부당하지 않으며, 적어도 부당한 전쟁이 있더라도 그것에 참여하는 것은 나쁘지 않다고 생각한다. 선별주의자는 원칙적으로 어떤 전쟁은 부당하고 어떤 전쟁은 정당하다고 주장한다. 그러므로 어떤 그리스도인이 선별주의를 입증하기 위해서는 적어도 평화주의자에 대해서 어떤 전쟁이 원칙적으로 정당하며 행동주의에 대해서는 어떤 전쟁이 원칙적으로 부당하다는 것을 둘 다 보여 주어야 한다.

성경은 절대적인 행동주의에 반대하는 뒷받침이 된다. 왜냐하면 정부가 명하는 모든 일에서 특히 그 명령이 하나님의 법에 모순될 때에, 자신의 정부에 복종하는 것은 늘 옳지만은 않다고 성경이 가르치기 때문이다. 성경에는 이것에 대한 명백한 예들이 있다. 세 명의 히브리 청년들은 우상을 섬기라는 왕의 명령에 불복했으며, 다니엘은 하나님께 기도하지 말라고 자기에게 명해진 법을 깨뜨렸다(단 3:6). 초기의 사도들은 그리스도의 복음을 설교하지 말라는 명령에 순종치 않았다(행 4~5장). 국가의 법에 복종하지 않는 것이 하나님에 의해서 인정된 명백한 하나의 예로, 애굽에 있던 히브리 산파들은 태어난 모든 사내 아이를 죽이라는 명령에 불복했음을 들 수 있다. "그러나 산파들이 하나님을 두려워하여 애굽 왕의 명을 어기고 남자를 살린지라…하나님이 그 산파들에게 은혜를 베푸시니라 백성은 생육하고 번성하고 심히 강대하며 산파는 하나님을 경외하였으므로 하나님이 그들의 집을 왕성케 하신지라"(출 1:17, 19, 21).

이 구절은 무죄한 자의 생명을 취하는 것이, 비록 하나님에 의해 제정된 정부가 명령한다고 할지라도 잘못된 것임을 가르친다. 그것을 명하는 정부는 하나님에 의해 제정될 수는 있지만, 도덕적으로 정당하다고 인정할 수 없는 명령은 하나님에 의해 정해진 것이 아니었다. 예수의 양친은 정부가 무죄한 자의 생명을 좌우할 권리를 갖지 않았음을 확신했다. 그래서 그들은 하나님의 인도 아래 아기 예수를 죽이려는 헤롯의 공격을 피해 달아났다(마 2:13~14). 이런 성경 구절들로부터 우리는 특히 그 명령이 무죄한 자의 생명을 취한다는 점에서 더 상위의 법인 하나님의 법과 상위될 때에도 반드시 정부에 복종해야 하는 것은 아니라고 결론내릴 수 있다.

정부가 생명을 취하라는 명령에 있어서 최상의 기준은 아니므로, 결과적으로 자기 정부에 의해 행해지는 전쟁이라고 해서 모두가 다 정당한 것은 아니다. 사실 정당한 전쟁에서조차 복종해서는 안될 부당한 명령들이 있을 수 있다. 그러나 만약 살인하라는 자기 정부의 명령에 복종해서는 안될 때가 있다면 배타적인 행동주의는 잘못된 것이다. 즉 자기 정부에 복종하여 행한다는 이유로 모든 전쟁을 도덕적으로 정당화할 수는 없다. 이것은 제2차 세계대전 뒤에 있었던 뉴렘버그(Newremberg) 재판의 결론이었고 베트남의 마이 라이(My Lai) 사건에서 다시 사용되어졌다. 어떤 나라의 한 군인이 단순히 자기 상관의 명령으로 행동을 저질렀다고 해서 전쟁의 범죄에 개입된 것에 대해 용서받지 못한다는 것이 이 두 경우에 사용된 도덕 원리이다. 정부가 그것을 명하든지 그렇지 않든지 악은 악이다. 성서는 사람이 자기 정부에 반드시 복종할 필요가 없음을 명백히 하고 있다.

성서는 또한 전쟁이라고 해서 모두 다 필연적으로 악은 아니라고 가르친다. 즉 평화주의와는 달리 어떤 전쟁은 정당하다는 것이다. 한 국가 내에서뿐만 아니라 국가들 사이에서 하나님은 종종 명백히 생명을 취할 것을 명하신다. 때때로 하나님은 한 인간 생명을 취하는 권한을 사람들에게 위임한다. 이것은 분명히 홍수 후에 노아에게 주어진바 사형시킬 권리와 같은 경우였다(창 9:6). 이것은 모세에 의해 율법으로 이스라엘에게 재진술되었고(출 21:25), 사도 바울은 그것이 로마 황제에게 귀속된 것으로 재차 단언했다(롬 13:4). 심지어 예수도 빌라도 앞에서 그것을 암시한 바 있다(요 19:11). 특별한 신정 국가인 이스라엘을 제외하고서라도, 모든 정부가 중요한 범죄를 저지른 국민의 생명을 취할 하나님의 권한을 부여받았다는 것이 이 구절들로부터 입증된다.

개인이 자기 방어를 위해 검을 사용할 수 있다는 주장을 뒷받침할 수 있는 예수의 말씀이 있는데 이것은 다소 간과되어진다. 예수께서 그의 제자들에게 검으로 복음을 전파하지 말라는 것과 물리적인 힘으로 종교적인 핍박에 대적하지 말 것을 충고하셨다(마 26:52; 5:39). 그러나 예수께서 그의 제자들에게 자신들을 보호하기 위해 검을 사라고 명하신 것은 때때로 간과되고 있다. 그는 그들에게 검이 없는 자는 겉옷을 팔아 사라고 이르셨다(눅 22:36). 복음을 가르치는 것을 돕기 위해서든 복음을 핍박하는 것에 대적하기 위해서든 검이 사용되는 것을 예수는 금하셨다(요 18:11). 그러면 제자들에게 그들의 겉옷을 팔아 검을 사라는 예수의 명령 배후에는 어떤 의도가 있는가? 만약 검이 종교적인 이유에서 예수에 의해 배척되었다면, 사회적인 이유에서 검이 예수에 의해 인정되었음을 추측할 수 있다. 즉 검은 영적인 싸움을 싸울 수 있는 정당한 도구가 아니라, 자기 사회를 방어하기 위한 합법적인 도구라는 것이다. 이에 비추어 볼 때 예수는 부당한 침략자에 대항하여 방어상 정당하게 살인 도구를 사용함을 허용하시는 것처럼 보인다. 즉 예수는 자기방어의 한 수단으로서만 검을 사용할 것을 명하셨다.

아브라함이 창세기 14장에 나오는 왕들과 싸우는 이야기는, 부당한 개인적인 침략자들은 물론이고 부당한 국가적인 침략자들을 대적해야 한다는 원칙을 뒷받침해 준다(삼상 23:1 이하). 개인 뿐만 아니라 국가도 도둑이나 살인자가 될 수 있다. 그래서 사람은 검으로 흉악한 사람을 대적해야 하지만 흉악한 나라가 많은 무죄한 사람들을 짓밟게 내버려 두어야 한다고 주장한다면 그것은 잘못된 논리일 것이다.

방어를 위한 군사력이 때때로 정당할 수 있다는 입장은 사도 바울의 일생에서 뒷받침될 수 있다. 그의 생명이 무법한 자들에 의해 위협당했을 때 그는 자기의 로마 시민권에 호소했고 로마 군대에 의해 보호받기를 수락했다(행 22:25~29). 한 번은 어떤 사람들이 바울을 죽이고자 골몰했으나 그는 소규모 군대의 보호를 받았다(행 23:23). 자기 생명을 노리는 부당한 공격으로부터 군대에 의해 보호받으려는 것을 한 시민으로서의 권리라고 사도 바울이 생각하지 못할 확고한 근거는 없다. 도리어 그의 행동은 한 로마 시민으로서 자신을 보호해 줄 것을 요구했던 것이다. 자기방어를 위해 군사력을 사용하는 원칙은, 개인에게 뿐만 아니라 국가에까지도 확장될 수 있다. 왜냐하면 평화주의자들이 인정하는 것같이 신약성서에는 두 가지로 해석되는 도덕 규범(즉 하나는 개인에게 적용되고 다른 하나는 국가에 적용되는 규범)이 존재하지 않기 때문이다. 요컨대 나라는 많은 개인들로 이루어진다. 간단히 말해서 살인이나 전쟁이라고 해서 모두가 다 부당한 것은 아니다. 하나님은 때때로 사람들이 악한 자들을 대적하는 데 검을 사용하라고 명한다. 군대는 악의 점유물이 아니다. 세례 요한은 신자가 된 군인들이 어떻게 해야 할지를 질문받았을 때 "사람에게 강포하지 말며 무소하지 말고 받는 요를 족한 줄로 알라"(눅 3:14)고 대답했다. 군사 행동에 관여하는 것이 도덕적으로 잘못된 일이었다면 그들은 그러한 말을 들었을 것이다. 군인은 나쁜 직업이 아니다. 정부를 위해 정의를 집행하는 것은 사실상 하나님이 시킨 일이다(롬 13:4).

2. 평화주의에 대한 반박으로서의 선별주의(어떤 전쟁은 정당하다)

기독교 평화주의자들은 자신들 입장의 근거로서 성서를 제시하고 있으나, 성서 구절들은 매번 다른 방식으로 해석될 수 있다. 사실상 문맥을 따져 살펴보면, 성서의 구절들은 평화주의자들의 주장을 뒷받침해 주지 않고 있다.

(1) 죽이라는 명령은 양보에 불과했었나?

구약에서의 죽이라는 하나님의 명령을 단순히 인간의 죄악성에 대한 신성한 양보라고 설명하려는 평화주의자의 시도는 받아들일 수 없다. 이런 종류의 해석학은 성서의 모든 명령들에 대한 기독교인의 확신을 손상시킬 것이다. 한 명령이 조건적이거나 문화적일 때 성서는 그것을 그러한 양보로 분류할 수도 있다. 예를 들면 예수는 모세가 이혼을 명령한 것이 아니라 단지 허용했을 뿐이라고 말했다(마 19:8). 사실상 성서의 어디에도 이혼하라는 명령은 없다; "사람이 아내를 취하여 데려온 후에 수치되는 일이 그에게 있음을 발견하고 그를 기뻐하지 아니하거든 이혼증서를 써서 그 손에 주고 그를 자기 집에서 내어 보낼 것이요"(신 24:1). 이것은 이혼하라는 명령이 아니라 양보하라는 명령이다. 구약을 보더라도 이혼에 대한 하나님의 견해는 분명하다; "나(하나님)는 이혼하는 것과 학대로 옷을 가리우는 자를 미워하노라"(말 2:16).

성경은 사울을 이스라엘의 왕으로 삼으라는 하나님의 명령이 양보였지, 이스라엘에 대한 하나님의 의도는 아니었다는 것을 분명히 가르친다(삼상 8:6~9). 그러나 하나님은 이스라엘이 악한 가나안 사람들과 싸우지 말고 사랑할 것을 원했다는 언급은 전혀 없다. 가나안 사람들은 과거에 싸움에서 승리했었다. 그들은 구제하기 어려울 정도로 사악했으며 하나님은 그들을 전멸할 것을 명했다(레 18:25~27; 신 20:16~17).

또한 사형이 단순히 당시 유행하는 문화가 그것을 가르쳤기 때문이라거나 사람들이 살인자를 좋아하지 않았기 때문에 살인자들에게 내려졌다는 언급도 전혀 없다. 사형은 하나님께서 그런 살인자들이 파멸당하기를 원했기 때문에 가능하다고 성서는 암시한다(창 9:6). 그러므로 이스라엘에게 가나안과 전쟁을 행하라는 명령은 사실 하나님에 의해서 명해졌다. 우리는 여호수아서에서 다음과 같은 말들을 읽는다; "여호수아가…그 모든 왕을 쳐서 하나도 남기지 아니하고 무릇 호흡이 있는 자는 진멸하였으니 이스라엘의 하나님 여호와의 명하신 것과 같았더라"(수 10:40). 이스라엘이 가나안에 들어가기 전에도 "오직 네 하나님께서 네게 기업으로 주시는 이 민족들의 성읍에서는 호흡이 있는 자를 하나도 살리지 말지니…네가 진멸하되 네 하나님 여호와께서 네게 명하신 대로 하라"(신 20:16~17)는 말을 들었다. 그러나 가나안 밖에 있는 성읍들에 관해서는 "네가 어떤 성읍으로 나아가서 치려할 때에 그 성에 먼저 평화를 선언하라 그 성읍이 만일 평화하기로 회답하고 너를 향하여 성문을 열거든 그 온 거민으로 네게 공을 바치고 너를 섬기게 할 것이요 만일 너와 평화하기를 싫어하고 너를 대적하여 싸우려 하거든 너는 그 성읍을 에워쌀 것이며…너는 칼날로 그 속의 남자를 다 쳐 죽이고 오직 여자들과 유아들과 육축과 무릇 그 성중에서 탈취한 모든 것은 네 것이니 취하라"(신 20:10~19)는 명령을 들었다. 이 경우에 있어서 전쟁을 행하는 것은 조건적이었다. 그러나 이것은 가나안 족속들과 싸우라는 하나님의 명령과 전혀 일치하지 않았다.

이 구절로부터 하나님은 가나안 사람을 전멸시키는 전쟁을 인정하셨을 뿐만 아니라, 정당한 평화를 받아들이지 않고 전쟁을 행하는 민족들에 대항하는 또 다른 정당한 전쟁을 승인하셨다고 결론내릴 수 있다. 요약하자면 정당한 전쟁에 참여하라는 하나님의 명령은 사악한 가나안 사람들을 전멸시키려는 하나님의 신정의 뜻으로 제한될 수 없다. 훗날 왕정시대에서도 하나님은 이스라엘에게 그들의 침략자와 싸울 것을 명령하셨다(왕하 13: 15~16; 20:29). 사실상 신구약 성서 전체를 통해서 하나님은 정의를 위한 하나의 도구로서 전쟁을 명했다. 심지어 배신한 이스라엘은 그들이 하나님과 특별한 언약 관계에 있었음에도 불구하고, 하나님이 그들을 패배시키기 위해 일으켰던 정부들의 희생물이 되었다(단 1:1~2). 느브갓네살(단 4:17)과 고레스(사 44:28) 그리고 네로까지도 검을 위임받은 하나님의 종으로서 묘사되어진다. 바울은 네로에 대해 그러나 네가 악을 행하거든 두려워하라 그가 공연히 칼을 가지지 아니하였으니 곧 하나님의 사자가 되어 악을 행하는 자에게 진노하심을 위하여 보응하는 자니라"(롬 13:4)고 말했다. 이것으로부터 신구약 성서에 등장하는 이방 주권자들은 선을 조성하고 악을 대적하기 위해서 검을 받았음에 분명하다.

(2) 모든 생명을 빼앗는 행동은 살인인가?

평화주의자들은 성서의 "살인하지 말라"는 말을 근거로, 다른 사람의 생명을 빼앗지 말라고 주장한다. 그러나 이러한 주장은 "살인하지 못하게 하겠다"는 새로운 국제적 성서번역본에 의해 정확하게 번역되는 위의 구절에 대한 오해에 바탕을 두고 있다. 모든 살인은 생명을 빼앗는 행위와 관련있으나, 모든 생명을 빼앗는 행위가 살인인 것만은 아니다. 사형은 생명을 빼앗는 행위이지만 살인은 아니다. 사실 사형 그것은 출애굽기 21:12에서 하나님이 명령한 행위이다. 마찬가지로 자기 생명을 지키기 위해 남의 생명을 빼앗는 것은 살인이 아니며, 출애굽기 22:2에서는 용인되고 있다. 죄없는 사람의 생명을 지키기 위한 전쟁은 살인이 아니다. 그리고 정의롭지 못한 침략자에 대한 전쟁은 살인이 아니다(창 14장).

평화주의자는 성서의 모든 기록을 똑바로 보지 못하고 있다. 살인을 금지하는 구절에 집착함으로써, 선량한 사람을 지키기 위해서라면 악한 사람의 생명을 빼앗으라는 하나님의 명령이 담긴 구절을 간과하게 된다. 간단히 말해서 그 누구도 성서를 근거로 다른 사람의 생명을 빼앗는 것이 결코 올바르지 못하다는 견해를 정당화할 수는 없다.

(3) 물리적 힘으로 악에 저항해야 하는가?

산상수훈은 평화주의의 강력한 근거이다. 예수는 "다른 편 뺨을 대라" 즉 "저항하지 말라"고 이야기 하지 않겠는가? 그렇다. 그러나 문제는 그의 이러한 말이 무엇을 의미하는가에 있다. 총체적인 맥락에서 볼 때 그는 우리에게, 자기 자신을 지키거나 세속적인 정의를 지키기 위해 칼을 사용해서는 안된다고 말하지는 않았다. 사실 이 구절을 문자적으로만 이해할 경우, 예수는 우리에게 눈을 실제로 빼주거나 손을 자르라고 권유하고 있는 셈이다(마 5:29~30). 게다가 정상적인 오른손잡이 사람은 다른 사람의 오른쪽 뺨을 때리기 위해서는(마 5:39) 손 등으로만 때릴 수밖에 없다는 사실에서 알 수 있듯이, 뺨을 때리는 것은 아마도 손등으로 얼굴을 때리는 일이었을 것이다. 따라서 예수는 상처를 주라고 이야기하고 있기보다는, 모욕을 주라고 이야기하고 있는 것이다. '손을 벌려 때리기'나 '뺨을 때리기'를 의미하는 그리스어는 라피드소(rapidso)이다.

실제로 예수 자신은 결코 다른 쪽 뺨을 때리라고 대주지는 않았다. 그는 얼굴을 맞았을 때(요 18:22) "내가 말을…잘 하였으면 네가 어찌하여 나를 치느냐"(23절)라고 이야기하면서 때린 사람을 나무랐다. 마지막으로 산상수훈은 평화주의적이지 않다. 반보복론적인 것이다. 산상수훈은 소극적인 자세를 찬양하고 있는 것이 아니라, 오히려 투쟁적인 행동을 비난하고 있다. 예수의 제자들 중의 한 명인 시몬은, 한때 동료들과 함께 로마에 대적하는 게릴라 활동에 종사했던 열심당원이었다. 예수는 이러한 유형의 활동은 물론, 나쁜 짓을 한 사람들에게 보복하겠다는 생각까지도 비난하였다.

우리는 악을 악으로 보답해서는 안되고 사랑으로 보답해야 한다. 하지만 예수는 결코 우리에게 우리 자신의 생명 혹은 죄없는 사람의 생명을 보호하지 말라고 요구하지는 않았다. 사실 이것은 그가 이행했다고 이야기했던 율법에는 어긋날 것이다(마 5:17).

(4) 물리적인 힘은 사랑과 대립하는가?

평화주의자들은 사랑과 전쟁이 서로 모순된다고 주장한다. 그들은 이렇게 묻는다; 어떻게 우리는 한편에서는 평화를 외치고, 다른 한편에서는 전쟁을 부르짖을 수 있는가? 이에 대답하기 위해서는 진정한 사랑과 정당한 전쟁이 조화를 이룰 수 있다는 사실을 염두에 두어야 한다. 왜냐하면 진정한 사랑은 악한 침략자에 맞서서, 죄없는 사람들을 보호해 줄 것이기 때문이다. 더군다나 정당한 전쟁은 정의를 위한 것이다. 그리고 사랑과 정의는 결코 서로 모순되지 않는다. 만약 서로 모순된다면 사랑과 정의는 하나님의 속성일 수가 없다. 다른 사람을 위해 자기 목숨을 내버리는 것 이상으로, 위대한 사랑의 행동이 과연 존재할 수 있겠는가? 누구든지 우리의 자유를 위해 사망한 사람들을 대표하는 알링톤 국립묘지의 하얀 십자가들을 보고 감사하지 않을 수 없을 것이다. 이러한 젊은이들보다 조국을 더 사랑한 사람들은 없을 것이다. 사랑과 전쟁이 모순된다고 이야기하는 것은, 사랑을 침략자에게로까지 확장시킬 경우에는 옳지 않다. 사실 그렇게 이야기하는 것은 사랑 그 자체에 대한 오해이다. 사랑은 때에 따라서는 억셀 필요가 있다. 사랑에 대한 비성서적이고 불명확하며 과장된 견해는, 정의와 자유에 대한 확고한 지지와 모순된다. 그런데 정의와 자유는 때로 전쟁을 필요로 한다. 결과적으로 사랑은 전쟁을 때로 필요로 하기도 한다.

3. 선별주의의 근거

선별주의를 지지하는 주장들은 크게 두 가지 범주(즉 성서적인 범주와 도덕적인 범주)로 나눌 수 있다. 많은 성서적인 사례들에 대해서는 이미 논의한 바 있으므로 여기서는 간략하게 요약해 놓으려고 한다.

(1) 선별주의의 성서적 토대

성서에는 도덕적으로 정당화될 수 있는 살인에 관한 사례들이 몇 가지 있다. 이들 가운데 일부는 개인들과 관련있는 만큼 민족에게로까지 확장될 수 있으며, 다른 일부는 한 나라나 여러 나라들과 관련 있다. 첫째로 "집주인이 담넘어 오는 도둑을 싸우다가 죽였을 경우에 처벌받지 않는다"고 출애굽기 22:2에서 용인된 '정당방위를 위한 살인'이 있다. 그리고 "다른 사람이 피를 흘리도록 한 사람은 누구나 자기 피도 흘려야 한다. 왜냐하면 하나님은 자기 형상대로 인간을 창조했기 때문이다"라고 창세기 9:6에서 거론된 '사형에 처해지는 살인'이 있다.

아울러 아브라함과 골짜기의 다섯 왕들 사이의 전쟁처럼 하나님이 인정한 전쟁도 있다(창 14장). 다섯 왕들이 공격하여 아브라함의 조카 롯과 그의 재산을 빼앗아 갔을 때(2절), 아브라함은 "그들을 쳐서 파하고…쫓아가서…모든 빼앗겼던 재물과 자기 조카 롯과 그 재물과 또 부녀와 인민을 다 찾아왔다"(15~16절). 그 이후 아브라함은 멜기세덱의 축복을 받았다; "천지의 주재시오 지극히 높으신 하나님이여 아브라함에게 복을 주옵소서 너의 대적을 네 손에 붙이신 지극히 높으신 하나님을 찬송할지로다"(19~20절). 이리하여 아무 죄없는 사람을 지키기 위한 아브라함의 군사 행동은 하나님의 축복을 받았다.

이렇게 하나님이 인정한 전쟁은, 이스라엘이 신정국가로 세워지기 이전에 일어났으므로 매우 중요한 사례이다(출 19장). 그러므로 이러한 전쟁은 하나님이 여호수아에게 사악한 가나안 족속을 멸망시키라고 명령하여 일어났던 전쟁같은 신정적인 전쟁의 특수한 사례라고는 주장할 수 없다(수 10장; 하나님이 선택한 도구인 이스라엘이 수행한 이같은 전쟁은, 그 이후의 다른 민족의 규범이 아니라고는 주장할 수 있다).

신약은 칼은 하나님이 지정한 인간 정의를 위한 수단임을 재확인하고 있다. 바울은 로마인에게 이렇게 말했다; "네가 악을 행하거든 두려워하라 그가 공연히 칼을 가지지 아니하였으니 곧 하나님의 사자가 되어 악을 행하는 자에게 진노하심을 위하여 보응하는 자니라"(롬 13:4).

세례 요한은 군인들이 하나님을 믿게 된 이후 무엇을 해야 하는가라고 물었을 때, 군대도 일정한 역할을 한다고 대답했다. 그는 군인들에게 군을 떠나라고 말하지 않고, 훌륭한 군인이 되라고 이야기했던 것이다(눅 3:14).

예수는 빌라도가 하나님에게서 자기 생명에 대한 권한을 부여받았음을 인정하였다. 빌라도가 예수에게 "내가 너를 놓을 권세도 있고 십자가에 못 박을 권세도 있는 줄 알지 못하느냐"라고 말했을 때, 예수는 "위에서 주지 아니하셨다면 나를 해할 권세가 없었으리니"라고 대답했다(요 19:10~11).

사도 바울은 정부가 살인할 권리를 용인했고 군대도 용인했다. 그는 황제의 법정에서 "만일 내가 불의를 행하여 무슨 사죄를 범하였으면 죽기를 사양치 아니할 것이다"라고 말했다(행 25:11). 그러나 그는 호전적인 유대인들이 자기 생명을 위협하자, 로마의 시민으로서 로마군의 보호를 요청하였고 결국에는 그렇게 했다(행 23장).

(2) 선별주의의 도덕적 토대

선별주의의 도덕적 근거들은 자연스럽게 행동주의와 평화주의에 반대하는 근거들로부터 나온다. 이것들은 다음과 같이 간략하게 요약할 수 있다.

악한 세상에서는 악한 사람들을 제어하기 위해 무력이 항상 필요하다. 이상적으로만 보면 경찰과 군대에 의한 살인은 불필요하지만, 여기는 이상적인 세상이 아니라 악한 세상일 따름이다. 그러므로 이 악한 세상에서 군대나 경찰없이 우리가 잘 지낼 수 있다고 생각하는 것은 비현실적이다.

악에 저항하지 않는 것 자체가 악이다. 즉 선량한 사람을 지켜 주지 않는 것은 도덕적으로 잘못된 일이다. 때에 따라서는 선량한 사람을 지켜 주기 위해 물리적인 힘과 살인도 필요하다. 폭력이 난무하는 현대에서는 담보를 확보해 놓고 협상하려는 노력은 실패로 돌아가기 마련이다. 때로는 군사행동이 선량한 사람들을 구하는 유일한 방법일 수도 있다. 막을 수 있었음에도 불구하고 살인을 허용하는 것은 잘못된 것이다. 막을 수 있었음에도 불구하고 투쟁을 허용하는 것은 악이다. 간섭하려 하지 않은 채 아이들에게 잔인한 행동을 방관하는 것은 도덕적으로 용서받을 수 없다. 한마디로 악을 대적하지 않는 것은 태만죄이며, 태만죄는 적극적인 죄와 마찬가지로 악일 수 있다. 성서는 "사람이 선을 행할 줄 알고도 행치 아니하면 죄"라고 말한다(약 4:17). 폭력을 휘두르는 침입자에 맞서 자기 아내와 자식을 보호하지 못하는 사람은 도덕적 실패자와 다름없다. 마찬가지로 악한 침략자에 맞서 시민을 보호할 수 있는데도, 그렇게 하지 못하는 나라는 도덕적으로 무력력한 나라이다.

사형에 처해 마땅한 죄에서는 정의라는 대의명분이 '생명에는 생명으로'라는 원리를 요구하는 것처럼(11장 참조), 동일한 논리가 나라들 사이의 부당한 행동에도 적용될 수 있다. 침략국에 대해 그 주위 나라들을 응징하는 조치를 취해야 하는 도덕 의무가 있다. 히틀러가 여기에 대한 적절한 사례이다. 연합국이 제 2차 세계대전이 끝나갈 때, 독일을 쳐들어가 굴복시키지 않았다면 도덕적으로 무력했을 것이다. 그 이외에는 아무것도 국제 정의라는 대의명분을 실현시킬 수 없었다.

4. 정당 전쟁의 근거

행동주의는 전쟁에서 정부에 복종하는 것이 항상 옳다고 주장하고, 평화주의는 살인하는 것이 결코 올바르지 않다고 주장한다. 다른 한편 선별주의는 전쟁이 때에 따라서만 옳다고 말한다. 따라서 선별주의에는 다음과 같은 물음의 여지가 남아 있다. 즉 언제 옳은가? 정당 전쟁이라고 판단할 수 있는 기준은 무엇이고 그것을 누가 결정하는가? 정당 전쟁의 몇 가지 기준이 성서에 분명히 나와 있다.

(1) 선량한 사람을 지키기 위한 전쟁은 정당하다

선량한 사람을 지키기 위해 전쟁하는 것은 옳은 일을 하는 것이다. 정상적으로 이것은 침략자가 먼저 침략받지 않은 한 옳지 못하다는 것을 의미한다. 창세기 14장은 여기에 대한 적절한 사례이다. 골짜기의 다섯 왕들이 먼저 침략해 왔었다. 아브라함의 재침략은 사실 선량한 사람들을 지키기 위한 것이었다. 최초의 침략자가 옳지 못하다. 하지만 침략받은 나라에게는, 침략한 나라를 항구적으로 점령할 권리가 없다. 시민과 재산을 되찾고 정의를 보장할 권리만이 있을 뿐이다. 잘못된 일을 거듭한다고 해서, 올바른 일을 할 수 있는 것은 아니다. 침략자라는 사실에도 불구하고 정복한 나라의 독립을 복원시켜 주어야 할 도덕 의무가 존재할 뿐이다. 독일과 일본이 제 2차 세계대전 후 복구되었던 과정은, 무엇을 해야 하는가를 보여주는 전형적인 사례이다.

(2) 정의를 실현시키기 위한 전쟁은 정당 전쟁이다

정당 전쟁은 그 성격상 응징적이다. 때에 따라서는 다른 나라를 침략한 나라에 대해, 군사적 조치를 취하거나 침략을 감행하는 것은 올바르다. 히틀러는 프랑스를 비롯한 유럽 국가들을 침략하였다. 그러므로 연합국이 나찌를 굴복시키기 위해 독일을 침략했던 것은 정당한 일이었다. 마찬가지로 다른 나라에 대해 테러를 일삼는 나라는 적절한 군사적 보복을 받아야 한다. 이러한 유형의 응징 행동 뒤에 있는 원리는 사형의 원리(11장 참조; '생명에는 생명으로')와 동일하다. 정의는 범죄자가 죄인이든 나라이든 범죄자가 적절한 처벌을 받아야 할 것을 요구한다. 다른 나라에 대해 범죄행위를 일삼는 나라들도 당연히 응징되어야 한다.

이것은 어느 한 나라가 멋대로 다른 나라가 침략하려는 계획을 세우고 있다고 짐작하고, 선제 공격을 감행하는 것까지 정당화하지 않는다. 모든 정보를 종합한 결과 다른 나라의 압도적인 공격이 임박해 있다는 사실이 명확해지지 않는 한 선제 공격은 정당화될 수 없다. 그런데 선제 공격조차도 좌절을 겪을 수 있다. "저 애가 나를 때리려고 하기 때문에 나는 저 애를 때린다"고 말하는 어린이는 잘못을 저지르고 있다. 누구든지 다른 사람이 자기에게 먼저 주먹을 휘두르면 거기에 맞서 싸울 권리를 갖고 있지만, 먼저 주먹을 휘두를 권리는 갖고 있지 않다. 마찬가지로 어떤 나라든 다른 나라가 쳐들어 올 것이라는 막연한 예상 속에서 먼저 쳐들어 가서는 안된다. 각 나라는 자기 나라를 향해 날아오는 적국의 전투기나 미사일을 격추시킬 수 있는 권리를 갖고 있다. 하지만 적국의 항공기가 이후 자기 나라를 공격하는 데 사용될 수 있을 것이라 하여 비행장을 습격하고 파괴할 권리는 없다.

(3) 정부가 수행하는 전쟁만이 정당 전쟁이다

하나님은 개인이 아닌 정부에게 칼을 주었다(롬 13:4). 따라서 어느 한 나라의 개인은 정부의 승인 없이는 군사 행동을 할 수 없다. 정당 전쟁을 한다고 주장할 수 있는 권력자들만이 전쟁을 선포할 수 있다. 물론 정부가 선전포고한 모든 전쟁이 정당 전쟁인 것만은 아니다. 선포된 전쟁만이 정당 전쟁이다. 그리고 하나님은 개인이 아닌 정부에게만 칼을 사용할 수 있는 권리를 부여하였다(창 9:6; 롬 13:4).

　이것은 개인이 칼을 사용하여 자기 자신을 보호할 수 없다는 것을 의미하지는 않는다. 우리가 앞에서 살펴 본 바와 같이, 자기 방어를 위한 살인도 정당화될 수 있다(출 22:2). 하지만 권력을 쥐고 있지 않은 개인에게는, 자기 나라와 다른 나라 사이에 전쟁을 붙일 권리가 없다. 뿐만 아니라 정부 안의 개인(또는 집단)에게도 자기 정부에 대해 전쟁을 선포할 권리가 없다(12장 참조). 하나님은 정부에 맞서는 데 사용하라고 개인에게 칼을 주지 않았으며, 말을 듣지 않는 시민을 다스리는 데 사용하라고 정부에게만 칼을 주었을 뿐이다.

(4) 정당한 방법으로 수행되는 전쟁만이 정당 전쟁이다

　정당 전쟁에서의 일부 행위는 올바른 전쟁 행위가 아닐 수 있다. 화학전은 비인간적이다. 포로를 고문하거나 굶기는 것은 도덕적으로 잘못이다. 의도적으로 아무 죄없는 여성과 어린이를 학대하는 것은 결코 정당화될 수 없다. 물론 여성이나 어린이가 징집되어 전투에 나설 경우, 필요하다면 모든 힘을 다해 맞서 싸워야 한다. 예를 들어 수류탄이나 폭탄을 들고 있는 어린이는 합법적인 군사적 목표이다. 그러나 어머니의 품에 안긴 아기를 총으로 쏘는 행위는, 아무리 정당 전쟁이라 하더라도 결코 올바른 행위가 아니다.

　성서의 신명기 20:19에는 올바른 행위에 대해 잘 나타나 있다. 즉 이스라엘인은 "너희가 어느 성읍을 오랫동안 에워싸고 쳐서 취하려 할 때에도 도끼를 들어 그 곳의 나무를 작벌하지 말라 이는 너희의 먹을 것이 될 것임이니 찍지 말라"(19절)는 하나님의 말씀을 들었다. 열매를 맺지 못하는 나무들만이 포위공격을 하는 데 이용될 수 있었던 것이다(20절). 달리 말해서 이스라엘인은 전쟁이 끝난 후에 이용할 수 있는 토지의 자원을 파괴하지 말라는 말을 들었던 것이다. 그렇게 하는 것은 권력자들에 대한 정당한 공격이라기보다는, 선량한 사람들에 대한 비인간적 공격이다.

5. 선별주의의 몇 가지 문제점

　전쟁에 대한 선별주의의 입장에는 몇 가지 큰 문제점이 있다. 그 가운데 일부를 여기서 간략하게 소개해 본다.

(1) 핵전쟁의 문제

핵전쟁은 본질적으로 대학살 이후 세계의 생존능력을 깡그리 말살해 버릴 것이므로, 핵무기를 사용하는 것은 자연히 도덕적으로 올바르지 못한 것이다. 그래서 핵전쟁은 선별주의 또는 경우에 따라서 전쟁을 지지하는 견해에 대해 심각한 문제를 제기한다. 무엇보다도 먼저 전면적인 핵전쟁은 과연 세계를 회복 불가능하게 영원히 파괴해 버리고 마는가라는 문제가 실제적인 논쟁의 대상이다. 적절한 경고와 피난처가 존재한다면, 많은 사람들이 핵공격을 받더라도 무사할 수 있을 것이다. 그리고 적절한 식량과 장비가 갖추어진다면, 방사능의 영향력은 시간이 지날수록 감소되는 만큼 충분히 견딜 수 있을 것이다.[7]

핵전쟁의 피해는 예상한 만큼 대규모적이지 않다. 핵전쟁은 훨씬 더 전술적으로 이용될 수 있고 그 범위도 한정될 수 있다. 이것은 특히 전략적 선제방어('스타워즈')와 같은 방어 장비나 체계가, 파괴적인 핵공격의 영향력을 감소시키기 위해 개발될 수 있을 경우에는 틀림없는 사실이다. 게다가 보다 많은 권력을 장악하기를 원하는 사람은 누구나, 비록 가능한 일이더라도 자기가 지배할 세계를 파괴하는 것을 선택하지는 않을 것이다. 그래서 그러한 사람은 전술적이거나 제한적인 핵전쟁을 일으킬 가능성이 높다.

핵전쟁에서는 위험부담이 매우 높지만 원칙들은 동일하다. 핵무기는 올바르게 그리고 차별적으로 사용되어야 한다. 예를 들자면 핵무기는 민간인이 아닌 군사 목표를 향해야 한다. 물론 무고한 사람들이 재래식 무기를 사용할 때보다, 핵전쟁에서 더 많이 사망할 것이다. 그러나 핵전쟁의 위험부담이 크다고 해서, 핵무기가 자동적으로 불법적인 무기로 되는 것은 아니다.

만약 핵전쟁이 제대로 통제되지 않으면, 정의롭지 못한 사람들이 세상을 지배할 것이다. 핵무기를 갖고 있다는 선언은 핵위협을 가능하게 한다. 즉 독재자는 핵무기를 사용하겠다고 위협하기만 해도, 무고한 사람들을 굴복시킬 수 있다.[8] 이를 극복할 수 있는 유일한 현실적인 방법은, 침략자에 대

---

7) Ernest W. LeFever and E. Stephen Hunt, eds., *The Apocalyptic Premise*(Washington, D. C.: Ethics and Public Policy Center, 1982).

8) Myron S. Augsburger and Dean C. Curry, *Nuclear Arms* (Waco: Word,

한 실제적인 위협수단으로 핵무기를 보유하는 것이다. 왜냐하면 자기 적이 비슷한 수준의 핵전력으로 보복하지 않으리라는 것을 알고 있는 독재자는, 이미 전쟁에서 승리해 버리게 되기 때문이다. 핵무기가 일단 국제적으로 불법화되면, 국제사회에서 무법자처럼 행세하는 나라들만이 핵무기를 소유할 것이다.

핵사용 능력을 갖고 있는 적대 국가들 사이에서 힘의 균형이 존재한다는 사실은 안정적인 평화의 한 요소이다. 어느 한 국가가 막강한 힘을 갖고 있지 않은 한, 적국이 비슷한 보복을 할 것이라는 현실적인 예측에 의해 핵전쟁은 자동적으로 억제될 것이다. 이러한 사실은 현재 거의 25년 동안 국제적인 초강대국들에게 영향력을 발휘해 왔었다. 힘의 균형이 일방적인 무장해제나 핵무기를 사용하지 않겠다는 어느 한 초강대국의 선언에 의해 뒤집어질 경우에는, 패권을 장악하려는 국가에 의한 실제적인 위협이 나타나게 된다. 따라서 핵전력을 비롯한 힘의 실제적 균형을 유지하는 것은 세계평화에 있어서 매우 중요하다.

(2) 누가 판단하는가의 문제

선별주의에서 가장 까다로운 문제들 중의 하나는, 어떤 전쟁이 정당 전쟁이고 어떤 전쟁이 부당한 전쟁인가를 판단할 수 있는 권위자를 정하는 문제이다. 어떤 나라에서든지 모든 개인이 주어진 법에 복종해야 하는가의 여부를, 독자적으로 판단할 수 있다면 혼란이 초래되지 않겠는가? 모든 사람이 어떤 법에 복종해야 하는지를 임의로 판단할 수 있다면 어떻게 되겠는가? 끝없는 혼란만이 초래될 것이다.

선별주의는 개인에게 무거운 책임을 부여하고 있지만, 이것은 몇 가지 이유에서 바람직스럽지 못하다. 어떤 견해가 까다로운 문제들을 안고 있다고 해서 잘못된 견해라고 할 수는 없다. 확실히 행동주의와 평화주의는 다루기 편한 견해이다. 왜냐하면 이 전쟁이 정당하냐 저 전쟁이 정당하냐를 놓고 씨름할 필요가 없기 때문이다. 행동주의자는 사실을 알아보지도 않고 자기 나라가 선포한 전쟁이 모두 정당하다고 확신하며, 반면에 평화주의자

1987), pp. 114~24.

는 어떤 전쟁이든 모두 정당하지 못하다고 확신한다. 선별주의자만이 주어진 전쟁이 정당한가 부당한가를 판단하기 위해, 힘들기 짝이 없는 노력을 해야 한다.

선별주의자는 아무런 도덕적 지침없이 그러한 노력을 하고 있지는 않다. 즉 자기 자신의 주관적인 감정을 토대로 어떤 전쟁이 정당 전쟁인가를 판단하고 있지 않다. 선별주의자는 객관적인 도덕 원리들을 토대로, 정당 전쟁의 여부를 판단하려는 노력을 기울이고 있는 것이다. 따라서 선별주의자는 하나님에게서 나온 지침없이, 멋대로 판단하고 있는 것 같지만 실제로는 그렇지 않다. 하나님은 무엇이 정당 전쟁이고 무엇이 부당한 전쟁인가를 계시한 바 있는데, 선별주의자는 이러한 계시를 원칙으로 자기 나라가 참여를 권유하는 전쟁이 정당 전쟁인가 부당한 전쟁인가를 판단하는 데 이용하고 있다. 분명히 선별주의자는 혼자 힘으로만 사실을 깨달아야 하지만, 깨달은 사실을 토대로 내리는 판단에는 그의 가치관이 반영될 수밖에 없다. 그래서 선별주의자는 자기가 이용할 수 있는 사실을 기초로, 최상의 판단을 내려야 할 책임을 지고 있다.

서로 전쟁을 벌이고 있는 두 나라의 모든 국민이 양심적인 선별주의자라면 전쟁은 격감할 것이다. 왜냐하면 침략국의 국민은 부당한 침략을 지지해 주는 결과를 빚는 국민총동원을 어렵게 만들면서 싸우기를 거부할 것이기 때문이다.

각 개인은 주어진 전쟁이 과연 올바른가를 판단하지 않는다면, 정부가 정당하다고 주장하는 것을 믿고 따를 수밖에 없다. 이것은 '옳든 그르든 나의 조국'이라는 접근방법이며, 올바른 애국심이 아닌 맹목적인 애국심에 지나지 않는다. 이것은 또한 자기 나라를 하나님의 올바른 지배하에 두기보다는 하나님의 위치로 격상시키는 잘못된 짓이다.

〖 요약 및 결론 〗

전쟁에 관한 기본 견해에는 세 가지가 있다. 즉 행동주의, 평화주의, 선별주의가 그것이다. 행동주의는 조국에 복종하여 전쟁에 나가는 것이 항상 올바르다고 주장하고, 평화주의는 그렇게 하는 것이 항상 잘못이라고 주장하고, 선별주의는 때에 따라서는(즉 정당 전쟁일 경우에는) 올바를 수도 있다고 주장한다. 우리가 앞에서 이미 살펴보았듯이 정부가 도덕적으로 잘못된 일을 하라고 명령내릴 때, 우리는 정부에 불복종해야 하므로 행동주의는 현실과 맞지 않는다. 히브리인 산파들(출 1장)과 세 명의 히브리인 소년들(단 3장)과 다니엘(단 6장) 등은, 하나님도 인정한바 정부에 대한 불복종의 성서적 사례들이다. 한편 전면적인 평화주의도 성서가 정당방위를 위한 살인(출 22장), 사형(창 9:6), 아무 죄없는 사람의 수호(창 14장) 등을 찬양하고 있다는 분명한 사실을 간과하기 때문에 부적절하다.

하지만 행동주의와 평화주의에는 진리가 담겨져 있다. 행동주의자들은 하나님이 정부를 만들었으며 정부에게 권력을 주었다는 점을 올바르게 지적하고 있다. 그들은 또한 정부가 생명을 빼앗을 때조차도 복종해야 한다고 주장하고 있다. 반면에 평화주의자들은 우리가 평화를 추구해야 하고, 모든 사람들과 평화롭게 살려고 노력해야 한다고 말하고 있다. 우리는 전쟁 도발자가 아닌 평화 옹호자가 되어야 한다. 그리고 우리는 전쟁을 위한 모든 노력이 실패로 돌아갔을 때 평화를 추구하기 보다는, 평화를 위한 모든 노력이 실패로 돌아갔을 때에만 어쩔 수 없이 전쟁을 선택해야 한다. 한편 선별주의는 하나님이 정부 위에 있다는 점, 그리고 하나님이 정부에 복종하라고 하면서도 동시에 강압적인 명령에 반대할 수 있는 양심의 자유를 유지하라고 한다는 점을 정확하게 지적하고 있다.

〖 꼭 읽어야 할 책들 〗

Augsburger, Myron S. *Nuclear Arms: Two Views on World Peace*. Waco: Word, 1987.

Augsburger, Myron S., and Dean C. Curry. *Nuclear Arms*. Waco: Word, 1987.

Augustine, Saint. *City of God* 19. 7. In *A Select Library of the Nicene and Post-Nicene Fathers of the Christian Church*, edited by Philip Schaff, vol. 2. Grand Rapids: Eerdmans, 1956.

Clouse, Robert G., ed. *War: Four Christian Views*. Downers Grove: Inter-Varsity, 1981.
Culver, Robert D. *The Peace Mongers*. Wheaton: Tyndale House, 1985.
LeFever, Ernest W., and E. Stephen Hunt, eds. *The Apocalyptic Premise*. Washington, D. C.: Ethics and Public Policy Center, 1982.
Ramsey, Paul. *The Just War: Force and Political Responsibility*. New York: Scribner's, 1968.
──────. *Speak Up for Just War of Pacifism*. University Park: Pennsylvania State University Press, 1988.
Vanderhaar, Gerard A. *Christians and Nonviolence in the Nuclear Age*. Mystic, Conn.: Twenty-third Publications, 1982.

13

시민 불복종

기독교인들은 과연 정부에 불복종해야 하는가? 만약 그렇다면 언제 그래야 하는가? 부당한 정부에 맞서 저항하거나 독재자를 살해하는 것이 과연 올바른가? 이와 같은 물음들은 자유 국가의 기독교인들에게도 중요하겠지만, 독재 국가의 기독교인들에게는 더욱 절실하게 중요하다.

시민 불복종에 관한 기본 입장은 크게 세 가지로 나눌 수 있다. 즉 시민 불복종은 항상 옳다, 결코 옳지 않다. 그리고 때에 따라서는 옳다 등이 있다. 여기서 첫번째 입장은 '무정부주의'(anarchism)이고, 두번째 입장은 '급진적 애국주의'(radical patriotism)이며, 세번째 입장은 '성서적 순종주의'(biblical submissionism)이다. 첫번째 입장은 기독교의 입장에서 볼 때 정당하다고 할 만한 아무런 근거가 없으므로, 우리의 관심은 나머지 두 입장으로 집중될 수밖에 없다.

I. 급진적 애국주의(시민 불복종은 결코 옳지 않다)

급진적 애국주의는 정부가 참여하라고 명령한 이상, 모든 전쟁이 정당하다고 주장하는 행동주의(12장 참조)와 유사하다. 하지만 여기서의 초점은 다른 나라와의 전쟁에 있는 것이 아니라, 자기 나라에 대한 시민의 의무에 있다. 누구든지 자기 나라의 법을 지키지 않아야 하는가 하는 물음에, 급진적 애국주의는 결코 그렇지 않다고 말한다.

1. 급진적 애국주의란 무엇인가

"옳고 그르든 나의 조국이다!"라고 급진적 애국주의자는 외친다. 일부 기독교인들은 정도의 차이는 있지만 이러한 입장을 수용하고 있으며, 성서에서 그 근거를 찾으려 하고 있다. 이들의 주장을 살펴보자.

(1) 하나님이 세운 정부

하나님은 대홍수 이후 정부를 세웠고(창 9:6), 이 정부가 존경받을 수 있기를 기대하고 있다. 바울은 "각 사람은 위에 있는 권세들에게 굴복하라 권세는 하나님께로 나지 않음이 없나니 모든 권세는 다 하나님의 정하신 바라"(롬 13:1)고 말했다.

(2) 하나님은 인간 정부에 대한 복종을 기대하고 있다

하나님은 정부를 세웠을 뿐만 아니라, 우리가 정부에 복종하기를 기대하고 있다. 이것은 다음과 같은 두 가지 이유에서 분명하다; 첫째로 우리는 정부에 '순종하라'는 말을 듣고 있다. '순종'(submit)과 '복종'(obey)은 다른 구절들에서도 병렬적으로 사용되고 있으므로(예를 들어 벧전 3:5~6) 이것은 복종을 의미한다. 둘째로 바울이 "너는 저희로 하여금 정사와 권세 잡은 자들에게 복종하며 순종하며"(딛 3:1)라고 말할 때, 그는 기독교인들이 정부에 복종해야 한다고 분명하게 명령하고 있다.

(3) 설령 악한 정부라 하더라도 거기에 복종해야 한다

바울이 로마인들에게 "하나님의 사자인 통치자에게… 순종하라"(롬 13:14)고 권유했을 때 네로가 로마의 황제였다. 네로는 황제의 자리에 앉기 위해 자기 어머니를 죽였고 로마를 불태웠으며, 심지어는 거리를 환하게 밝히기 위해 기독교인들을 산 채로 태워 죽이기까지 하였다. 그는 한마디로 야수와 같은 악한 인간이었으나, 바울은 그럼에도 불구하고 그를 '하나님의 종'으로 불렀고 기독교인들에게 그에게 복종하라고 요청했다. "지극히 높으신 자가 인간 나라를 다스리시며 자기의 뜻대로 그것을 누구에게든지 주신 줄을 알기까지 이르리라"(단 4:32)고 말했다. 때에 따라서는 여기에 '최하층의 사람들'까지 포함된다(단 4:17). 그러나 선하든 악하든 하나님이 통치자로 내세운 사람에게 복종해야 한다. 베드로 사도는 "인간이 세운 모든 제도를 주를 위하여 손복하되 혹은 위에 있는 왕이나 혹은 악행하는 자를 징벌하고 선행하는 자를 보장하기 위하여 그의 보낸 방백에게 하라"(벧전 2:13)고 말했다.

이러한 구절들을 토대로 기독교인 애국자는 정부에 대한 복종이 곧 하나님께 대한 복종이라고 믿고 있다. 바울의 말을 빌리면 애국자는 "권세를 거스리는 자는 하나님의 영을 거스림이니 거스리는 자들은 심판을 자행하리라"고 주장하게 된다. 따라서 시민 불복종은 결코 정당화될 수 없다.

2. 급진적 애국주의에 대한 평가

인간 정부에 대한 무조건적 복종을 정당화하기 위해서, 이렇게 성서구절들을 이용하는 데 대한 반대 의견들은 몇 가지 존재하고 있다. 여기서 반대하는 가장 우선적인 이유는, 성서 구절들이 올바른 전후맥락 속에서 인용되지 않고 있다는 점이다.

(1) 하나님은 정부를 세웠지만 악한 정부까지 세우지는 않았다

하나님은 인간 정부를 세웠으나, 그렇다고 해서 악한 정부까지 허용하지는 않는다. 이 사실은 통치자는 "하나님의 사자가 되어 네게 선을 이루는 자"(롬 13:4)라는 구절에 잘 나타나 있다. 성서의 그 어느 구절도 하나님이 악한 정부에 대해 흡족해 한다는 것을 보여주지 않는다. 사실 성서가 비난하고 있는 대상(특히 예언자들이 비난하고 있는 대상)은 대부분의 경우 악한 정부이다(오바댜서 참조; 욘 1장; 나 1장). 이사야는 "불의한 법령을 발포하며 불의한 말을 기록하는"(사 10:1) 자에게 화가 있으리라고 경고했다. 하나님은 정부를 세웠지만, 그렇다고 악한 정부까지 허용하지는 않는다.

(2) 정부에 대한 복종은 무조건적이지 않다

하나님이 인간 권세들에 대한 복종을 요구하고 있다는 것은 틀림없는 사실이지만, 이러한 복종에는 일정한 한계가 있다. 베드로는 복음을 전파하지 말라고 강요하는 통치자들에게 이렇게 말했다; "하나님 앞에서 너희 말을 듣는 것이 하나님 말을 듣는 것보다 옳은가 판단하라"(행 4:19). 요한은 적그리스도의 우상숭배 명령에 복종하지 않으려 하다 재난당한 끝에 살아

남은 신자들에 대해 이야기하였다(계 13장). 실제로 앞으로 간략하게 살펴 보겠지만 하나님도 용인한바 세속 통치자들에 대한 불복종의 사례는 많으며(예를 들어 출 1장; 단 3:6), 각각의 사례가 의미하는 바는 명백하다. 즉 정부가 하나님의 지배를 받는 한에서 정부가 반드시 복종해야 하지만, 하나님과 동격에 서려고 할 때에는 복종하지 않아도 된다.

(3) 우리는 정부의 악한 명령에 반드시 복종해야 할 필요는 없다

성서는 정부가 비록 악하더라도 복종해야 한다고 명령하고 있지만, 정부의 악한 명령에 반드시 복종해야 한다고 말하지는 않는다. 성서는 아무리 높은 사람이 명령을 내린 일이라고 해도, 악한 일이라면 해서는 안된다고 말하고 있다. 이것은 아무 죄없는 아기들을 죽이라는 바로의 명령을 거부한 산파들의 사례(출 1장)는 물론, 우상을 숭배하지 않으려고 한 세 히브리 소년들의 사례(단 3장)를 보면 분명해진다. 기독교인들은 악을 허용하는 정부에 복종할 수는 있지만, 악한 일을 하라고 명령하는 정부에 복종해서는 안된다. 정부의 악한 명령에 대한 맹목적인 복종은 애국이 아니라 우둔한 짓이다. 전제 정부에 대한 무조건적 복종은 애국심이 아니다. 그것은 애국숭배(patriolatry)인데, 이 애국숭배는 일종의 우상숭배(즉 절대적이지 않은 것에 대한 절대적인 복종)이다.

II. 성서적 순종주의(정부에 대한 불복종은 때에 따라서는 옳다)

기독교인이 반드시 시민 불복종 운동을 전개해야 할 때가 있다는 데 기독교인들은 대체로 동의한다. 그렇다면 현실적으로 나타나는 문제는 과연 언제 그래야 하는가인데, 여기에 대해서는 두 가지 입장이 있다; 첫번째 입장은 정부가 하나님의 말씀에 어긋나는 법령을 공표할 때 정부에 불복종해야 한다는 입장이고, 두 번째 입장은 정부가 기독교인에게 잘못된 일을 하라고 명령할 때 정부에 불복종해야 한다는 입장이다. 두 가지 입장 모두를 검토하고 평가해 보자.

1. 악법 공포에 반대하는 입장(정부가 비성서적인 법령을 공포할 경우 정부에 불복종해야 한다)

기독교인들에게는 정부가 하나님의 말씀과 반대되는 법령을 공포하거나 조치를 취할 때 정부에 불복종할 수 있는 권리가 있다(이 입장을 보다 넓게 해석한다면 있다. 이신론자 토마스 제퍼슨〈Thomas Jefferson〉은 이러한 견해의 한 형태를 적극 옹호하였다).

이 글은 기독교 윤리학에 관한 글이므로, 여기서는 이러한 관점의 기독교적 형태에 초점을 맞추려고 한다. 사무엘 러더포드(Samuel Rutherford)는 유명한 저서 『법이 왕이다』(*Lex Rex*; 1644년)에서 이와 같은 관점을 제시하였다. 말년의 쉐퍼(Francis Schaeffer)도 『기독교인 선언』(Christian Manifesto; 1980)에서 동일한 입장을 택했다.

(1) 정부의 권력은 절대적이지 않다

러더포드에 따르면 프란시스 쉐퍼는 "왕들도 자기들의 기분이 내키는 대로 아무거나 할 수 있는 절대 권력을 갖고 있지 않다. 그들의 권력은 하나님의 말씀에 의해 제한받는다"고 주장했다. 달리 표현하면 "왕을 비롯한 모든 사람은 율법의 지배를 받지 율법보다 위에 있지는 않다."[1] 율법이 왕이지 왕이 율법인 것은 아니다. 정부는 하나님의 율법에 지배받는다. 정부는 결코 하나님의 율법이 아니다.

(2) 율법은 정부보다 위에 있다

쉐퍼는 "율법은 왕이다. 왕과 정부가 율법에 복종하지 않으면, 사람들로부터 불복종 당해야 한다"고 주장했다.[2] 즉 진정한 율법은 하나님의 율법이다. 따라서 율법은 정부와 동등한 위치에 있지 않고 그보다 위에 있다. 기독교인은 하나님의 율법에 부합되는 한에서 정부에도 복종한다.

(3) 하나님의 율법에 어긋나게 통치하는 정부는 전제 정부이다

---

1) Francis A. Schaeffer, *A Christian Manifesto* (Westchester, III.: Crossway, 1981), p. 100.
2) Ibid., p. 99.

쉐퍼에 따르면 "법률은 하나님의 율법에 토대를 두고 있다."[3] 그래서 "독재자는 하나님의 허가 없이 통치하는 사람으로 규정되었다."[4] 달리 말한다면 하나님의 말씀에 어긋나게 통치하는 정부는 언제나 전제 정부였다. 이러한 경우 기독교인은 정부에 복종해서는 안된다.

(4) 시민은 전제 정부에 저항해야 한다

시민은 전제 정부에 불복종해야 할 뿐만 아니라 적극적으로 저항해야 한다. 쉐퍼는 "시민에게는 정의롭지 못한 독재정부에 저항해야 할 도덕의무가 있다"고 주장한다.[5] 왜냐하면 정부관리가 하나님의 말씀에 어긋나는 명령을 내릴 경우, 그러한 정부관리의 권력은 박탈당해야 하고 불복종 당해야 마땅하기 때문이다. 여기에는 국가도 예외일 수 없다.[6]

(5) 저항에는 두 가지 형태(즉 항의와 폭력)가 있다

시민은 먼저 하나님의 말씀에 어긋나는 법률에 대해 항의(protest)해야 한다. 이것이 실패하면 폭력이 동원될 수도 있다. 쉐퍼에 따르면 "폭력이란 개인이나 국가같은 실재에 가해지는 강제나 구속을 의미한다."[7] 억압적인 국가에 반대하는 지방정부에서 교회에 이르기까지 모두 공권력(force)을 사용할 수 있다. 그러므로 "국가가 법인체(즉 적법 절차를 거쳐 성립된 국가 기관이나 지방 기관에서 교회에 이르는 모든 법인체)에 대해 불법적인 조치를 일삼고 있을 경우에는…항의와 정당방위를 위해 사용되는 폭력이라는 두 가지 차원의 저항이 존재하게 된다."[8]

(6) 전제의 최근 사례

쉐퍼는 국민학교에서 창조론을 가르치지 못하도록 하는 것은 전제의 전형이라고 확신하였다. 그는 '하급관리들'이 독재자로 여겨졌던 사례는 설령 있다 하더라도 좀처럼 발견하기 힘들다. 그리고 법관들이 자의적으로 판결을 내리려고 한다면 정부는 여기에 저항하여 복종하기를 거부할 것이

---

3) Ibid.
4) Ibid., p. 100.
5) Ibid., p. 101.
6) Ibid., p. 90.
7) Ibid., p. 106.
8) Ibid., p. 104.

다"라고 힘주어 말했다.[9] 그래서 연방정부가 항의를 무릎쓰고 지배를 강화했다면, 알칸사스(Arkansas)주의 주민들이 1982년 1월 5일 국민학교에서 창조론을 가르쳐서는 안된다고 강요하는 연방정부에 대해 물리력을 사용했어야 했다. 이와 마찬가지로 연방최고 법원이 1987년 6월 19일 국민학교에서 진화론과 함께 창조론을 가르치도록 해서는 안된다는 판결을 내렸을 때 모든 주는 강력히 저항했어야 했다.

2. 악법 강제에 반대하는 입장(나쁜 일을 하도록 강요하는 법률에 대한 불복종)

이 입장은 기독교인이 세속의 법에 불복종해야 할 때가 있다고 주장한다는 점에서는 악법공표에 반대하는 입장과 일치한다. 한편 이렇게 시민 불복종을 인정하는 악법공표에 반대하는 입장과 악법강제에 반대하는 입장의 경우에 따라서는 서로 차이가 나는데, 아래 도표에서는 이 두 입장의 차이점이 잘 정리되어 있다;

언제 정부에 불복종해야 하는지에 관한 두 견해

악법공표에 반대하는 입장	악법강제에 반대하는 입장
정부가 잘못된 행동을 용인할 때	정부가 잘못된 행동을 하라고 명령할 때
정부가 악법을 공표할 때	정부가 잘못된 조치를 강제할 때
정부가 자유를 제한할 때	정부가 자유를 부정할 때
정부가 정치적으로 억압적일 때	정부가 종교적으로 억압적일 때

두 입장의 차이점은 비교해서 설명하면 명확해질 수 있다. 악법공표에 반대하는 입장에 따르면, 정부가 국민학교에서 창조론을 가르치는 것을 금지하면 시민은 정부에 불복종해야 한다. 왜냐하면 그러한 법률의 공표는 하나님의 말씀에 어긋나기 때문이다. 이것은 하나님의 말씀에 기초를 두고 있는 창조론자들의 표현 자유를 제한한다. 그런데 악법공표에 반대하는 입

---

9) Ibid., p. 110.

장에 따르면, 기독교인은 그러한 법에 불복종해서는 안된다. 왜냐하면 창조론을 오류라고 믿거나 가르치도록 강제하지 않을 뿐더러, 국민학교의 교실 바깥에서 창조론을 가르칠 자유를 부정하지도 않기 때문이다. 정부가 어디서든지 창조론을 가르쳐서는 안된다고 명령했을 경우에만, 우리는 억압적인 정부라고 판단하고 불복종할 수 있다.

낙태 문제를 보면 이 두 입장의 차이점을 분명하게 알 수 있다. 악법공표에 반대하는 입장은 낙태는 하나님의 말씀에 어긋난다는 사실을 인정하면서, 시민에게는 낙태에 반대하기 위해 시민 불복종 운동을 벌일 수 있는 권리가 있다고 주장한다. 그런데 여기서 악법공표에 반대하는 사람들은 두 진영으로 나뉜다. 즉 병원을 폭파하는 등의 폭력적 행동을 지지하는 진영과 병원에서 연좌 농성을 하는 등의 비폭력적인 행동을 지지하는 진영이 있다.

다른 한편으로 악법강제에 반대하는 사람들은, 낙태에 항의하기 위해 법에 불복종하는 것이 잘못이라고 믿고 있다. 왜냐하면 낙태를 허용하는 법과 낙태를 명령하는 법은 분명히 다르기 때문이다. 우리는 부당한 법에 대해 합법적으로 저항해야지 불복종해서는 안된다. 정부가 잘못된 행동을 하도록 허용한다는 것과 잘못된 행동을 하도록 강제한다는 것은 분명히 별개의 문제이다. 후자의 경우에만 시민 불복종이 정당화될 수 있다.

3. 악법강제에 반대하는 입장의 성서적 기반

성서를 보면 하나님도 인정한 시민 불복종의 사례가 몇 가지 나온다. 그런데 각각의 경우마다 세 가지 필수적인 요소들이 있다. 첫째로 하나님에게서 임명받은 권력자들이 하나님의 말씀과는 반대되는 명령을 내릴 것, 둘째로 이처럼 하나님의 말씀과 반대되는 명령에 대한 불복종 행동일 것, 셋째로 권력자들에게 복종하기를 거부하는 행동에 대한 하나님의 명확하거나 묵시적 승인이 존재할 것 등이다.

(1) 아무 죄없는 아기를 살해하라는 명령에 대한 거부

출애굽기 1:15~21을 보면 바로는 산파들에게 모든 히브리 남자 아기를 살해하라는 명령을 내렸다. 그러나 히브리 산파 십보라와 부아는 하나님을

두려워하여 애굽왕의 명을 어기고 남자 아기를 살렸다. 그 결과 하나님은 그 산파들에게 은혜를 베풀어 백성은 생육이 번성하고 심히 강대하게 되었다(출 1:17, 20~21).

(2) 하나님을 섬기지 말라는 바로의 명령에 대한 거부

모세는 바로에게 이렇게 요청했다; "이스라엘 하나님 여호와의 말씀에 내 백성을 보내라 그들이 광야에서 내 앞에 절기를 지킬 것이니라 하셨나이다"(출 5:1). 그러나 바로는 "여호와가 누구관대 내가 그 말을 듣고 이스라엘을 보내겠느냐 나는 여호와를 알지 못하니 이스라엘도 보내지 아니하리라"(출 5:2)고 대답했다. 그러나 이스라엘 아이들은 하나님의 가호로 일어난 장엄한 기적 속에서 이집트를 떠났다.

(3) 예언자들을 살해하라는 이세벨 여왕의 명령에 대한 거부

이세벨 여왕은 한때 여호와의 선지자를 멸했다(왕상 18:4). 이때 오바댜 선지자는 그녀의 명령을 거역하여 선지자 중에서 100명을 50명씩 굴에 숨기고 떡과 물로 먹인 일이 있었다(왕상 18:13). 비록 오바댜의 행동이 하나님의 승인을 얻었는지의 여부는 분명하지 않지만, 전반적인 맥락과 서술 방식에서 미루어 볼 때 하나님의 승인을 얻었던 듯하다(왕상 18:13~15). 왜냐하면 정부에게는 하나님의 무죄한 종들을 살해하라고 강요할 수 있는 권리가 전혀 없기 때문이다.

(4) 우상을 숭배하라는 명령에 대한 거부

다니엘 3장을 보면 정부는 나라 안의 모든 사람에게 "느브갓네살왕이 세운 황금상 앞에 무릎을 꿇고 절해야 한다"고 명령했다(단 3:5). 그렇지만 세 명의 히브리 소년들은 당당하게 이에 맞섰다; "왕이여 우리가 왕의 신들을 섬기지도 아니하고 왕의 세우신 금신상에게 절하지도 아니할 줄을 아옵소서"(단 3:18). 그러자 하나님은 이들에게 축복을 내렸다. 즉 달아오른 풀무불에 내던져진 이들을 구해주는 기적을 행했다(단 3:25~30).

(5) 하나님이 아닌 왕에게 기도하라는 명령에 대한 거부

사자굴 안에 갇혔던 다니엘의 이야기만큼, 성서 속의 유명한 이야기도 드물 것이다. 이것은 하나님이 인정한 시민 불복종의 고전적인 실례이다. 왕은 "이제부터 30일 동안에 왕 외에 어느 신에게나 사람에게 무엇을 구하

면 사자굴에 던져 넣기로 한"(단 6:7) 사람들까지 통치했다. 다니엘이 자기 집에 돌아가서 그 방의 예루살렘으로 향하여 열린 창에서 전에 행하던 대로 하여 세 번씩 무릎을 꿇고 기도할 때에도(단 6:10) 다니엘은 이 명령을 거부한 것이다. 여기서 다시 한번 하나님은 다니엘의 불복종에 크나큰 축복을 내렸다. 그래서 다니엘은 사자굴에서 살아 돌아온 후 확신에 차서 이렇게 주장했다; "나의 하나님이 이미 그 천사를 보내어 사자들의 입을 봉하셨으므로 사자들이 나를 상해치 아니하였사오니 이는 나의 무죄함이 그 앞에 명백하오며 또 왕이여 나는 왕의 앞에도 해를 끼치지 아니하였나이다"(단 6:22).

(6) 복음 선포를 중지하라는 명령의 거부

권력자들이 세속적이지 않고 종교적이라 하더라도, 하나님이 인정한 불복종의 여타 사례에서처럼 여기서도 동일한 원칙들이 적용된다. 당국은 "도무지 예수의 이름으로 말하지도 말고 가르치지도 말라"(행 4:18)고 사도들에게 명령했다. 그러나 베드로와 요한은 "하나님 앞에서 너희 말 듣는 것이 하나님 말씀 듣는 것보다 옳은가 판단하라"(행 4:19)고 대답했다. 이에 모든 사람이 그 된 일을 보고 하나님께 영광을 돌렸다(행 4:21). 이들 성서 구절들은 그리스도를 알리지 말라는 명령에 대한 베드로와 요한의 불복종을 하나님이 승인했음을 보여주고 있다.

(7) 적그리스도를 숭배하라는 명령의 거부

고난의 시대가 계속되더라도 끝까지 남아 있는 신자들은, 적그리스도나 그 형상을 숭배하기를 거부할 것이다. 요한은 거짓 선지자가 "칼에 상하였다가 살아난 짐승을 위하여 우상을 만들라"(계 13:14)고 명령하리라고 예언했다. 그러나 참 신자들은 "어린양의 피와 자기의 증거하는 말을 인하여 저를 이기었으니…죽기까지 자기 생명을 아끼지 아니하였다"(계 12:11). 하나님은 그들에게 "생명의 면류관"으로 보상해 주었다(계 2:10).

이렇게 하나님이 인정한 시민 불복종의 사례들은 모두 동일한 유형에 따르고 있다. 어떤 사례를 살펴보든 신자들은 자기 신앙에 반하여 행동하도록 강요받고 있다. 하나님은 우리에게 우상을 숭배하지 말고 자기를 숭배하며, 또 아무 죄없는 사람을 죽이지 말고 자기에게만 기도하고 복음을 전파하라 등의 명령을 내렸다. 반면에 앞에서 살펴본 사례들에서 엿보이는 세속의 명령들은, 모두 신자들에게 하나님의 명령에 반하여 행동하도록 강요하고 있다. 세속의 명령들은 비신자들에게도 하나님의 율법에 불복종하도록 강요하고 있다. 이러한 명령들은 당연히 억압적인 명령들이며 따라서 불복종해야 마땅하다.

Ⅲ. 억압적인 법에 어떻게 불복종해야 하는가?

성서는 세속의 법에 언제 불복종해야 하는가 뿐만 아니라, 어떻게 불복종해야 하는가를 규정해 놓고 있다. 여기서 다시 두 가지 견해(즉 반란을 권유하는 견해와 단순한 거부를 권유하는 견해)를 구분할 필요가 있다. 이 두 가지 견해는 아래 표에 잘 나타나 있다;

정부에 불복종하는 방법에 대한 두 가지 견해

반 란	거 부
·폭력적으로 정부에 대해 반란을 일으켜야 한다. ·정부에 맞서 싸워야 한다. ·정부의 처벌을 거부해야 한다	·비폭력적으로 정부에 복종하기를 거부해야 한다. ·되도록이면 정부에 맞서지 말고 피해야 한다. ·정부의 처벌을 감수해야 한다.

전제 정부가 우리에게 나쁜 일을 하라고 강요할 때, 불복종하는 방법에는 잘못된 방법과 올바른 방법 두 가지가 있다. 성서에 나타난 방법은 강제적인 명령에 복종하기를 거부하는 것이지, 강제적인 명령에 맞서 반란을 일으키는 것은 아니다. 이것은 앞에서 검토된 바 있는 성서 사례들을 보면 분명히 알 수 있다. 예를 들어 산파들은 남자 아기들을 살해하라는 바로의 명령에 복종하기를 거부했지, 애굽의 전제 정부에 맞서 반란을 일으키지는 않았다.

폭력적인 반란이 아닌 비폭력적인 저항만이, 정당화될 수 있는 시민 불복종의 방법이다. 이것은 성서가 인정하고 있는 시민 불복종의 사례들을 하나하나 보더라도 분명한 사실이다. 산파들은 애굽에서 당한 폭력에 대해 폭력으로 맞서지 않았다. 이스라엘 민족도 바로의 억압에 맞서 반란을 일으키지 않았다. 그들은 그 대신 하나님에 의한 억압으로부터의 구원을 수용했다.

성서상의 시민 불복종은 정부에 의한 처벌을 거부하지 않고, 법률에 불복종한 데 따른 처벌을 감수한다. 예를 들어 세 히브리 소년들은 우상 숭배를 거부했지만, 불꽃이 치솟는 풀무불 속으로 뛰어들기를 거부하지는 않았다. 이와 마찬가지로 다니엘은 왕에게 기도하라는 명령을 거부했지만, 그것에 대한 처벌로 사자굴로 가라는 명령을 거부하지는 않았다.

가능하다면 싸우지 않고 전제 정부로부터 도망치는 것이 올바른 시민 불복종의 방법이다. 이스라엘 민족은 애굽으로부터 도피했으며, 오바댜와 엘리야는 악한 이세벨 여왕에게서 도망쳤다. 그들 중 아무도 정부에 맞서 싸우지는 않았던 것이다. 그러므로 독재 정부가 있는 곳에서는, 기독교인은 악을 행하라는 강압적 명령에 복종하기를 거부해야 한다. 악을 용인하는 비성서적인 명령이라고 해서, 정부에 맞서 반란을 일으켜서는 안된다.

이것은 물론 우리가 평화롭게 합법적으로 그리고 능동적으로, 억압을 극복하기 위한 노력을 해서는 안된다는 것을 의미하지 않는다. 단지 우리 마음대로 법률을 주물러서는 안된다는 것을 뜻할 따름이다. 왜냐하면 모든 권세는 다 하나님이 정하신 바이기 때문이다(롬 13:1). 그리고 우리가 권력자들의 악을 행하라는 명령을 받아들일 수 없을 때에는, 도망치거나 처벌에 굴복해야 한다.

1. 강압에 반대하라는 견해에 대한 반박

일부 학자들은 성서는 우리에게 죄없는 사람들을 구출하라는 명령을 내리고 있다고 주장했다; "너는 사망으로 끌려가는 자를 건져주며"(잠 24:11). 이 구절을 토대로 그들은 나찌 독일에서의 유대인들, 혹은 낙태가 합법화되어 있는 사회에서의 태아들처럼, 아무 죄없는 생명들이 위험에 처해 있을 때 정부에 불복종하는 것은 당연하다고 주장한다. 그러나 이러한 두 가지 사실들에 관한 입장은 몇 가지 심각한 문제점들을 안고 있다.

첫째로 잠언 24:11은 합법적인 낙태를 저지하기 위한 시민 불복종을 지지하지 않고 있다. 사실 바로 잠언 24장에서 하나님은 신자들에게 복종하라는 명령을 내리고 있으며, 범법자들과 어울리는 일에 대해서까지 경고하고 있다(21절). 더구나 죽게 된 사람들은(11절) 아마도 범법자들의 희생자들이지, 법적인 절차에 따라 죽음이 선고된 사람들이 아니다. 잠언 24:11에서 그 명령이 하나님에 의한 심판을 방해하는 것이라는 증거는 이 구절 자체나 그 전후 맥락 어디에도 없다.

둘째로 독일의 유대인들과 태아를 비교하는 것은 타당성이 전혀 없다. 왜냐하면 차이가 크기 때문이다. 대학살은 국가의 명령에 따라 이루어졌으나, 미국에서 합법화된 낙태는 국가에 의해 허용되고 있을 뿐이다. 대학살은 시민 불복종의 대상이지만 합법화된 낙태는 결코 그렇지 않다. 게다가 유대인들은 결코 가스실로 가려고 하지 않았으나, 산모들(뱃속의 생명에 대해 책임져야 하는)은 낙태시키려는 의지를 갖고 있다. 강제적인 낙태는 다른 문제이다. 그것은 시민 불복종의 대상이다. 아울러 죽을 의사가 전혀 없는 유대인들을 살해하라는 명령에 불복종하는 데 실패하는 것은 범죄를 방조하는 것과 동일하다. 하지만 낙태를 허용하는 법률에 불복종하는 데 실패하는 것은, 범죄를 방조하는 것이 결코 아니다. 마지막으로 성인 유대인이 인간이라는 사실은 누가 보더라도 분명한 사실이지만, 태아가 과연 완전한 인간인가는 현재 열띤 논쟁 중에 있다. 낙태가 합법화된 곳에서는 국가 및 많은 의사들과 간호사들은 산모에게, 태아는 '세포조직'일 뿐 완전한 인간이거나 법적 인간이 아니라고 이야기하고 있다. 따라서 이러한 요인들 때문에 나찌의 대학살로부터 유대인들을 구해내기 위한 시민 불복종이 정당화될 수 있는 것처럼, 산모들이 자의적으로 합법적인 낙태를 저지르는 것을 저지하기 위한 시민 불복종도 정당화될 수 있다는 주장은 타당성이 전혀 없다.

셋째로 이와 동일한 논리는 기독교인들로 하여금 우상숭배를 저지한다는 명분으로 사람들이 힌두교, 불교, 이슬람교 등 타종교의 사원으로 가는 것을 방해하게 할 수도 있을 것이다. 그리고 비신자들(또는 타인)의 사망을 저지한다는 명분으로, 그들의 손에서 술과 담배를 빼앗게 할 수도 있을 것이다. 뿐만 아니라 인간에게는 죄가 없다는 것을 확신한다는 이유로, 국가가 집행하는 사형을 방해하는 시민 불복종을 정당화할지도 모른다. 그러나 이것은 모든 사람의 개인적인 신념이, 하나님이 세운 정부가 정의를 확립해 나가는 계속적인 과정을 침해할 수 있다고 가정하는 것과 다름이 없다 (롬 13:1).

Ⅳ. 혁명(정부에 대한 반란의 궁극적 형태)

그러면 혁명에 대해서는 어떻게 이야기해야 하는가? 혁명은 언제나 정당화될 수 있는가? 정당한 전쟁이 있다면 정당한 혁명도 있지 않을까? 성서는 혁명에 대해 무엇이라고 이야기하고 있는가? 혁명에 대한 견해는 다시 두 가지로 나눌 수 있다. 일부 혁명을 지지하는 사람들의 견해, 그리고 모든 혁명에 반대하는 사람들의 견해가 존재하고 있는 것이다.

1. 혁명은 때에 따라서는 정당하다

존 칼빈의 가르침에 뿌리를 두고 있는 개혁파 전통은, 전제 정부에 대한 혁명을 인정하고 있다. 이러한 견해는 사무엘 러더포드에 의해 발표된바 있으며, 프란시스 쉐퍼에 의해 재차 강조되었다. 존 록크의 자연법 전통을 토대로 했던 미국 건설자들 또한 정당한 혁명을 옹호했다.

(1) 혁명에 관한 독립 선언서의 견해
영국으로부터의 미국의 독립을 정당화시킨 토마스 제퍼슨의 독립선언서를 살펴보자;

"우리는 다음과 같은 진리들은 자명하다고 주장한다. 즉 모든 인간은 태어날 때부터 평등하며 양도불가능한 권리를 갖게 된다는 것, 그리고 이러한 권리를 보호하기 위해 설립된 정부는 통치받는 사람들의 동의에 입각한 권력을 가져야 한다는 것, 어떤 형태의 정부든지 이와 같은 목적을 달성하지 못하는 경우 국민에게는 정부를 교체시키거나 없애버린 다음 새로운 정부를 수립할 권리가 있다는 것 등…그러나 변함없이 똑같은 목적을 추구하면서 오랫동안 권력의 남용과 권리의 침해 과정이 거듭되어 정부를 절대적인 독재로 환원시키려는 의도가 명백해질 때, 이러한 정부를 전복하고 미래의 안전을 위해 새로운 보호자를 내는 것은 국민의 권리이며 의무이다. 지금까지 이 곳의 시민들은 끈질기게 참아 왔다. 현재 정부체계를 변화시키는 것이 요구되고 있다."

이러한 선언은 분명히 부당한 정부에 반대하는 정당한 혁명에 대한 믿음을 밝히고 있다. 정당한 혁명에 대한 믿음의 근거는 '생명', '자유', '행복' 등 하나님이 우리에게 준 도덕적 권리들이다. 정부가 이러한 권리들을 말살하려고 할 때 국민에게는 정부를 교체시키거나 없앨 권리가 있다. 제퍼슨에 따르면 자유를 억압하려는 정부의 연속적인 조치들은 '절대적인 독재'와 다름이 없다. 이처럼 제퍼슨은 인간의 정신을 지배하는 모든 형태의 독재에 대해, 끝없는 적대감을 품겠다고 하나님 앞에서 맹세했다. 그리고 제퍼슨은 '대표없는 세금은 독재'라고 확신했으므로 미국 혁명의 싹이 솟아오르게 되었다. 그러면 미국 혁명은 과연 성서적이었는가? 이 물음에 대답하기에 앞서, 혁명을 정당화하는 또 다른 견해를 살펴보기로 하자.

(2) 혁명에 대한 프란시스 쉐퍼의 견해

앞에서 살펴보았듯이 쉐퍼는 "어떤 관리든지 하나님의 말씀에 반하는 행동을 명령할 경우, 그의 권력을 박탈해야 하며 그의 명령에 복종하지 말아야 한다. 국가도 예외는 아니다"라고 확신했다.[10] 그래서 "국가가 의도적으로 하나님과의 윤리적 약속을 어기려고 한다면 국가에 대해 저항해야 한다."[11] 왜냐하면 "시민들에게는 부당한 독재 정부에 저항해야 할 도덕 의무가 있기 때문이다."[12] 이것은 "대통령이 통치구조를 붕괴시키는 방향으로 행동할 경우…그의 권위와 권력을 박탈해야 한다"는 것을 의미한다.[13] 이렇

---

10) Ibid., p. 90.
11) Ibid., p. 103.
12) Ibid., p. 101.
13) Ibid.

게 대통령의 권위와 권력을 박탈하려면 '강제나 강압'을 뜻하는 '무력'이 필요할 수도 있다.[14] 그리고 "국가가 법에 따라 구성된 기관(예를 들어 정당한 절차로 구성된 주정부나 지방 정부 또는 교회 등)에 대해 불법적인 조치를 일삼는 경우…두 가지 차원의 저항(즉 항의와 그래도 안될 경우의 정당방위를 위한 무력 동원)이 존재할 수 있다."[15]

이러한 유형의 정당한 혁명은 제퍼슨이 확신했던 '자연법'과 동일한 의미의 '양도 불가능한 권리'에 토대를 두고 있지 않다. 오히려 '하나님의 말씀에 반하는' 정부의 통치행위에 토대를 두고 있다고 할 수 있다. 하지만 그 결과는 동일하다. 즉 누구나 독재적이라고 확신하는 정부에 대한 혁명만이 결국 존재할 뿐이다.

2. 혁명은 항상 부당하다

정당한 혁명의 토대가 무엇인가를 지금까지 검토해 보았으므로, 여기서는 성서가 혁명에 관해 어떤 이야기를 하는지 살펴보자.

(1) 하나님은 정부에게 통치하는 데 사용하라고 칼을 주었지, 시민에게 반란을 일으키는 데 사용하라고 칼을 주지는 않았다

하나님은 복종하지 않으려고 하는 사람들을 다스리는 데 사용하라고 노아에게 칼을 주었다(창 9:6; 6:11). 이와 마찬가지로 바울도 로마인들에게 네로에게 복종하라고 말했다. 왜냐하면 "네로는 하나님의 종이고… 공연히 칼을 차고 있는 것이 아니기" 때문이다(롬 13:4). 여기서도 정부는 지배받는 시민들에 대해 칼을 사용하고 있다. 시민들이 국가에 대해 칼을 휘두르고 있는 것이 결코 아니다.

(2) 하나님은 혁명에 가담하지 말라고 훈계하고 있다

성서는 분명히 다음과 같이 선언하고 있다; "내 아들아 여호와와 왕을 경외하고 반역자로 더불어 사귀지 말라"(잠 24:21). 이와 같은 훈계는 그 전후맥락을 보면 하나님 및 하나님이 임명한 왕에 대한 두려움과 밀접히

---

14) Ibid., p. 106.
15) Ibid., p. 104.

관련되어 있으므로, 정부에 대한 반란에 가담하지 말라는 명령임을 분명히 알 수 있다.

(3) 하나님은 혁명을 일관되게 비난하고 있다

성서에는 혁명에 관한 사례가 매우 많이 있지만, 하나님은 일관성있게 혁명을 비난하고 있다. 고라는 모세에 대한 반란을 일으켰으나, 땅이 갑자기 갈라지면서 고라와 그의 동료들을 삼켜 버렸다(민 16장). 이와 마찬가지로 다윗에 대한 압살롬의 반란은 실패하여 압살롬은 살해당하고 말았다(삼하 15장). 여로보암은 북부의 10개 부족을 이끌고 남부의 유다에 대한 반란을 일으켰으나, 하나님으로부터 가혹한 비난을 받았다(왕상 12장).

하나님이 인정한 유일한 혁명은 악한 여왕 아달랴에 대한 신정주의적인 혁명 뿐이었다. 하지만 이것은 유일하게 남아있는 그리스도의 혈통을 보존하기 위해 필요한 일이었으므로, 여호수아 시대의 가나안 족속과의 전쟁과 마찬가지로, 하나님이 특별히 인정한 신정주의적인 경우였다(수 10장). 그녀를 죽이라는 명령이 하나님의 종에게서 내려왔고(대하 23:14), 하나님의 말씀으로 축복받았다는 것을 기억하라(21절). 하지만 모든 가나안 족속을 학살하라는 하나님의 명령이 현재 정당한 전쟁에서 여성과 어린이를 살해해도 된다는 근거로 이용될 수 없듯이, 메시야의 혈통을 보존하기 위해 이와 같이 하나님이 인정한 신정주의적 혁명은 현재의 혁명을 정당화하기 위한 합당한 근거로 될 수 없다.

(4) 모세는 애굽에서의 폭력적인 행동에 대한 심판을 받았다

출애굽기를 보면 모세는 한 애굽인이 히브리인을 때리는 것을 보고 "좌우로 살펴 사람이 없음을 보고 그 애굽 사람을 쳐죽여 모래에 감췄다"(출 2:12)는 것이 잘 나타나 있다. 이와 같은 폭력적인 행동을 한 결과, 모세는 애굽으로부터 도망쳐 사막에서 40년을 보내야 했다. 그 후에 비로소 하나님은 모세에게 혁명을 일으키지 않고, 이스라엘 민족을 이끌고 애굽을 탈출하라고 시켰다(출 12장).

(5) 이스라엘 민족은 바로와 싸우지 않고 바로로부터 도망쳤다

억압으로 인한 혁명이 정당화될 수 있다면, 바로 치하에서의 이스라엘 민족의 처지가 혁명을 일으키기에 딱 좋은 처지였다고 할 수 있다. 하지만 하나님은 이스라엘 민족에게 혁명을 권유하지 않았을 뿐더러 인정하지도 않았다. 이스라엘 민족은 바로에 맞서 싸우지 않았다. 단지 바로의 억압을 피해 도망쳤을 뿐이다(출 12장). 하나님은 기적을 일으켜 이스라엘 민족을 구했으나 교훈은 동일하다. 즉 악한 독재자에 대해 함부로 반란을 일으키지 말고 하나님에게 맡겨라. 하나님이 자주적으로 판단하여 그러한 독재자를 옹립했던 만큼, 실각시킬 때도 자주적으로 판단하여 할 것이다(단 4:17).

(6) 예수는 칼을 사용하지 말라고 훈계하였다

예수는 그의 제자들에게 칼을 함부로 사용하지 말라고 경고하였다; "네 검을 도로 집에 꽂으라 검을 가지는 자는 다 검으로 망하느니라"(마 26:52). 그는 정당방위를 위해 칼을 사용하는 것에는 반대하지 않았으나(출 22:2), 현존 권력자의 부하에게 칼을 휘두르는 것은 또 다른 문제로 보았다(마 26:51).

(7) 예수는 보복에 반대한다고 말했다

산상수훈에서 예수는 분명히 보복에 반대한다고 말했다; "또 눈은 눈으로 이는 이로 갚으라 하였다는 것을 너희가 들었으나 나는 너희에게 이르노니 악한 자를 대적지 말라"(마 5:38~39). 이 설교는 전면적인 비폭력주의를 지지하지 않지만(마 12장 참조), 이와 동시에 전제 정부에 대한 보복을 열망하는 혁명정신에 대해서도 비난을 가하고 있다. "원수갚는 것은 내게 있으니 내가 갚으리라"(롬 12:19).

V. 전제 정부에 어떻게 대응해야 하는가

성서는 기독교인이 전제 정부에 어떻게 대응해야 하는가에 관한 지침을 정해 놓고 있다.

1. 하나님이 지배하는 전제 정부의 법률에 복종하라

정당하든 부당하든 또는 민주적이든 독재적이든, 기독교인이 모든 정부에 대해 짊어져야 하는 가장 우선적인 책임은 정부의 법률에 복종하는 일이다(롬 13:1; 딛 3:1). 베드로는 "인간에 세운 모든 제도를 주를 위하여 순복하되 혹은 위에 있는 왕이나…방백에게 하라 곧 선행으로 어리석은 사람들의 무식한 말을 막으시는 것이라"(벧전 2:13~15)고 말했다. 시민 불복종은 그리스도의 제자에게는 수치스러운 증거이다. 기독교인은 반란자가 아니라 법을 잘 지키는 시민이어야 한다. 부당한 정부를 지속적으로 변화시킬 수 있는 최상의 방법은, 혁명을 일으키는 것이 아니라 정신적인 모범을 창출해 내는 것이다. 정부가 하나님을 대신하려고 할 때에만, 우리는 정부에 복종하기를 거부해야 한다. 그러나 그러한 때에도 정부에 대해 반란을 일으켜서는 안된다.

2. 전제 정부를 위해 기도하라

바울은 기독교인들에게 "모든 사람을 위하여 간구와 기도와 도고와 감사를 하되 임금들과 높은 지위에 있는 사람을 위하여 하라 이는 우리가 모든 경건과 단정한 중에 고요하고 평안한 생활을 하게 함이니라"(딤전 2:1~2)고 말했다. 잘못된 정부를 변화시킬 수 있는 가장 효율적인 방법 중의 하나는, 그러한 정부를 위해 기도하는 것이다. 기도하면 전지전능한 힘이 작용하면서 곤두섰던 신경이 가라앉게 된다. 하나님은 과거에도 여러 차례 억압받는 민중들의 울부짖는 소리를 듣고 적절한 조치를 취했으므로(출 2:23) 현재에도 똑같이 할 것이다.

3. 전제 정부를 변화시키려면 온건하게 합법적으로 활동하라

신약에서는 소수의 기독교인들만이, 로마 정부를 정치적으로 변화시키기 위한 활동을 할 수 있었다. 그러나 현재의 서유럽에서는 그렇지 않다. 우리는 통치자를 위해 기도할 수 있을 뿐만 아니라 통치자를 선출할 수도 있다. 우리는 정치적인 악에 저항할 수 있을 뿐만 아니라, 자유롭게 정치적인 선을 행할 수 있다. 야고보는 "사람이 선을 행할 줄 알고도 행치 아니하면 죄니라"(약 4:17)고 말했다. 바울은 "기회있는 대로 모든 이에게 착한 일을 하되 더욱 믿음의 가정들에게 할지니라"(갈 6:10)고 말했다. 우리는 총알이 아닌 투표 용지를 갖고 전제 정부와 싸워야 한다. 총이 아닌 올바른 행동을 통한 모범으로 저항해야 한다.

4. 전제 정부의 명령에 불복종하라

앞에서도 살펴 보았듯이 전제 정부의 잘못된 명령에 대해 일방적으로 순종하지 않고 다른 조치를 취할 수 있다. 즉 불복종할 수 있는 것이다. 그 누구도 우리에게 하나님께 복종하지 말라고 강요할 수 없다. 하나님은 최고의 권력자이며, 하나님의 말씀만이 우리의 양심을 절대 구속할 수 있다. 나쁜 일을 하라는 명령에 대해 성서에 근거를 둔 용기있는 거부는, 그 자체로 전제 정부에 상당한 영향을 미칠 것이다. 바벨론의 왕들은 다니엘과 세 히브리 소년들의 용기있는 불복종으로부터 상당히 깊은 감동을 받았다(단 3,6장).

5. 전제 정부로부터 피하라

기독교인은 전제 정부의 표적으로 될 필요는 없다. 우리는 독재자의 표적판으로 될 필요가 없다. 억압이 가해지면 자유를 찾아 도피해야 한다. 예언자들은 이세벨로부터 도망쳤다(왕상 18장). 이스라엘 민족은 애굽으로부터 도망쳤다(출 12장). 예수의 가족도 헤롯의 탄압을 피해 도피했다(마 2장). 따라서 전제 정부에 맞서 무력을 사용하지 말고, 탄압이 가해지면 도피해야 한다.

6. 고통을 참고 견뎌라

누구나 인정하고 있듯이 도피는 항상 가능하지 않을 뿐더러, 항상 성공을 거두는 것도 아니다. 때에 따라서 기독교인은 그리스도를 위해 고통을 참고 견뎌야 한다. "사랑하는 자들아 너희를 시련하려고 오는 불시험을 이상한 일 당하는 것같이 이상히 여기지 말고 오직 너희가 그리스도의 고난에 참예하는 것으로 즐거워하라 이는 그의 영광을 나타내실 때에 너희로 즐거워하고 기뻐하게 하려 함이라"(벧전 4:12~13). 때에 따라서 우리는 그리스도를 위해 억압을 참고 견뎌야 하며, 심지어는 순교도 불사해야 한다. "사로잡는 자는 사로잡힐 것이요 칼로 죽이는 자는 자기도 마땅히 칼에 죽으리니 성도들의 인내와 믿음이 여기 있느니라"(계 13:10).

Ⅵ. 혁명을 거부하는 관점에 대한 평가

혁명을 거부하는 관점에 반대하는바, 성서에 근거를 둔 견해도 많이 있다. 여기에 대해 간략히 살펴보자.

1. 성서는 몇몇 혁명을 인정하고 있다

몇 가지 이유에서 하나님이 명령한바 아달랴에 대한 혁명의 사례(대하 23장)는, 혁명을 지지하는 근거로서 이용될 수 없다. 이것은 하나님이 인정한 인간의 혁명이 아니라, 하나님이 명령한 혁명이었을 따름이다(14절). 이러한 혁명은 이스라엘 민족(즉 메시야의 민족)에게만 적용될 수 있었던 특수한 사례이지, 다른 민족들에게는 적용될 수 없다. 아달랴는 권력을 빼앗기지 않았더라면, 그리스도로 이어지는 다윗의 혈통을 가진 유일한 인물인 요아스를 살해했을 것이다. 성서는 일관되게 혁명에 반대하고 있지만, 성서와 혁명 그 자체는 모순되지 않는다. 따라서 이러한 사례는 그 특별한 의미가 무엇이든 혁명에 반대하는 성서의 일관된 가르침과 모순된다고 할 수 없다.

2. 혁명을 일으키지 않더라도 전제 정부에 맞서 싸울 수 있는 방법은 많다

혁명이 전제 정부에 맞서 싸울 수 있는 유일한 방법이 아니다. 앞에서 살펴보았듯이 기도, 도덕적인 모범, 합법적인 정치행동, 정당한 불복종, 도피 그리고 필요하다면 참고 견디는 것 등이 전제 정부에 저항할 수 있는 방법들이다. 이러한 방법들에 반대하면서 혁명만을 고집하는 견해는, 하나님이 인간의 정부를 주관하고 있으며 자기 뜻대로 인간의 정부를 세우기도 하고 무너뜨리기도 한다는 사실을 망각하고 있다(단 4:17). 간략히 말해서 우리는 전제 정부에 저항하기 위해 많은 일을 할 수 있지만, 하나님은 그보다 더 많은 무한한 일을 할 수 있다.

3. 몇몇 전쟁은 정당한 전쟁인데도, 왜 몇몇 혁명은 정당한 혁명이 아닌가?

전쟁과 혁명은 동일한 범주 안에 있지 않다. 정당한 전쟁은 하나님에 의해 세워지고 또 하나님으로부터 칼(권력)을 받은 정부가 수행하는 전쟁이다(롬 13:4). 그러나 혁명은 하나님에게서 칼을 받지 않은 시민들이, 하나님에 의해 세워진 정부와 맞서 싸우는 행동이다. 하나님은 정부에 맞서 싸우는 데 사용하라고 시민들에게 칼을 주지는 않았다. 오히려 반역적인 시민들을 진압하는 데 사용하라고 정부에게 칼을 주었다. 자기 나라를 침략한 다른 나라에 맞서 싸우는 전쟁은 정당한 전쟁이다. 혁명은 자기 나라와 맞서 싸우는 행동이다. 혁명은 사실상 동족간의 불화에서 비롯된다. 그러므로 혁명을 일으켰을 경우, 동족을 살해하게 된다. 하나님이 세운 정부를 반대하는 것은 곧 하나님을 반대하는 것이다(롬 13:2).

4. 혁명은 정당한 정부에 대한 복종이다

이러한 견해는 우리에게는 사실상 정부에 복종해야 할 의무가 없다는 것을 내포하고 있는데, 다음과 같은 두 가지 이유에서 잘못된 견해이다. 우선 성서는 사실상의 정부에 대한 복종을 요구하고 있다; "각 사람은 위에 있는 권세들에게 굴복하라"(롬 13:1). 즉 현존 정부는 하나님이 세운 정부인 것이다. 왜냐하면 사실상의 정부라는 말은 곧 하나님이 세운 정부를 뜻하고 있기 때문이다. 성서가 사실상의 정부에 대한 복종을 요구하고 있지 않다면, 세계 여러 곳에서는 법과 질서를 유지할 수 있는 방법이 존재하지 않게 된다. 왜냐하면 어느 정부가 사실상의 정부인가를 둘러싸고 끊임없는 분쟁이 벌어질 것이기 때문이다. 무정부 상태를 피할 수 있는 유일한 실제적인 방법은, 모든 사람이 쉽게 그 실체를 확인할 수 있는 사실상의 정부에 대해 복종을 요구하는 것이다. 사실상의 정부야말로 현재 권력을 쥐고 있는 유일한 정부이다.

5. 그렇다면 미국 혁명은 잘못이 아니겠는가?

누구나 다른 나라에서 일어난 혁명은 정당하지 않다고 믿더라도, 자기 나라에서 일어난 혁명만큼은 정당하다고 믿고 싶어하는데 이것은 충분히 이해할 만한 일이다. 그러나 매우 솔직하게 여기서 열거된 성서적인 기준을 적용한다면, 미국 혁명을 정당화하는 것은 가능하지 않다. 그렇다면 미국의 기독교인은 7월 4일에 무엇을 해야 하는가? 영국으로부터의 미국의 독립을 진심으로 기념할 수 있겠는가? 여기에 대답하기 위해서는 사실들을 명확하게 구분해야 한다. 아기가 태어났다는 것과 어떻게 아기가 태어났는가는 분명히 다르다. 우리는 간통하거나 강간해서 임신시키는 방법을 용납하지 않지만, 그로 인해 태어난 모든 사람에게는 축복을 보내야 한다. 이와 마찬가지로 미국의 기독교인은 혁명이라는 방법을 용납하지 않더라도, 미국 혁명을 통해 미국에 축복을 보낼 수는 있다.

〖 요약 및 결론 〗

시민 불복종에 관한 기본 견해에는 세 가지가 있다. 무정부주의는 항상 시민 불복종을 용인한다. 급진적인 애국주의는 정부에 불복종하는 것을 결코 용인하지 않으며, 성서적인 복종주의는 때에 따라서는 정부에 불복종하는 것이 옳다고 주장한다. 대부분의 기독교인은 성서는 맨 나중의 견해를 지지하고 있다고 믿지만, 언제 불복종이 정당화될 수 있는가에 관해서는 이견이 분분하다. 악법포고에 반대하는 사람들은, 하나님의 말씀에 반하는 행동을 용인하는 모든 법률에 불복종할 수 있는 권리를 주장한다. 반면에 악법강제에 반대하는 사람들은, 불복종은 강제로 나쁜 행동을 하게 될 경우에만 정당화될 수 있다고 주장한다.

정부에 대한 불복종이 때에 따라서는 필요하다는 데 동의하는 사람들 사이에서도, 어떻게 불복종해야 하는가에 관해서는 견해의 차이를 보이고 있다. 어떤 사람들은 부당한 정부에 대해서는 반란을 일으켜야 한다고 생각하지만, 성서의 입장은 정부가 아무리 부당하더라도 반란을 일으키지 말고 저항해야 한다는 것이다. 이러한 저항은 정부가 저지르는 불의의 수동적 수용이 아니다. 정부에 반대하는 적극적인 정신적, 도덕적, 정치적 운동과 관련이 있다.

〖 꼭 읽어야 할 책들 〗

Aquinas, Thomas. *On Kingship, to the King of Cyprus.* Translated by Gerald B. Phelan. Toronto: The Pontifical Institute of Mediaeval Studies, 1949.

Andrusko, David, ed. *To Rescue the Future.* Toronto: Life Cycle, 1983.

Calvin, John. *Institutes of the Christian Religion,* vol. 1. Reprint. Grand Rapids: Eerdmans, 1957.

Jefferson, Thoams. The Declaration of Independence.

Plato. *Phaedo.* Translated by Hugh Tredennick. In *The Collected Dialogues of Plato,* edited by Edith Hamilton and Huntington Carins. New York: Pantheon, 1964.

Rutherford, Samuel. *Lex Rex, or the Law and the Prince.* 1644. Reprint. Harrisonburg, Va.: Sprinkle, 1982.

Schaeffer, Francis A. *A Christian Manifesto.* Westchester, Ill.: Crossway, 1981.

Whitehead, John W. *The Second American Revolution,* 2d ed. Westchester, Ill.: Crossway, 1985.

14

동성애

성과 관련된 문제들은 크게 동성간의 사랑과 이성간의 사랑이라는 두 범주로 나눌 수 있다. 이 장에서는 첫번째 범주(즉 동성간의 사랑)에 대해 논의하고 다음 장에서는 두 번째 범주(즉 이성간의 사랑)에 대해 논의하려고 한다. 대부분의 기독교인들은 동성애에 강력히 반대하지만, 일부 기독교인들은 비성서적 근거들은 물론 성서적인 근거들을 제시하면서 동성애를 옹호해 왔다. 여기서는 이러한 두 가지 입장에 대해 검토하고 평가해 보려고 한다.

I. 동성애 옹호의 근거들

동성애를 옹호하는 사람들은 크게 두 가지로 자기들 행동의 근거를 제시하고 있다. 기독교적인 지향을 갖고 있는 사람들은 사회적이고 도덕적인 요인들 뿐만 아니라 성서를 동성애 옹호의 근거로 삼고 있는데, 여기서는 먼저 성서적인 근거들에 대해 검토해 보겠다.

1. 동성애 옹호의 성서적 근거들

이성간의 사랑을 의미하는 것으로 이해될 수 있는 성서의 유명한 구절들은, 동성애를 옹호하는 사람들에 의해서도 이용되고 있다. 동성애를 옹호하는 데 이용될 수 있는 주요 구절들을 살펴보자.

(1) 소돔은 동성애의 죄를 범하지 않았다

소돔과 고모라가 범했던 죄는 동성애의 죄가 아니라 불친절의 죄였다는 주장이 있다. 이러한 주장은 자기 지붕 밑에 오는 사람들을 보호해 주려고 했던 가나안 족의 관습에 토대를 두고 있다. 롯의 다음과 같은 말이 입증하고 있다; "이 사람들은 내 집에서 들어왔은즉, 이 사람들에게는 아무 짓도 하지 말라"(창 19:8). 그래서 롯은 성난 군중을 만족시키고 자기 집에 온 손님들의 생명을 보호하기 위해 두 딸을 내놓았다. 이러한 성적 타협안은 그들의 생명을 구하기 위해서는 필요했던 것이다.

더군다나 롯의 요구 속에 동성애가 내포되어 있지 않았다고 주장되기도 한다. 왜냐하면 '알다' 라는 히브리어 '야다' (yadha)는 '친숙해지다' 는 것을 뜻할 뿐이기 때문이다(창 19:5). 이러한 일이 구약에서는 종종 일어나고 있으며, 대부분의 경우 성적인 의미를 결코 내포하고 있지 않다(시 139:1 참조). 따라서 소돔이 범했던 죄는 동성애의 죄가 아니라 불친절의 죄였다고 결론내릴 수 있다.

(2) 소돔의 죄는 이기심이었다

소돔이 저질렀던 죄는 다음과 같은 말로 정리된다; "네 아우 소돔의 죄악은 이러하니 그와 딸들에게 교만함과 식물의 풍족함과 태평함이 있음이며 또 그가 가난하고 궁핍한 자를 도와주지 아니하며"(겔 16:49). 여기에는 동성애 및 성과 관련된 범죄가 결코 언급되어 있지 않다. 소돔 사람들은 이기적이었기 때문에 비난받았지, 동성연애자들이었기 때문에 비난받았던 것은 아니다.

(3) 레위기의 율법은 더이상 적용될 수 없다

동성애를 비난하는 구약성서의 중심 구절이 레위기의 율법 속에 있다(레 18:22). 한편으로 동일한 레위기 율법은, 또한 돼지고기와 새우를 먹는 관습을 비난하였다. 하지만 이와 같은 제사법은 이미 철폐되어 버렸다(행 10:15). 그래서 동성애 옹호자들은 동성애를 금하는 율법이 여전히 효력을 발휘하고 있다고 생각해야 할 하등의 이유가 없다고 주장하였다.

(4) 불임은 유대인 여성에 대한 저주였다

유대인의 믿음에 따르면 불임은 일종의 저주였다(창 16:1; 삼상1:

3~8). 자손은 하나님의 축복으로 여겨졌다(시 127:3). 땅에 대한 하나님의 축복은 자손을 갖느냐 갖지 못하느냐에 달려 있었다(창 15:5). 사실상 유대인 여성들의 희망은 약속된 메시야를 임신하는 것이었다(창 3:15; 4:1,25). 자손을 갖는 일에 대한 강조에 비춰볼 때, 구약의 율법이 자손을 전혀 얻을 수 없는 동성애를 좋지 않게 여긴다는 것은 놀라운 일이 아니다. 하지만 구약의 율법은 결코 동성애 일반을 비난하고 있지 않을 뿐더러, 유대인의 기대와 일치하지 않는 자손도 비난받지 않았다.

(5) 동성애는 우상숭배와 연관되어 있었다

성서의 구절들을 동성애를 비난하는 구절들이라고만 생각하다 보면, 그 원래 목적이 우상숭배를 금지하는 데 있다는 것을 전혀 고려하지 못하게 된다는 주장이 있다. 성전의 창녀는 이러한 우상숭배 관습과 연관되어 있었으므로 우상숭배와 함께 비난받고 있는 것이 아니라, 성전 창녀의 경우에서처럼 우상숭배와 연관된 동성애만이 비난받고 있을 뿐이라고 주장한다(왕상 14:24).

(6) 바울의 비난은 개인적인 견해였다

동성애에 반대하는 신약성서 구절들 대부분은 사도 바울에게 기원을 두고 있으나, 사도 바울은 단지 개인적인 견해만을 밝혔을 따름이다(고전 7:25). 사실상 바울은 "내가 주께 받은 계명이 없으되"(25절), "내가 말하노니 이는 주의 명령이 아니다"(12절)라는 것을 인정하였다. 같은 고린도전서의 앞부분에서 바울은 동성애를 즐기는 사람들을 비난하고 있다(고전 6:9). 그러므로 성 문제들에 관한 이와 같은 바울의 견해는, 그 자신이 고백한 대로 구속력을 갖고 있지 않다.

(7) 바울은 긴 머리털도 비난하였다

동성애 옹호자들에 따르면 사도 바울의 가르침 중 상당 부분은, 분명히 문화적으로 볼 때 상대적이었다. 예를 들어 고린도전서에서 사도 바울은 "만일 남자가 긴 머리가 있으면 자기에게 욕되는 것을 본성이 너희에게 가르치지 아니하느냐"(11:14)라고 말했다. 이것은 분명히 문화적으로 볼 때 상대적인 말이었으므로, 동성애에 반대하는 바울의 말이 절대적인 도덕적 금지를 뜻한다고 생각해야 할 이유는 그 어디에도 존재하지 않는다.

(8) 고린도전서 6:9은 제반 범죄들에 반대하는 말에 지나지 않는다

일부 동성애를 즐기는 사람들은 고린도전서 6:9의 '동성애 하는 범죄자들'을 비난하는 구절이지, 동성애 일반을 비난하는 구절은 아니라고 강변하고 있다. 즉 이 구절은 범죄적인 동성애 행위만을 비난하고 있을 뿐, 동성애 그 자체를 비난하는 것은 아니라고 한다. 그러므로 바울의 비난은 비범죄적인 동성애 행위를 암암리에 인정하고 있다고 할 수밖에 없다.

(9) 이성간의 사랑은 동성연애자들에게는 비정상적이다

일부 동성연애자들에 따르면 바울은 로마서 1:26에서 '역리'에 반대한다고 이야기 했으나, 동성애가 잘못된 행위라고 주장하지는 않았다. 그는 다만 이성간의 성관계는 동성연애자들에게는 비정상적이라고 말했을 따름이다.

그러므로 이렇게 볼 때 '역리'라는 말은 사회학적인 의미에서 사용되고 있지, 성서학적인 의미에서 사용되고 있지않다. 아무튼 로마서의 이 구절은 동성연애자들에게는 동성애를 비난하기 보다는, 용인하는 구절로 여겨지고 있다고 주장할 수 있다. 각 개인은 이성간의 사랑이든 동성간의 사랑이든, 자기 자신의 사회학적인 지향에 따라 행동해야 한다.

(10) 이사야는 하늘나라에도 동성연애자가 있을 것이라고 예언하였다

이사야 선지는 고자들도 하늘나라에 갈 수 있다고 선언하고 있다; "고자도 나는 마른 나무라 말하지 말라…나의 언약을 굳게 잡는 고자들에게는 내가 내 집에서 내 성 안에서 자녀보다 나은 기념물과 이름을 주며 영원한 이름을 주어 끊치지 않게 할 것이며"(사 56:4). 이것은 이사야가 동성연애자들도 하늘나라로 갈 수 있는 날이 올 것이라고 예언했음을 뜻하는 것으로 주장되고 있는데, 현재 일부 동성연애자들의 이러한 주장은 실현되고 있다.

(11) 다윗과 요나단은 동성연애자였다

사무엘상 18장~20장은 다윗과 요나단이 서로를 격렬히 사랑했다고 기록하고 있다. 어떤 사람들은 요나단은 다윗을 '사랑했고'(18:3), 요나단은 다윗 앞에서 옷을 벗었으며(18:4), 이들 둘은 서로 키스했으며(20:4), 아울러 성교를 의미한다고 볼 수 있을 정도로 "서로 얼싸안고 지나치게 울었다"(20:4)는 사실들을 지적하면서 이 구절들은 다윗과 요나단이 동성연애자였음을 보여 준다고 인식하고 있다. 다윗은 여성들과 성공적인 관계를 맺은 적이 별로 없다는 사실 또한, 그의 동성애적인 경향을 보여주는 것으로 인식되고 있다. 어쨌든 이와 같은 사실들 모두를 고려해 볼 때 다윗과 요나단은 동성연애자였다.

2. 동성애를 옹호하는 여타 근거들

성서에 나타나 있는 이런 근거들과 더불어, 동성애를 지지해야 하는 다른 이유들도 많이 있다. 이것들은 사회적인 이유와 도덕적인 이유라는 일반적인 범주에 속한다.

(1) 성관계에 동의하는 성인들 사이에서는 성적 강제가 존재할 수 없다

많은 사람들은 성관계에 동의하는 성인들에 대한 성적 금지가 존재해서는 안된다고 주장한다. 강압적인 성관계와 어린이에 대한 성적 학대는 잘못임을 인정하면서도, 많은 동성연애자들은 자유로운 성적 표현을 금지하는 것은 자기들 자유에 대한 침해라고 주장한다. 두 사람이 성적으로 자유롭게 하는 행위는, 그들 나름의 도덕에 입각한 행위라는 것이다. 자유에 대한 강압적인 침해만이 잘못이며, 이를 제외한다면 누구든지 자기가 원하는 대로 육체관계를 맺을 권리를 갖고 있다.

(2) 사생활권은 동성애를 보호하고 있다

연방 최고 법원은 자신의 육체에 대한 여성의 사생활권을 명문화했는데, 이러한 헌법상의 권리는 동성애에도 확대 적용될 수 있다. 어떤 여성이든 자기 나름의 성관계 전후의 과정에 대한 권리를 갖고 있고 그럼으로써 임신한 아기를 낙태시킬 수 있다면, 왜 동성연애자들은 임신과 상관없는 자기들 고유의 성관계 전후의 과정에 대한 권리를 가져서는 안되는가? 사생활권은 헌법상의 권리이다. 그러므로 이성간에 사랑을 나누는 다수는, 자기들의 도덕을 동성애를 즐기는 소수에게 강요할 권리를 갖고 있지 않다. 왜 소수는 성적 선호도가 다수와 다르다는 이유만으로, 자기들의 헌법상의 권리를 박탈당해야 하는가? 이것은 차별이며, 차별은 도덕적으로나 사회적으로 잘못이다.

(3) 성적 지향은 유전된다

많은 동성연애자들은 눈동자의 색깔을 바꿀 수 없는 것처럼, 자기들의 성을 바꿀 수 없다고 주장하고 있다. 그들에 따르면 성적 지향은 유전적이지, 학습을 통해 갖게 되는 것은 아니라고 한다. 그러므로 누구든지 머리털이 짧거나 붉다고 해서 비난받아서는 안되듯이, 동성연애를 한다고 해서 비난받아서는 안된다. 우리가 우리 본연의 모습을 가질 수밖에 없듯이, 동성연애자들도 자기들 나름의 모습을 가질 수밖에 없다.

(4) 도덕은 고대 이래로 변화를 겪어 왔다

고대사에서 동성애의 관습이 비난받았다고 해서, 현대에서도 비난해야 할 이유는 존재하지 않았다. 온전한 성관계는 과거에 비난받았지만, 현재에는 상당한 지지를 얻고 있다. 성적인 것이든 성과 관련이 없는 것이든, 그 밖의 많은 금기들도 과거의 보다 청교도적 문화에서는 비난받았다. 하지만 최근의 보다 문명화된 문화에서는 그러한 금기들은 거부되고 있다. 마찬가지로 동성애에 대한 태도들도 변화해야 한다.

인간 이외의 많은 포유동물들도 동성애를 하고 있다. 이러한 주장에 따르면 자연과학자들은 동성애를 인정하고 있다. 왜냐하면 인간 이외의 포유동물들도 동성애를 하고 있기 때문이다. 동성애가 만약 다른 포유동물들 사이에서는 찾아보기 힘든 행위라면, 그들이 인류에게서만 나타나는 행위라고 생각해야 할 이유는 어디에도 없다. 지혜인(Homo sapiens)은 같은 포유류 사이에서 발견되는 자연스러운 행동유형과는 동떨어진 행동을 하지 않는다.

II. 동성애 옹호의 근거들에 대한 반박

동성애를 옹호하는 이와 같은 근거들에 반박하기 위해서는, 몇 가지 비판들을 염두에 두어야 한다. 동성애 옹호의 근거들을 제시되었던 순서대로 하나씩 검토해 보자.

1. 성서적 근거들에 대한 반박

성서에서 인용된 동성애 옹호 근거들은, 성서에 대한 오해나 오독에 기초하고 있다. 순서대로 살펴보자.

(1) 소돔이 범했던 죄는 동성애의 죄였다

히브리어의 '알다'(yadha)라는 말이 반드시 '성관계를 맺다'라는 의미를 갖고 있는 것은 아니지만, 그럼에도 불구하고 소돔과 고모라에 대해 기술한 성서의 전후맥락을 살펴보면 이 말은 분명히 그러한 의미를 담고 있다. 이것은 다음과 같은 몇 가지 이유에서 명백하다. 즉 우선 이 말은 창세기에서 약 120번 사용되고 있는데, 그 때마다 성관계를 가리키고 있다(창 4:1, 25). 똑같은 장에서 롯이 자기 두 딸은 남자를 '안' 적이 없다고 이야기하고 있는데, 이것은 '성적으로 안다'는 것을 의미한다(19:8). 말의 의미는 사용되고 있을 때의 전후맥락에 의해 밝혀지기 마련인데, 소돔과 고모라의 사악함에 관한 언급(18장)과 처녀들이 소돔 사람들의 성적 욕구를 충족시키기 위해 제공되었다는 사실(19:8) 등이 보여주는 바와 같이 여기서의 전후문맥은 명확히 성적 의미를 담고 있다. 이러한 맥락에서 볼 때 '알다'라는 말은 '사악한 일'을 하는 것과 동등한 선상에 놓이기 때문에(7절), 단순히 '친숙해지다'를 뜻한다고만 말할 수 없다. 소돔 사람들의 관심이 성적인 데 있지 않았다면, 왜 그들을 위안하기 위해 처녀인 두 딸을 제공해야 하는가? 만약 소돔 사람들이 처녀인 두 딸을 "알게 해 달라"고 요구했다면, 아무도 그들의 성적인 관심을 오해하지 않았을 것이다.

(2) 소돔이 범했던 죄는 불친절의 죄만이 아니었다

소돔이 범했던 죄는 이기심에 사로잡힌 죄 뿐만 아니라 동성애의 죄였다고 할 수 있다. 이것은 다음과 같은 몇 가지 사실들을 보면 분명해진다. 우선 앞에서 살펴보았듯이 창세기 19장의 전후맥락은, 소돔 사람들이 성적으로 타락했다는 것을 보여준다. 게다가 에스겔 16:49에서 언급된 이기심은 동성애를 배제하지 않는다. 사실 성범죄는 이기심(즉 육체적 욕망을 충족시키려는 욕심)의 한 형태이다. 에스겔서의 그 다음 구절(16:50)은 '가증하다'는 말로, 소돔 사람들이 저질렀던 죄는 성적인 죄였음을 보여주고 있다. 그런데 이 '가증하다'는 말은 레위기 18:22에서 동성애의 죄에 대해 설명할 때 사용되는 말과 동일하다. 소돔 사람들이 성적으로 타락했음을 보여주는 또 다른 사례는 소돔에 기원을 둔 남색(Sodomy)이라는 단어이다. 성서의 다른 곳에서 소돔 사람들이 저질렀던 죄에 대해 기술할 때, 대부분 성적인 타락에 집중되고 있다. 유다조차도 그들은 간음죄를 범했다고 말했다(7절).

(3) 동성애 금지는 의식적일 뿐만 아니라 도덕적이다

동성애에 대한 모세의 금지명령이 레위기에 실려있다고 해서, 그것이 이미 철폐되어 버린 의식법의 일부라고 해서는 안된다. 만약 그렇다면 강간, 근친상간, 수간 등은 똑같은 장에서 동성애의 죄와 함께 비난받지 않았으므로(레 18:6~14; 22~23) 도덕적으로 잘못이 아니다. 이방인들은 의식을 갖고 있지 않지만, 동성애의 죄를 범했을 때 마찬가지로 하나님으로부터 비난받았다. 또한 동성애의 죄를 범했기 때문에 하나님은 가나안족들에게 심판을 내렸다(18:1~3, 25). 유대인들을 위한 레위기의 율법 속에서도 돼지고기나 새우를 먹음으로써 의식법을 어기면 3~4일 구류당하는 처벌을 받았지만, 동성애의 죄를 범하면 사형에 처해지는 처벌을 받는 등 처벌에 있어서 차이가 있었다(18:29). 예수는 구약에 정해진 식사에 관한 율법을 변경시켰다(마 7:18; 행 10:12), 동성애를 하지 말라는 도덕 명령은 신약에서도 반복되고 있다(롬 1:26~27; 고전 6:9; 딤전 1:10; 유 7).

(4) 불임은 동성애가 나쁘다는 이유로 되지는 않는다

성서에는 동성애를 통해서는 자식을 낳을 수 없기 때문에 동성애를 죄악으로 간주했음을 보여주는 사례가 없다. 성서 어디에도 그와 관련된 구절이 없는 것이다. 동성연애자들이 자식을 낳지 못했기 때문에 처벌받았다면, 왜 사형에 처해 자식을 갖지 못하게 했을까? 이성과 결혼시키는 것이 보다 적절한 처벌방법이었을 것이다. 동성애를 하지 말라는 명령은 유대인들에게 적용되었을 뿐만 아니라, 이스라엘 땅을 상속받을 자손들을 낳았는가가 축복의 기준이 아닌 이방인들(레 18:24)에게도 적용되었다. 불임이 하나님의 저주라면 독신자는 죄인일 것이다. 그러나 예수(마 19:11~12)와 바울(고전 7:8)은, 가르침과 실천을 통해서 독신을 찬양했다.

(5) 동성애는 우상숭배와는 다른 차원의 악이다

동성애는 우상숭배와 연관되었다는 이유만으로 성서에서 비난받고 있는 것은 아니다. 이것은 다음과 같은 몇 가지 사실들을 보면 자명하다. 동성애에 대한 비난은 종종 명백한 우상숭배의 관습에 대한 비난과는 별도로 이루어지고 있다(레 18:22; 롬 1:26~27). 간음 또한 여성의 매춘과는 별개의 부도덕한 행위로 여겨졌다. 동성애가 우상숭배와 연관이 있을 경우에도 (성전에서의 매춘에서처럼) 필연적인 연관이 있는 것은 아니다. 동성애와 우상숭배는 공존하는 죄악이지, 동등한 의미의 죄악은 아니다. 성적 부정은 종종 우상숭배의 사례로서 이용되고 있으나(예를 들어 호 3:1; 4:12), 우상숭배와 필연적인 연관을 맺고 있는 것은 아니다. 우상숭배는 타락으로 연결될 수 있으나(롬 1:22~27), 양자는 서로 다른 죄악이다. 십계명을 보더라도 우상숭배(출 20:3~4)와 성적 죄악들(출 20:14~17)은 서로 구분되고 있다.

(6) 바울의 가르침에는 하나님의 권위가 실려 있다

고린도전서만 보더라도 동성애에 대한 바울의 비난에는, 하나님의 권위가 실려 있음을 알 수 있다. 사실 로마서 1장에서 바울은 가장 분명하게 동성애를 비난하고 있는데, 성서에 감화감동된 그 어떤 기독교인도 그의 권위에 도전할 수 없는 것이 현실이다. 바울의 사도로서의 확고한 모습은 성서에 잘 나타나 있다; "이는 내가 사람에게서 받은 것도 아니요 배운 것도 아니요 오직 예수 그리스도의 계시로 말미암은 것이라"(갈 1:12). "사도의 표된 것은 내가 너희 가운데서 모든 참음과 표적과 기사와 능력을 행한 것이라"(고후 12:12). 바울의 권위가 그의 비판자들로부터 심하게 도전받고 있는 고린도전서에서도, 하나님과도 같은 그의 권위는 세 가지 방법으로 자명해지고 있다. 그는 "성령이 가르치신" 말을 할 수 있다고 주장하면서 고린도전서를 시작하였다(2:13). 그리고 그는 "내가 여러분에게 말하고 있는 것은 하나님의 명령이다"(14:29)라고 주장하면서 고린도전서를 끝맺었다. 바울은 성령과는 무관한 독자적인 견해를 밝히고 있다고 주장하는 사람들이 있는 문제의 고린도전서 7장에서도, "나도 또한 하나님의 영을 받고 있는 줄 아노라"(7:40)고 선언하고 있다. 사실 그는 "나는 주가 아니라"고 이야기하고 있지만, 그렇다고 자기 말이 주님에게 뿌리를 두고 있는 말이 아니라고까지 하고 있지는 않다. 만약 그렇다면 그가 다른 곳에서 모든 것과 모순되고 말 것이다. 그의 말은 오히려 예수는 그 문제에 대해 지상에서 직접적으로 이야기하지 않았다는 것을 의미한다. 그러나 예수는 자기 제자들에게 성령을 보내 "모든 진리 가운데로 인도하리라"고 약속하였다 (요 16:13). 그러므로 고린도전서에서의 바울의 가르침은, 예수의 그러한 약속의 실현이었다고 하겠다.

(7) 동성애는 범죄이다

고린도전서 6:9이 '동성애를 하는 범죄자들'에 대해 이야기하고 있을 때, 이것은 동성애라는 범죄는 동성연애자의 범죄가 아닌 행위와는 대립되는 범죄 행위임을 의미하지 않는다. 다음과 같은 몇 가지 요인들을 보더라도 이 점은 분명하다. 먼저 '동성애'라는 말이 '범죄자'라는 말을 수식하고 그 역은 아니다. 즉 이 구절은 동성애적인 유형의 범죄에 대해 이야기하고 있지 않다. 만약 범죄적인 유형의 동성애 행위만이 악하다면, 동일한 구절에서 거론된 간통자와 우상숭배자를 어떻게 봐야 하는가? 우리는 범죄적인 유형의 간통과 우상숭배만이 잘못이라는 표현은, 동성애를 수없이 비난하는 성서 구절 어디에도 있지 않다(레 18:22; 롬 1:26~27; 딤전 1:10; 유 7).

(8) 동성애는 머리털의 길이와 동일한 차원의 문제가 아니다

성서 그 어디에도 동성애에 몰입하는 죄를 머리털 모양 같은 순수 문화적인 문제로 바라보는 구절은 없다. 물론 이것은 헤어 스타일이 매춘부의 헤어 스타일에서 볼 수 있듯이, 도덕적으로 오염된 생활방식과 아무런 상관이 없음을 의미하지는 않는다. 단지 성서는 동성애라는 죄를 문화적 기회의 문제로 환원시키지 않는다는 것을 의미할 뿐이다. 동성애는 헤어 스타일과 동일한 차원에 있는 문제라는 주장은, 도덕을 문화의 다과나 운용 등과 혼동하고 있다. '현재 존재하는 것'이 '항상 반드시 존재해야 하는 것'으로 되지는 않는다. 이러한 논리의 연장선상에서 본다면, 잔인한 행동을 하지 말라거나 어린이를 학대하지 말라거나 강간하지 말라거나 근친상간하지 말라 등의 객관적인 도덕적 금지 명령이란 존재하지 않을 것이다. 바울은 머리털이 긴 사람들이 지옥에 갈 것이라고는 결코 말하지 않지만, "탐색하는 자나 남색하는 자나… 하나님의 나라를 유업으로 받지 못하리라"(고전 6:9)고 선언하고 있다. 바울은 또한 머리털의 길이는 교회로부터 파문시킬 수 있는 근거라고도 말하지 않았다. 하지만 성범죄는 그 근거라고 분명히 가르쳤다(고전 5:1~5). 바울은 단지 "만일 남자가 긴 머리가 있

으면 자기에게 욕되는 것을 본성이 너희에게 가르치지 아니하느냐"(고전 11:14)라고 말했을 뿐이다. 그는 동성애에 관해서 이야기하면서 동성애는 하나님께 대한 모욕이라고 주장하지는 않았다(롬 1:21~27). 다만 동성애는 자기를 이성처럼 보이게 하는 것(남성이 여성처럼 보이게 하는 것)이기 때문에, 자기 자신에 대한 모독이라고 말했을 뿐이다.

(9) 동성애는 본성과 모순된다

성서는 동성애는 '본성과 모순된다'고 말하고 있는데, 여기서의 본성이란 사회학적인 본성이 아닌 본질적인 본성을 뜻한다(롬 1:26). 따라서 이 구절은 이성과의 사랑이 동성연애자들의 본성과 모순된다는 것을 근거로 동성애를 정당화하는 데 이용될 수 없다. 이러한 결론을 내린 데에는 몇 가지 이유가 있다. 성서를 보면 성은 처음부터 생물학적으로 규정되고 있다. 창세기 1장에서 하나님은 '남자'와 '여자'를 창조하시고, 그들에게 복을 주시면서 "생육하고 번성하여 땅에 충만하라"고 말했다(창 1:27~28). 이러한 재생산은 하나님이 생물학적인 남성과 여성에 대해 언급했을 경우에만 가능하다. 하나님이 "이러므로 남자가 부모를 떠나 그 아내와 연합하여 둘이 한 몸을 이룰지로다"(창 2:24)라고 말할 때의 성적 지향은, 사회학적으로가 아니라 생물학적으로 이해될 수밖에 없다. 생물학적인 부모만이 자식을 낳을 수 있기 때문에, '한 몸'이라는 말은 육체적인 결혼을 가리킨다. 로마서의 구절은 분명히 동성애가 본질적으로 죄악임을 보여 주면서, "남자가 남자로 더불어 부끄러운 일을 행하여"(롬 1:27)라고 말했다. 이들의 동성애에 대한 욕망은 '부끄러운 욕심'으로 규정되어 있으므로(26절), 하나님이 동일한 생물학적 성을 가진 사람들이 서로 성관계를 맺는 것을 비난하고 있다는 사실은 더욱 분명해진다.

(10) 이사야의 예언은 고자에 관한 것이었다

일부 동성연애자들의 주장과는 반대로 이사야는 동성연애자들도 하늘나라로 갈 수 있다고 예언하지는 않았다. 이사야의 예언(사 56:3)은 '고자'에 관한 것이지, 동성연애자에 관한 것이 아니다. 그리고 고자는 성을 갖고 있지 않은 사람이지 동성연애자가 아니다. 여기서 이야기되고 있는 고자는, 아마도 육체적인 고자가 아니라 정신적인 고자일 것이다. 예수는 하늘나라를 위해 결혼의 가능성을 포기해 버린 영적 고자에 대해 이야기 하였다(마 19:11~12). 이것은 성서를 그 의미 해석을 위주로 읽는 것(해석)이라기보다는, 자기 믿음을 토대로 읽는 것(자기해석)의 고전적인 예이다

(11) 다윗과 요나단은 동성연애자가 아니었다

성서에는 다윗과 요나단이 동성연애자였음을 보여주는 증거가 없다. 오히려 그들이 그렇지 않았다는 강력한 증거만이 있을 따름이다. 다윗이 밧세바에게 사랑을 느꼈다는 사실(삼하 11장)은, 그의 성적 지향이 이성과의 사랑에 있었지 동성과의 사랑에 있지 않았음을 보여준다. 사실 다윗이 수많은 여자들을 아내로 거느렸다는 데서 판단해 볼 때, 그는 이성에 대한 욕망이 너무 강했다고 할 수 있다. 요나단에 대한 다윗의 사랑은, 성적인 사랑(에로틱한 사랑)이었다기보다는 우정(정신적인 사랑)이었다. 셋째로 요나단은 다윗 앞에서, 입고 있던 옷을 전부 다 벗지는 않았다. 갑옷과 예복만 벗었을 뿐이다(삼상 18:4). 키스는 당시의 남자들 사이에서 흔히 볼 수 있었던 인사법이었다. 더구나 요나단은 한참 뒤에 가서야(삼상 20:4) 다윗에게 자기 옷을 주었다. 마지막으로 다윗과 요나단은 울면서 감정을 표현했을 뿐이지, 동성애를 하면서 오르가즘에 도달했던 것은 아니었다; "다윗이 곧 바위 남편에서 일어나서 땅에 엎드려 세 번 절한 후에 피차 입맞추고 같이 울되"(삼상 20:41).

2. 동성애를 옹호하는 그 밖의 논증들에 대한 반박

동성애를 옹호하는 데 이용될 수 있는 성서적인 근거들과 아울러 도덕적, 사회적, 세속적 근거들도 있다. 여기서의 반박은 앞에서 논의되었던 순서와 동일한 순서로 진행될 것이다.

(1) 성인들이 동성애를 하는 데 서로 동의한다고 해서 동성애가 정당화될 수 있는 것은 아니다

성인들이 합의하여 하는 일은 어떤 일이든 도덕적으로 정당하다는 주장은 분명히 잘못된 주장이다. 왜냐하면 나쁜 일을 하자고 합의할 수도 있기 때문이다. 두 명의 성인은 은행을 털자고 합의할 수도 있고, 어린 아이를

유괴하자고 합의할 수도 있으며, 심지어는 대통령을 살해하자고 합의할 수도 있다. 아무리 두 사람이 완벽하게 합의한다고 해도, 이러한 일들은 결코 정당화될 수 없다. 또한 그들이 하는 일이 서로에게만 해당되는 일이라 하더라도 항상 올바를 수는 없다. 예를 들어 서로를 도와 자살하자는 합의는, 결코 자살을 정당화하지 못한다. 이와 마찬가지로 서로 팔다리를 잘라 불구자가 되자는 합의도 결코 정당화될 수 없다. 서로 합의해서 행동하더라도 그 행동이 자동적으로 정당화되는 것은 아니다. 이렇듯 서로 합의만 하면 어떤 행동도 정당화될 수 있다는 주장은, 개인은 옳고 그름의 궁극적인 기준이며 인간이 스스로에게 한계를 부과하지 않는 한에서 인간의 자유에는 한계가 없다는 잘못된 가정에 입각해 있다. 이것은 당연히 우리가 피조물이지 창조자가 아니라는 사실과 모순된다. 피조물인 우리는 육체를 성적으로 학대하지 말라는 명령을 내린 창조자에게 복종해야 할 도덕 의무를 안고 있다.

(2) 사생활권은 부도덕한 행위를 할 수 있는 권리가 아니다

사생활권은 비밀리에 강간하거나 살인할 권리가 없다. 심지어는 미국의 법원들도 어느 누구에게도 비밀리에 동성애할 권리는 없다고 판결내린 바 있다. 이러한 판결이 일관되게 주장하고 있는 것은 부도덕한 행위는, 그 장소만 바꾼다고 해서 도덕 행위로 될 수 없다는 것이다. 예를 들어 공개적인 난교 파티가 잘못이라면, 비밀리에 하는 난교 파티도 잘못이다. 부도덕한 행위를 하는 장소를 바꿀 수 있다고 해도, 그러한 행위는 도덕률에 어긋난다는 분명한 사실까지 바꿀 수는 없다. 당연히 그 역도 사실이 아니다. 예를 들자면 부부의 은밀한 성관계가 정당하다고 해서, 공개적인 성관계까지 정당한 것은 아니다. 마지막으로 은밀하게 동성애할 때의 도덕성과 그것을 금지할 때의 어려움 사이에는 차이점이 있다. 비밀스럽게 하는 동성애를 금지하는 것이 아무리 어렵다고 해도, 그것은 언제나 도덕적으로 잘못된 행위이다.

(3) 동성애할 수 있는 권리란 존재하지 않는다

동성연애자들은 시민으로서의 권리는 갖고 있어도, 동성연애자로서의 권리는 갖고 있지 않다. 이것은 다음과 같은 몇 가지 이유에서 자명한 사실이

다. 즉 동성애는 도덕적으로 잘못이며, 잘못된 일을 할 수 있는 권리는 결코 존재하지 않는다. 만약 존재한다면 이는 도덕적 넌센스이다. 도덕적으로 잘못된 일을 할 수 있는 시민적 권리 또한 결코 존재하지 않는다. 동성애는 도덕적으로 잘못이며, 민법은 도덕적으로 잘못된 일을 고무해서는 안된다. 민법은 도덕률에 기초해야 한다. 동성연애자의 권리에 대해 이야기하는 것은 강간범의 권리, 어린이 학대자의 권리, 살인자의 권리에 대해 이야기하는 것만큼이나 무의미하다. 강간범에게는 강간할 수 있는 시민적(또는 도덕적) 권리가 없으며, 어린이 학대자에게도 어린이를 학대할 수 있는 권리가 없다. 이와 마찬가지로 동성애할 수 있는 시민적 권리 또한 존재하지 않는다. 동성애는 도덕적으로 보든 시민적으로 보든 잘못임이 분명하며, 시민적으로 잘못된 일을 할 수 있는 권리는 그 어디에도 존재하지 않는다. 마지막으로 동성연애자는 시민으로서의 권리는 갖고 있지만, 동성연애자로서의 권리는 갖고 있지 않다. 그런데 동성애를 하면서 다른 사람의 권리를 침해할 경우(예를 들어 어린이를 유인해서 폭행을 가하는 경우)에, 동성연애자의 시민으로서의 권리는(감옥에 보내짐으로써) 몰수될 수밖에 없다.

(4) 동성애 성향은 유전적으로 물려받은 것이 아니다

동성연애자는 동성애 성향을 유전적으로 물려받았다는 것을 근거로 그의 행위를 정당화해서는 안된다. 여기에는 몇 가지 이유가 있다. 즉 우선 동성애 성향이 유전한다는 주장을 뒷받침해 줄 만한 확고부동한 과학적 증거는 없다. 동성애는 학습받은 행동이라는 증거만이 있을 뿐이다. 대부분의 경우 정상적인 사람이 동성애의 조류에 휩싸여서 동성애를 배우게 된다. 동성애는 설령 유전적인 성향에서 비롯된다고 할지라도 결코 정당화될 수는 없다. 어떤 사람들은 폭력적인 성향을 유전적으로 물려받은 것처럼 보이지만 그렇다고 그들의 폭력적인 행동이 정당화될 수 있는 것은 아니다. 또한 어떤 사람들은 유전적으로 폭음하는 성향을 갖고 태어났다고 보여지기도 하는데, 그렇다고 그들의 알콜 중독이 정당화될 수 있는 것은 아니다.

성서는 동성애는 비정상적이며, 누구든지 자신의 본래 타고난 성향을 내던질 때에만 동성애에 빠져 든다고 밝히고 있다(롬 1:26~27). 그리고 성서는 우리 모두가 죄짓는 성향을 물려 받았지만(시 51:4; 엡 2:3), 그렇다고 해도 죄지은 것에 대한 책임을 져야 한다고 가르치고 있다.

(5) 도덕은 변하지 않는다

기본적인 도덕 원리들은 변하지 않는다. 변하는 것은 기본적인 도덕 원리들에 대한 우리의 인식과 실천 방법이다. 도덕률 그 자체가 변한다는 생각은 어떤 견지에서 보든 잘못된 생각이다. 그것은 불변의 도덕 가치와 도덕 관습을 서로 혼동한 데서 비롯된다. 즉 도덕과 관습 그리고 절대적인 도덕 명령과 이에 대한 우리의 상대적 인식을 각각 서로 혼동하기 때문에, 도덕률 그 자체가 변한다는 생각을 갖게 되는 것이다. 나의 사랑에 대한 이해는 과거 50년 동안 변해왔지만 사랑 그 자체는 변하지 않았다. 도덕이 변할 수 있다는 주장은 사실과 가치를 혼동하고 있다. 예전에는 마법사들이 살해당했지만 지금은 더이상 그렇지 않다. 이것은 도덕이 변했기 때문이 아니라, 마법사들이 마법을 걸어 사람들을 살해할 수 있다고는 더이상 믿지 않기 때문이다. 만약 아직도 마법사들이 그렇게 할 수 있다면, 우리는 당연히 그들을 살인자로 처벌해야 한다. 도덕 원리들은 하나님의 본성을 많이 반영할수록 변하지 않는다. 왜냐하면 하나님은 자신의 기본적인 도덕적 성격을 변화시키지 않기 때문이다(말 3:6; 히 6:18).

(6) 동물의 행동은 인간 행동의 규범이 아니다

동물의 행동을 근거로 동성애를 옹호하려는 주장은 반대에 부딪칠 수밖에 없다. 대부분의 경우 포유류 내에서 동성애는 일시적이지, 습관적이거나 지속적이지 않다. 따라서 동물의 행동을 근거로 동성애적 생활양식을 정당화할 수는 없다. 일부 동성연애자들은 극히 변태적이고 폭력적인 동성애를 즐긴다는 사실을 비춰볼 때 동물들은 애꿎게 인간과 비교된다고 할 수 있다. 열성적인 동성연애자들 가운데서 발견되는 타락상은, 동물의 세계에서는 결코 발견되지 않는다. 동물의 행동은 인간 행동의 규범이 아니다. 동물은 이성적으로나 도덕적으로 책임질 수 있는 능력을 가진 피조물이 아닌 반면에, 인간은 하나님의 형상대로 창조되었으므로 하나님을 본받아 행동해야 할 책임이 있다.

Ⅲ. 동성애에 반대하는 주장들

동성애는 성서적으로는 물론 사회적으로 비판받고 있다. 먼저 동성애를 반대하는 성서적인 근거들부터 제시해 보겠다.

1. 동성애를 반대하는 성서적인 근거들

성서는 암시적으로 주장하든 명확하게 주장하든, 여러 곳에서 동성애에 반대하고 있다. 성서가 암시적으로 동성애에 반대한다는 주장은, 하나님이 동성애가 아닌 결혼이라는 테두리 내에서만 이성간의 사랑을 명령했다는 사실에 근거하고 있다. 그런데 결혼에 대해서는 다음 장에서 다루어질 것이므로, 여기서는 개략적으로 훑어보기만 하겠다.

(1) 하나님은 동성간의 사랑이 아닌 이성간의 사랑을 명령했다

하나님은 남성과 여성을 창조하고서 이들에게 자식을 가지라고 말했다 (창 1:27~28). 즉 여기서 알 수 있듯이 하나님은 이성과 성관계를 맺으라고 명령했던 것이다. 성은 처음부터 주어졌다. 하나님은 "남자가 부모를 떠나 그 아내와 연합하여 둘이 한 몸을 이루리로다"(창 2:24)라고 명령했다. 바울은 "한 몸이 된다"는 것은 성관계를 맺는 것임을 분명히 하고 있다(고전 6:15~17). 히브리 기자는 "모든 사람은 혼인을 귀히 여기고 침소를 더럽히지 않게 하라 음행하는 자들과 간음하는 자들을 하나님이 심판하리라" (히 13:4)고 선포했다. 십계명도 실제로 이렇게 명령하고 있다; "간음하지 말지니라", "네 이웃의 아내나…탐내지 말지니라"(출 20:14,17). 이상의 구절들을 볼 때 하나님은 이성간의 결혼이라는 테두리 안에서, 남성과 여성이 성관계를 맺어야 한다고 명령했다는 것이 분명해진다.

(2) 가나안은 동성애를 했다는 이유로 저주받았다

성서에서는 명백하게 나타나 있지 않지만, 노아의 아들 함은 술취한 자기 아버지와 동성애를 했던 듯하다. 이렇게 생각할 만한 증거를 몇 가지 들 수 있다. 즉 "자기 아버지의 벌거벗은 몸을 보았다"(창 9:22)는 것은, 변태적인 성행위를 묘사하는 다른 곳에서도 쉽게 볼 수 있는 구절이다. 그리고 함이 노아를 만나러 (노아의) 장막 속으로 들어갔다는 사실은, 그가 변태적

인 생각을 갖고 있었음을 보여준다고 하겠다. 이것은 명백히 벌거벗은 자기 아버지와의 우연적인 만남이 아니었다. 그 결과 함은 저주를 받지 않았으나, 함의 아들 가나안은 저주를 받게 되었다(26절). 그러므로 여기서 가나안 역시 아버지와 아들 사이의 추악한 성관계에 뛰어들었음을 알 수 있다(24절). 가나안을 비롯한 함의 후손들이 저주받았다는 사실은, 함이 저지른 죄는 자기 아버지의 발가벗은 몸을 무의식적으로 힐끗 바라본 죄 이상이었음을 알려준다. 그리고 함과 노아는 같은 남성이었으므로, 함이 벌거벗은 자기 아버지와 했던 추잡한 행위는 한마디로 동성애였다. 마지막으로 저주받았던 가나안의 후손들은, 지저분한 동성애와 수간을 일삼았다는 특징을 갖고 있다(레 18:22~29 참조).

(3) 소돔과 고모라도 저주받았다

소돔과 고모라 사람들이 저질렀던 죄는 전설적이다. 지금까지도 남아 있는 남색이라는 말의 의미는, 소돔 사람들이 어떤 죄를 저질렀는가를 특징적으로 보여준다고 하겠다. 앞에서도 이야기한 바 있지만, 소돔 사람들이 저질렀던 죄에는 사치나 불친절 뿐만 아니라 동성애까지 포함되었다. 소돔 사람들은 롯에게 분명하게 다음과 같이 말했다; "이 저녁에 네게 올 사람이 어디 있느냐 이끌어 내라 우리가 그들과 상관하리라"(창 19:5). 롯이 이들의 성욕을 달래기 위해 자기 두 딸을 내놓겠다고 했으나 실패로 돌아가자, 하나님은 소돔과 고모라를 멸망시키고 말았다. 유다는 "소돔과 고모라 및 그 인근 도시들도 간음을 행하며 다른 색을 따라 가다가 영원한 불의 형벌을 받음으로"라고 덧붙여 말했다(유 7).

(4) 모세의 율법은 동성애를 비난하였다

남색과 수간 모두 구약의 율법에서 비난받았다. "너는 여자와 교합함같이 남자와 교합하지 말라 이는 가증한 일이니라 너는 짐승과 교합하여 자기를 더럽히지 말며 여자가 된 자는 짐승 앞에 서서 그것과 교합하지 말라 이는 문란한 일이니라"(레 18:22~23). 유대인에게 있어서 동성애는 일종의 죄였으며 바로 그 때문에 하나님은 가나안인들을 심판하였다; "너희는 이 모든 일로 스스로 더럽히지 말라. 내가 너희의 앞에서 쫓아 내는 족속들이 이 모든 일로 인하여 더러워졌고 그 땅도 더러워졌으므로 내가 그 악을 인하여

벌하고 그 땅도 스스로 그 거민을 토하여 내느니라…무릇 그 가증한 일을 하나라도 행하는 자는 그 백성 중에서 끊쳐지리라"(레 18:24, 25, 29).

격렬한 표현(증오해야 마땅한, 불결한, 타락, 문란한 등)과 사형선고 불사로 미루어 볼 때, 하나님은 동성애를 매우 무거운 죄로 여겼으며 그의 분노는 유대인들 뿐만 아니라 타락행위를 일삼는 이방인들에게도 미쳤다는 것은 분명하다.

(5) 성전에서의 동성애도 비난받았다

일반적인 동성애 뿐만 아니라 예배의 일부로서의 동성애도 비난받았다; "이스라엘 여자 중에 창기가 있지 못할 것이요, 이스라엘 남자 중에 미동이 있지 못할지니…서원하는 일로든지 네 하나님 여호와의 전에 가져오지 말라 이 둘은 다 네 하나님께 가증한 것임이니라"(신 23:17~18). 그러나 여기서 다시 한번 동성애가 우상숭배와 연관이 있었기 때문에, 죄악으로 여겨지지는 않았다는 사실을 염두에 두어야 한다. 오히려 하나님은 동성애가 이성과의 결혼을 통한 신성한 성생활을 타락시키기 때문에 동성애를 매우 증오하였다. 구약 곳곳에서 동성애는 비난받았다.

(6) 사사기에서 동성애는 비난받았다

동성연애자들은 구약에서 가장 기괴하고 끔찍한 죄를 저질렀다. 한 기브아 사람이 레위인 나그네를 자기 집에 데리고 갔을 때 "그 성읍의 비류들이 그 집을 에워싸고 문을 두들기며 집주인 노인에게 말하여 가로되 내 집에 들어온 사람을 끌어내라 우리가 그를 상관하리라"(삿 19:22)고 말하였다. 집주인은 그들에게 "오직 이 사람에게는 이런 망령된 일을 행치 말라"(삿 19:24)고 동성연애자들에게 간곡히 부탁했다. 동성연애자들을 달래려고 집주인은 자기 딸을 내놓았고, 레위인 나그네는 자기 첩을 내놓았다. 그래도 그들은 그에게 행음하여 밤새도록 욕보이다가 새벽 미명에 놓았다(삿 19:25). 그 다음날 아침 자기 첩이 문지방을 붙잡은 채 쓰러져 있는 것을 보고서, 레위인 나그네는 그녀의 시체를 12조각 낸 뒤 이스라엘의 12부족에게 보냈다. 이 사실을 본 모든 사람들은 "이스라엘 자손이 애굽 땅에서 나온 날로부터 오늘날까지 이런 일은 행치도 아니하였고 보지도 못하였도다 생각하고 상의한 후에 말하자"(삿 19:30)고 말하였다. 이 이상 동성연애자들의 타락상을 상상하기란 힘들 것이다. 그런데 성폭행 및 그 결과로서의 살인이 끔찍한 일이었다고 해도, 레위인은 자기가 강제로 동성애하는 것보다는 덜 추잡하다고 여기고서 자기 첩을 동성연애자들에게 내주었다(삿 19:24).

(7) 예언자들은 남색을 비난했다

동성애는 구약 곳곳에서 비난받았다. 열왕기를 썼던 예언자(아마도 예레미야였을 것이다)는 거듭해서 동성애의 사악함에 관해서 이야기하고 있다; "그 땅에 또 남색하는 자가 있었고 여호와께서 이스라엘 자손 앞에서 쫓아내신 국민의 모든 가증한 일을 무리가 본받아 행하였더라"(왕상 14:24). 나중에 아사왕의 개혁 중의 하나는 남색하는 자를 그 땅에서 쫓아낸 것이며(왕상 15:12), 여호사밧왕은 부친 아사왕의 시대에 남아 있던 남색하는 자를 그 땅에서 쫓아냈다(왕상 22:46). 또 선왕 요시아는 여호와의 성전 가운데 미동의 집을 헐었다(왕하 23:7). 그리고 예언자 에스겔은 소돔 사람들이 저질렀던 성적 범죄들을 "가증한 일"이라고 부르면서 강력히 비난했다(겔 16:50). 레위기에서도 동성애를 비난하는 똑같은 표현이 나온다(레 18:22~23).

(8) 로마서 1장은 이교도들 사이의 동성애를 비난하고 있다

성서에서 동성애에 관해 가장 생생하게 설명하고 있는 구절이 로마서 1장 안에 있다. 바울은 동성애를 하나님이 진노하는 죄로 불렀다(18절). 사실 로마서 1장만큼 동성애에 관한 설명이 풍부한 곳은 성서 어디에도 없다. 즉 동성애는 '마음의 정욕', '더러움', '거짓', '부끄러움', '역리', '음욕이 불일듯', '부끄러운 일', '그릇됨' 등으로 표현되고 있는 것이다(24~27절). 이처럼 인간들이 동성애를 일삼은 결과, 하나님은 그들이 하고 싶은 대로 하도록 내버려 둘 수밖에 없었다. 인간들은 "모든 불의, 추악, 탐욕, 악의, 시기, 살인, 분쟁, 사기, 악독으로 가득차게 되었다"(29절).

성서는 다음과 같이 생생하게 동성애에 대해서 설명하였다; "저희 여인들도 순리대로 쓸 것을 바꾸어 역리로 쓰며 이와 같이 남자들도 순리대로 여인 쓰기를 버리고 서로 향하여 음욕이 불일 듯하매 남자가 남자로 더불어 부끄러운 일을 행하여 저희의 그릇됨에 상당한 보응을 그 자신이 받았

느니라"(롬 1:26~27). 여기서 동성애를 하면서 자유롭게 추잡한 선택이 이루어졌음을 보여주는 '바꾸어'라는 말과 '버리고'라는 말은 주목할 만한 가치가 있다. 이것은 특정한 사람들은 태어날 때부터 동성애 성향을 갖기 때문에 동성애가 불가피하다는 주장의 허구성을 드러내고 있다.

아울러 동성애가 '역리'라는 말 역시 중요하다. 동성애는 하나님이 '그 마음에 새긴' 자연법에 어긋난다(롬 2:15). 따라서 동성애는 단순한 성서 윤리에 대한 침해일 뿐 아니라, 언제 어느 곳에서든지 모든 사람들에게 적용되는 하나님이 정해 놓은 도덕 기준에 대한 침해이다. "무릇 율법없이 범죄한 자는 또한 율법 없이 망하고 무릇 율법이 있고 범죄한 자는 율법으로 말미암아 심판을 받으리라…그 양심이 증거가 되어 그 생각들이 서로 혹은 송사하여 혹은 변명하여 그 마음에 새긴 율법의 행위를 나타내느니라"(롬 2:12~15).

(9) 동성연애자들은 하늘나라에 갈 수 없다

고린도전서 6:9에 보면 "음란하는 자나 우상숭배하는 자나 간음하는 자나 탐색하는 자나 남색하는 자나…하나님의 나라를 유업으로 받지 못하리라"고 했다. 바울은 고린도 교인들에게 "너희 중에 이와 같은 사람이 있더니"(11절)라고 이야기 했으므로, 여기서는 분명히 비신자들이 거론되고 있다. 달리 말해서 어떤 신자도 이렇게 추잡한 생활을 하지 않는다는 것이다. 신자들도 죄를 지을 수는 있으나, 끊임없이 동성애를 즐기는 사람은 결코 신자로 될 수 없다; "하나님께로서 난 자마다 죄를 짓지 아니하나니 이는 하나님의 씨가 그의 속에 거함이요 저도 범죄치 못하는 것은 하나님께로서 났음이라"(요일 3:9).

(10) 디모데전서도 동성애를 비난하고 있다

디모데전서에도 동성애를 비난하는 구절이 있다. 바울은 율법이 "살인하는 자며 음행하는 자며 남색하는 자며… 기타 바른 교훈을 거스리는 자를 위함"(딤전 1:9~10)이라고 말했다. '남색하는'이라는 말은 '간통'보다 더 지독한 성적 죄를 나타내는 말이다. 이 말은 동성애를 포함하고 있으며, 때에 따라서는 '남색을 일삼는 사람'이나 '동성연애자'로 번역되기도 한다. 이 말이 사용된 전후문맥과 열거된 다른 죄들은, 남색을 즐기는 죄가 얼마나 무거운 죄인가를 보여준다.

(11) 유다는 동성애를 남색으로 인식하고 있다

유다는 하나님이 죄를 저지른 천사들에게 최후 심판의 날까지, 결코 풀어지지 않는 사슬로 묶는 심판을 내렸다고 주장한다; "소돔과 고모라와 그 이웃 도시들도 저희와 같은 모양으로 간음을 행하며 다른 색을 따라 가다가 영원한 불의 형벌을 받음으로 거울이 되었느니라 그러한데 꿈꾸는 이 사람들도 그와 같이 육체를 더럽히며 권위를 업신여기며 영광을 훼방하는도다"(유 7~8). 이 구절은 소돔 사람들이 저지른 죄의 본질 또는 그들이 즐겼던 동성애에 대한 하나님의 태도를 의심할 여지없이 분명히 보여주고 있다.

성서의 처음부터 끝까지 소돔 사람들이 저질렀던 죄는, 일관되게 격렬한 어조로 비난받고 있다. 하나님은 그들의 죄를 가장 부정적으로 설명하고 있을 뿐만 아니라 가장 단호하게 심판하고 있다. 동성애가 선택 가능한 생활양식이기 때문에 용납될 수 있다는 주장은 발붙일 여지가 전혀 없다.

2. 동성애를 반대하는 여타의 논증들

성서 이외에도 동성애라는 비정상적 성행위가 잘못임을 보여주는 도덕적이고 사회적인 증거는 많다. 그 중에서 중요한 것들은 다음과 같다.

(1) 동성애는 비정상적 성행위이다

성서 구절들은 별도로 하더라도, 본성 그 자체가 동성애가 잘못임을 보여준다. 동성애는 인간 성(性)의 정상적 사용에 반한다. 이것은 다음과 같은 몇 가지 이유들을 보더라도 분명하다;

가. 동성애를 통해 태어난 사람도 없고, 날 때부터 동성연애자인 사람도 없다.

나. 어떤 동성연애자이든 살아가다가 동성연애자로 된다.

다. 동성애 행위는 정상적인 행위가 아니다. 사람들 중 극소수만이(약 2~4%) 이런 비정상적인 행동을 할 뿐이다.

라. 동성연애자들을 서로 격리시켜 놓는 실험을 해 보면 그들은 어쩔 수 없이 동성연애 생활을 해 왔으며, 헤어진 이후에는 정상적으로 이성과 성

관계를 맺거나 정상적인 가족생활을 할 수 있다는 것이 증명된다. 이렇게 볼 때 동성애가 정상적인 행위가 아니라는 것은 분명하다.

(2) 어떠한 사회도 이성간의 사랑과 동등한 지위를 동성간의 사랑에 부여하지 않는다

과거든 현재든 동성연애자들에게 이성연애자들과 동등한 지위를 부여한 사회는 전혀 없었다.[1] 대부분의 사회는 동성연애자들을 추방하였다. 동성연애자들에게 거처를 허락해 준 사회라고 해도, 한정된 계층과 한정된 기간 동안만 허락해 주었을 뿐이다. 미국 인디안 부족들 가운데 일부는 동성연애자들에게 거처를 허락해 주기는 했지만, 살아가기에 지극히 불편한 곳에 살도록 하였다. 예를 들어 모하브족(mohaves)은 동성연애자라는 말 대신에 비겁자라는 말을 사용하였다. 그런데 그렇게 하도록 했던 모하브족 장로들의 지혜를 경시해서는 안된다. 왜냐하면 그것은 두말할 필요없이 모든 사회에서 보편적으로 보이는 동성연애자들에게 대한 태도이기 때문이다. 모든 합리적인 사회는 사회적으로 바람직스럽지 못한 요소에 대해 차별 정책을 펴고 있다. 어디서나 사회적으로 바람직스럽지 못한 요소에 대해 차별정책을 펴고 있다. 어디서나 사회적으로 비정상적인 행위는 처벌받고, 범죄자들은 감옥에 갇히기 마련이다. 합리적인 차별은 한 사회가 할 수 있는 유일하게 현명한 방법이며, 앞으로 살펴 보겠지만 동성애는 사회적으로 결코 바람직스럽지 못한 행위를 야기시킨다.

(3) 동성애는 사회적으로 볼 때 바람직스럽지 못하다

동성애는 사회적으로 바람직스럽지 못한 모든 현상들과 연관되어 있다. 심리학적인 연구성과들을 보면 동성애는 자기중심주의, 거만함, 자기도취주의, 피학대성 음란증, 적개심 등과 연관이 있음을 알 수 있다. 예를 들어 히틀러의 돌격대원들 속에는 비정상적일 정도로 높은 비율로 동성연애자들이 포함되어 있었다. 많은 동성연애자들은 일반인보다 3배나 더, 어린이를 상대로 한 성폭행을 저지르고 있다. 동성연애자들의 범죄(그 가운데 일부

---

1) Paul Cameron, "A Case Against Homosexuality," *The Human Life Review* 4, 3(Summer 1978) : 23에서 인용.

는 다른 동성연애자들에 대한 것이다)는 대부분 지극히 폭력적 양상을 보이고 있다. 이렇게 동성애는 바람직하지 못한 사회현상들과 연관되어 있기 때문에 사회적인 관심을 끌 수밖에 없다. 하지만 동성연애자들은 동성애가 순전히 개인적인 문제이므로, 사회 전체로 보면 우려할 바가 못된다고 강변하고 있다.

(4) 어떠한 사회도 동성애를 통해서는 유지될 수 없다

사회가 존속하기 위해서는 우선 건강해야 하고, 이성간의 성관계를 통한 재생산이 이루어져야 한다. 건강한 이성간의 성관계가 존재하지 않으면 동성연애자들도 존재하지 못한다. 달리 말해서 동성간의 성관계를 통해서는 아무도 태어날 수 없다. 이성간의 성관계는 인류의 존속을 위해서 절대적으로 필요하다. 만약 이성간의 성관계가 이루어지지 않으면, 인류는 한 세대 안에 소멸할 것이다. 그리고 바로 이러한 의미에서 동성애는 인류 존속에 대한 심각한 위협이다. 모든 사람이 동성애를 즐겨 행할 것은 아니므로, 인류가 소멸하는 일은 결코 일어나지 않을 것이라는 주장은 불충분하기 짝이 없는 주장이다. 왜냐하면 동성애가 용납된다면 모든 사람은 충분히 동성애를 즐길 것이다. 만약 그렇게 된다면 인류는 자멸할 수밖에 없다.

(5) 동성애는 생명에 대한 위협이다

동성애에 반대해야 하는 가장 강력한 사회적 근거 중의 하나가 바로 후천성 면역결핍증(AIDS)이다. 이 치명적인 질병이 동성애로 인해 확산되는 데에는 의문의 여지가 없다. AIDS는 처음에는 동성연애자들이 주로 걸리다가 차츰 혈우병 환자들, 소독 안된 주사기 사용자들, 의료인들, 양성연애자의 부인들 등 비동성연애자들에게까지 확산되고 있다. 전문가들에 따르면 수백만 명의 사람들이 이렇듯 치명적인 AIDS 바이러스를 옮기는 동성애 때문에 직간접적으로 사망할 것이라고 한다. AIDS는 현재 전염병처럼 번져가고 있다. AIDS로 인해 사회의 물질적인 복지가 심하게 위협받고 있으며, 사회는 결과적으로 생명을 위협하는 동성애로부터 스스로를 반드시 지켜내야 한다. 합리적인 사회라면 그 시민의 생명을 심각하게 위협하는 모든 행동으로부터 스스로를 지켜내는 데 실패하지 않을 것이다.

3. 몇 가지 반대 견해들

동성애에 반대하는 다양한 주장들을 거부하는 견해들도 몇 가지 있다. 이에 대해 간략히 살펴보자.

(1) 이러한 주장들은 동성애 혐오증을 낳는다

몇몇 사람들은 동성애에 반대하는 여러 주장들은 비정상적이고 아무 대책없는 공포를 발생시키고 동성연애자들에 대한 일종의 히스테리를 야기시킬 우려가 있는데, 따져 보면 이는 감정에 기초한 과잉반응에 지나지 않는다고 말하고 있다. 그렇지만 이러한 반대 견해는 결코 올바르지 않다. 동성애에 반대하는 여러 주장들은 감정이 아닌 성서, 사실, 건전한 이성에 기초하고 있다. 감정에 대한 호소와 감정에 기초한 호소는 서로 다르다. 불에 타고 있는 건물을 벗어나라는 강력한 경고는 확실히 감정에 대한 호소이지만, 그 건물이 화염에 휩싸여 불타고 있다면 어느 누구도 반대하지 않을 것이다. 왜냐하면 그것은 사실에 기초한 호소이기 때문이다. 도둑질에 반대하는 주장들이 도둑질 공포증을 야기시키지 않듯이, 동성연애자들의 비정상적인 성행위에 반대하는 주장들은 결코 동성애혐오증을 야기시키지 않을 것이다. 문제의 핵심은 동성애가 과연 도덕적으로나 사회적으로 용납될 수 있는가에 있지, 사회적으로 해롭기만 한 행위에 대한 정당한 공포를 야기시키는가에 있지는 않다.

(2) 동성애에 반대하는 여러 주장들은 동성연애자들에 대한 차별을 낳는다

이 견해에는 두 가지 기본 오류가 내재되어 있다. 첫째로 이 견해는 동성연애자와 동성애를 구분하지 못하고 있다. 음주 운전을 금지하는 법은 그렇게 함으로써 음주자들을 차별하지 않는다. 누구나 술에 반대하지 않고서도 알콜 중독에는 반대할 수 있다. 우리는 사람과 행위를 구별해야 한다. 반대해야 하는 것은 동성애라는 행위이지, 동성연애자라는 사람이 아니다.

둘째로 이러한 반대 견해는 모든 차별이 잘못이라는 잘못된 가정에 입각해 있다. 이것은 차별에 반대하는 차별이다. 사실 차별이라는 말은 좋은 뜻이 담긴 말이다. 모든 합리적인 사람은 차별하고 있다. 그렇기 때문에 우리는 경고 표시로 담배갑에 해골 마크를 그려 넣는다. 우리는 또한 처벌과 투옥으로 사회를 파괴시키는 행위를 차별하고 있다. 이러한 의미에서 볼 때 동성애 행위를 차별하는 것은 정당하다. 사회적으로 바람직하지 못한 행위를 차별하지 말하는 것은, 어린이 학대자들이나 강간자들을 감옥에 가두는 것이 그들에 대한 차별이므로 감옥에 가둬서는 안된다고 하는 것만큼이나 비합리적이다.

(3) 동성애에 반대하는 주장들은 모든 인간을 사랑하라는 기독교 정신을 결여하고 있다

이 반대 견해는 우리가 죄인을 사랑하지 않으면서 그의 죄를 미워하기만 한다는 잘못된 가정에 입각해 있다. 하지만 예를 들어 우리는 술을 사랑하지만 알콜 중독은 혐오한다. 이와 마찬가지로 우리는 동성연애자들을 사랑하지만 동성애는 혐오한다. 누구나 인정하겠지만 모든 기독교인이 일관되게 이러한 구분을 실천하고 있지는 않다. 많은 사람들은 "동성연애자임이 폭로되면", 자신의 자식인 데도 매몰차게 대하기만 한다. 이것은 비극적인 실수이다. 그리고 비기독교적일 뿐더러 아무런 도움도 되지 않는다. 즉 세리들과 죄인들에게도 자비를 베풀었던 그리스도의 정신 속에 있지 않기 때문에 비기독교적이다. 그리고 동성연애자들을 매몰차게 대한다고 해서 그들의 마음이 돌아서는 것도 아니다.

물론 회개하지 않은 채 동성애를 일삼는 동성연애자들이, 신앙고백한 신자이고 교회에 다닌다면 교회의 규율을 적용해야 한다(고전 5장 참조). 그런데 이것은 우리가 그들을 돕기 위해 친구나 친척으로서 사랑을 베풀어야 한다는 것을 의미한다. 동성연애자도 인간이라는 사실을 부정하고 매몰차게 대하는 것은, 그들을 죄의 구렁텅이로 더욱 깊숙이 몰아넣는 결과만 낳을 뿐이다. 설령 죄인이라고 하더라도 사랑을 베풀어야 한다. 동성연애자들은 비난이 아닌 온정을 필요로 한다.

〖 요약 및 결론 〗

하나님은 성이 일부일처제에 바탕을 둔 이성간의 관계 속에서 사용되어야 한다고 명령하였다. 동성애는 인간을 위해 하나님이 정해 놓은 방식에

어긋난다. 아울러 성서는 분명하고 단호하게 동성애에 반대하고 있다. 구약은 동성애를 사형에 처해야 하는 범죄로 여겼으며 신약은 파문의 근거로 설정했다. 실제로 바울은 동성연애자는 결코 하늘나라를 차지할 수 없을 것이라고 선언하고 있다. 성서는 동성애를 격렬한 어조로 단호하게 비난하고 있다. 즉 성서에서 동성애는 비정상적이고 불결하고 부끄럽고 추잡하고 변태적이고 혐오스러운 행위이다.

성서만이 동성애를 강력하게 비난하고 있는 것은 아니다. 동성애는 도덕적으로나 사회적으로도 비난받고 있다. 사실 과거든 현재든 그 어떤 사회도, 동성연애자들에게 정상인과 동등한 지위를 부여한 적이 없다. 동성애는 심리적으로나 사회적으로 위험할 뿐만 아니라, 수백만 명의 육체적 생명을 심각하게 위협하는 AIDS를 전염시키는 결과를 빚어내고 있다. 이러한 견지에서 볼 때 합리적인 사회라면 반드시 이러한 성적으로 비정상적인 행위의 악영향으로부터 시민들을 보호해야 할 것이다. 그렇지만 우리는 기독교인으로서 죄는 미워하더라도 죄인은 사랑해야 한다. 따라서 우리는 동성연애자들에게도 사랑을 베풀어, 죄인을 사랑하며 죄인을 위해 죽기까지 한 그리스도의 품 안으로 귀의하도록 해야 한다.

〖 꼭 읽어야 할 책들 〗

Atkins, David. *Homosexuals in the Christian Fellowship*. 2d ed. Grand Rapids: Eerdmans, 1981.

Bahnsen, Greg L. *Homosexuality: A Biblical View*: Grand Rapids: Baker, 1978.

Bailey, D. Sherwin. *Homosexuality and the Western Christian Tradition*. Reprint. Hamden, Conn.: Shoe String, 1975.

Bathelor, Edward, Jr., ed. *Homosexuality and Ethics*. New York: pilgrim, 1980.

Boswell, John. *Christianity, Social Tolerance, and Homosexuality: Gay People in Western Europe from the Beginning of the Christian Era to the Fourteenth Century*. Chicago: University of Chicago

Press, 1980.

Cameron, Paul. "A Case Against Homosexuality." *The Human Life Review* 4, 3(Summer 1978): 20-49.

Keyson, Edward. *What You Should Know about Homosexuality*. Grand Rapids: Zondervan, 1979.

Ukleja, Philip Michael. "A Theological Critique of the Contemporary Homosexual Movement." Th. D thesis, Dallas Theological Seminary, 1982.

15
결혼과 이혼

결혼은 세상에서 가장 기본적이면서 영향력있는 사회활동의 단위이다. 결혼의 중요성을 과대평가하기란 힘들지만, 미국에서는 매년 결혼하는 사람들 가운데 거의 절반 가까이 이혼하고 있다. 이러한 견지에서 볼 때 결혼과 이혼의 성서적 토대에 대해 생각하는 것은 당연한 의무이다.

I. 성서의 결혼관

이혼은 결혼의 해제이므로, 이혼에 대해 논의하기에 앞서 결혼에 대해 살펴보는 것이 필요하다. 기독교적인 결혼이란 무엇인가? 이러한 결혼은 과연 해제되어야 하는가? 기독교인들은 이혼의 본질보다는 결혼의 본질에 대해 더 쉽게 합의하고 있다. 아래의 글은 기독교의 결혼관의 기본 요소들이다.

1. 결혼의 본질

기독교의 관점에서는 결혼의 본질 및 기간이 중요하다. 결혼은 성적인 상호 권리를 지닌 남성과 여성 사이의 일생에 걸친 약속이다. 성서의 결혼 개념에는 최소한 세 가지 기본 요소가 있다.

(1) 결혼은 한 남성과 한 여성 사이에서 이루어진다

성서에서의 결혼은 생물학적인 한 남성과 생물학적인 한 여성 사이에서 이루어진다. 이것은 성서 첫부분을 보더라도 명백하다. 하나님은 "남자와 여자"를 창조했으며(창 1:27), 이들에게 "생육하고 번성하라"는 명령을 내렸다(28절). 자연스러운 재생산은 오로지 남성과 여성의 결합을 통해서만 가능하다. 성서에 따르면 하나님은 "흙으로 인간을 빚어 냈다"(창 2:7). 그리고 나서 아담에게서 취하신 그 갈빗대로 여자를 만드시고 그를 아담에게로 이끌어 오셨으며(22절), 이런 이유로 남자가 부모를 떠나 그 아내와 연합하여 둘이 한 몸을 이루게 되었다(24절).

'아버지'와 '어머니'의 맥락 속에서 사용되는 '남편'과 '아내'라는 말은, 당연히 생물학적인 남성과 여성을 가리킨다. 아담과 하와의 창조 및 부부로서의 이들의 결합에 대해 이야기하면서, 주님은 다음과 같은 창세기의 구절을 인용하였다; "사람을 지으신 이가 본래 저희를 남자와 여자로 만드시고"(마 19:4). 예수는 이어서 남자는 부모의 곁을 떠난 후에는 자기 아내와 결합해야 한다는 내용의 구절을 인용함으로써, 결혼은 한 남성과 한 여성 사이에서 이루어져야 한다는 것을 확인하였다(마 19:5). 따라서 이른바 동성연애자의 결혼은 결코 성서적인 결혼이 아니다. 결혼한 동성연애자들은 결국 불법적인 성관계를 맺고 있다(14장 참조). 그들은 사실상 결혼하지 않은 상태에 있으므로, 그러한 사악한 관계의 파기는 이혼이 아니다. 아무튼 결혼의 일차적이면서 가장 기본적인 특징은 한 남성과 한 여성 사이의 결합이라는 점이다.

(2) 결혼은 성적인 결합과 연관이 있다

성서를 읽어보면 결혼은 성적인 결합과 연관있다는 것이 분명해진다. 여기에는 여러 가지 이유가 있다. 결혼은 '한 몸'으로 되는 결합이라고 보통 이야기되고 있다. 결혼에 성생활이 따른다는 것은 바울의 고린도전서 6:16을 보면 분명히 알 수 있다. 바울은 매춘을 비난하면서도 똑같은 말을 하였다. 하나님은 자기가 창조한 남성과 여성에게 "생육하라"고 명령하였다(창 1:28). 이 명령은 생물학적인 남성과 여성 사이의 성적 결합을 통해서만 가능하다. 하나님이 아담과 하와를 창조하고 이들을 에덴 동산에서 쫓아낸 후, 아담은 "그 아내 하와와 동침하매 하와가 잉태하여 가인을 낳았다"(창 4:1). 사도 바울은 결혼과 성에 대해 다음과 같이 명쾌하게 자기 생각을 말했다;

"음행의 연고로 남자마다 자기 아내를 두고 여자마다 자기 남편을 두라 남편은 그 아내에게 대한 의무를 다하고 아내도 그 남편에게 그렇게 할지라 아내가 자기 몸을 주장하지 못하고 오직 그 남편이 하며 남편도 이와 같이 자기 몸을 주장하지 못하고 오직 그 아내가 하나니"(고전 7:2~4).

간략히 말해서 결혼은 한 남성과 한 여성이 성적 결합을 할 수 있는 권리와 연관이 있다. 혼전성교는 일반적으로 음행으로 표현되며(행 15:20; 고전 6:18) 혼외성교는 대부분 간음으로 표현된다(출 20:14; 마 19:9). 구약의 율법하에서는 혼전에 성관계를 맺은 사람들은 결혼해야만 했다(신 22:28~29). 결혼을 통한 성관계만을 하나님은 인정한다(고전 7:2). 그래서 히브리서 기자는 이렇게 주장했다; "모든 사람은 혼인을 귀히 여기고 침소를 더럽히지 않게 하라 음행하는 자들과 간음하는 자들은 하나님이 심판하시리라"(히 13:4).

결혼이 성적인 권리와 연관있지만 성에만 국한되어 있지는 않다. 결혼은 하나의 맹약(말 2:14)으로서, 성적인 결합보다 더욱 긴밀한 결합이다. 결혼은 성적인 결합일 뿐만 아니라 사회적이고 정신적인 결합인 것이다. 게다가 성의 목적이 자식을 갖는 데에만 있는 것은 아니다. 결혼 생활에서의 성관계는 삼중적인 의미, 즉 임신(창 1:28), 하나됨(창 2:24), 즐거움(잠 5:18~19)이라는 의미를 담고 있다.

(3) 결혼은 하나님 앞에서의 언약이다

결혼은 성적인 상호 권리를 지닌 남성과 여성 사이의 결합일 뿐만 아니라, 상호 약속을 통한 결합이기도 하다. 이러한 약속은 성서 첫부분에 나와 있는바, 부모 곁을 떠나 자기 아내와 결합한다는 개념 속에 함축되어 있다. 예언자 말라기는 결혼이 언약이라는 사실을 누구보다도 분명하게 밝혔다;

"너와 너의 어려서 취한 아내 사이에 여호와께서 일찍이 증거하셨음을 인함이니라. 그는 네 짝이요 너와 맹약한 아내로서 네가 그에게 궤사를 행하도다"(말 2:14).

잠언 또한 결혼이 '언약' 혹은 상호 약속이라고 말하고 있다. 잠언은 간통한 사람을 다음과 같이 비난하고 있다; "그는 소시의 짝을 버리며 그 하나님의 언약을 잊어버린 자라"(잠 2:17). 이 구절을 통해서 볼 때 결혼은 단순한 언약이 아니라 하나님이 증인인 그런 언약이다. 하나님은 결혼을 제도화했을 뿐더러, 결혼 서약의 증인이 되고 있다. 부부는 말 그대로 '하나님 앞에서' 탄생한다. 예수는 하나님에 의해서 두 사람이 결혼을 통해 결합한다고 말했다; "하나님이 짝지어 주신 것을 사람이 나누지 못할지니라"(마 19:6).

결혼의 본질에 대해 한 마디만 더 하겠다. 결혼은 기독교인들 뿐만 아니라 모든 사람을 위해 하나님이 정해 놓은 제도이다. 결혼은 인류가 타락하기 전에 하나님이 정해 놓았던 유일한 제도인 것이다. 히브리서는 "모든 사람은 혼인을 귀히 여기라"고 주장하고 있다(히 13:4). 그러므로 하나님은 기독교인들은 물론 비기독교인들을 위해서도 결혼을 제도화하였다. 그리고 하나님은 초대받았든 초대받지 않았든 모든 결혼의 증인이다. 부부가 이 사실을 깨닫고 있든 못하든 결혼은 신성한 의식이다.

2. 결혼의 존속 기간

성서는 결혼 기간에 관해서도 극히 분명한 입장을 취하고 있다. 결혼은 일생 동안 지속되는 약속이다. 결혼은 영원히 지속될 수는 없지만 일생 동안은 지속되어야 한다.

(1) 결혼은 일생 동안 지속되는 헌신이다

일생 동안 지속되어야 하는 결혼의 본질은, 예수가 말한 결혼의 영속성이라는 개념 속에 잘 나타나 있다; "이러한즉 이제 둘이 아니요 한 몸이니 그러므로 하나님이 짝지어 주신 것을 사람이 나누지 못할지니라"(마 9:6). 사도 바울도 이와 유사하게 다음과 같이 말했다; "남편있는 여인이 그 남편 생전에는 법으로 그에게 매인바 되나 만일 그 남편이 죽으면 남편의 법에서 벗어났느니라"(롬 7:2). 이러한 개념들은 결혼 예식에서 사용되는바 "죽음이 우리를 갈라놓을 때까지"라는 전통적인 문구의 근거가 되고 있다. 결혼은 영원한 것이 아니다. 결혼은 하나님 앞에서의 일평생의 약속이지만 영원토록 계속되는 것은 아니다. 왜냐하면 분명하게 가르치신 것처럼 "부활 때에는 장가도 아니가고 시집도 아니가고 하늘에 있는 천사들과 같기"(마 22:30) 때문이다. 우리는 의심할 여지없이 하늘나라에서도 사랑하는 배우자와 만날 수는 있지만, 그 곳에서는 결혼이 존재하지 않는다. 더군다나 과부도 재혼할 수 있다는 사실(고전 7:8~9)은, 부부의 약속이 어느 한쪽이 죽기 전까지만 지속된다는 것을 보여준다.

하늘나라에서의 영원한 결혼에 관한 몰몬경의 가르침과는 반대로, 성서는 결혼이란 지상의 제도에 불과하다는 사실을 강조하고 있다. 결혼은 일정 기간 동안은 지속되어도 영원토록 지속되는 것은 아니다. 예수는 하늘나라에서는 결혼식은 물론 어떤 혼인관계도 존재할 수 없다고 주장했으므로 이러한 결론은 당연하다. 왜냐하면 예수는 하늘나라에서의 혼인관계에 관해 질문받았을 때(저희가 다 그를 취하였으니 부활 때에 일곱 중에 뉘 아내가 되리이까; 마 22:28) 다음과 같이 대답했을 것이기 때문이다; "부활 때에는 장가도 아니가고 시집도 아니갈 것이므로, 그녀는 그들 중 어느 누구와도 혼인관계를 맺지 않을 것이다."

3. 결혼에서의 배우자의 숫자

기독교인들이 모두 합의하고 있는 또 다른 사실은, 결혼은 일부일처제에 입각해 있다는 것이다. 즉 결혼은 한 남성과 한 여성 사이에서만 이루어져야 한다. 바울은 "남자마다 자기 아내를 두고 여자마다 자기 남편을 두라"(고전 7:2)고 말했고, 또 장로는 한 아내의 남편이 될 것을 교훈했다(딤전 3:2). 그런데 신약만이 일부일처제를 가르치고 있는 것은 아니다. 하나님이 먼저 한 남성(아담)을 창조한 다음 그에게 한 명의 아내(하와)만을 주었다는 성서 맨 앞부분에서 볼 수 있듯이, 우리는 일부일처제가 구약에서도 강조되었음을 알 수 있다.

이렇게 하나님이 일부일처제라는 결혼제도를 명령으로 정해 놓았으면서도, 왜 동시에 일부다처제를 용인했던 것처럼 보이는 것일까? 아브라함과 모세와 다윗 등 구약의 많은 성인들은, 결혼을 여러 차례 했거나 여러 부인을 거느렸다. 사실상 솔로몬은 7백 명의 후궁과 3백 명의 수청드는 여자를 거느렸다(왕상 11:3). 그런데 성서는 기록해 놓은 모든 사실을 용인하고 있는 것만은 아니라는 점을 기억해 두어야 한다. 예를 들어 성서는 사탄의 거짓말을 기록해 놓고 있기는 하지만(창 3:4), 그렇다고 해서 그것을 용인하고 있는 것은 아니다. 이와 마찬가지로 다윗의 간통도 기록하고 있기는 하지만(삼하 11장) 용인하고 있지는 않다.

일반적인 견해와는 반대로 구약과 신약 모두가 일부다처제를 강력하게 반대하고 있다. 이것은 성서를 좀더 자세히 읽어보면 자명해진다. 구약은 일부다처제라는 선례를 남겼다. 하나님은 아담에게 한 명의 부인만을 허용해 주었는데, 이것은 모든 인류가 반드시 따라야 할 선례로 되었다. 일부일처제는 하나님이 모세에게 내려보낸 가르침 속에도 포함되어 있다; "아내를 많이 두어서 그 마음이 미혹되게 말 것이며"(신 17:17). 이렇듯 일부다처제는 명백하게 금지되었다. 간통하지 말라는 도덕 명령 역시 일부일처제를 가르쳤다. "네 이웃의 아내를 탐내지 말라"(출 20:17)는 도덕 명령 속에는 일부일처제가 암시되어 있다고 할 수 있다. 즉 이것은 이웃 사람은 오직 한 명의 아내만을 합법적으로 가질 수 있다는 것을 의미한다. 일부일처제는 인구 비율을 보더라도 합리적이다. 남성과 여성은 거의 동일한 비율로 태어난다. 하나님이 가령 일부일처제를 정해 놓았다면, 여성의 수는 남성의 수보다 훨씬 더 많아야 한다. 마지막으로 징벌을 통해 일부일처제가 교육되고 있다. 구약에서는 여러 아내를 거느린 사람은 지은 죄의 대가를 톡톡히 치렀다. 솔로몬이 그 고전적인 예이다. "솔로몬의 나이 늙을 때에 왕비들이 그 마음을 돌이켜 다른 신들을 좇게 하였으므로 왕의 마음이 그 부친 다윗의 마음과 같지 아니하여 그 하나님 여호와 앞에 온전치 못하였으니"(왕상 11:4).

하나님이 이혼을 허용했다고 해서 그것을 바람직스럽게 여겼다고 단정지을 수 없는 것처럼, 하나님이 일부다처제를 허용했다고 해서 그렇게 하라고 규정했다고 단정지을 수 없다. 예수가 이혼에 대해 했던 말은 일부다처제에도 적용된다; "모세가 너희 마음의 완악함을 인하여 아내 내어버림을 허락하였거니와 본래는 그렇지 아니하니라"(마 19:8).

II. 기독교의 몇 가지 이혼관

기독교인들은 대체로 결혼의 본질에 대해 합의하고 있다. 즉 결혼이란 한 남성과 한 여성 사이에서 이루어지며 성적인 권리와 관련이 있다는 것이다. 그리고 결혼한 한 남성과 한 여성 사이의 일부일처제적인 관계이기 때문에, 서로 신뢰하겠다는 하나님 앞에서의 약속(맹세)을 수반한다. 다른 한편 기독교인들은 결혼에 대해서와는 달리 이혼에 대해서는 어렵게 합의하고 있다.

1. 이혼에 대한 기독교인의 합의

이혼에 대한 기독교인들 사이의 보편적 합의란 존재하지 않는다. 따라서 여기서 도식적으로 뭐라고 말할 수는 없다. 하지만 이혼에 대해 기독교인들이 일반적으로 합의하고 있는 영역도 일부 존재한다. 최소한 세 가지 정도는 거론할 수 있다.

(1) 이혼은 하나님이 정한 이상형이 아니다

하나님이 이혼을 정해 놓지 않았다는 것은 분명하다. 사실 하나님은 말라기 선지에게 "나는 이혼하는 것을…미워하노라"(말 2:16)고 말했다. 예수는 하나님이 이혼을 허용하기는 하지만, 그렇다고 권유하지는 않는다고 말했다(마 19:8). 하나님은 한 남성이 한 여성과 결합하도록 했고, 이들이 죽을 때까지 서로에게 한 약속을 지키기를 원했다. "하나님이 짝지어 주신 것을 사람이 나누지 못할지니라"(마 19:6). 따라서 이혼은 어떤 과정을 거쳐 이루어지든, 하나님이 결혼에 대해 세워놓은 계획 속에 포함되어 있지 않다. 이혼은 결코 이상이 아니다. 또한 하나의 규범이나 기준이 아니다. 이혼은 기껏해야 결혼에 훨씬 못미치는 차선책에 지나지 않는다.

(2) 이혼은 어떤 이유에서든 허용될 수 없다

기독교인들은 또한 이혼은 어떤 이유에서도 허용될 수 없다는 데 합의하고 있다. 예수는 한 남자가 자기 아내와 이혼할 수 있는 합법적인 근거를 묻는 질문에 대해, "…누구든지 음행한 연고 외에 아내를 내어버리고 다른데 장가드는 자는 간음함이니라"(마 19:9)고 대답했다. 기독교인들은 아무리 이혼에 있어서의 예외를 놓고 합의를 이루지 못하고 있다고 할지라도, 누구든지 어떤 이유에서도 이혼해서는 안된다고 믿고 있다는 것만은 절대적으로 분명하다.

(3) 이혼은 여러 가지 문제를 야기시킨다

때에 따라서는 기독교인들도 이혼할 수 있다고 생각하는 사람들마저, 이혼이 몇 가지 문제를 해결할 수 있다고 해도 곧 다른 문제를 낳기 마련이라고 믿고 있다. 하나님의 계획을 포기해 버리면 문제가 나타난다는 것은 당연한 일이다. 이혼은 몇 가지 불행을 막는 것처럼 보이더라도 항상 문제를 안고 있다. 즉 배우자나 자녀에게 일정한 대가를 치러야 하고, 가족 관계를 비롯한 사회적 관계에서 상당한 부담을 감수해야 한다. 이혼은 쉽사리 치유되지 않는 상처를 남기고 만다.

2. 이혼에 관한 기독교인의 이견

기독교인들은 이혼과 재혼이라는 문제를 놓고 앞서 살펴본 것처럼 대체로 합의하고 있기는 하지만, 몇 가지 점에 관해서는 이견을 보이고 있다. 기본적으로 기독교인의 이혼관은 세 가지로 나눌 수 있다. 여기서는 각 견해를 개괄적으로 살펴본 뒤, 성서에 입각하여 평가하면서 결론 내리는 것이 가장 좋을 듯하다.

(1) 이혼을 정당화하는 근거는 어디에도 존재하지 않는다

가장 엄격한 이혼관은 이혼을 정당화하는 성서적 근거가 존재하지 않는다는 주장이다. 여기서는 우선 그 이유를 검토해 보고 이어 성서에 비추어 평가해 보겠다. 이혼이 결코 정당화될 수 없다는 입장을 내세우는 명분에는 일곱 가지가 있다.

가. 이혼은 하나님이 설정한 이상적인 결혼에 어긋난다

앞에서 살펴 보았듯이 하나님은 일생 동안 지속되는 일부일처제를 이상적인 결혼으로 생각하고 있다(마 19:6; 롬 9:2). 그러나 이혼은 이러한 언약에 어긋난다. 따라서 이혼은 결코 정당화될 수 없다.

나. 이혼은 하나님 앞에서 한 맹세의 전면적인 위반이다

결혼은 일생 동안 효력을 미치는 하나님 앞에서의 맹세이다(잠 2:17; 말 2:14). 그리고 이혼은 그러한 맹세의 위반이다. 그렇지만 신성한 맹세의 위반은 잘못이다. 성서는 이렇게 선언하고 있다; "서원하고 갚지 아니하는 것보다 서원하지 아니하는 것이 나으니"(전 5:5).

다. 예수는 모든 이혼을 비난했다.

예수는 마가복음서(10:1~9)에서 이혼에 관한 물음을 던지면서 아무런 예외도 두지 않았다. 예수는 누가복음 16:18에서도 이와 동일한 입장을 표명한 바 있다. 마태복음서(19:1~9; 5:32와 비교)에서의 이른바 예외는, 간통으로 인한 이혼과 관련있기 보다는 '결혼 이전의 음란한 행위'로 인한 결혼의 취소와 관련 있다(9절). 이것은 결혼 이전의 부정 행위가 결혼을 취소할 수 있는 근거가 된다는 마태복음서에 실린 유대인의 율법과 부합된다. 남편이라는 용어 또한 유대인의 율법에 따르면 성관계를 맺은 남자를 의미했다(신 22:13~19; 마 1:18~25). 게다가 누가복음서에서 예수는 이혼에 있어서의 예외를 설정하지 않고 이렇게 말하기만 했다; "무릇 그 아내를 버리고 다른 데 장가드는 자도 간음함이요 무릇 버리운 이에게 장가드는 자도 간음함이니라"(눅 16:18).

라. 사도 바울은 이혼을 비난했다.

바울은 고린도인에게 다음과 같이 훈계했다; "혼인한 자들에게 내가 명하노니(명하는 자는 내가 아니요 주시라) 여자는 남편에게서 갈리지 말고 (만일 갈릴지라도 그냥 지내든지 다시 그 남편과 화합하든지 하라) 남편도 아내를 버리지 말라…만일 어떤 형제에게 믿지 아니하는 아내가 있어 남편과 함께 살기를 좋아하거든 저를 버리지 말며 어떤 여자에게 믿지 아니하는 남편이 있어 아내와 함께 살기를 좋아하거든 그 남편을 버리지 말라"(고전 7:10~13).

마. 이혼하면 장로의 자격을 박탈당한다

장로가 될 수 있는 자격조건 중의 하나가 "한 아내의 남편이라"는 조건이다(딤전 3:2). 이혼에 관한 엄격한 견해의 지지자들에 따르면, 이것은 장로는 이혼한 적이 전혀 없어야 한다는 것을 의미한다. 왜냐하면 만약 이혼한 적이 있다면 한 명 이상의 아내의 남편으로 되기 때문이다.

바. 첫번째 배우자가 진정한 배우자이다

사마리아 여자가 "네 남편을 불러 오라"는 예수의 말씀에 "나는 남편이 없나이다"라고 대답하자, 예수는 "네가 남편이 없다 하는 말이 옳도다 네가 남편 다섯이 있었으나 지금 있는 자는 네 남편이 아니니 네 말이 참되도다"라고 말씀하셨다(요 4:17~18). 이것은 첫번째 배우자만이 진정한 배우자임을 의미하는 것으로 여길 수 있다.

사. 이혼은 '신성한 예표론'(sacred typology)을 모독하는 행위이다.

바울에 따르면 남편과 아내의 관계는 그리스도와 교회의 관계와 같다(엡 5:32). 따라서 이혼은 그리스도와 그의 신부인 교회 사이의 '하늘나라에서의 결혼'이라는 예표론을 모독하는 행위이다. 하나님은 바위(그리스도)를 두 번 쳐서 깼다는 이유로 모세를 처벌했다는 데서, 하나님이 신성한 예표의 모독을 어떻게 보고 계신가를 알 수 있다(민 20:9~12).

요약하자면 이혼을 정당화시키는 근거는 존재하지 않는다. 마태복음 19:9에서의 '예외'는 결혼 이후의 간통이 아닌 혼전성교(사통)와 관계있었다. 이혼을 정당화시키는 근거는 존재하지 않으므로, 이혼은 죄이며 또 이혼자의 재혼은 잘못이다.

(2) 이혼을 정당화시키는 근거는 오직 하나 뿐이다

많은 기독교인들은 이혼을 정당화시키는 근거가 오직 간음뿐이라고 믿고 있다. 이혼자의 재혼은 허용되지 않는다. 왜냐하면 이것은 알면서 죄짓는 일이기 때문이다(마 5:32). 이러한 견해에도 몇 가지 고려해야 할 점이 있다.

가. 예수는 분명히 간통이 이혼의 정당한 근거라고 말했다;

"누구든지 음행한 연고 외에 아내를 내어버리고 다른 데 장가드는 자는 간음함이니라"(마 19:9).

이 구절을 이렇게 해석할 수밖에 없는 몇 가지 요인들이 있다. 여기서 사용되는 그리스어는 '포르네이아'(porneia)인데, 이것은 미혼자는 물론이고 기혼자의 불법적인 성관계를 가리킨다(행 15:20; 롬 1:29 참조). 이 말은 여기서는 간음(adultery)이라는 말과 동일한 의미로 사용되고 있다.

나. 예수는 다른 구절에서도 이러한 예외를 거듭 인정했다.

예수는 간음이 이혼을 정당화시키는 근거라고 말했는데, 산상수훈에서도 똑같은 사실을 지적했다;

"누구든지 음행한 연고 없이 아내를 버리면 이는 저로 간음하게 함이요 또 누구든지 버린 여자에게 장가드는 자도 간음함이니라"(마 5:32).

이렇게 거듭 인정된 예외를 놓고 볼 때 예외가 없다는 구절(눅 16:18)은, 간음이라는 분명히 거론된 예외의 견지에서 이해되어야 한다.

다. 바울은 예수의 이혼관에 동의했다

바울은 최소한 암시적으로라도 예수가 말하는 '간음으로 인한 이혼'이 성립할 수 있다는 입장에 동의했다. 바울은 "나는 주가 아니다"(고전 7:10)라는 말로, 이런 문제에 직면해서는 그리스도의 권위를 침해하지 않으려고 조심했다. 따라서 그의 "나는 그리스도가 아니다"라는 말은 그리스도에 대한 논박으로서가 아니라, 그리스도가 비록 그런 특정한 문제에 대해 별 다른 이야기를 하지는 않았지만 암시를 주기는 했다는 의미로 받아들여질 수밖에 없었다(고전 2:13; 7:40; 14:37 참조). 더군다나 바울은 이혼의 정당성을 인정하기까지 했다; "혹 믿지 아니하는 자가 갈리거든 갈리게 하라 형제나 자매나 이런 일에 구속받을 것이 없느니라 그러나 하나님은 화평 중에서 너희를 부르셨느니라"(고전 7:15). 요약하자면 이혼을 정당화시키는 성서적 근거는 오직 하나 즉 간통 뿐이다. 이혼자들은 재혼할 수 없거나 간통관계 속에서 살아 가고 있다. 이혼자들과 결혼하는 사람들은, 이혼자들로 하여금 죄를 짓게 만든다. 왜냐하면 하나님이 보시기에는 이혼자들은 사실상 다른 사람들과 결혼한 상태에 있기 때문이다.

(3) 이혼을 정당화시키는 근거는 많이 있다

여기서 '많다'는 말은 둘 이상임을 뜻한다. 이 입장의 지지자들 가운데 일부는 이혼을 정당화시키는 두 가지 성서적 근거(즉 간음과 비신자의 도주)를 고수하고 있으며, 다른 일부는 학대, 전염병, 무지 등도 이혼을 정당화시키는 근거로 된다고 믿고 있다. 핵심은 이 입장의 지지자들은 모두 이혼을 정당화시키는 성서적 근거가 하나 이상이라는 데 동의한다는 사실이다. 모두 다음과 같은 주장들을 지지하는 것은 아니지만 최소한 일부는 지지하고 있다.

가. 바울은 비신자의 도주로 인한 이혼을 인정하고 있다

바울의 "믿지 아니하는 가가 갈리거든 갈리게 하라"(고전 7:15)는 말은 간음이 아닌 도주에 관한 언급이다. 이 구절에는 간음에 관한 언급이 전혀 없다. 남자든 여자든 '갈린다'는 말만 있을 뿐이다. 이것은 비신자의 도주이므로, 바울은 여기서 끝까지 신자로서 남아 있는 배우자는 결혼서약에 구애받지 않는다는 점을 지적하고 있는 셈이다. 즉 결혼 생활을 계속 유지하고 싶어도, 배우자가 도주해 버리면 그렇게 할 수 없다는 것이다. 간음으로 인한 이혼 뿐만 아니라 비신자의 도주로 인한 이혼도 허용될 수 있다는 이러한 입장은 웨스트민스터 신앙 고백서 제 24장에서 분명히 표현되고 있다;

> 5항—"약혼 후에 범한 간통이나 사통이 결혼 전에 발견되면 순결한 편은 약혼을 파기할 수 있는 정당한 기회를 가지게 된다(마 1:18~20). 만약 결혼 후에 간통한 사실이 있을 때에는 순결한 편은 상대편을 죽은 것으로 간주하여(마 19:9; 롬 7:2,3) 이혼하고 다른 사람과 결혼할 수 있다(마 5:31~32).

> 6항—남자 편에 무슨 부정이 있다고 할 때 그것을 조사하는 것이 옳다. 그러나 하나님이 짝지어 주신 한 사람을 정당치 않은 방법으로 분리시켜서는 안된다. 간음만이라도 또는 교회나 법이 어떻게 할 수 없는 고의적인 부부 동거 거절은 결혼의 약속을 취소할 충분한 원인이 된다(마 19:8,9; 고전 7:15; 마 19:6). 이혼을 할 때에는 공적으로 제정된 수속을 밟아서 해야 한다. 이 때에 당사자들은 자기 자신들의 의사와 자기 자신들의 경우를 잘 분별해야 한다"(신 24:1~4).

나. 성서는 인간의 허약성을 인정한다

하나님은 이혼을 정해 놓지는 않았지만, 미리 예측하고 그것에 대한 계획을 세웠다. 하나님이 모세에게 이혼을 허락했다는 사실(신 24:1~4; 마 19:8 참조)은, 하나님이 타락한 세상에서는 이상이 언제나 실현될 수 없다는 것을 인식하고 있음을 보여준다. 실제로 의식이 부정탔다는 이유로 이스라엘 민족이 첫번째 유월절을 준수할 수 없었을 때, 하나님은 두 번째 유

월절이라도 잘 지키라고 권고하였다(민 9:10~11). 이와 마찬가지로 일생 동안 일부일처제로 지내는 것이 불가능하다면 이혼은 때에 따라서는 필요하다.

다. 하나님조차도 신앙심이 돈독하지 못한 자기 백성들과 '이혼하였다'

구약을 보면 하나님은 별로 애정을 느끼지 못하게 된 자기 백성들과 '이혼했음'을 알 수 있다. 즉 그들이 우상을 숭배하자 하나님은 그들과 이혼했던 것이다. 하나님은 예레미야를 통해서 이렇게 말했다; "내게 배역한 이스라엘이 간음을 행하였으므로 내가 그를 내어쫓고 이혼서까지 주었으되…"(렘 3:8). 이사야 역시 하나님은 신앙심이 돈독하지 못한 이스라엘 민족과 결별했다고 적었다; "내가 너희 어미를 내어보낸 이혼서가 어디 있느냐"(사 50:1). 따라서 하나님이 신앙심이 돈독하지 않다는 이유로 이스라엘 민족과 결별했다는 사실은, 우리에게 하나의 본보기를 제시해 준다고 할 수 있다.

라. 결혼은 상호간의 서약이다

무조건적인 서약을 파기해서는 안되지만, 결혼은 두 당사자 상호간의 서약(즉 언약)이다. 그러므로 결혼은 조건부 언약이다. 관계가 상호적이므로 어느 한쪽이 위반하거나 헤어지려고 한다면, 서약을 준수하기가 극히 힘들어진다. 따라서 어느 한 쪽이 헤어지려고 한다면, 다른 한쪽은 자기 서약에 구애받지 않아도 된다(고전 7:15).

마. 이혼하도록 내버려 두지 않는 것이 더 율법적이다

어떤 경우에는 이혼하도록 내버려 두지 않는 것이 더 율법적이다. 이와 동일한 관점에서 예수는 안식일에 환자를 치료하도록 허락하지 않은 바리새인을 비난하였다; "안식일은 사람을 위하여 있는 것이요 사람이 안식일을 위하여 있는 것이 아니니"(막 2:27). 마찬가지로 결혼은 인간을 위해 있는 것이지, 인간이 결혼을 위해 있는 것은 아니다. 따라서 이혼을 명령하기에 앞서 항상 심사숙고해야 한다.

바. 회개는 상황을 변화시킨다

이스라엘 민족은 하나님으로부터 '이혼 선언'을 받았지만(렘 3:1), 그럼에도 불구하고 거듭 되돌아 오라는 말을 들었다(렘 3:11, 14, 22). 이것은 결혼에 관한 율법이 적용되기 이전에, 회개하면 잘못한 쪽의 지위가 변할 수 있다는 것을 보여준다. 아무튼 이혼은 원래 죄였지만, 그럼에도 불구하고 하나님은 회개하는 한 용서해 줄 수 있다. 용서받지 못하는 죄는 오직 하나밖에 존재하지 않는데(마 12:32) 이혼은 그러한 죄가 아니다.

Ⅲ. 기독교의 이혼관에 대한 평가

결혼의 본질에 대한 일반적인 합의가 존재하므로, 우리는 이혼에 관한 견해 차이를 집중적으로 살펴볼 수 있을 것이다. 여기서는 다양한 견해들을 뒷받침해 주는 근거들을 평가해 보려고 한다.

1. 이혼을 금지하는 입장에 대한 평가

이혼에 반대하는 사람들은 결혼을 취소시켜서는 안된다는 점을 지적하고 있다는 점에서는 올바르다. 그렇지만 이것은 재혼과는 별개의 문제이다. 이혼이 죄라는 사실이, 반드시 재혼을 허락해서는 안된다는 것을 의미하지는 않는다. 이 두 문제는 논리적으로 구별해야 한다.

(1) 결혼은 일생에 걸친 것이다

이혼을 정당화시킬 근거가 존재하지 않는다는 입장의 가장 올바른 측면은, 결혼의 영속성에 대한 강조라고 할 수 있다. 하나님은 결혼을 일생에 걸친 일부일처제적 관계로 정해 놓았다. 이것은 기독교인의 결혼에 대해 하나님이 정해 놓은 기준인 만큼, 이에 미치지 못하는 그 어떤 결혼도 올바른 결혼이 못된다. 이혼은 결혼에 대한 하나님 율법의 위반이며 그 어떤 이유로도 변명될 수 없다. 하나님이 생각하는 이상적인 결혼은, 한 남성과 한 여성 사이의 일생에 걸친 약속이다. 이런 이상적인 유형의 결혼을 모독해서는 결코 안된다. 그렇게 하는 것은 잘못이다.

이 입장의 지지자들이 인용하는 모든 근거들과 성서 구절들은 다음과 같은 결론으로 수렴된다. 즉 하나님은 이혼을 미워하고 있으며 예수도 이혼을 금지했다. 그 밖의 성서 구절들도 여기에 관한 한 일치하고 있다. 하나님은 백 번 양보해서 이혼을 허락했지 이혼을 명령하지는 않았다. 간음은 물론 이혼을 정당화시키는 성서적 근거는 존재하지 않는다. 간음은 죄이므로 이혼을 위한 간음이 정당하다고 이야기하는 것은, 이혼을 위해서는 죄를 지어도 된다고 말하는 것과 같다. 어떤 이유에서 하는 이혼이든, 하나님이 정한 기준은 결코 충족시키지 못한다. 이혼은 하나님이 정한 기준에 대한 공격이며, 결혼에 대한 하나님의 계획을 파괴시키는 행위이다. 그렇지만 이것은 재혼을 허락해야 하는가라는 문제와 논리적으로 구별될 필요가 있다.

(2) 재혼은 별개의 문제이다

이혼의 문제와 재혼의 문제는 논리적으로 구분된다. 이혼이 항상 잘못이라고 해서 재혼까지 항상 잘못인 것은 아니다. 재혼도 잘못이라는 주장은 중요한 사실들을 간과하고 만다.

일생에 걸친 결혼은 하나님의 이상이다. 그러나 이상이 언제나 실현되는 것은 아니다. 우리는 이상세계 속에서 살아가고 있는 것이 아니라, 현실세계(심지어는 타락한 세계) 속에서 살아가고 있다. 이러한 세계에서는 하나님의 이상이 항상 실현되고 있지는 않다. 따라서 하나님의 이상이 실현되지 않을 경우에는, 차선책을 찾아내고서 그것을 실천해야 한다. 하나님이 이스라엘 민족에게 두 번째 유월절을 준수하도록 허락했듯이(시체를 만졌기 때문에 일년 중 첫번째 유월절을 준수하지 못했을 때), 재혼은 비록 하나님이 정한 이상에 들어 맞지 않더라도 필요하다면 재혼할 수도 있다. 이것은 이상적이지 못한 세계에 현실적으로 적응하는 방법이다.

예수는 구약에서 하나님이 이혼하지 말라고 명령내렸지만, 이혼을 허락했다는 사실을 통해서 이상과 현실의 차이를 인정했다. "어찌하여 모세는 이혼증서를 주어서 (아내를) 내어버리라 명하였나이까"(마 19:8)라는 질문에, 예수는 하나님이 본래는 그렇게 하도록 의도하지 않았다고 대답했다. 왜냐하면 본래 그렇게 하는 것이 올바르지 않았기 때문이다. 이와 마찬가지로 하나님은 이혼한 부부의 재혼을 명령하지 않았다. 하지만 이것은 하나님이 재혼을 결코 허락하지 않았다는 것을 의미하지는 않는다.

회개는 하나님 앞에서의 처지를 변화시킬 수 있다. 예언자 예레미야에 따르면, 하나님은 자기와 '이혼해버린' 이스라엘 민족을 불러 회개하고 자기에게로 '돌아오라'고 말했다(렘 3:1, 14). 이것은 회개가 이스라엘 민족의 이혼당한 처지를 바꿀 수 있었다는 것을 뜻한다. 만약 그렇다면 왜 재혼한 이혼자의 간음자로서의 처지가, 회개한다고 해서 바뀌지 않는가? 예수는 이혼한 후에 재혼한 사람은, 간음하면서 생활하기 마련이라고 말한바 있다(마 5:32). 하지만 그는 이혼이 용서받지 못하는 죄라고 말하지는 않았다. 사실 그는 용서받지 못하는 죄는 단 하나(즉 성령훼방죄) 뿐이라고 말했다(마 12:32). 이혼을 용서받지 못할 두 번째 죄로 규정한 구절은 성서 어디에도 없다. 오히려 사도 요한은 "만일 우리가 우리 죄를 자백하면 저는 미쁘시고 의로우사 우리 죄를 사하시며 모든 불의에서 우리를 깨끗케 하실 것이요"(요일 1:9)라고 말했다.

　예수는 생명을 희생시켜 가면서까지 율법을 지키라고 한 사람들을 비난하였다. 유대인으로서는 안식일에 일하는 것은 잘못이었지만, 예수는 안식일에 도랑에 빠진 소를 구해내는 일을 용인하였다(눅 14:5). 예수는 "안식일은 사람을 위하여 있는 것이요 사람이 안식일을 위하여 있는 것이 아니니"(막 2:27)라고 말했다. 이와 마찬가지로 이혼에 관한 율법이 인간을 위해 존재하는 것이지, 인간이 이혼에 관한 율법을 위해 존재하는 것은 아니다. 사람은 율법보다 더 중요하다. 이혼에 관한 율법은 사람을 돕기 위한 것이지 사람을 해치기 위한 것은 아니다. 이혼자에게 자비를 베푸는 일을 희생시켜 가면서까지 이혼에 관한 율법을 엄격하게 율법적으로만 강조할 경우, 우리는 예수가 여러 차례 비난했던 바리새인들처럼 율법주의에 빠지게 된다.

　이혼 문제에 직면할 때 종종 망각해 버리는 사실은, 어떤 율법이 다른 율법보다 더 높은 차원에 있다는 사실이다(7장 참조). 사랑이나 자비같은 더 높은 차원의 도덕 법칙이 항상 존재한다(요 15:13; 고전 13:13). 여러 도덕 법칙들이 서로 상충될 경우 우리는 더 높은 차원의 도덕 법칙을 준수해야 하며, 더 낮은 차원의 도덕 법칙을 준수하지 않더라도 그것에 따른 책임을 질 필요가 없다. 예를 들어 생명을 보호하기 위해서거나(출 1장) 우상숭배를 회피하기 위해(단 3장) 정부에 대해 어쩔 수 없이 불복종해야 한다면, 하나님은 정부에 복종하려는 자기 명령을 지키지 못한 데 대한 책임을 그에게 묻지 않는다(롬 13:1; 딛 3:1; 벧전 2:13). 이와 마찬가지로 이혼이 잘못이라고 해도, 이혼에 관한 율법을 불가피하게 위반해야 하는 상황이 벌어질 수 있다.

예를 들어 자식을 가진 부부 중 어느 한 쪽이 헤어진 다음 다른 사람과 결혼했으나 자식을 갖지 못했고, 그들의 이전 배우자는 다른 사람과 결혼해서 자식을 갖게 되었다고 가정해 보자. 그들이 현재의 배우자와 합법적으로 결혼하고 현재의 가정생활을 지속시키기 위해서는, 자기들의 죄를 고백하고서 첫번째 배우자와 합법적으로 이혼해야 할 것이다. 그들은 첫번째 배우자와 다시 결합할 수 없다. 왜냐하면 이미 재혼해서 자식을 갖고 있기 때문이다. 첫번째 배우자의 재혼을 파기시키고, 자식을 부모없는 자식으로 만들어 버리거나 부모에게서 떨어뜨려 놓는 것은 무자비한 일이 아닐 수 없다. 그렇지만 논리적으로는 이혼을 금지하는 입장이 지배적이라면, 이러한 일은 일어날 수도 있을 것이다. 혹시 이러한 일은 "가상에 지나지 않는다"고 주장하는 사람이 있겠지만, 내가 잘 아는 목사에게서 일어난 일이다. 도덕 법칙에는 등급이 있고 책임에도 서열이 있다는 인식은, 이처럼 곤란한 문제를 쉽게 해결할 수 있도록 도움을 준다. 완고한 율법주의는 인간 생활에 치명적인 결과를 안겨줄 수도 있다.

2. 간음으로 인한 이혼이 허용될 수 있다는 입장에 대한 평가

이 입장은 많은 장점을 갖고 있다. 사실 이 입장은 이혼을 일관되게 금지하는 입장과는 다르다. 왜냐하면 죄없는 쪽의 이혼과 재혼을 정당화시키기 때문이다. 따라서 이 입장은 이처럼 한 가지 예외를 두고 있지만, 다른 입장과 동일한 이유에서 받아들여질 수도 있는 입장이다. 하지만 간음으로 인한 이혼을 인정하는 예외를 두고 있다고 해도, 이 입장은 결혼에 관해서는 올바르지만 재혼에 관해서는 올바르지 못하다. 이러한 두 문제에 대한 오해는 다음과 같이, 성서의 두 구절이 다르게 해석되고 있는 데서 비롯된다.

(1) 예외조항에 대한 오해

마태복음서에서 예수는 두 번에 걸쳐, 사통(porneia)으로 인한 이혼의 경우를 제외하면 모든 이혼은 잘못이라고 말했다(마 5:32; 19:8). 간음으로 인한 이혼 만큼은 허용하자는 입장을 지지하는 자들은, 이것은 부부 가운데 어느 한쪽이 결혼 이후에 성적으로 성실하지 못했음을 가리킨다고 이해하고 있다. 하지만 이러한 해석은 전후문맥이나 비슷한 구절들 그리고 당시의 관습에 비춰볼 때 별로 설득력이 없다.

신약에는 간음을 의미하는 다른 단어가 있다. 즉 그리스어로 '모이케이아' (moikeia)가 간음을 뜻한다. 만약 마태가 간음(결혼한 사람의 불법적인 성교)에 대해 말하려고 했다면, 그는 사통이라는 단어 대신에 간음이라는 단어를 썼을 것이다. 마태는 간음에 대해 설명하면서 '모이케이아'(moikeia)라는 단어를 사용했으며(마 15:19), 또한 이 단어의 동사형 '모이케우오' (moikeuo; 간음하다)를 여러 차례 썼다(마 5:27~28; 19:18). 그 밖의 신약성서를 쓴 사람들도 간음에 대해 설명하기 위해 '모이케이아'(moikeia)와 '모이케우오'(moikeuo)라는 단어를 항상 사용했다(예를 들어 막 7:21; 눅 16:18; 요 8:4; 롬 2:22; 약 2:11; 계 2:22). 사통과 간음 두 단어는 동일한 구절 안에서도 서로 다른 의미로 사용되고 있다. 예를 들어 예수는 "마음에서 나오는 것은 악한 생각과 살인과 간음과 음란과 도적질과 거짓 증거와 훼방이니"(마 15:19; 참고, 막 7:21; 갈 5:19)라고 말했다.

마태만이 사통으로 인한 이혼을 예외로 하고 있다. 마가복음서 안의 비슷한 구절은 단순히 "누구든지 그 아내를 내어 버리고 다른 데 장가드는 자는 본처에게 간음을 행함이요"(막 10:11)라고 말하고 있다. 그리고 누가복음서 역시 "무릇 그 아내를 버리고 다른 데 장가드는 자도 간음함이요 무릇 버리운 이에게 장가드는 자도 간음함이니라"(눅 16:18)고 말하고 있다. 이들이 자기들의 말을 귀담아 듣고 있었던 사람들에게 적용될 수 있는 예외가 존재했다면 틀림없이 그것에 대해 언급했을 것이다.

마태는 혼전사통(혼전성교)을 예외로 두는 유대인의 관습 속에서 성장했기 때문에 혼전사통(혼전성교)을 예외로 두는 유대인의 관습을 강조했던 것으로 보인다. 모세의 율법에는 누구든지 아내를 취하여 그와 동침한 후에…그의 처녀인 표적을 보지 못하였노라 하면…처녀를 그 아비 집 문에서 끌어내고 그 성읍 사람들이 그를 돌로 쳐 죽일지니"(신 22:13~21)라고 규정했다. 그러나 그의 부모가 "처녀인 표적을 가져와 그 자리 옷을 그 성읍 장로들 앞에 펴면 그 여자로 그 남자의 평생에 버리지 못할 아내가 되게"

하였다(신 22:14, 17, 19). 이러한 관습을 염두에 둔다면 왜 마태가 자기 말을 귀담아 듣고 있었던 유대인들에게, 이렇게 혼전사통이 정당화될 수 있는 예외라고 설명했는가를 완전히 이해할 수 있을 것이다.

(2) '간음으로 인한'이라는 말에 대한 오해

이혼에 전적으로 반대하는 사람들과 '간음으로 인한 이혼' 만큼은 허용하는 사람들 모두, 또는 이혼한 사람들과 간음으로 인해 이혼당한 사람들 모두가 재혼할 수 없다. 만약 재혼하면 간음을 저지르는 것으로 된다. 이것은 다음과 같은 예수의 말 때문이다; "누구든지 그 아내를 내어버리고 다른 데 장가드는 자는 본처에게 간음을 행함이요"(막 10:11), "버리운 이에게 장가드는 자도 간음함이니라"(눅 16:18; 마 19:8), "누구든지 음행한 연고없이 아내를 버리면 이는 저로 간음하게 함이요"(마 5:32). 이 구절들의 의미는 하나님과 관련되어 있는 한, 원래의 배우자가 진정한 배우자라는 것이다. 따라서 하나님이 보기에는 '이혼한' 사람일지라도 여전히 결혼상태에 있게 된다. 그래서 본래의 배우자와 헤어지고서 다른 사람과 사는 것은 간음이다. 왜냐하면 그것은 결혼한 사람과의 성교이기 때문이다. 그런데 하나님이 생각하는 이상적인 결혼에 비추어 볼 때 위의 추론은 나름대로 타당한 추론임을 인정하더라도, 재혼의 가능성마저 없애버린다고 가정하는 것은 다음과 같은 이유에서 잘못이다.

첫째로 예수는 분명히 부부 가운데 죄없는 쪽이 간음하고 있다고 말하지 않고 있다. 왜냐하면 부부가 동시에 간음을 한 것이 아니라, 어느 한쪽만이 간음했기 때문이다. 하나님은 간음하지 않은 쪽도 마치 간음을 저지르기라도 한 것처럼 대하고 있을 따름이다. 이와 마찬가지로 요한일서 1:10은 "만일 우리가 범죄하지 않았다 하면 하나님을 거짓말하는 자로 만드는 것이니"라고 말하고 있다. 우리는 죄를 짓지 않았다고 주장함으로써 하나님을 거짓말쟁이라도 되는 것처럼 대하게 되는 것이다. 그러므로 이혼은 하나님이 상정하고 있는 이상적인 결혼에 어긋나기 때문에, 실제로는 간음하지 않은 쪽도 마치 간음자이기라도 한 것처럼 여겨지게 된다.

둘째로 이를 모두 인정하더라도 배우자의 사망은 재혼을 정당화한다. 왜냐하면 이 경우에는 부부 가운데 사망하지 않고 살아있는 사람은, 재혼하더라도 간음을 저지르지 않기 때문이다.

셋째로 웨스트민스터 신앙고백이 주장했던 대로 "배우자가 사망한 것과 마찬가지"로 되는바, 이혼과 다른 상황이 존재할 수도 있다. 예를 들어 배우자의 도주는 사실상 사망과 똑같다.

넷째로 앞에서 살펴보았듯이 고백하여 용서받는 것은, 죄인으로서의 이혼자의 지위를 철회시킨다(렘 3:1, 14). 이혼자가 이혼 이후에 죄인이 될 수밖에 없는 유일한 이유는, 이혼이 하나의 죄라는 사실 때문이다. 그리고 이혼자는 이혼함으로써 죄를 지었다는 것을 고백하지 않는 한 죄인이 될 수밖에 없다. 하지만 이혼자가 죄를 고백한다면, 하나님은 다른 죄와 똑같이 이혼죄도 용서해 준다.

3. 여러 가지 사유로 인한 이혼을 허용하는 입장에 대한 평가

우리가 앞에서 이미 살펴보았듯이 이혼을 정당화할 수 있는 근거는 전혀 존재하지 않지만, 그럼에도 불구하고 여러 가지 사유로 인한 이혼을 승인하는 입장은 많은 장점을 갖고 있다. 이 입장의 가치는 그것이 결혼의 해제를 허용하는 근거라는 데 있는 것이 아니라, 재혼을 적극 권장하는 주장이라는 데 있다. 즉 이 입장은 이혼을 정당화하는 근거로서 이용될 수는 없고, 재혼을 정당화하는 근거로서만 이용될 수 있을 뿐이다. 다시 말해서 그것은 오래된 결혼을 파괴하는 데 이용되는 근거가 아니라, 새로운 결혼을 실현시키는 데 이용되는 근거이다. 이렇게 되는 이유들 가운데 몇 가지는 여기서 반복해서 거론할 만한 가치가 있다.

(1) 결혼은 부부 상호간의 서약이다

결혼은 부부 상호간의 서약이므로 부부 가운데 어느 한쪽이 서약을 돌이킬 수 없을 정도로 파괴해 버린다면, 다른 한쪽이 계속 서약을 지키는 것은 불가능할 뿐더러 극히 불필요하다. 물론 이것은 화해를 모색해서는 안된다는 것을 의미하지 않는다. 반대로 결혼이 제기능을 유지하는 한, 신자라면 당연히 화해를 모색해야 한다. 호세아의 모범을 본받아서 우리는 간음죄를 범한 배우자를 용서하고 다시 받아들여야 한다(호 3장). 다른 한편 배우자가 사망했거나(혹은 이와 비슷한 처지에 놓였거나) 재혼해 버렸다면, 화해할 가능성은 전혀 존재하지 않게 된다. 이러한 경우 부부 가운데 다른 한쪽은 결혼서약에 얽매일 필요가 없다. 왜냐하면 배우자가 결혼 서약을 더이상 이행할 수 없기 때문이다.

(2) 인간의 약점을 인정하고서 용서하려는 노력을 기울여야 한다

하나님은 우리의 약점을 이해하고 있으며 우리의 죄를 용서해 주고 있다. 하나님은 우리가 항상 자신의 계율을 지킬 수 없다는 것을 이미 깨달았다. 그래서 하나님은 우리의 수준으로 계율의 요구를 결코 낮추지는 않지만 우리를 용서해 주고 있다. 왜냐하면 중요한 것은 사람들로 하여금 무엇이 죄인가를 깨닫도록 하는 것이기 때문이다. 누구든지 인정하고 있듯이 이혼을 정당화하는 사례들을 제시하는 것은, 영원한 결혼이라는 하나님의 이상을 확산시키는 데 전혀 도움되지 않는다. 다른 한편 하나님의 용서를 무시하고 용서받을 수 없는 두 번째 죄를 저지르는 것은, 이혼자에게는 아무런 도움이 되지 않는다. 이혼을 지지하는 사람들은 여러 가지 이유를 제시할 수 있지만, 그 중에서 올바른 것은 일부에 불과하다.

〖 요약 및 결론 〗

하나님은 결혼이 한 남성과 한 여성 사이의 일생에 걸친 약속이라고 생각하고 있다. 결혼을 통해 이루어진 관계는 영원토록 지속될 수는 없지만, 우리가 지상에서 살아가는 동안에는 지속되어야 한다. 이혼은 설령 간음으로 인한 이혼이라 하더라도 결코 정당화될 수 없다. 간통은 죄악이므로, 하나님은 죄악을 인정하지 않을 뿐더러 결혼의 해제도 인정하지 않는다. 하나님은 자기가 직접 결합시킨 부부 관계를, 인간이 멋대로 파괴시키는 것을 원하지 않는다(마 19:6).

그런데 이혼은 결코 정당화될 수 없지만, 때에 따라서는 용인될 수 있고 항상 용서받을 수 있다. 그러므로 이혼이 죄악임을 인정하고 그것에 대한 책임을 통감하는 사람들은 재혼을 허락받아야 한다. 하지만 그들의 재혼은 남은 일생 동안 지속되어야 한다. 재혼에 실패해서 다시 이혼한다면, 똑같

은 오류를 반복하도록 내버려 두는 것은 멍청한 짓이다. 일생에 걸친 약속을 지킬 수 있는 사람들만이 결혼해야 한다. 재혼은 두말할 필요가 없다. 결혼은 신성한 제도이므로 이혼(특히 거듭되는 이혼)에 의해 상처를 입어서는 안된다. 우리 사회에서 전염병처럼 번지고 있는 이혼 풍조는, 결혼의 신성함이 얼마나 훼손되어 왔는가를 보여주는 준엄한 경고이다. 기독교인은 일생에 걸친 일부일처제에 입각한 결혼이라는 하나님이 정해놓은 기준이 널리 인정받을 수 있도록 있는 힘을 다해 노력해야 한다.

〚 꼭 읽어야 할 책들 〛

Adams, Jay E. *Marriage, Divorce and Remarriage*. Phillipsburg, N. J.: Presbyterian and Reformed, 1980.

Boettner, Loraine. *Divorce*. Phillipsburg, N. J.: Presbyterian and Reformed, 1974.

Duty, Guy. *Divorce and Remarriage*. Minneapolis: Bethany Fellowship, 1967.

Heth, William A., and Gordon J. Wenham. *Jesus and Divorce*. Nashville: Thomas Nelson, 1984.

Small, Dwight H. *The Right to Remarry*. Old Tappan, N. J.: Revell, 1977.

Steele, Paul E., and Charles C. Ryrie. *Meant to Last*. Wheaton: Victor, 1986.

Stott, John R. W. *Divorce*. Downers Grove: Inter-Varsity, 1971.

16
생태학

우리의 주변환경에 관한 다음과 같은 과학적인 자료들을 살펴보자. 매년 스코틀랜드만한 면적의 열대 삼림이 지구라는 행성 위에서 사라져 가고 있다. 인도만 보더라도 원래 삼림의 85%를 상실해 버렸다. 20세기에 들어와서 개발 도상국가들의 전체 삼림의 약 절반이 파괴되었다. 삼림의 황폐화는 식물과 동물의 대량 소멸의 중요한 원인이다. 삼림의 황폐화로 인해 약 1백만 종의 식물과 동물이 20세기 말까지 사라질 가능성이 높다. 불화탄소(fluorocarbons)의 사용은 오존층을 파괴시키고 있으며 인간의 건강을 위협하고 있다.

이 뿐만 아니다. 화학 쓰레기는 먹이사슬을 통해 인체 속으로 들어간다. 미국인의 77% 그리고 어린이 90%의 몸 속에는, 환경 보호기관이 안전하다고 말하는 양(量) 이상의 납이 들어 있다. 매년 1만 명 정도가 농약 중독으로 인해 사망하고 있으며, 4만 명 가량은 그로 인한 질병을 앓고 있다. 평균잡아 가정에서 버리는 쓰레기의 3분의 1은 음식물찌꺼기(food packaging material)이다. 미국인은 매일 5파운드의 쓰레기를 버리고 있다. 1960년 이래 미국은 3,500여 곳의 쓰레기 매립지를 폐쇄시켜 왔으며, 1990년까지 전 쓰레기 매립지의 2분의 1을 폐쇄시킬 예정으로 있다.

이렇게 위험수위에 다다른 생태학적 조건에 비춰볼 때, 우리가 살고 있는 이 물질 환경에 대해 기독교인은 어떤 윤리적 책임을 져야 하는가? 식물과 동물을 무더기로 몰살시키는 환경오염은 도덕적으로 무엇을 의미하는가? 청결한 물과 공기를 유지시켜야 할 윤리적 의무가 과연 존재하는가? 만약 그렇다면 어떤 윤리적 의무인가? 이러한 물음들에 대한 대답은 어떤 세계관을 갖고 있는가에 따라 서로 다를 것이다. 랜드(Ayn Rand)같은 무신론자들은 자연에 대한 기술의 우위성을 찬양하고 있으며, 따라서 자연환경에 대해 별다른 관심을 보이지 않고 있다. 그녀의 제자들 가운데 한 명인 빈스웨인(Henry Binswangne)은 심지어 사회를 발전시키기 위해서는, 환경을 "약탈해야 한다"고 뻔뻔스럽게 이야기하고 있다. 이른바 인도주의자라고 자칭하는 사람들의 다른 한쪽 끝에는 사실상 자연을 숭배하는 범신론자들이 있다. 이들은 해양유전개발, 댐건설, 모피를 얻기 위한 동물 살해, 살충제 사용 등 자연환경을 파괴하는 인간 개입에 반대한다.

자연의 낭비를 주장하는 유물론자의 견해와 자연숭배를 주장하는 범신론자의 견해라는 두 극단적인 견해 사이에는, 자연자원의 적절한 이용과 존중을 주장하는 기독교인의 한계가 있다. 이렇게 물질환경을 존중하고 적절한 이용을 주장하는 견해는, 기독교적 창조 개념과 그리고 하나님이 주신 것을 올바르게 관리해야 할 책임이 있다는 사고에 바탕을 두고 있다.

I. 유물론적인 환경관

모든 유물론자들이 무신론자들인 것은 아니지만, 대부분의 무신론자들은 넓은 의미의 유물론자들이다. 따라서 유물론적인 환경관의 철학적 토대는 무신론적이거나 세속적인 인본주의 세계관에 두고 있다. 이러한 견해는 『인도주의자 선언Ⅰ』(1933) 속에 표현되고 있다. 창조자와 인간의 독자적인 정신적 측면을 부정한 후, 이 『인도주의자 선언Ⅰ』은 당면 문제들을 해결할 수 있는 인간 능력에 대한 무한한 낙관론을 표명하고 있다.

"우리는 기술을 현명하게 이용함으로써 환경을 통제할 수 있고 빈곤을 정복할 수 있으며, 또 현저하게 질병을 감소시킬 수도 있다. 또한 우리의 행동도 눈에 띄게 변화시킬 수 있고, 인간의 진화과정과 문화적 발전과정을 변화시킬 수 있으며, 광대한 새로운 힘을 표출시켜 인류에게 풍요롭고 의미있는 생활을 달성할 수 있는 유례없는 기회를 제공할 수 있을 것이다."[1]

인본주의적 낙관론은 지난 수십 년 동안 기세가 꺾여 왔지만, 그럼에도 불구하고 최근까지도 '세속적 인본주의의 선언'은 "비록 불완전하기는 하지만 과학적 방법이 여전히 세계를 이해하는 데 가장 믿음직스러운 방법이다"라고 주장하고 있다. 그래서 여기에 따르면 "우리는 세계와 그 안에서의 인간에 관한 지식을 얻기 위해 자연과학, 생물학, 사회과학, 행동과학 등을 연구한다."[2]

환경에 대한 세속적 인본주의 입장의 본질적 요소들은 간략하게 개괄될 수 있다. 물론 모든 인본주의자들의 각각의 논점에 대해 완벽하게 동의하지는 않을 것이다. 하지만 철학적 인본주의자가 아니라고 주장하는 많은 사람들조차도, 이들의 견해 일부를 차용하여 자기들 나름대로의 경제적이거나 실용적인 유물론을 정립하고 있다.

1. 유물론적 환경관에 대한 해설

세속적 인본주의는 유물론적 자연관을 포용하고 있다. 유물론은 철학적 의미에서나 경제학적 의미에서 이해될 수 있으므로, 양자 모두 이 논의 속에 포함될 것이다. 경제적인 의미를 중심으로 본다면, 유물론은 종종 자본주의라는 착취형태에 관해 언급하고 있다. 물론 모든 인본주의자들이 이 견해를 견지하는 것은 아니지만, 많은 이신론자들과 일부 유신론자들도 실제로는 경제적 유물론을 인정하는 데 가담하고 있다.

(1) 자연은 단지 존재하기만 한다

유물론적 세계관의 특징들 중의 하나는, 자연이 풍부한 자원을 갖고 존재한다는 것을 당연한 사실로 여긴다는 점이다. 역사적으로 볼 때 전통적인 유물론자들에게는, 이것은 물질 세계가 영원하며 창조되지 않는다는 것

---

1) Paul Kurtz, ed., *Humanist Manifestos I and II*(Buffalo: Prometheus, 1973), p. 14.
2) Paul Kurtz, ed., "A Secular Humanist Declaration," *Free Inquiry* 1 (Winter 1980/81) : 5~6.

을 의미하였다. 이 입장의 근거로서 종종 에너지는 창조되지도 파괴되지도 않는다는 '열역학 제 1법칙'(the first law of thermodynamics)이 제시되고 있다. 이것은 에너지가 창조되지 않는다면 창조자도 존재하지 않으며, 따라서 특정한 방법으로 에너지를 사용하라는 하나님의 명령도 존재하지 않는다는 것을 의미한다.

(2) 에너지는 무한하다

유물론적 세계관은 또한 에너지가 무한하다고 가정하고 있다. 즉 에너지가 파괴될 수 없다면 영원불멸일 수밖에 없고, 또한 영원불멸일 수밖에 없다면 우리는 결코 에너지를 고갈시키지 못할 것이다. 우리는 항상 일정한 형태의 에너지를 일시적으로 고갈시킬 수 있지만, 인간은 항상 창조성을 발휘하여 필요한 새로운 형태의 에너지를 만들 것이다. 이러한 가정은 세 번째 가정으로 곧장 연결된다.

(3) 인간의 기술은 거의 모든 문제를 해결할 수 있다

과학은 사실상 그 어떤 문제라도 해결할 수 있다. 과학이 해결할 수 없는 것을 정부는 해결할 수 있다. 이러한 무한한 낙관론은 세속적인 인본주의 세계관에서 비롯된다. 베리(Adriam Berey)는 자기 저서 『향후 1000년』에서 "성장에는 제한이 없으므로 선진국이 달성할 수 있는 것에도 제한이 없다"고 선언하고 있다.[3] 이와 동일한 과학의 성공에 대한 무한한 일정은 스티브 오스틴(Steve Austin)을 주인공으로 하는 드라마 '6백만불의 사나이'(Six Million Dollar Man), 초인(Spock)씨가 나오는 '스타 트랙'(Star Trek), 그리고 평범한 인간을 거인으로 만들 수 있는 종합식품이 발견되면서 이야기가 전개되는 웰즈(M. G. Wells)의 소설 『신들의 음식』 (Food of the Gods, 1904) 등에서 확인된다.

(4) 세계는 불공평한 분배로 인해 신음하고 있다

세계의 수많은 사람들이 왜 고통을 겪는가를 설명하면서, 많은 세속적 인본주의자들은 자원의 불공평한 분배라는 문제를 지적하고 있다. 이들은

---

3) Adrian Berry, *The Next Ten Thousand Years* (New York: Dutton, 1974), p. 59.

세계가 매우 부유하며, 자원의 재분배만이 빈곤의 문제를 해결할 수 있을 것으로 믿고 있다. 이들에 따르면 우리가 재분배할 수 있는 자원의 양은 엄청나게 많아서, 모든 사람에게 다 돌아갈 수 있다고 한다. 자원과 생산수단 모두가 충분히 이용할 수 있지만, 문제는 적절한 분배가 이루어지지 않는다는 데 있다.

(5) 광범위한 교육은 불공평한 분배의 문제를 해결할 수 있다

세속적 인본주의자들은 자기 자신의 문제를 스스로 해결할 수 있는 인간의 무한한 능력에 대해 확신하고 있다. 이들은 "신은 결코 우리를 구원할 수 없다. 우리는 우리 스스로를 구원해야 한다"고 거만하게 말하고 있다.[4] 그런데 여기서 우리가 스스로를 구원할 수 있는 방법은 교육이다. 존 스튜어트 밀은 "모든 사람이 글을 읽는 방법을 배우게 되면 많은 이득을 볼 것이다"라고까지 말하고 있다.[5] 이보다는 덜 낙관주의 입장에 있는 인본주의자들조차도, 자기들의 인본주의 목표에 도달할 수 있는 수단으로서 대중 교육을 강조하고 있다. 『인도주의자 선언 I』에 서명한 바 있는 듀이(J. Dewey)는 그러한 임무를 완수하기 위해 헌신적으로 일했다.

2. 유물론적인 견해에 대한 평가

세속적인 견해는 생태학에 대한 올바른 관점을 정립하기 위한 틀로서는 매우 불충분하다. 이것은 에렌펠드(David Ehrenfeld)의 명저 『인본주의의 오만』(*The Arrogance of Humanism*, 1978) 속에서 강조된 바 있다. 에렌펠드는 "인본주의라는 종교는 자기 파괴적이고 우둔하며, 또 이 종교가 오류를 범할수록 그 사제들의 주장은 더욱 더 오만해지고 터무니없게 된다는 것을 보여주는 증거가 도처에 널려 있다"고 주장한다.[6]

---

4) Kurtz, *Humanist Manifestos I and II*, p. 16.
5) T. M. Kitwood, *What Is Human?*(Downers Grove: Inter-Varsity, 1970), p. 50.
6) David Ehrenfeld, *The Arrogance of Humanism*(New York: Oxford University Press, 1978), p. 59.

(1) 세계는 결코 영원하지 않다

유물론자들은 종종 열역학 제 1법칙을 잘못 인정하고 있다. 에너지가 창조될 수도 파괴될 수도 없다는 주장은 과학적으로 입증되지 못한 주장일 따름이다. 이렇게 주장할 만한 관찰에 입각한 근거는 어디에도 존재하지 않는다. 보다 정확히 말한다면 열역학 제 1법칙은 단지 우주의 실제 에너지양이 항상 일정한 것처럼 보인다는 것을 말하고 있을 뿐이다. 즉 우리는 어떤 새로운 에너지가 모습을 드러내게 된다거나, 어떤 사용된 에너지가 사라져 버린다는 것을 관찰할 수 없다. 증거에 기초하는 한에서 우주 속에 존재하는 에너지양은 고정되어 있다. 따라서 열역학 제 1법칙은 우주 속의 에너지의 기원에 관해서는 아무런 말도 하고 있지 않다. 다만 에너지가 항상 일정하다는 말만 하고 있을 뿐이다.

그런데 열역학 제 2법칙은 이용가능한 우주의 에너지양이 감소하고 있다고 말하고 있으므로 역시 우주의 기원에 관해서 언급하고 있지 않다. 이것은 이용가능한 우주의 에너지가 고갈되어 가고 있다는 것을 뜻한다. 즉 이용가능한 우주의 에너지는 점차 감소하고 있는 것이다. 그리고 그렇다면 우주의 에너지는 손상되어야만 했다. 달리 말해서 우주가 감소되고 있다면, 결코 영원할 수 없으며 창조되어야만 했다. 그리고 우주가 창조되었다면, 창조자를 설정하는 것이 합리적이다. 물론 여기서의 창조자는 성서의 창세기 첫 구절에 나온 "태초에 하나님이 천지를 창조하시니라"에서 알 수 있듯이 하나님이시다.

(2) 에너지는 무한하지 않다

유물론적인 신념과는 반대로 에너지(최소한 이용가능한 에너지)는 유한하지 않다. 열역학 제 2법칙은 우리에게 이 사실을 잘 알려준다. 물질세계처럼 폐쇄적이고 고립적인 체계 안의 우주는 한정되어 있으며, 사용가능한 에너지양은 감소한다. 핵분열은 우주의 모든 행성에서 일어나고 있다. 따라서 우주는 결국에는 에너지를 잃고 말 것이다. 우주의 이용가능한 에너지는 이용불가능한 일로 전환될 것이고, 그럼으로써 우주는 언젠가는 사멸할 것이다. 더군다나 세계는 우리가 보존하려는 노력을 미처 기울이기도 전에, 광물과 화석연료를 다 써 버리게 될 것이다. 유물론자들이 선전하고 있는 자연자원에 대한 무한한 낙관론은 사실에 근거를 둔 것이 아니다.

(3) 기술은 우리가 직면한 문제를 해결하지 못한다

인간의 기술과 재능은 우리가 직면한 모든 문제를 해결할 수 없다. 즉 우리는 당면문제를 해결하는 데 필요한 모든 관련 정보를 미리 알거나 얻을 수 없다. 우리는 또한 제기해야 할 물음이 무엇인지를 미리 알 수도 없다. 우리는 설령 모든 관련 사실을 알고 있다고 해도, 알고 있는 사실로부터 다른 사실을 아무런 오류없이 완전하게 연역해 낼 수 없다.[7] 실제로 에렌펠드(David Ehrenfeld)는 다음과 같은 결론을 내리고 있다;

> "깊게 생각해 보면 우리의 전지전능함이란 거짓이고 우리의 지식과 미래에 대한 통제력은 약하고 제한적이며 우리의 발명과 발견은 전혀 예측하지 못한 방향으로 흐른다는 사실, 간략히 말해서 우리의 사회의 근저에 깔린 인본주의적 가정은 타당성을 결여하고 있다는 사실을 깨닫게 될 것이다."[8]

(4) 불공평한 분배는 근본 문제가 아니다

불공평한 분배가 세계가 안고 있는 근본 문제라는 주장은, 공허하고 동어반복적인 주장에 지나지 않는다. 물론 불공평한 분배가 존재하고는 있다. 적절한 자원을 필요로 하는 모든 사람이 그것을 항상 획득하지는 못한다. 그러나 이것이 문제가 아니라 문제의 결과일 따름이다. 근본 문제는 이러한 불공평한 분배의 원인이 무엇인가이다. 이렇게 볼 때 인본주의자들은 불공평한 분배의 원인인 인간 죄악을 제대로 인식하지 못하고 있다고 하겠다(약 4:1~2). 인간의 이기심과 탐욕이 문제의 핵심이지만, 세속적 인본주의자들은 인간 본성에 대한 이와 같은 성서적이고 현실적인 견해를 인정하지 않으려고 한다.

(5) 교육은 해결방법이 아니다

역사는 교육을 통해서 구원을 획득하기 힘들다는 사실을 보여주고 있다. "선을 알고 있는 사람이 선을 행할 것"이라는 플라톤의 전제는 사실에 반대되는 전제이다. 어떤 사람이 교육을 많이 받았다고 해서, 자동적으로 더 훌

---

7) Ibid., pp. 74~75.
8) Ibid., p. 58.

룡한 사람으로 되지는 않는다. 실제로 교육은 때에 따라서는 사람으로 하여금 더욱 교활하게 악을 행하도록 만든다. 세계사에서 명성을 떨친 악인들이 보통 사람들보다 훨씬 더 무식했던 것은 아니다. 오히려 스탈린, 히틀러, 아돌프 아이히만 같은 잔악한 천재들이 많이 있었다.

물론 이것은 교육의 효과가 전혀 없다는 것을 의미하지는 않는다. 다만 교육이 도덕적이거나 생태학적인 측면에서, 구원의 수단이 아니라는 점을 지적할 뿐이다. 교육은 세계의 생태학적 위기에 대한 무지를 극복하는 수단으로서는 중요할지 몰라도, 그 자체로서는 문제를 해결하지 못할 것이다. 우리의 윤리 체계에 변화가 일어나지 않는 한, 우리의 생태학 체계도 변화하지 않을 것이다. 아무튼 사람이 환경을 더럽히고 있다. 따라서 우리는 환경을 변화시킬 수 있다고 기대하기에 앞서 사람을 변화시켜야 한다.

Ⅱ. 범신론적인 환경관

유물론은 환경을 파괴하고 있다. 즉 에너지 자원이 무한하다는 근거없는 믿음 때문에, 생명 유지에 필요한 자원이 부주의 속에서 낭비되고 있다. 또한 탐욕스럽게 이윤만을 추구하는 사람들은 말 그대로 자연자원을 약탈하고 있다. 결과적으로 기술과 진보라는 미명하에, 우리의 해양과 육지 그리고 울창한 삼림은 거대한 쓰레기장으로 변해가고 있는 것이다. 현재 이러한 자연 파괴에 반대하는 목소리가 여기 저기서 울려퍼지고 있는데, 범신론적인 세계관에 바탕을 둔 자연보호 주장도 그 가운데 하나이다. 광범위하게 얽힌 『선과 오토바이 유지기술』(*Zen and the Art of Motorcycle Maintenance*, 1974)이라는 책은, 기술에 반대하는 초기의 외침이었다. 이와 동일한 반문화적 맥락에서 쓰여진 리치(Charles Reich)의 『미국의 녹화』(*Greening of America*, 1970)는 자본주의와 기술을 상호 연관시켰다. 즉 "현대 사회는 자연과 전쟁을 벌이고 있다. 자본주의의 경쟁 사상은 자연을 이윤획득을 위한 상품으로만 바라보게 만든다. 기술은 자연을 정복하고 통제하고 지배해야 하는 한 요소로 여긴다…"고 주장했던 것이다.[9]

1. 범신론적 환경관에 대한 해설

범신론적인 환경 접근 방법은 확연하게 반유물론적인 동시에 반기독교적이다. 범신론자들이 얼마나 기독교의 환경관을 오해하고 있는가는 맥하그(Ian McHarg)의 다음과 같은 주장에서 뚜렷하게 드러난다; "창세기 1장에 실린 창조론은…우리 눈앞의 현실에 부합되지 않는다. 게다가 창조론에 내포된바 자연을 지배하고 정복해야 한다는 주장은 자연에 대해 겸손하고 창조적인 자세를 취하라는 본능보다는, 자연을 착취하고 파괴하라는 본능을 갖도록 인간을 자극하기 십상이다."[10] 생태학에 대한 범신론적 견해에는 몇 가지 특징들이 있다. 범신론은 '만물이 신'이라는 믿음이다. 정령숭배 현상에서 볼 수 있듯이, 자연은 신성하거나 신적인 것의 현현이다. 따라서 범신론 숭배자들은 자연을 숭배한다. 왜냐하면 자연이 신적이기 때문이다. 이러한 태도는 물질을 비롯한 모든 사물 속에는, 신성한 마나(mana)나 정령이 있다고 생각하는 정령숭배 신앙에서 전형적으로 나타난다. 예를 들어 알래스카의 원주민 코유콘스(Koyukons)는 "자연은 영혼을 갖고 있으며 그렇기 때문에 영혼에 바탕을 둔 힘도 갖고 있다"고 믿고 있다. 그래서 이들에 따르면 "여러 영들에 대한 지식은 자연자원을 성공적으로 획득하고, 주변환경에 둘러 싸인 공동체 속에서 조화를 이루면서 살아가는 데 필수적이다."[11]

(1) 자연은 살아 있는 유기체이다

자연은 하나님의 현현일 뿐만 아니라 살아 움직인다. 자연 속에는 영혼이나 생명이 스며 들어가 있으므로 자연은 하나의 살아있는 유기체이다. 이러한 견해는 조지 루카스(George Lucas)의 영화 『스타워즈』(*Star Wars*) 시리즈에서 대중적으로 잘 표현되어 있다. 즉 여기에 나오는 작은 생물 선 도사(Zen Master) 요다(Yoda)는 이렇게 주장하고 있다;

---

9) Charles A. Reich, *The Greening of America*(New York: Bantam, 1970), pp. 28~29.
10) Ian McHarg, *Design with Nature*(Garden City, N. Y.: Natural History Press, 1969), p. 26.
11) Richard K. Nelson, *Make Prayers to the Raven: A Koyukon View of the Northern Forest*(Chicago: University of Chicago Press, 1983), p. 228.

"나의 동족은 힘(force)이며, 이 힘은 엄청난 힘을 갖고 있다. 생명이 힘을 창조하고 기른다. 이 힘의 에너지는 우리 주위를 둘러싸고 있으며, 우리에게 영향을 미친다…당신 주위의 힘을 만져 보라…당신과 나 사이에는 나무와 바위가 있다."[12]

모든 것은 생명력이나 생명 에너지를 갖고 살아 움직이며, 그렇기 때문에 자연은 살아있는 유기체로 될 수 있다.

(2) 모든 종(種)은 하나님의 현현이다

하나님은 매우 다양한 방식으로 자연 속에서 자기 모습을 드러내고 있다. 모든 생물은 하나님의 현현이다. 그러므로 존재하고 있는 다양한 종을 보존할 필요가 있다. 따라서 댐(dam)이라는 형태로 표현되는 인간 기술이 크기가 2인치에 지나지 않는 작은 뱀장어의 생명을 위협할 때, 우리는 댐의 건설에 반대해야 한다. 왜냐하면 어느 한 종이든지 완전히 소멸해 버리면, 우리는 하나님의 현현 하나를 상실해 버리는 결과를 빚기 때문이다. 새로운 세대의 작가 새틴(Mark Satin)은 "환경적 질의 극대화"(Maximization of envirommental quality)―모든 생물의 복지의 극소화를 내포한 용어―라는 개념을 제시하고 있다.[13]

(3) 인간과 자연은 하나이다

새틴은 "북미 인디안의 정신세계는 우리로 하여금 많은 것을 생각하게 한다"고 말하고 있다. 그는 우뢰로 불리우는 쇼숀(shoshone)족의 의사를 예로 들고 있다;

"우뢰는 주변환경과 조화를 이루고, 감각의 기능을 활성화시키며, 세계를 포용하는 방법으로 환자를 치료한다…주변환경과의 상호작용을 통해서 (그는) 자연세계에 대해 알게 되며, 이에 자기 자신의 본성에 대해 이야기하게 된다. 그는 자연과 하나가 되고 이어서 자기 자신과 하나가 되며 마지막에는 '위대한 영'(Great Spirit)과 하나가 된다."[14]

---

12) Donald F. Glut, *The Empire Strikes Back*(New York: Ballantine, 1980), p. 123.
13) Mark Satin, *New Age Politics*(New York: Dell, 1979), p. 105.
14) Ibid., p. 113.

인간은 자연 및 주변환경과 하나이므로, 그와 조화를 이루면서 협력하며 살아가야 한다.

(4) 우리는 자연을 지배하는 왕이 아니라 자연의 종이다

인간은 자연과 마찬가지로 하나님의 현현이라는 사실에도 불구하고, 새틴은 "우리는 우리 자신을 자연을 지배하는 '왕'으로 생각하기가 힘들다는 것을 깨달을 수밖에 없다"고 말하고 있다.[15] 우리는 자신에 대한 지배권을 갖고 있지 않다. 오히려 자연의 종이다. 자연은 우리의 지배 대상이거나 소유물이 결코 아니다. 그러므로 우리는 '겸손해야' 한다. 그리고 다른 종류의 생물로부터 배울 수 있어야 한다. 예를 들어 고래나 돌고래는 인간보다 훨씬 우수한 생존율을 보여왔다. 그래서 새틴은 이렇게 묻고 있다; "고래나 돌고래는 어떤 유형의 상호관계, 윤리, 철학을 가졌기에 최근 1,500만 년에 걸쳐 존속할 수 있었을까? 고래나 돌고래는 그럴 수 있는데, 우리는 그럴 수 없다는 것이 얼마나 불가해한 일인가?"[16]

2. 범신론적인 환경관에 대한 평가

범신론적 환경관은 유물론적 환경관과 비교해 볼 때 많은 긍정적 측면들을 갖고 있다. 자연은 빈 낚시질만 할 수 있는 연못도, 죽은 짐승을 사냥하는 수풀도 아니다. 자연은 또한 광석을 모두 캐고난 노천광산도 아니다. 다른 한편으로 자연은 숭배해야 하는 신이 아니다. 바로 여기에서 범신론적 환경관의 몇 가지 중요한 측면이 비판받고 있다.

(1) 자연은 신이 아니다

범신론적 환경관이 안고 있는 핵심 문제는 환경을 바라보는 관점에 있다. 자연이 곧 신이기 때문에 자연을 존경해야 하는 것은 아니다. 범신론자의 유심론적 자연관은 인본주의자의 유물론적 자연관 만큼이나, 한 방향으로만 극단적으로 치우쳐 있다. 자연은 기계가 아닐 뿐더러 신도 아니다. 또한 자연은 운동하는 물질도 아니고 살아있는 영혼도 아니다. 자연은 하나

---

15) Ibid., p. 107.
16) Ibid.

님의 신비롭고 아름다운 창조물일 따름이다.

    범신론자는 창조와 현현을 혼동하고 있다. 자연은 하나님에게서 나온 것이지, 하나님 외부에 있는 것이 아니다. 자연은 하나님의 반영이지 하나님이 아니다. 이것은 연못에 비친 우리 모습이, 우리 자신이 아니라는 것과 마찬가지이다. 자연은 하나님에 의해서 그리고 하나님을 위해서 창조되고 있지만, 하나님 밖에서 창조되고 있는 것은 아니다. 자연은 하나님 같은 것(God stuff)이 아니다. 화가와 그림이 서로 다르고 조각가와 조각품이 서로 다르듯이, 하나님과 자연은 서로 다르다. 물론 소설가가 자기 소설 안에 있듯이 하나님은 자연 안에 있다. 자연은 하나님의 머리에서 나왔으며, 하나님의 생각이 자연에서 표현되고 있다. 그러나 소설가가 소설이 아닌 것처럼 하나님은 자연이 아니다.

(2) 자연은 살아있지 않다

    자연은 살아있는 유기체가 아니다. 자연 속에는 살아있는 유기체도 있지만 동시에 생명없는 물질도 있다. 생물과 무생물 사이에는 질적 차이가 있다. 생명은 구체적인 복잡성을 특징으로 한다.[17] 유리는 구체적이기는 하지만 복잡하지 않다. 랜덤 폴리머(Random Polymer)는 복잡하기는 하지만 구체적이지는 않다. 자연에서는 오직 생물만이 구체적이고 복잡하다.

    물질이 살아있다는 과학적 증거는 없다. 물질이 에너지이며, 물질의 에너지는 그 창조자에 의해 정밀하게 조직되고 있다. 그러나 물질은 살아있지 않다. 물질은 움직이지 못하는 죽은 재료일 뿐이다. 물질은 유용하고(창 1:31) 또 그 창조자를 반영하고 있지만, 살아있지 않을 뿐더러 신이 아니다. 물질은 어떤 신성한 힘이나 생명력을 부여받아도 생명을 갖지 못한다. 따라서 범신론적 환경관에 입각한 생태학은 아무런 근거가 없다.

(3) 종은 하나님의 현현이 아니다

    자연은 신이 아니므로 다른 근거로는 정당화될 수 있다고 해도, 종(species)은 하나님이기 때문에 그것이 무조건 보존되어야 한다고 할 수는 없다. 이것은 종의 신격화이지 종의 보존이 아니다. 하나님의 창조물로서

---

17) Leslie Orgel, *The Origins of Life*(New York: Wiley, 1973), p. 139.

의 모든 살아있는 종은 하나님의 솜씨를 반영하고 있다. 그러나 창조자와 피조물 사이에는 절대적인 차이가 있다. 창조자는 영원하고 무한한 반면에 모든 살아있는 피조물은 일시적이며 유한하다. 종은 하나님이 아니므로 종이 소멸된다고 해서, 우리가 하나님의 일부를 상실하는 것은 아니라는 결론이 자연히 도출된다. 생물이든 무생물이든 모든 피조물은 언젠가 소멸할 수밖에 없지만, 하나님은 계속 존재할 것이다.

(4) 인간과 자연은 하나가 아니다

범신론자들은 조화와 동일시를 혼동하고 있다. 인간은 자연과 조화를 이루며 살아가야 한다. 그렇지 않으면 살아갈 수 없다. 인간은 자연과 협력하며, 인간 육체는 죽으면 곧 자연의 일부가 된다. 그런데 자연과 협력한다는 것과 시신이 자연의 일부가 된다는 것은 다르다. 분명히 말해서 인간은 하나님이 창조한 다른 생물들과 물리적 육체를 공유하고 있지만, 두 가지 점에서 다른 생물들과는 다르다. 첫째로 우리의 육체는 다른 생물들의 육체가 아니다. 우리는 다른 육체를 갖고 있다. 둘째로 우리는 인간의 영혼을 갖고 있지만 다른 생물들은 그렇지 않다. 인간은 하나님의 형상대로 창조되고 있지만, 다른 생물들은 그렇지 않다(창 1:27). 따라서 인간과 자연은 하나로 통일되어 있지만 동일하지는 않다.

(5) 지배자는 종으로 될 수 있다

범신론적 생태학은 지배와 봉사라는 잘못된 이분법에 입각해 있다. 훌륭한 지배자는 자기 백성을 잘 섬긴다. 사실 기독교적인 지배 개념은 봉사라는 개념과 통한다. 예수는 지배와 봉사를 통일시킨 완전한 전형이었다(막 10:15; 빌 2:5~8). 따라서 지배가 파괴를 의미할 수밖에 없다는 가정은, 근거없는 가정에 지나지 않는다. 하나님은 아담에게 창조물에 대한 지배권을 주었지만(창 1:28), 동시에 땅을 갈고 정원을 가꾸라는 명령도 내렸다. 이것은 경작과 보호를 수반한다. 땅은 하나님의 정원이며 인간은 하나님의 정원사이다. 땅은 주님의 것이며(시 24:1), 우리는 하나님의 땅을 돌보는 사람이다.

Ⅲ. 기독교의 환경관

 세계의 모든 종교적이고 철학적인 사상체계 중에서 유대—기독교 전통만큼, 물질적 창조물에 존엄성을 부여하고 있는 사상 체계는 없다. 성서는 물질세계가 훌륭하며 그 창조자의 영광을 반영하고 있다는 주장을 뒷받침해 주고 있다(시 19:1; 딤전 4:4). 여기서는 기독교의 환경관을 구성하는 요소들과 환경에 대한 인간 책임을 간략하게 설명하겠다.

1. 생태학의 기독교적 토대에 대한 해설

 다른 모든 것과 마찬가지로, 기독교의 생태학 역시 기독교 신학에서 비롯된다. 세계에 대한 우리의 견해는 우리의 세계관에서 비롯된다. 성서적인 기독교는 유신론적인 세계관을 갖고 있으므로, 그것은 유물론 및 범신론과는 구분된다. 범신론은 '만물이 신'이라고 주장한다. 유물론은 '신은 결코 존재하지 않는다'고 믿고 있다. 하지만 기독교인은 하나님이 만물을 창조했다고 확신하고 있다. 따라서 기독교의 환경관은 창조 교리에 바탕을 두고 있다.

(1) 세계는 하나님의 피조물이다

 전통적인 유물론자들은 세계가 무한한 생성의 과정이라고 주장한다. 범신론자들은 세계가 무한하게 발산한다고 믿는다. 그러나 유신론자들은 세계의 일시적 창조를 주장한다. 세계에는 시작이 있다. "태초에 하나님이 천지를 창조하시니라"(창 1:1). 무신론자들은 세계가 물질(ex. materia)로부터 나왔다고 생각하고, 범신론자들은 세계가 신(ex. deo)으로부터 만들어졌다고 생각한다. 이와는 대조적으로 기독교인들은, 세계가 무(無)에서 창조되었다는 입장을 고수한다.

 생태학의 입장에서 볼 때 창조 교리는 몇 가지 중요한 함축적 의미를 담고 있다. 범신론자들이 말하는 것처럼 세계는 신이 아니지만, 그렇다고 유물론자들이 말하는 것처럼 우리의 것도 아니다. 바로 여기에 기독교적 생태학의 중요한 두 측면이 있다. 즉 세계는 하나님의 것이고, 인간은 세계의 관리자이다. 찬송가에 나와 있는 대로 이것은 하나님 아버지의 세계이다. 하나님은 세계를 소유하고 있으며, 인간은 세계를 관리하는 데 머무르고 있다.

(2) 하나님은 세계를 소유하고 있다

"땅과 거기 충만한 것과 세계와 그 중에 거하는 자가 다 여호와의 것이로다"(시 24:1). 하나님은 세계를 만들었으며 세계를 소유하고 있다. 하나님은 정원을 소유하고 있고 인간은 그 정원의 정원사이다. 주님은 욥에게 이렇게 말했다; "온 천하에 있는 것이 다 내 것이니라"(욥 41:11). 하나님은 땅과 나무 그리고 동물과 광물 모두를 소유하고 있다. 하나님은 다음과 같이 선언했다; "이는 삼림의 짐승들과 천산의 생물이 다 내 것이며… 세계와 거기 충만한 것이 내 것이로다"(시 50:10, 12). 하나님이 환경을 소유하고 있으므로 인간은 단지 환경을 점유하고 있을 뿐이다. 따라서 하나님의 소유권은 우리의 관리권의 토대이다.

(3) 세계는 하나님의 반영이다

그리스도 정신과는 반대로, 구약은 물질적인 피조물이 본질적으로 선하다는 것을 인정하고 있다. 물질 세계는 거부되어야 마땅한 악이 아니라 향유되어야 할 선이다. 물질 세계는 악의 현현이 아니라 하나님의 영광의 반영이다. 거의 매일 창조를 마친 후 "하나님이 보시기에 좋았더라"는 기록이 있다(창 1:4, 10, 12, 18, 21, 25). 더구나 창조의 마지막 날 하나님은 모든 것을 지으시고 "보시기에 심히 좋았더라"(창 1:31)고 말씀하셨다. 인간은 하나님의 형상대로 만들어졌으므로, 가장 훌륭한 물질적인 피조물이라고 전해진다.

자연세계는 본질적으로 선할 뿐만 아니라 하나님 영광의 반영이다. 시편 기자는 다음과 같이 말했다; "하늘이 하나님의 영광을 선포하고 궁창이 그 손으로 하신 일을 나타내는도다"(시 19:1). "주의 손가락으로 만드신 주의 하늘과 주의 베풀어 두신 달과 별들을 내가 보오니 사람이 무엇이관대 주께서 저를 생각하시며 인자가 무엇이관대 주께서 저를 권고하시나이까"(시 8:3~4). 구약에 따르면 창조는 창조자의 영광을 반영하고 있다. 자연은 하나님의 반영이다. 하나님은 어느 곳에서나 현현되고 있다. 즉 하나님은 빛과 어둠, 육지와 바다, 높은 곳과 낮은 곳 어디에나 계시다(시 139: 7~12 참조). 관찰자의 눈은 하나님이 어디에나 있다는 증거를 확인할 수 있다. 신약에 따르면 "창세로부터 그의 보이지 아니하는 것들 곧 그의 영원하신 능력과 신성이 그 만드신 만물에 분명히 보여 알게 되나니"(롬 1:20)라고 했다.

(4) 세계는 하나님에 의해 유지되고 있다

성서에 따르면 하나님은 세계를 만들었을 뿐만 아니라 세계를 유지시키고 있다. 사실상 그리스도는 그의 능력의 말씀으로 만물을 붙드시고 있다(히 1:3). 하나님은 모든 사물을 창조했을 뿐만 아니라 계속 존재하게 하고 있다. 간략히 말해서 하나님은 적극적으로 세계를 창조했을 뿐만 아니라 세계를 유지시키고 있다. 시편 기자는 이렇게 말했다;

"여호와께서 샘으로 골짜기에서 솟아나게 하시고 산 사이에 흐르게 하사 들의 각 짐승에게 마시우시니 들나귀들도 해갈하며 공중의 새들이 그 가에서 깃들이며 나뭇가지 사이에서 소리를 발하는도다 저가 그 누각에서 산에 물을 주시니 주의 행사의 결과가 땅에 풍족하도다 저가 가축을 위한 풀과 사람의 소용을 위한 채소를 자라게 하시며 땅에서 식물이 나게 하시고"(시 104:10~14).

성서는 '자연은 신'이라는 견해나 '자연은 비인간적'이라는 견해를 지지하지 않는다. 하나님의 손은 폭풍우, 번개, 비 속에서 볼 수 있다(시 77:17~18). 하나님은 바람과 어둠을 만들어 냈다(암 4:13). 하나님은 모든 피조물들 속에서 그리고 모든 피조물을 매개로 적극적으로 활동하고 있다. "우리가 그를 힘입어 살며 기동하며 있느니라"(행 17:28). 하나님은 생명 유지에 필요한 자연세계를 떠받쳐 제대로 유지되도록 하고 있다. 따라서 이처럼 하나님이 자연세계에 생태학적으로 간섭하고 있다는 가정은, 윤리적으로 중요한 의미를 가질 수밖에 없다.

(5) 세계는 하나님과 언약을 맺고 있다

하나님은 세계를 물로 파괴시켜 버린 다음, 노아가 살아남아서 모습을 드러냈을 때 모든 생물과 영원한 언약을 맺었다(창 9:16). 다시 말해서 하나님은 다음과 같이 말씀하셨다; "내가 나와 너희와 및 너희와 함께 하는 모든 생물 사이에 영세까지 세우는 언약의 증거는 이것이라…무지개가 구름 속에 나타나면 내가 나와 너희와 및 혈기있는 모든 생물 사이의 내 언약을 기억하리니 다시는 물이 모든 혈기있는 자를 멸하는 홍수가 되지 아니할지라"(창 9:12~15). 하나님은 살아있는 모든 것을 두 번 다시 물로 파괴시키지 않겠다고 약속하였다.

우리는 이런 맥락에서 동물을 존중해야 한다고 주장할 수 있다. 무엇보다도 모든 피조물은 하나님과 언약을 맺고 있으므로, 우리에게는 그것들을 보존해야 할 의무가 있다. 모든 것은 특수한 피조물이며, 하나님의 포괄적인 계획 안에서 나름대로 특수한 위치를 점하고 있다. 하나님은 "공중의 새까지도 먹여 살린다"(마 6:26). 하나님이 이렇게 언약을 통해 동물에게도 먹을 것을 주었다는 사실에 비추어 볼 때(창 9:3), 인간인 우리에게는 동물을 학대할 권리가 전혀 없다고 할 수 없다. 사실상 잠언 기자는 "의인은 그 육축의 생명을 돌아보나 악인의 긍휼은 잔인이니라"(잠 12:10). 하나님은 심지어 땅에 떨어진 참새에게도 주의를 기울이고 있다(마 10:29). 따라서 우리는 하나님이 창조한 모든 살아있는 것을 보존해야 한다.

(6) 인류는 환경의 관리자이다

하나님은 세계의 창조자이면서 소유자이고 인간은 세계의 관리자이다. 하나님은 인간을 자기 형상대로 창조하면서 인간에게 이렇게 명령했다; "생육하고 번성하여 땅에 충만하라 땅을 정복하라 바다의 고기와 공중의 새와 땅에 움직이는 모든 생물을 다스리라"(창 1:28). 이러한 구절들로부터 우리가 환경에 대해 지켜야 할 기본적인 의무에는 최소한 세 가지가 있다는 것을 알 수 있다. 그 각각에 대해 살펴보기로 하자.

가. 번식시켜야 할 의무

모든 살아있는 것은 자기들의 종을 번식시키고 있다(창 1:21). 인간에게도 그렇게 해야 할 의무가 있다. 하나님은 아담과 이브에게 다음과 같이 말했다; "생육하고 번성하여 땅에 충만하라"(창 1:28). 따라서 자연세계에 대한 우리의 첫번째 임무는 인간이라는 종을 번식시키는 것이다. 인간은 땅을 가득 메울 정도로 수가 늘어나도록 정해져 있었다. 사실상 아담은 자기 모양(곧 형상)과 같은 아들을 낳았다(창 5:3).

하지만 번식시키라는 명령에 관한 두 가지 사실 만큼은 염두에 두어야 한다. 첫째로 이 명령은 인류에 대한 것이지, 개인에 대한 것은 아니라는 사실이다. 예수(마 19:11~12)와 바울(고전 7:8) 모두 독신으로 살아가야 하는 사람도 있다는 것을 인정하였다. 둘째로 이 명령은 땅을 가득 메우라는 명령이지, 넘치도록 가득 메우라는 명령은 아니다. 즉 단순히 인구를 증가시키라는 명령이지, 인구과잉을 야기시킬 정도로 무분별하게 인구를 증가시키라는 명령은 아닌 것이다. 세계가 현재 인구과잉인가 아닌가를 둘러싸고 논쟁이 벌어지고 있지만, 인류가 소멸의 위기에 처해 있다는 것은 의심할 여지없는 사실이다. 간략히 말해서 인류는 인구를 증가시키라는 명령만큼은 너무나 잘 이행하였다. 식물과 동물이 재생산되고 있고 또한 식물과 동물이 인간의 존속에 필요하다는 사실로부터, 어느 하나가 다른 것들보다 과잉번식해서는 안된다는 명령을 알 수 있다. 식물과 동물과 인간 사이의 균형이 유지될 필요가 있다.

나. 지배의 의무

인간은 피조물에 대한 지배권을 부여받았다. 이를 설명하기 위해서 두 단어 즉 '정복'(kabash)과 '지배'(radah)가 사용되고 있다. '정복'은 짓밟거나 종속시키는 것을 의미한다. 이 단어는 피정복자의 목을 발로 밟고 있는 정복자의 이미지를 전달해 준다. 그러므로 자연과 관련시켜 본다면, 이 단어는 자연에 대한 일정한 형태의 통제나 강제를 뜻한다. 한편 '지배'는 압도적인 우위를 점하는 것을 의미한다. 이 단어가 전달해 주고 있는 이미지는 지배자나 승리자의 이미지이다. 두 이미지 모두 인간은 단순하게 자연 속에 있는 것이 아니라, 자연을 지배하는 위치에 있음을 분명하게 보여준다. 즉 인간은 자연세계의 일부분인 동시에 자연세계와는 별개로 존재한다. 인간은 피조물을 농부처럼 수동적으로만 보살피고 있지 않으며, 왕처럼 피조물 위에 군림하고 있는 것이다.

다. 자연세계의 관리자로 되라는 명령

인간에게는 번식과 지배의 의무와 아울러 보존의 의무도 있다. 인간은 자연세계 안에서 일하면서 자연세계를 보살펴야 한다. 일한다거나 경작한다(abad)는 말은 섬긴다는 것을 의미한다. '보살핀다'(shamar)는 말은 관리하고 관찰하고 보존하는 것을 의미한다. 두 단어 모두 인간 자신을 위한 행동이 아닌, 피조물을 위해 행동하는 데 사용된다. 인간에게는 자연세계를 섬기고 보존해야 할 의무가 있다.

성서에 대해 잘 모르는 사람들에게는, 인간의 이러한 의무가 모순적이라고 여겨질지도 모른다. 어떻게 해서 인간은 피조물의 지배자로도 되고, 종으로도 될 수 있는가? 이러한 의문은 예수 그리스도가 새로운 피조물의 머리라는 사실을 알게 되면 쉽게 해결될 것이다. 예수 그리스도는 세계의 종인 동시에 지배자였다. 그는 세계를 섬기는 동시에 지배했다(막 10:45; 빌 2:5~8). 기독교 교회의 지도자들조차도 하나님의 백성을 "인도하라"는 명령을 받고 있다(히 13:7). 그리고 동시에 감독으로서 양무리를 치라는 명령도 받고 있다(벧전 5:2). 그들은 군주로서가 아니라 목자로서, 하나님을 따르는 백성을 지배하거나 권력을 행사해야 한다. 베드로는 "맡기운 자들에게 주장하는 자세를 하지 말고 오직 양무리의 본이 되라"(벧전 5:3)고 교훈했다. 이런 의미에서 볼 때 지배와 봉사 그리고 하나님의 피조물에 대한 지배와 책임 사이에는 아무런 모순도 없다. 피조물을 지배해야 할 의무는 곧 피조물을 섬겨야 할 의무인 것이다.

2. 환경을 보존하기 위한 기독교의 몇 가지 절차에 대한 검토

성서는 환경에 대해 우리가 책임질 때의 일반 원리들을 제시하고 있을 뿐만 아니라, 환경을 보존하기 위한 몇 가지 실제적인 절차를 서술해 놓고 있다. 기독교인은 그리스도 안에서 실현된 구약 율법에 구애받고 있지 않지만(롬 6~7장; 갈 3장; 히 7~10장), 구약은 어쨌든 우리에게 교훈과 모범을 알려주기 위해 쓰여졌다(롬 15:4; 고전 10:11; 딤후 3:17). 따라서 하나님이 이스라엘 민족에게 가르친 교훈 중에서, 우리에게 유익한 것들을 수집할 필요가 있다. 그리고 그 가운데 몇 가지는 환경에 대한 우리의 의무와 관련이 있다.

(1) 선한 청지기가 되어야 한다는 율법

생태학은 선한 자연관리를 목표로 한다. 하나님은 우리에게 지구와 지구 자원을 보호할 권한을 위임하였으므로, 우리는 그에 따른 의무를 완수해야 한다. 사도 바울은 "맡은 자들에게 구할 것은 충성이니라"(고전 4:2)고 교훈했다. 가치있는 자원을 낭비하는 것은 선한 청지기로서의 자세가 아니다. 지구는 하나님의 정원이고 우리는 그 관리인이다. 하나님은 "온 천하에 있는 것이 다 내 것이니라"(욥 41:11)고 말씀했다. 우리는 하나님의 정원을 황무지로 만들고, 하나님의 연못을 쓰레기장으로 만들어서는 안된다.

(2) 안식일에 휴식을 취해야 한다는 율법

주마다 한 번씩 있는 안식일은, 인간이 휴식을 취하는 날일 뿐만 아니라 동물이 휴식을 취하는 날이기도 하다. 하나님은 "너는 육일 동안에 네 일을 하고 제 7일에는 쉬라 네 소와 나귀가 쉴 것이며 네 계집종의 자식과 나그네가 숨을 돌리리라"(출 23:12)고 명령하셨다. 정기적인 매주 1회의 휴식은 인간이든 동물이든 좋은 컨디션을 유지하기 위해서 꼭 필요하다. 휴식은 생활과 토지의 생산성 향상에 도움이 된다.

(3) 토지의 휴식에 관한 율법

토지도 휴식을 취해야 한다는 율법은, 구약의 여러 율법 가운데서 구체적으로 생태계의 보존에 초점을 맞추고 있는 율법이라 하겠다. 이러한 율법에 따른 인간은 스스로를 위해 일주일 중 하루를 쉬었을 뿐만 아니라, 토지가 활력을 되찾을 수 있도록 하기 위해서도 휴일에는 밭을 갈지 않았다. 땅의 이러한 나머지 부분은 백성의 가난한 자와 들짐승이 먹게 했다(출 23:10~11). 그들의 포도원과 감람원도 마찬가지였다. 이러한 조치를 통해 토지의 남용을 막음으로써 인간과 동물은 비옥한 토지를 가질 수 있었다.

(4) 희년에 관한 율법

하나님은 "세계와 거기 충만한 것이 내 것임이로다"(시 50:12)라고 선포했다. 하나님은 이를 보충하기 위해서 "토지를 영영히 팔지 말 것은 토지는 다 내 것임이라 너희는 나와 함께 있느니라"(레 25:23)고 명령했다. 그리하여 하나님은 50년마다 토지를 원래 소유주에게 되돌려 주는 희년을 율법으로 정했다(레 25:28). 이것은 토지 소유의 집중과 착취를 방지했다.

(5) 수확에 관한 율법

이스라엘 민족은 하나님에게서 다음과 같은 명령을 받았다; "너희 땅의 곡물을 벨 때에 너는 밭 모퉁이까지 다 거두지 말고 너희 떨어진 이삭도 줍지 말며 너희 포도원의 열매를 다 따지 말며 너희 포도원에 떨어진 열매도 줍지 말고 가난한 사람과 타국인을 위하여 버려두라"(레 19:10). "너는 육년 동안은 너의 땅에 파종하여 그 소산을 거두고 제 7년에는 거두지 말고 묵여 두어서 네 백성의 가난한 자로 먹게 하라 그 남은 것은 들짐승이 먹으리라 너의 포도원과 감람원도 그리할지라"(출 23:10~11). 그러나 이것만이 빈민은 물론 야생동물에게도 식량을 제공해 줄 수 있는 유일한 방법은 아니었다(출 23:11 참조). 게다가 이것은 토지를 과도하게 이용해 그 자원을 송두리째 차지하려는, 인간의 탐욕스러운 성향에 의해 저지될 가능성이 높았다. 인간의 이러한 성향은 생태학적 위기를 초래하는 핵심 요인이다.

(6) 위생에 관한 율법

환경오염은 넓게 본다면 잘못된 처리방법에서 생기는 문제이다. 레위기의 많은 부분이 바로 이 문제에 초점을 맞추었다. 레위기에 따르면 음식물과 손과 일상용품 등의 청결을 유지해야 했고(레 13~14장 참조), 전염병에 걸린 사람을 격리시켜야 했다(레 13:9~11). 또한 오염된 의복은 불살라 버려야 했으며(레 13:52), 오염된 집도 파괴시켜 버려야 했다(레 14:43~45). 아울러 쓰레기는 땅 속에 파묻어야 했다. 율법서에는 "너의 기구에 작은 삽을 더하여 밖에 나가서 대변을 통할 때에 그것으로 땅을 팔 것이요 몸을 돌이켜 그 배설물을 덮을 지니"(신 23:13)라고 명령했다. 이러한 청결을 유지하기 위한 방법 모두는 성스러움의 일부로 여겨졌다. 왜냐하면 레위기에서 이 내용에 실린 부분은 다음과 같은 말로 시작되기 때문이다; "나는 너희의 하나님이 되려고 너희를 애굽 땅에서 인도하여 온 여호와라 내가 거룩하니 너희도 거룩할지어다"(레 11:45).

(7) 전쟁에 관한 율법

전쟁이라는 위급한 상황에서도 이스라엘 민족은 생명유지에 필요한 환경을 파괴하지 않도록 주의하라는 충고를 들었다; "너희가 어느 성읍을 오랫동안 에워싸고 쳐서 취하려 할 때에도 도끼를 들어 그 곳의 나무를 작벌하지 말라…오직 과목이 아닌 줄로 아는 식목을 작벌하여 너희와 싸우는 그 성읍을 치는 기구를 만들어 그 성읍을 함락시킬 때까지 쓸지니라"(신 20:19~20). 전쟁이 필연적일 때라고 해도 환경을 파괴해서는 안된다. 우리는 전쟁 상대국의 환경을 파괴시키는 방법을 써서 전쟁을 승리로 이끌기란 불가능한 일이다.

(8) 토지에 대한 욕심을 금지하는 율법

하나님이 토지를 소유하고 있지 인간이 토지를 소유하고 있는 것은 아니다. "세계와 거기 충만한 것이 내 것임이로다"(시 50:12), "온 천하에 있는 것이 다 내 것이니라"(욥 41:11), "땅과 거기 충만한 것과 세계와 그 중에 거하는 자가 다 여호와의 것이로다"(시 24:1). 그래서 이사야는 다음과 같이 주장하면서 토지를 최대한 사용하여 수확을 늘리려는 욕심을 비난하였다; "가옥에 가옥을 연하며 전토에 전토를 더하며 빈 틈이 없도록 하고 이 땅 가운데서 홀로 거하려 하는 그들은 화 있을진저… 열흘갈이 포도원에 겨우 포도원 한 바트가 나겠고 한 호멜지기에는 간신히 한 에바가 나리라 하시도다"(사 5:8, 10).

3. 기독교적 환경관에 대한 평가

기독교적 환경관에 반대하는 견해도 몇 가지 있는데, 그 대부분은 다음과 같은 한 가지 기본적인 테제로 정리할 수 있다. 즉 자연세계에 대한 정복과 지배라는 기독교적 개념은, 전면적인 자연세계의 착취와 오염을 초래해 왔다는 것이다.

(1) 기독교를 비판하는 주장

기독교를 비판하는 주장 가운데서 가장 영향력있는 것은 화이트 2세(Lynn White Jr.)의 소논문 "우리의 생태학적 위기의 역사적 뿌리"에 실린 주장이다. 화이트는 이렇게 말하고 있다; "기독교는 세계에서 절대적으로 비교해 볼 때…하나님의 의지가 그렇기 때문에 인간이 목적달성을 위해 자연을 착취할 수 있다고 주장하였다."[18] 그에 따르면 이러한 착취는 창세기 1:28의 세계를 '정복하고' 세계에 대한 '지배권'을 장악하라는 명령에서 비롯되고 있다. 사실상 현대과학의 뿌리도 추적해 들어가면 바로 이 구절에 있다고 할 수 있을 것이다. 프란시스 베이콘(Francis Bacon)은 현대

---

18) Lynn White, "The Historical Roots of Our Ecological Crisis," in Wesley Granberg-Michaelson, *Ecology and Life*(Waco: word, 1988), p. 132.

과학의 여명기에 유명한 『신 기관』(Novum Organum; 1260년)을 저술하면서 "인류로 하여금 하나님에게서 물려받은 자연에 대한 권리를 되찾아 그것에 힘을 쏟게 하라"고 말했다.[19]

(2) 이러한 비판에 대한 기독교의 대응

기독교가 현대과학의 어머니이고 현대기술이 기독교를 밑바탕으로 해서 출현했다는 것은 틀림없는 사실이다. 하지만 다음과 같은 몇 가지 이유에서 현재의 생태학적 위기의 책임을 기독교 세계에 돌리는 것은 올바르지 못하다.

유대―기독교의 창조 개념이 현대과학의 뿌리라 할지라도, 그 때문에 피조물에 대한 착취가 야기되었다고 주장하는 것은 전적으로 잘못이다. 베이콘의 유명한 말을 기독교 비판자들은 오해하고 있다. 왜냐하면 자연에 대한 인간의 권리는 하나님에게서 물려받은 것이라고 말하고 나서, 베이콘은 곧 바로 신중하게 "그러므로 자연에 대한 권리 행사는 건전한 이성과 참 종교에 의해 규정될 것이라"[20]고 덧붙이고 있기 때문이다. 그러므로 베이콘은 분명히 하나님의 지도와 도덕적인 규제하에서, 인간이 자연에 대한 지배권을 행사해야 한다는 것을 인식하였다.

자연의 남용을 부추기고 있는 것은, 기독교적 세계관이 아니라 유물론적 세계관이다. 자연자원이 무한하고 또 인간이 최고 권위를 갖고 자연자원을 사용할 수 있다고 인식하면서, 사람들은 한마디로 자연자원을 착취하는 사람들이라고 할 수 있다. 앞에서 서술했던 대로 일부 인본주의자들은 자연을 "약탈해야 한다"고까지 말하고 있다. 이와는 대조적으로 기독교는, 하나님은 자연의 소유자이고 우리는 하나님의 종에 지나지 않는다고 확신하고 있다. 우리의 '지배권'이란 자연자원에 대한 충실한 관리권에 불과하다. 우리는 자연세계 안에서 살고 있으며, 자연세계를 보호하고 보존할 책임을 부여받고 있다. 자연을 지배하라는 성서의 명령은, 결코 자연을 더럽히라는 것을 뜻하지 않는다. 우리가 아무리 자연을 지배하고 있다고 해도, 우리

---

19) Fancis Bacon, *The New Organon*, ed. Fulton H. Anderson(Indianapolis: Bobbs-Merrill, 1960), p. 119.
20) Ibid.

에게 자연을 오염시킬 권리까지 있는 것은 아니다. 오히려 기독교인에게는 자연세계를 보살피고 보존할 책임이 있다.

기독교 자체는 현재의 생태학적 위기에 대해 아무런 책임도 없지만, 기독교 진영은 상당한 정도의 책임을 져야 한다. 그러나 누군가가 말했듯이 기독교 진영은 무언의 기독교 집단으로 규정될 수 있다. 기독교인이라고 해서 항상 기독교의 원칙을 지키며 살아가는 것은 아니다. 어느 정도까지는 기독교인도 다른 사람들과 마찬가지로, 각 시대의 시대 정신에 사로잡혀 있으며 물질주의적이다. 여기서 다시 한번 우리는 환경에 대해 책임져야 한다는 성서 진리를 상기할 필요가 있다. 이러한 의미에서 우리는 새로운 세대의 환경 보호론자들이 퍼붓는 비난을 달게 받아들일 수 있다. 아무튼 우리는 현재의 생태학적 위기는 성서적 세계관이 갖고 있는 오류에서 비롯되고 있는 것이 아니라, 우리가 성서적 세계관에 따라 생활하지 못하는 데서 비롯되고 있다는 사실을 염두에 두어야 한다.

〖 요약 및 결론 〗

환경에 관한 견해는 크게 세 가지가 있는데, 그 각각은 상이한 세계관에 바탕을 두고 있다. 유물론적 견해는 진화상의 지위가 높기 때문에 주위 세계를 책임지고 있는 인간을 수천 년 동안 존속시켜 온 무한한 에너지 자원으로 환경을 바라보고 있다. 유물론자에 따르면 인간은 기술을 통해서 목적달성에 바람직한 방향으로 환경을 변화시킬 수 있다. 유물론자의 반대편에는 '자연이 곧 신'이라고 믿는 범신론자가 있다. 따라서 범신론자에 따르면 우리에게는 자연세계를 존경하고 기술의 침입으로부터 자연세계를 보호해야 할 의무가 있다. 이 두 견해와는 대조적으로 기독교는 기술에 의한 착취는 물론, 신비주의적인 숭배도 신뢰하지 않는다. 기독교에 따르면 하나님은 창조자이며, 인간은 하나님이 창조한 장엄하고 빛나는 세계의 보호자이다. 따라서 세계를 더럽히지 않고 깨끗이 관리하는 것과 오염시키지 않고 보존하는 것은 우리 인간의 의무이다.

인간이 세계를 오염시키고 있다는 것은 이상한 아이러니가 아닐 수 없다. 즉 우리는 환경을 오염시킴으로써 항상 먹어야 하는 음식물에 독을 집어넣게 된다. 그리하여 우리는 환경에 대해서 뿐만 아니라 우리 자신에 대해서도 죄를 짓고 있다. 아울러 우리는 환경 속에서 살아가야 하는 다른 사람들에게 죄를 짓고 있을 뿐더러, 자기 자신의 현현을 위해서는 물론 우리의 행복을 위해서 환경을 만들어 낸 하나님에게도 죄를 짓고 있다. 우리가 환경을 오염시켜 우리 자신을 파멸시키고 있다 해도, 환경은 우리와는 별개로 존재할 것이다. 하나님은 우리에게 지구를 보호하라는 임무를 주었다. 우리가 지구를 돌보지 않는다면, 지구도 우리를 돌보지 않을 것이다. 우리는 현재 우리 자신에게 다음과 같은 물음을 던져야 한다; '나는 과연 지구의 보호자인가?' 내가 지구의 관리자가 아니라고 하면, 점점 나는 내 형제의 보호자도 아니라는 사실이 자명해진다. 나의 지구는 곧 내 형제의 지구이다. 따라서 내가 지구를 보호하지 않는다면, 지구는 나는 물론 내 형제까지 보호하지 않을 것이다.

〖 꼭 읽어야 할 책들 〗

DeVos, Peter, et al. *Earthkeeping: Christian Stewardship of Natural Resources*. Edited by Loren Wilkinson. Grand Rapids: Eerdmans, 1980.

Ehrenfeld, David. *The Arrogance of Humanism*. New York: Oxford University Press, 1978.

Granberg-Michaelson, Wesley. *Ecology and Life*. Waco: Word, 1988.

Pirsig, Robert M. *Zen and the Art of Motorcycle Maintenance*. New York: Morrow, 1974.

Reich, Charles A. *The Greening of America*. New York: Bantam, 1970.

Schaeffer, Francis A. *Pollution and the Death of Man: The Christian View of Ecology*. Wheaton: Tyndale House, 1970.

White, Lynn, Jr. "The Historical Roots of Our Ecological Crisis." In *Ecology and Life*, Wesley Granberg-Michaelson. Waco: Word, 1988.

용어풀이

ㄱ

- 가학주의(Sadism) — 쾌락을 얻기 위해 다른 사람에게 고통을 가하는 것.
- 공리주의(Utilitarianism) — 결과적으로 최대다수의 최대행복을 가져오는 것만이 옳은 행동이라는 것.
- 공리주의적 계산(Utilitarian Calculus) — 어떤 행동이 올바른 행동인가를 결정하기 위해, 고통에 뒤따르는 쾌락을 예상하여 헤아리는 공리주의자들(앞 참조)의 계산.
- 관습(Mores) — 규범적인 윤리(아래 참조) 기준이 도덕적으로 어떻게 판단하는가와는 상관없는 어느 한 문화의 관례나 관습.
- 교정적 정의관(Remedial view of justice) — 정의의 목적은 범죄자를 처벌하는 데 있는 것이 아니라 개조시키는 데 있다는 견해.
- 국가숭배주의(Patriolatry) — 자기 나라를 궁극적인 것 또는 하나님의 차원으로까지 올려놓는 급진적인 애국심.
- 규범적 윤리(Prescriptive ethics) — 윤리적인 법칙은 서술적이지 않고 명령적이라는 주장. 이에 따르면 윤리적인 법칙은 관습에서 볼 수 있는 것과 같은 "존재"의 문제가 아니라 "당위"의 문제이다.
- 근친상간(Incest) — 혈연적으로 밀접한 인척 특히 자기 배우자 이외의 가족 구성원과 성관계를 맺는 것.

ㄴ

- 남색(Sodomy) — 동성 혹은 동물과 성관계를 맺는 것.
- 남편에 의한 인공수정(AIH) — 임신을 위해 남편이 자기의 정자를 부인에게

이식시키는 것.
- 냉동보존술(Cryonics)―사망한 사람을 후세에 소생시킬 수 있다는 희망을 갖고 냉동시키는 방법.
- 능동적 안락사(Active euthanasia)―보다 나은 목적을 위해 인간 생명을 빼앗는 행위. 이것은 사망하도록 내버려두는 수동적 안락사와는 대비된다.

ㄷ

- 대리판단(Substituted Judgment)―독자적인 판단능력이 없는 사람을 위해 다른 사람이 치료나 의학적 처리에 관한 판단을 내려주는 것. 이는 최선의 판단(뒤 참조)과는 대비된다.
- 도덕적 폐기론(Antinomianism)―윤리적 규칙이나 규범을 인정하지 않는 주장.
- 독재(Tyranny)―인간의 모든 권리를 무시하기만 하는 독재자나 전제자에 의한 지배.

ㅁ

- 목적론적 윤리(Teleological Ethics)―의무론적 윤리와는 반대되는 말로서, 이에 따르면 목적이나 결과의 견제에서 윤리적인 결정을 내려야 한다.
- 무정부 상태(Anarchy)―정부가 없는 무법 상태.
- 무조건적 절대주의(Unqualified Absolutism)―서로 상충되지 않는 많은 도덕률이 존재한다는 주장. 이에 따르면 모든 갈등은 겉으로만 그렇게 보일 뿐 결코 실재하지 않는다.

ㅂ

- 법은 왕이다(Lex Rex)―왕은 법이라는 주장과는 반대되는 말 그대로 "법은 왕"이라는 주장. 이 말은 사무엘 러더포드의 유명한 저서(1644년)에서 유래한다.
- 법칙-공리주의(Rule-utilitarianism)―윤리 규범은 그것을 준수할 경우에 예상되는 결과의 견지에서 선택되어야 한다는 공리주의적 견해.
- 복제(cloning)―유전자의 복사를 통해 "똑같은" 유기체를 만들어내는 것.

- 본질적인 선(Intrinsic good) ─ 다른 것에 대한 수단으로서의 의미만을 지니는 선과는 반대되는 선 그 자체.
- 본질주의(Essentialism) ─ 윤리적인 율법은 올바르기 때문에 하나님은 그것을 실천하라고 권유한다는 주장. 이에 따르면 주의주의(뒤 참조)에서처럼 하나님이 실천하라고 권유하기 때문에 윤리적인 율법이 올바른 것은 아니다.
- 부부생활권(Conjugal Rights) ─ 성생활을 맺을 권리를 비롯한 부부생활을 할 권리.

ㅅ

- 사생활권(Privacy Right) ─ 다른 사람들로부터 간섭받지 않을 개인적인 권리. 결국 사적인 개인으로서의 개인이 갖는 권리.
- 사전 동의(Informed consent) ─ 의학적 치료를 수행하기 이전에 적절한 정보를 알려주어 자발적인 동의를 얻어내는 것.
- 상황주의(Situationism) ─ 절대적인 윤리 법칙은 존재하지 않는다는 주장. 이에 따르면 모든 결정은 끊임없이 변화하는 상황에 토대를 두어야 한다.
- 생명의 질 원칙(Quality of Life Principle) ─ 인간 생명의 신성(뒤 참조)이라는 견지에서가 아니라 생명의 질이라는 견지에서 모든 결정을 내려야 한다는 주장.
- 선별주의(Selectivism) ─ 일부 전쟁만이 정당한 전쟁이라는 주장. 이에 따르면 설령 자기 조국이 일으킨 전쟁이라 하더라도 정의롭지 못한 전쟁이라면 저항해야 한다.
- 선제공격(Preemptive strike) ─ 다른 나라가 미처 방어할 태세를 갖추기 전에 기습적으로 공격하는 것.
- 세속적 인본주의(Secular Humanism) ─ 하나님 또는 하나님이 부여한 도덕률은 존재하지 않는다는 주장. 이에 따르면 자유나 인내 등 인도주의적 가치의 견지에서 상황에 맞게 모든 결정을 내려야 한다는 주장.
- 수간(Bestiality) ─ 동물과 성관계를 맺는 행위.
- 수동적 안락사(Passive euthanasia) ─ 능동적 안락사와는 반대되는 말로 죽음을 막기 위한 의학적이고 기술적인 개입을 하지 않음으로써 환자가 사

망하도록 방치하는 것.
- 시험관 수정(In vitro fertilization)—인간의 자궁 외부에서 인공적으로 유도된 수정. 이러한 방법을 통해서 탄생한 아기는 일반적으로 "시험관 아기"(test-tube babies)로 지칭된다.
- 시험관 아기(Test-tube Babies)—시험관 수정을 통해서 자궁 밖에서 수태된 아기.
- 신률주의자(Theonomists)—말 그대로 "하나님의 율법" 즉 세속 정부는 구약에서 제시된 하나님의 율법을 준수해야 한다는 믿음.
- 신정주의(Theocracy)—말 그대로 "하나님에 의한 지배" 즉 인간 권력에 의해 매개되지 않는 하나님의 직접적인 지배.
- 실증주의(Positivism)—가치는 하나님의 본성에서 파생되는 것과는 달리 자발적으로 선택된다는 주장. 이에 따르면 가치는 결정되지 발견되지는 않는다.

○

- 아가페 사랑(Agapic love)—전혀 이기적이지 않은 사랑; 즉 대가를 요구하지 않는 사랑.
- 양적인 공리주의(Quantitative Utilitarianism)—얼마나 많은 쾌락이 얼마나 많은 고통 뒤에 올것인가를 평가하면서 최대한의 행복을 양적으로 규정하는 공리주의적 견해 (앞 참조).
- 위계주의(Hierarchicalism)—차등적 절대주의(뒤 참조)의 다른 말.
- 유아살해(Infanticide)—탄생한 이후의 인간 생명을 의도적으로 박탈하는 것.
- 유용성의 원칙(Principle of Utility)—공리주의적 계산 참조.
- 유전자 접합(Gene splicing)—한 동물의 특성을 다른 동물에게로 접합시키는 것으로서 때에 따라서는 새로운 종류의 유기체를 창조해내기도 한다.
- 의도주의(Intentionalism)—의도는 행동의 본질이므로 올바른 의도를 갖고 한 행동은 올바른 행동이고 잘못된 의도를 갖고 한 행동은 잘못된 행동이라는 주장.
- 의무론적 윤리(Deontological ethics)—결과중심적인 윤리나 공리주의적인 윤리와는 달리 법칙에 대한 복종을 강조하는 의무중심적인 윤리.

- 이중결과의 원칙(Principle of Double-effect) —어떤 행동이든 좋은 결과가 생기기를 원하면서 이루어지는 한, 설령 그 결과가 나쁘더라도 올바른 행동으로 된다는 원칙.
- 인간 생명의 신성(Sanctity of Human Life) —인간의 생명은 신성하고 가장 가치있으므로, 언제든지 보호되어야 하고 보존되어야 한다는 주장.
- 인격주의(Personalism) —개인은 도덕 가치의 본질이며, 그 자체로서 목적이고, 유일하게 본질적인 선(앞 참조)을 담고 있다는 주장.
- 일반주의(Generalism) —예외를 인정하는 일반적인 윤리 규범만이 존재할 뿐 보편적인 윤리 규범은 존재하지 않는다는 주장.
- 일부일처제(Monogamy) —한 명의 남편과 한 명의 아내 사이의 관계. 이것은 한 명의 남편과 여러 명의 아내가 관계를 맺는 일부다처제와는 반대된다.

ㅈ

- 자기사랑(Erotic love) —아가페 사랑(앞 참조)과는 대비되는 이기적인 사랑 또는 성적인 사랑.
- 자발적 불임(Voluntary Sterilization) —임신할 수 없도록 남성이나 여성의 생식기에 의학적인 처치를 하는 것.
- 자발적 안락사(Voluntary Euthanasia) —어떤 개인의 동의를 바탕으로 하여 올바른 목적을 위해 인간 생명을 박탈하는 것.
- 자연 낙태(Spontaneous Abortion) —유산: 자연적으로나 비인공적으로 초래된 바 자궁 밖에서는 생존할 수 없는 태아의 유출.
- 자연스러운 수동적 안락사(Natural passive euthanasia) —불치의 병을 앓고 있는 사람에게 음식, 물, 공기 등의 공급을 중지함으로써 사망하도록 내버려두는 것.
- 장기배양(Harvesting Organs) —연구나 장기이식을 위해 이용하려는 목적으로 인간의 장기를 보존하는 것.
- 장기이식(Organ transplants) —생존해 있는 사람의 손상된 장기를 사망한 다른 사람의 장기로 교체하는 것.
- 정서주의(Emotivism) —윤리적인 언명은 사실상 객관적인 구속력을 발휘하지 못하는 우리의 감정의 표현이라는 주장.

- 정자은행(Sperm Banks)—나중에 인간의 자궁에 수정시켜 임신시킬 목적으로 인간의 정자를 보관하는 것.
- 정통 정부(De Jure Government)—실제하거나 현존하는 정부와 대립하는 합법적이고 적법한 정부.
- 주의주의(Voluntarism)—하나님이 실천하라고 권유하는 행동은 바로 그 때문에 무조건 올바른 행동이라는 주장. 이 주장은 올바른 행동이기 때문에 하나님은 실천하라고 권유한다는 본질주의(앞 참조)와는 반대된다.
- 중간 공리(Middle Axioms)—다른 보편적인 윤리 원칙들로부터 도출된 보편적인 윤리 원칙.
- 중용(Golden Mean)—양극단의 중간점, 온건한 노선.
- 질적인 공리주의(Qualitative Utilitarianism)—어떠한 종류나 질의 쾌락이 고통 뒤에 올 것인가라는 견지에서 최대한의 행복을 평가하는 공리주의적 견해.

ㅊ

- 차등적 절대주의(Graded Absolutism)—둘 이상의 윤리 규범이 불가피하게 상충될 때, 우리에게는 보다 높은 차원의 윤리 규범을 준수해야 할 의무가 있다는 주장.
- 최선의 판단(Best-interest Judgment)—정신을 잃었거나 혼수상태에 빠져 있는 사람의 생명을 유지시키기는 하지만, 그가 인정하지 않는 다른 치료방법에 대해서는 불허하는 것이 올바르다는 판단. 이는 대리판단과 대비된다(앞 참조).

ㅋ

- 쾌락주의(Hedonism)—쾌락은 삶의 본질이며 그 자체를 위해 추구되어야 한다는 주장.

ㅌ

- 타인에 의한 인공수정(AID)—임신을 위해 남편 이외의 다른 사람의 정자를 이식하는 것.

· 태아학(Fetology) — 임신에서 탄생에 이르기까지의 태아의 상태에 관해서 연구하는 학문.

ㅍ

· 평화주의(Pacifism) — 전쟁은 어떠한 상황하에서도 항상 올바르지 못하다는 주장.

ㅎ

· 행동주의(Activism) — 정부가 관여하는 한 전쟁은 항상 올바르다는 주장.
· 행위공리주의(Act-utilitarianism) — 각각의 윤리적 행동은 그 결과에 따라 판단되어야 한다는 주장.
· 현대적 개혁주의(Reconstructionism) — 살인, 강간, 간음, 우상숭배, 유괴, 어린이 학대 등의 범죄에 대해 사형을 선고하는 구약의 율법과 처벌은 현대에도 여전히 유효하다는 주장.
· 희년법(Jubilee, Law of) — 임대된 토지는 50년이 지난 후에는 원래의 소유자에게 반환되어야 한다고 규정해놓은 구약의 율법(레위기 25장, 27장).

참고문헌

Adams, Jay E. *Marriage, Divorce and Remarriage*. Phillipsburg, N.J.: Presbyterian and Reformed, 1980.

Anderson, J. Kerby. *Genetic Engineering: The Ethical Issues*. Grand Rapids: Zondervan, 1982.

Ashley, B. M., and K. D. O'Rourke. *Health Care Ethics*. St. Louis: Catholic Health Association of the United States, 1982.

Augsburger, Myron S., and Dean C. Curry. *Nuclear Arms*. Waco: Word, 1987.

Augustine, Saint. *On Christian Doctrine*. In *A Select Library of the Nicene and Post-Nicene Fathers of the Christian Church*, vol. 2, edited by Philip Schaff. Grand Rapids: Eerdmans, 1956.

———. *City of God*. In *A Select Library of the Nicene and Post-Nicene Fathers of the Christian Church*, vol. 2, edited by Philip Schaff. Grand Rapids: Eerdmans, 1956.

Austin, John. *The Province of Jurisprudence Determined*. 1832. Reprint. London: Weidenfeld and Nicolson, 1954.

Bacon, Francis. *The New Organon*. Edited by Fulton H. Anderson. Indianapolis: Bobbs-Merrill, 1960.

Bahnsen, Greg L. *By This Standard: The Authority of God's Law Today*. Tyler, Tex.: Institute for Christian Economics, 1985.

———. *Homosexuality: A Biblical View*. Grand Rapids: Baker, 1978.

———. *Theonomy in Christian Ethics*. Exp. ed. Phillipsburg, N.J.: Presbyterian and Reformed, 1984.

Baker, William H. *On Capital Punishment.* Rev. ed. Chicago: Moody, 1985.
_____. *Worthy of Death: Capital Punishment—Unpleasant Necessity or Necessary Penalty?* Chicago: Moody, 1983.

Barnhart, Joseph E. "Egoism and Altruism." *Southwestern Journal of Philosophy* 7, 1 (Winter 1976): 101–10.

Beauchamp, Tom L., and James F. Childress. *Principles of Biomedical Ethics.* 2d ed. Oxford: Oxford University Press, 1983.

Bentham, Jeremy. *Introduction to the Principles of Morals and Legislation.* Reprint ed. New York: Hafner, 1965.

Berry, Adrian. *The Next Ten Thousand Years.* New York: Dutton, 1974.

Boettner, Loraine. *Divorce.* Phillipsburg, N.J.: Presbyterian and Reformed, 1974.

Brennan, William. *The Abortion Holocaust: Today's Final Solution.* St. Louis: Landmark, 1983.

Brunner, Emil. *The Divine Imperative.* Philadelphia: Westminster, 1947.

Burtchaell, James Tunstead. *Rachel Weeping: The Case Against Abortion.* San Francisco: Harper and Row, 1984.

Calvin, John. *Institutes of the Christian Religion,* vol. 1. Reprint ed. Grand Rapids: Eerdmans, 1957.

Canright, D. M. "The Law," and "What Law Are Christians Under?" *Baptist Reformation Review* 9:1 (1980): pp. 7–15.

Clouse, Robert G., ed. *War: Four Christian Views.* Downers Grove: InterVarsity, 1981.

Coiner, H. G. "Those Divorce and Remarriage Passages." *Concordia Theological Monthly* 39 (June 1968): pp. 367–84.

Culver, Robert. *The Peace Mongers.* Wheaton: Tyndale House, 1985.

Darwin, Charles. *The Origin of Species.* 1859. Reprint. New York: New American Library, 1958.

DeVos, Peter, et al. *Earthkeeping: Christian Stewardship of Natural Resources.* Edited by Loren Wilkinson. Grand Rapids: Eerdmans, 1980.

Doherty, Dennis J. *Divorce and Remarriage.* St. Meinrad, Ind.: Abbey, 1974.

Dostoevsky, Fyodor. *The Brothers Karamazov.* Reprint ed. Chicago: Benton, 1952.

Duty, Guy. *Divorce and Remarriage.* Minneapolis: Bethany Fellowship, 1967.

Ehrenfeld, David. *The Arrogance of Humanism.* New York: Oxford University Press, 1978.

Ellisen, Stanley A. *Divorce and Remarriage in the Church.* Grand Rapids: Zondervan, 1977.

Endres, Michael E. *The Morality of Capital Punishment: Equal Justice under the Law?* Mystic, Conn.: Twenty-third Publications, 1985.

참고문헌 ◆ 419 ◆

Erickson, Millard J. *Relativism in Contemporary Christian Ethics.* Grand Rapids: Baker, 1974.

Fletcher, Joseph. *Situation Ethics: The New Morality.* Philadelphia: Westminster, 1966.

──────. "What Is a Rule? A Situationist's View." In *Norm and Context in Christian Ethics*, edited by Gene H. Outka and Paul Ramsey. New York: Scribner's, 1968.

Fletcher, Joseph, and John Warwick Montgomery. *Situation Ethics: True or False.* Minneapolis: Dimension, 1972.

Geisler, Norman L. *Is Man the Measure?* Grand Rapids: Baker, 1983.

Geisler, Norman L., and J. Kerby Anderson. *Origin Science.* Grand Rapids: Baker, 1987.

Glut, Donald F. *The Empire Strikes Back.* New York: Ballantine, 1980.

Granberg-Michaelson, Wesley. *Ecology and Life.* Waco: Word, 1988.

Heth, William A., and Gordon J. Wenham. *Jesus and Divorce.* Nashville: Thomas Nelson, 1984.

Hitler, Adolf. *Mein Kampf.* London: Hurst and Blackett, 1939.

Hodge, Charles. *Systematic Theology.* Reprint ed. Grand Rapids: Eerdmans, 1952.

Huxley, Julian S. *Essays of a Biologist.* Harmondsworth: Penguin, 1939.

Jackson, Bernard S. "The Ceremonial and the Judicial: Biblical Law as Sign and Symbol." *Journal for the Study of the Old Testament* 30 (1984): pp. 25–50.

Kant, Immanuel. "On a Supposed Right to Tell Lies from Benevolent Motives." In *The Critique of Practical Reason.* 6th ed. Translated by Thomas Kinsmill Abbot. London: Longmans Green, 1963.

Kirk, K. E. *Marriage and Divorce.* London: Centenary, 1933.

Kitwood, T. M. *What Is Human?* Downers Grove: Inter-Varsity, 1970.

Koop, C. Everett. *The Right to Live; the Right to Die.* Wheaton: Tyndale House, 1976.

Krason, Stephen M. *Abortion: Politics, Morality and the Constitution.* New York: University Press of America, 1984.

Kurtz, Paul. *Forbidden Fruit: The Ethics of Humanism.* Buffalo: Prometheus, 1988.

Kurtz, Paul, ed. *Humanist Manifestos I and II.* Buffalo: Prometheus, 1973.

Kurtz, Paul, ed. "A Secular Humanist Declaration." *Free Inquiry* 1, 1 (Winter 1980/81).

Lammers, Stephen E., and Allen Verhey, eds. *On Moral Medicine.* Grand Rapids: Eerdmans, 1987.

LeFever, Ernest W., and E. Stephen Hunt, eds. *The Apocalyptic Premise.* Washington, D.C.: Ethics and Public Policy Center, 1982.

Lewis, C. S. *God in the Dock*. Edited by Walter Hooper. Grand Rapids: Eerdmans, 1970.

Long, Edward Leroy, Jr. *A Survey of Recent Christian Ethics*. New York: Oxford University Press, 1982.

Luther, Martin. *Letters I*. Vol. 48 of *Luther's Works*. Edited and translated by Gottfried G. Krodel. Philadelphia: Fortress, 1963.

Lutzer, Erwin W. *The Morality Gap*. Chicago: Moody, 1972.

_____. *The Necessity of Ethical Absolutes*. Grand Rapids: Zondervan, 1981.

McCormick, Richard A., and Paul Ramsey, eds. *Doing Evil to Achieve Good*. Chicago: Loyola University Press, 1978.

MacRory, J. "The Teaching of the New Testament on Divorce." *Irish Theological Quarterly* 6 (1911): pp. 74–91.

Mill, John Stuart. *Utilitarianism*. In *The Utilitarians*. Garden City, N.Y.: Dolphin Books, Doubleday, 1961.

Moore, G. E. *Principia Ethica*. Cambridge: Cambridge University Press, 1962.

Moreland, J. P. "James Rachels and the Active Euthanasia Debate." *Journal of the Evangelical Theological Society* 31, 1 (March 1988): 81–90.

Murray, John. *Divorce*. Grand Rapids: Baker, 1961.

_____. *Principles of Conduct*. Grand Rapids: Eerdmans, 1971.

Nathanson, Bernard N. *Aborting America*. Garden City, N.Y.: Doubleday, 1979.

Nelson, Richard K. *Make Prayers to the Raven: A Koyukon View of the Northern Forest*. Chicago: University of Chicago Press, 1983.

Niebuhr, Reinhold. *Moral Man and Immoral Society*. New York: Scribner's, 1932.

Nietzsche, Friedrich. *The Anti-Christ*. Translated by H. L. Mencken. New York: Knopf, 1920.

_____. *The Birth of Tragedy and the Genealogy of Morals*. Translated by Francis Golffing. Garden City, N.Y.: Doubleday, 1956.

Olsen, V. Norskov. *The New Testament Logia on Divorce*. Tübingen: J. C. B. Mohr, 1971.

Orgel, Leslie. *The Origins of Life*. New York: Wiley, 1973.

Outka, Gene H., and Paul Ramsey. *Norm and Context in Christian Ethics*. New York: Scribner's, 1968.

Peters, George W. *What God Says about Divorce and Remarriage*. Chicago: Moody, n.d.

Pirsig, Robert M. *Zen and the Art of Motorcycle Maintenance*. New York: Morrow, 1974.

Plato. *The Collected Dialogues of Plato*. Edited by Edith Hamilton and Huntington Cairns. New York: Pantheon, 1964.

_____. *The Republic*. New York: Oxford University Press, 1967.

Rachels, James. "Active and Passive Euthanasia." *New England Journal of Medicine* 292 (January 9, 1975): pp. 78–80.

―――――. *The End of Life*. Oxford: Oxford University Press, 1986.

Ramsey, Paul. *The Just War: Force and Political Responsibility*. New York: Scribner's, 1968.

―――――. *Speak Up for Just War or Pacifism*. University Park: Pennsylvania State University Press, 1988.

Rand, Ayn. *For the New Intellectual*. New York: New American Library, 1961.

Reich, Charles A. *The Greening of America*. New York: Bantam, 1970.

Robinson, John A. T. *Honest to God*. Philadelphia: Westminster, 1963.

Ross, W. David. *Foundations of Ethics*. Oxford: Clarendon, 1951.

Russell, Bertrand. *The Basic Writings of Bertrand Russell*. Edited by Robert E. Egner and Lester E. Denonn. New York: Simon and Schuster, 1961.

Rutherford, Samuel. *Lex Rex, or the Law and the Prince*. 1644. Reprint. Harrisonburg, Va.: Sprinkle, 1982.

Ryrie, Charles C. "The End of the Law." *Bibliotheca Sacra* 124:495 (July–Sept. 1967): pp. 239–47.

Sartre, Jean-Paul. *Being and Nothingness*. Translated by Hazel E. Barnes. New York: Philosophical Library, 1956.

Satin, Mark. *New Age Politics*. New York: Dell, 1979.

Schaeffer, Francis A. *A Christian Manifesto*. Westchester, Ill.: Crossway, 1981.

Singer, Marcus G. *Generalization in Ethics*. New York: Knopf, 1961.

Singer, Peter. *Practical Ethics*. Cambridge: Cambridge University Press, 1979.

Sloyan, Gerard Stephen. "The Bible as the Book of the Church. *Worship* 60 (January 1986): 9–21.

Small, Dwight. *The Right to Remarry*. Old Tappan, N.J.: Revell, 1977.

Soulen, Richard N. "Marriage and Divorce." *Interpretation* 23:4 (October 1969): pp. 439–50.

Steele, Paul E., and Charles C. Ryrie. *Meant to Last*. Wheaton: Victor, 1986.

Storer, Morris B., ed. *Humanist Ethics*. Buffalo: Prometheus, 1980.

Stott, John R. W. *Divorce*. Downers Grove: Inter-Varsity, 1971.

Thielicke, Helmut. *Theological Ethics,* vol. 1. Edited by William H. Lazareth. Philadelphia: Fortress, 1966.

Thompson, Thomas. "A Catholic View on Divorce." *Journal of Ecumenical Studies* 6:1 (1969): pp. 53–67.

Van den Haag, Ernest. *The Death Penalty: A Debate*. New York: Plenum, 1983.

Vanderhaar, Gerard A. *Christians and Nonviolence in the Nuclear Age*. Mystic, Conn.: Twenty-third Publications, 1982.

Vawter, Bruce. "Divorce and the New Testament." *Catholic Biblical Quarterly* 39:4 (Oct. 1977): pp. 528–42.

Warren, Mary Anne. "Severely Disabled Newborn Like Horse with Broken Leg, Philosopher Says." *National Right to Life News*. March 11, 1982.

Wells, H. G. *The Food of the Gods*. In *Seven Science Fiction Novels of H. G. Wells*. New York: Dover, n.d.

Willke, J. C., and Barbara Willke. *Abortion: Questions and Answers*. Cincinnati: Hayes, 1985.

Winnett, Arthur Robert. *Divorce and Remarriage in Anglicanism*. London: Macmillan, 1958.

색인

ㄱ

· 가나안 족속 301, 327, 336, 342;
　~과의 전쟁 297, 298
　동성애를 비난함 351
　~을 전멸 297
· 가인 254, 271, 275, 280
· 가치체계 154
· 가학성 변태성욕 13
· 간음 57, 58, 259, 265, 364, 370, 371, 375, 378
· 강간 59, 96, 175, 259
· 강제에 반대하는 입장 317, 322
· 강제적인 낙태 234
· 강제적인 치료 234
· 개성과 인성 186
· 개조 250, 251, 252
· 거짓말 22, 63, 76, 106, 130, 151
　~과 의도 141
　생명을 구하기 위한 ~ 99, 106
· 결과보다 규범 104
· 결혼 362~383
　~과 서약 374, 381
　~과 처녀성 379
　~에 대한 유대인 율법 370
　~에 대한 일부다처제 견해 366
　언약으로서의 ~ 364
　일생 동안 지속됨 375
· 고유한 가치로서의 인격 50
· 고자 345
· 고통 203
· 고통 완화제 216
· 공리주의 19, 20, 29, 39, 76, 78, 82, 85, 87, 88
· 공리주의의 원리 73
· 공리주의의 전제 88
· 공리주의적 계산 29
· 공의 256, 300
　~를 위한 도구 298
　~와 큰 죄 253
　~의 교정의 측면 276
　~의 처벌의 측면 276
· 과실치사 259, 270
· 과잉 인구 195
· 과정 27
· 과학발전과 생물의학윤리 246
· 구약의 처벌 265
· 권리 339
· 권위주의 16

· 규범적인 윤리 61
· 규범적인 윤리적 진술 40
· 규칙-공리주의 78, 82
· 그노시스파 47
· 그리스도와 도덕적 갈등 136, 157
· 그리스도의 십자가: 255, 256
· 근친상간 259
· 급진적 애국주의 311, 312
· 기도 329
· 기독교인 선언 315
· 기술 387, 390, 407

ㄴ

· 낙태 59, 171, 193, 211, 247, 318, 323
   강간 179~180
   강제적인 ~ 233
   불구로부터의 논증 174
   불구자 178~179
   살인으로서의 ~ 189
   생물의학적 문제 231
   아동학대 178
   ~에 관한 세 가지 견해 171
   ~에 찬성에 대한 논증 173
   ~의 합법화 178
   인도주의적 윤리 210, 221
   자연발생적인 194~195
   자의식 177
   차등적 절대주의 158
   찬성에 대한 논증 174
   최고법원 172, 174
   출산통제 184
· 남색 353
· 냉동보존술 243

· 노예 12
· 능동적 안락사 198, 202, 206
   공리주의 202

ㄷ

· 다운증후군 196
· 당사자 책임하의 판단 234
· 당위가 가능을 의미한다 129
· 대리모 220, 223, 241
· 대리판단 234
· 더 큰 죄 143
· 덜 나쁜 악이라는 견해 21, 22, 52,
   105, 119, 121, 123, 124, 125, 127,
   128, 141, 144, 158
· 덜 나쁜 죄와 행위의 죄 147
· 도덕법칙 144
· 도덕법칙에의 면제 162
· 도덕은 절대적이다 123
· 도덕재무장 운동 47
· 도덕적 갈등 132, 136, 161
· 도덕적 타락 126
· 도덕적 폐기론 21, 22, 24, 26, 29,
   30~34, 42~44, 46, 86
· 도우라는 아기 200
· 도주 373, 381
· 도청 87
· 독립선언서 188, 324
· 독신 401
· 독재 306, 307, 316, 325, 328~330
· 동물의 행동 349
   하나님과 언약 399
· 동성애 259, 336, 340, 342, 350, 353,
   354, 357, 359

~와 가나안 350
동성연애자의 시민으로서의 권리 348
~에 반대하는 차별 358
~와 모세의 율법 250, 342, 351
~와 상호동의 346
유전적인 성향 340, 348
~의 생물학적인 본성 345
· 동성애 혐오증 358

ㄹ

· 레위기의 율법 336, 342

ㅁ

· 마술 259
· 매춘 58
· 명목주의 28, 38
· 모독 95, 259, 375
· 모세의 율법 53, 253, 262, 265, 270, 272, 273, 341, 350
· 모순된 행동와 올바른 일 44
· 목적 39, 55, 86, 121, 205, 227, 230, 243, 245
· 목적론적 윤리 19
· 몰몬주의 323
· 무모순율 164
· 무모순이라는 원리 40
· 무신론 31, 385
· 무정부주의 285~286, 311
· 무조건적 절대주의 21~24, 92, 111, 118
~와 강도 93
~와 거짓말 93, 94, 98, 100

~와 긍정적 차원 104
~와 도덕법칙 144
~와 도덕적 갈등 132
~와 라합의 거짓말 96
머레이의~ 100
~와 무조건적인 것이 아니다 112
~와 불가피한 죄 131
~와 윤리적 딜레마 113
~의 요약 103
칸트의~ 97
~와 하나님에 대한 모독 94
· 미국혁명 333
· 미헌법 174, 269
~과 잠재적인 생명 183
~과 살인할 수 있는 권리 202
~과 생명권 203
· 미헌법 제 1차 수정안 269

ㅂ

· 반역 271
· 반역적인 행위 11
· 배교 259
· 범신론 385, 391~396
· 범죄자 처벌 252
· 법령 314
· 법이 왕이다 315
· 보편적인 규범 48, 60, 68
· 보편적인 복종 78
· 본질적으로 선한 행동 15, 106
· 부자연스러운 수동적 안락사 206
· 부정적 황금률 68
· 불가피한 도덕적 갈등 145
· 불교 68, 323

· 불임 342
· 불화탄소 384

ㅅ

· 사랑 51, 52, 150
　～과 규정된 윤리 56, 57
　～과 상황주의 56
　아가페 48, 50, 54
　에로스 346
　필레오 54, 346
· 사생활권 172, 174, 179, 199, 339, 347
　～과 최고법원 199
　～과 14차 수정안 199
· 사전동의 234, 237
· 사형 249, 253, 265, 271, 277, 298, 301, 309, 352
　～과 가인 250, 254
　～과 간통 251, 254
　～과 노아 270~271
　～과 다윗 251, 254
　～과 모세의 율법 270
　～과 사랑 255
　～과 신약 263, 273
　～과 십자가 251, 256
　범죄를 억제함 252, 270, 274, 276
　사형부활론 258
　～에 반대하는 도덕적 근거 256
　인간 정부 272
　정신이상 275
　존속구타 259
　지옥 252, 258
· 사형금지론 249, 252, 258, 270,
　～의 평가 252
　환상적 인도주의로서 ～ 257

· 사형부활론 249, 258, 262, 265, 270, 277,
　～과 공의 258
　～에 대한 성서적인 비판 266
　～의 근거들 260
· 산상수훈 299, 328
· 살인할 권리와 헌법 203
· 살해 59, 79, 189, 287
· 삼림의 황폐화 384
· 상대주의 5, 29, 41, 42, 44, 49, 139
· 상충적 절대주의 21, 118, 119, 122, 125
　거짓말 130
　공리주의적인 근거들 127
　도덕적 딜레마 137
　면제 126
　비판 127
　실용주의적인 근거들 127
　안식일 135
　예외 126
　～의 요약 137
· 상황주의 21, 22, 31, 32, 41, 46, 56, 61, 64, 118
　공리주의 69
　보편적인 규범 65
　사랑 62
　상대적인 66
　실존적인 특수성 66
　아가페 사랑 64
　～와 절대적인 것 66
　절대주의 62
　주관적인 43
　지혜 66

· 새로운 세대운동 407
· 생명유지 장치 213, 217
· 생명권과 헌법 203
· 생명유지 위한 자연수단 236
· 생명의 질 원칙 225
· 생명이 임신에서 시작된다 189
· 생물의학적 문제 229
    공리주의 225
    과학발전 246
    기독교의 관점 228
    기본 원리들 231
    낙태 229
    사랑 233
    상황 221
    세속적인 인도주의 220
    AIDS 228
    요약 247
    인간은 죽을 수밖에 없다 232
    인도주의적인 윤리 224
    자발적인 치료와 강제적인 치료 233
    자살 221
    자유와 존엄성 233
    진화과정 227
    평가 246
    하나님을 희롱함 228
    하나님이 주권자 228
· 생태학 384~408
· 선별주의 279, 292, 300~303, 305, 306, 308
· 선제공격 304
· 선한 의도 37
· 성서적 순종주의 311, 314
· 성인 상호간의 동의 346

· 성적인 사랑 346
· 성적인 상호권리 364
· 성전에서의 동성애 352
· 세속법의 도덕적 중요성 266
· 세속적 인본주의 386
· 소돔과 고모라 336, 341, 351
· 소피아 48, 57
· 수간 259
· 수동적 안락사 198, 206, 212, 215, ~와 고통 완화제 216
· 수정란 194
· 순결과 일반주의 80
· 스텐버그 브이 브라운 188
· 시민불복종 311, 317, 329
    기독교인 선언 315
    무정부주의 285, 311
    악법강제에 반대하는 입장 317
    악법공포에 반대하는 입장 315
    적그리스도를 숭배 320
· 시험관 수정 222, 242
· 시험관 아기 220, 242
· 신정 260, 280, 327
· 실용적인 전략 50
· 실용주의 49
· 실존주의 35, 39
· 실증주의 50
· 십계명 52, 209, 261, 263, 350

ㅇ

· 아가페 사랑 50, 54
· 아동학대 178, 344
· 악법공포에 반대하는 입장 317, 318
· 안락사 193, 198, 212, 218

고통 204
　능동적인 198, 202, 206
　독재자의 도구 205
　부자연스러운 수동적인 ~ 206
　살인 209
　십계명 209
　AIDS 205
　인도주의적인 윤리 210
　자발적인 209
　자살 209, 210
　자연스러운 수동적인~ 206, 212, 215
· 안식일 35, 67, 259, 374, 377, 403
· 알콜중독 358, 359
· 어린이 희생제사 12
· 억압적인 법에 불복종 321
· AIDS 193, 205, 357
· 에피쿠로스학파 27
· 열심당원 299
· 영원한 결혼 366
· 예수와 도덕적 갈등 136
· 오염 403, 407
· 와데 172, 188, 197
· 용서 275
· 용서받지 못할 죄 377
· 우상숭배 259, 267, 337, 342, 354
· 우상숭배로서 애국숭배 314
· 웨스트 민스터 신앙고백 373
· 위생 307
· 유괴 259, 347
· 유물론 385, 388, 391, 394, 405, 406
· 유아를 살해한 행위 39
· 유아살해 21, 39, 177, 193, 199
· 유월절 376

· 유전수술 238
· 유전자 복제 220, 244
· 유전자 접합 220, 245
· 윤리
　본질주의 16
　~에 관한 정의 9
　의무론적인 19, 20, 98, 103
　일반규범 89
· 율법주의 47, 115, 378
· 음주 259
· 음행 364, 266
· 응징론 249, 270, 274, 276, 277,
· 의도주의 28, 37
· 이중결과의 원칙 216
· 이차 세계대전 303
· 이혼 362~383
· 인간생명의 신성함 202, 208, 232, 246
· 인간 생명의 유한성과 생물의학적
　윤리 233
· 인간 생명의 존엄성 232, 246
· 인간 속에 있는 하나님의 형성 17, 51, 231, 245, 271
· 인간의 생명과 가치 204
· 인간 정부 270
· 인간 존엄 231, 257
· 인간 존재와 인격, 196
· 인간주의 선언 385
· 인격주의 50
· 인공수정 220, 242
　남편에 의한 239
　제공자에 의한 239
· 인공적 방법에 의한 생명연장 235
· 인도주의 388

색인 ◆ 429 ◆

~와 낙태 220
~와 안락사 211
· 인도주의자의 생물의학적 윤리 224
· 인도주의적 윤리와 안락사 211
· 인디아나주의 최고 법원 200
· 인종주의 20
· 일반계시 18
· 일반주의 21, 24
    공리주의 71
    도덕률 폐기론과 대조적으로 91
    목적 89
    보편적인 규범 87
    보편적인 규칙의 준수 83
    예외 81, 84
    오랜 시간이 흘러야 알 수 있는 결과 90
    ~와 도덕률 폐기론 86
    ~의 장점 84
    절대적인 것 71, 72, 86, 88
    절대주의와 대조적으로 91
· 일부다처제 366~367
· 일부일처제 366, 367, 368, 374
· 임신 190

ㅈ

· 자기방어 295, 299, 309
· 자기방어를 위한 살인 135, 162, 301
· 자기사랑 55
· 자발적인 수정 234
· 자발적인 안락사 209
· 자발적인 치료와 강제적인 치료 233
· 자본주의 386
· 자살 14, 52, 58

· 자연낙태 194, 195
· 자연도태 30
· 자연법 354
· 자연스러운 수동적 안락사 206, 212, 213
    ~의 평가 215
· 자연자원의 분배 389~390
· 자연주의적 오류 15
· 자위행위 240
· 자유와 존엄성 233
· 잔인하고 비정상적인 처벌 274
· 장기 및 조직의 채취 220, 243
· 장기 이식 220, 236
· 재혼 369, 376, 381~382,
· 적그리스도 320
· 적그리스도를 숭배함 320, 우상을 숭배함 320
· 적자생존 30
· 전략적 선제 방어 306
· 전쟁 279, 288, 291~300, 301, 307,
    ~과 행동주의 279, 282~283, 285, 286, 289, 293, 301, 303, 307, 308
    부당함 293
    선량한 사람을 지키기 위한 ~ 303
    선제공격 304
    선포 304
    ~에 있어서의 고통 304
    의식있는 선택주의 308
    정당함 296, 301, 304, 311
    정의를 실현시키기 위한 ~ 304
    핵 306
· 전쟁선포 304
· 전쟁에 있어서 양심적인 선별주의

308
· 전제정부 328, 329
· 절대적인 것 5, 21, 23, 41, 42, 57, 105
· 절대적인 자유 39
· 절대주의 22, 26, 35, 92, 103, 118;
　　성 어거스틴의 무조건적 절대주의 93
· 정당한 전쟁 296, 300, 303, 304, 308, 309, 311, 332
· 정당한 정부 332
· 정령숭배 392
· 정부에 대한 순종 283
· 정서주의 31, 34, 40, 41
· 정신적인 사랑 346
· 정자은행 223
· 제 14차 수정안 172, 183
· 제 3의 대안 105, 114, 146
· 존재 당위의 오류 10, 19
· 죄;
　　더 커다란 죄 147
　　덜 나쁜 죄 147
　　보다 큰 ∼ 378
　　∼의 서열 378
　　위임의∼ 108
　　태만의∼ 108
· 죄인
　　강제적인 치료 257
　　∼의 개조 253
　　∼의 처벌 253
　　인간으로서 257
　　환자로서 257
· 주의주의 16, 28, 38
· 죽을 권리 199

· 죽음 199, 211, 216, 237
· 중간공리 49, 67
· 중용 12
· 지배권 394, 401∼402, 405, 406
· 진실 23, 76
· 진화 317
· 진화론 30, 40
· 질적인 공리주의 13, 29, 74

ㅊ

· 차등적 절대주의 21, 22, 24, 111, 118, 139, 149,
　　거짓말 139, 160, 162
　　공리주의 159
　　공리주의와 비교 159
　　낙태 158
　　면제 159
　　비상충적 절대주의와는 대조적으로 166
　　사랑 150
　　상대주의 165
　　십자가 165
　　∼에 대한 비판 153
　　예외 159, 161
　　∼와 상황주의 153
　　∼의 가치 165
　　∼의 기본 요소들 143
　　의무론적 윤리 159
　　의식적인 율법 145
　　전적인 타락 163
　　절대성 155
　　죄의 등급 140
　　주관주의 154

찰스 핫지 141
· 차별 358, 359
· 처녀성 379
· 초월적인 논증 98
· 최고 법원;
　　~과 낙태 172, 174
　　~과 14차 수정조항 340
　　잠재적인 생명 183
· 최대 다수의 최대 행복 13, 29, 69, 71, 72
· 출산통제 234, 235
· 치료를 거부할 권리 217

ㅋ

· 쾌락 13, 36, 75
· 쾌락의 산출방식 72~74
· 쾌락주의 13, 27, 36, 72, 75

ㅌ

· 타락한 인간 135
· 태아 191
　　불완전한 인간으로서 ~175, 177
　　완전한 인간으로서 ~188
　　잠재적인 인간으로서 ~ 180
· 태아가 잠재적 인간이라는 주장 182
　　~에 대한 반박 184
　　~와 사형 181
　　~와 헌법 187
　　~와 독립선언서 188

　　~와 14차 수정안 187
　　~와 최고법원 187
· 태아학 190
· 터너 증후군 196
· 토지에 대한 탐욕 404
· 특별계시 18

ㅍ

· 파킨슨씨병 224, 230, 246
· 편협한 인종주의 20
· 평화주의 53, 279, 287~292, 301, 303, 307, 308, 329
· 퓨리탄 269
· 플라톤의 관점과 생태학 390
· 필리아 54

ㅎ

· 하나님은 이성간의 사랑을 명령했다 350
· 하나님은 죽었다 31
· 하나님을 희롱함 244
· 하나님의 도덕법칙 123
· 하나님의 섭리 102, 112
· 하나님의 주권 228, 231
· 하나님의 형상 17, 51, 104, 232, 245, 271, 349, 396
· 하나님의 형상을 닮은 인간 17, 51, 231, 245, 271, 349, 396
· 하나님이 정부를 정해 주심 150, 281

- 하나님이 직접 다스리는 272
- 학대 69, 347
- 학살 37
- 함무라비법전 193
- 합리적인 차별 356
- 핵분열 389
- 핵위협 306
- 핵전쟁 306
- 핵힘 307
- 행동주의 279, 282, 286, 287, 290, 292, 302, 303, 307, 308
- 행위-공리주의 78, 81
- 허무주의 31, 41
- 혁명 321, 324~327, 331
- 형벌에 대한 정당한 관점 276
- 혼전의 성 관계 364
- 화학전 305
- 환경 관리 385, 398, 402
- 회의주의 27, 37
- 훔친 행위 135
- 희년(법) 403
- 힌두교 323

기독교문서선교회(Christian Literature Crusade: 약칭 CLC)는
1941년 영국 콜체스터에서 켄 아담스에 의해 시작되었으며
국제 본부는 영국의 쉐필드에 있습니다.
현재 약 650여명의 선교사들이 59개 나라에서 180개의 본부를 두고,
이동도서차량 40대를 이용하여 문서 보급에 힘쓰고 있으며
이메일 주문을 통해 130여국으로 책을 공급하고 있습니다.
CLC는 청교도적 복음주의 신학과 신앙을 선포하는
국제적, 초교파적, 비영리 문서선교기관으로서, 하나님의 뜻에 합당한 책을 만들고
이 책을 통해 단 한 영혼이라도 구원되길 소망하며
이를 위해 주님이 오시는 그날까지 최선을 다할 것입니다.

기독교윤리학
Christian Ethics

2003년 8월 30일 초판 발행
2021년 9월 30일 초판 6쇄 발행

지 은 이 | 노르만 L. 가이슬러
옮 긴 이 | 위거찬

펴 낸 곳 | (사)기독교문서선교회
등   록 | 제16-25호(1980. 1. 18.)
주   소 | 서울특별시 서초구 방배로 68
전   화 | 02-586-8761~3(본사) 031-942-8761(영업부)
팩   스 | 02-523-0131(본사) 031-942-8763(영업부)
이 메 일 | clckor@gmail.com
홈페이지 | www.clcbook.com
송금계좌 | 기업은행 073-000308-04-020 (사)기독교문서선교회

ISBN 978-89-341-0371-4 (93230)

이 책의 저작권은 저자와 (사)기독교문서선교회가 소유합니다.
신저작권법에 의하여 한국 내에서 보호받는 저작물이므로 무단 전재와 무단 복제를 금합니다.